国家出版基金项目
NATIONAL PUBLICATION FOUNDATION

“十三五”国家重点出版物出版规划项目

20世纪中期云南少数民族社会历史调查实录

第七卷

民族语言调查（一）

主　编◎申　旭
副主编◎肖依群

云南人民出版社

图书在版编目（CIP）数据

20世纪中期云南少数民族社会历史调查实录. 第七卷, 民族语言调查. 一 / 申旭主编；肖依群副主编. -- 昆明：云南人民出版社, 2023.4

ISBN 978-7-222-21683-9

Ⅰ. ①2… Ⅱ. ①申… ②肖… Ⅲ. ①少数民族—民族历史—社会调查—云南—20世纪 Ⅳ. ①K280.74

中国国家版本馆CIP数据核字(2023)第017133号

责任编辑 郭木玉 溥 思
特约编辑 周元晖
助理编辑 巫孟连
装帧设计 石 斌
责任校对 文永清 明 珍
费 珺
责任印制 代隆参

20 世纪中期云南少数民族社会历史调查实录

第七卷
民族语言调查（一）

主 编◎申 旭
副主编◎肖依群

出 版 云南人民出版社
发 行 云南人民出版社
社 址 昆明市环城西路609号
邮 编 650034
网 址 www.ynpph.com.cn
E-mail ynrms@sina.com
开 本 787mm × 1092mm 1/16
印 张 37.25
字 数 863千
版 次 2023年4月第1版第1次印刷
印 刷 昆明瑆煋印务有限公司
书 号 ISBN 978-7-222-21683-9
定 价 500.00元

云南人民出版社微信公众号

写在前面

一

2019年1月，我在5卷本《秘境——云南民族濒危影像记忆》的开篇“写在前面”中写道：

> 编成本套图书前后历经10个月，而搜集、梳理和研究云南民族影像资料，则自我来云南工作以后直到退休，花费了整整30年的时间。
>
> 在2016年出版的《云南民族调查史料钩沉（1950—1965）》开篇“前言”中，我曾写下这样一段话：出版本书最主要的目的，就是将我们20多年来搜集到的云南民族调查史料的相关内容和目录公之于世。这些史料绝大部分至今尚未公开出版，也很少为有关部门和专业研究人员所使用，很多人甚至不知道其存在。而这些珍贵的云南民族调查史料，正是中华人民共和国建立初期党的民族政策在西南边陲得以良好贯彻执行的确切依据，也是部分民族政策基于民族调查而制定的最好见证。如果要总结新中国民族工作的“云南现象”和“云南经验”，了解云南民族团结进步、边疆繁荣稳定的历史发展轨迹，这些史料则是其中最早和最重要的组成部分。
>
> 编纂《秘境——云南民族濒危影像记忆》丛书，我们有着同样的初衷。“为了明天而收集昨天”，则是我们的终极目的。

2020年1月，《20世纪中期云南少数民族社会历史调查实录》（后文简称《实录》）的选编工作正式启动。

我们对于20世纪中期云南少数民族文献史料和影像资料的搜集是同步进行的，因而编纂《实录》和编纂《秘境——云南民族濒危影像记忆》一样，有着同样的初衷和终极目的，两套图书同为“历史记忆”，一为文字，一为图片，相互观照，彼此成就。5卷本《秘境——云南民族濒危影像记忆》于两年前编定，即将面世，而《实录》的编辑和出版事宜肇始于2012年，至今已8年有余。其间不断大费周折与各方机构、多个部门商谈切磋，多次按照要求提交情况说明、申请报告、策划方案、出版计划、经费预算；曾接到过项目已获批准的通知，也见到了权威机构的立项文件，但结果都无从言说，令人身心俱疲、感喟不已。2015年，我在《云南民族调查史料钩沉（1950—1965）》（云南人民出版社2016年版）一书的“前言”中写道：

2004 年，我们策划并出版了《见证历史的巨变——云南少数民族社会发展纪实》一书，全书分为 4 卷，即社会发展卷、生产劳作卷、生活习俗卷和文化艺术卷，书中提供了 1480 幅珍贵的历史照片，是我们搜集、整理云南民族调查资料的阶段性成果。之后在继续查找、搜集和购买各种云南民族调查资料的同时，我们在极为困难的条件下，阅读了全部能够找得到和看得到的云南民族调查资料，并开始着手辨识和系统分类整理工作，计划将其部分陆续公开出版。由于经费等多方面的原因，这项工作至今仍在进行之中，因而先将云南民族调查资料的主要情况和一万多份史料的目录编成《云南民族调查史料钩沉（1950—1965）》一书，抛砖引玉，希冀有更多的人来关注和研究新中国建立初期云南各民族的发展历程，也期望有更多的人去抢救和保护云南民族调查资料，少存遗憾，给后人留下一笔不可多得的精神财富。

来到“十三五”收官之年，《实录》史料的辨识、分类、整理、选编和出版进程步入快速前行的轨道。

二

20世纪中期云南少数民族社会历史调查资料，主要包括以下几个方面的内容：

1. 民国时期的调查资料；
2. 中共云南省委边疆工作委员会的调查资料；
3. 云南省民族事务委员会的调查资料；
4. 云南省民族工作队的调查资料；
5. 中央民族访问团西南民族访问团第二分团的访问调查资料；
6. 云南民族识别研究组的调查资料；
7. 云南民族语言调查组的调查资料；

8. 全国少数民族社会历史调查中的云南民族调查资料；

9. 为贯彻执行民族政策，配合中央、云南省有关方面的各项工作，云南省各专区、自治区（州）、县、市、区、乡以各种组织形式进行的调查资料。

《实录》中民国时期的调查资料收录较少，范围也不甚广，目的仅在于使阅读者和使用者对1950年前后阶段云南少数民族的基本情况和发展进程有一个连续性的概念，不致截然割裂开来，重点仍聚焦于1950年云南解放以后各方面所发生的重大变革，并以1956—1964年的调查资料最为集中。因1956年开始的全国少数民族社会历史调查，包括云南在内的大部分地区在1965年时已基本结束，《民族问题三种丛书》的编写工作又因“文化大革命”的来临而陷于停顿状态，《实录》内容的时间下限也就确定在1966年“文化大革命”开始以前。

提起“云南民族调查”，人们首先想到的就是始于1956年的全国少数民族社会历史调查，即人们通常所说的“全国民族大调查”。实际上，早在1941年8月，中国共产党就做出了《中共中央关于调查研究的决定》，对中国社会各阶层进行调查研究。在1956年全国少数民族社会历史调查开始之前，中央人民政府先后派出了中央民族访问团西南民族访问团第二分团、云南民族识别研究组和云南民族语言调查组前往云南进行各项访问调查，中共云南省委边疆工作委员会、云南省民族事务委员会、云南省民族工作队等也对云南省解放初期各方面的情况做了大量的调查研究工作，为云南省少数民族身份和种类的最终确认、云南边疆民族地区社会经济的发展和中央民族政策的制定、贯彻执行奠定了坚实的基础。

从1956年开始，中国历史上第一次有组织、有计划进行的全国少数民族社会历史状况科学调查，系由毛泽东倡议、彭真负责。当时明确了调查工作由全国人民代表大会民族委员会主持，成立了由全国人民代表大会民族委员会主任委员刘格平、中央民族事务委员会副主任刘春和中央民族学院副院长费孝通组成的调查领导小组，在全国人民代表大会民族委员会成立了调查办公室。1956年4月，全国人民代表大会民族委员会制订了民族调查规划，拟定筹建云南、贵州、广西、西藏等地区少数民族社会历史调查组，计划在4—7年内基本弄清楚各主要少数民族的社会经济结构和阶级情况。当年就组织了云南、四川等地8个调查组，抽调了民族学家、社会学家、历史学家、经济学家以及社会科学研究人员、民族工作干部、大专院校师生参加。对云南各民族的调查，至“文化大革命”以前基本结束。据不完全统计，20世纪50—60年代云南民族调查资料初步整理出万余种，总字数在1亿字以上；整理档案资料和文献摘录数百种，计2000多万字；录制少数民族社会历史科学纪录片7部，拍摄各民族照片数万幅，还搜集了一批少数民族历史文物。

中国少数民族社会历史调查及其资料的整理、出版时间前后长达数十年之久。这是新中国成立以来唯一的一次大范围、全方位的少数民族调查，丰富的材料比较详细、忠实地记录下了各民族历史和现状，是非常可贵的第一手材料，为我国少数民族身份、种类的识别和确认提供了科学依据，培养了新中国第一批民族学家和人类学家，为中国少数民族的社会发展和新中国民族学、人类学的奠基与成长发挥了举足轻重的作用。就最终确定少数民族种类最多的云南省而言，民族识别和调查做得最好，民族工作尤为仔细和认真，民族政策的贯彻和落实最到位，调查资料数量及保留较多，内容也极为丰富，因而显得尤为弥足珍贵。

《实录》所说的“云南少数民族调查资料”即指上述各项调查的文献、提纲、记录、报告、总结、信件、照片、纪录片文本、研究成果、纸质文物等各类历史资料，以及20世纪50—60年代铅印的云南民族调查资料。

20世纪50—60年代，全国人民代表大会民族委员会云南少数民族社会历史调查组、中国科学院民族研究所云南民族调查组和云南省少数民族社会历史研究所等部门和研究机构编辑铅印的调查资料，由于封面一律为白色，故又被称为“白皮书”。

云南民族调查资料白皮书总共印刷了多少种，目前尚不得而知。到目前为止，我们收藏到58种，涉及云南25个世居少数民族中的14个，即彝族、哈尼族、白族、傣族、傈僳族、拉祜族、佤族、纳西族、景颇族、布朗族、阿昌族、怒族、德昂族、独龙族等。其他11个少数民族没有涉及，原因和可能性有3点。

1. 当时进行的少数民族社会历史调查主要是为撰写各少数民族简史、简志提供资料，具体分工的方法是：一个民族若同时分布在若干省区，则由分布该民族人数最多的省区负责撰写，其他省区负责该民族的社会历史调查，并把调查资料提供给承担撰写任务的省区。云南配合贵州、广西等省区撰写任务而进行调查的少数民族共有8个，即蒙古族、回族、藏族、苗族、壮族、布依族、瑶族、水族等。

2. 普米族、基诺族和满族3个民族被识别和确定为单一民族的时间较晚。普米族于1961年被确定为单一民族，而基诺族直到1979年才被确定为单一民族。当时普米族和满族两个民族的调查资料已经初步整理，但未被列入白皮书，而基诺族尚被称为攸乐人，其调查资料则被列入彝族的内容范畴。

3. 某些民族的调查资料，也许已经收入白皮书，只是我们尚未见到。

通过阅读白皮书，并将其与云南民族调查资料手稿及后来公开出版的国家民委

《民族问题五种丛书》之《中国少数民族社会历史调查资料丛刊》中的云南部分进行对照，简而言之，白皮书的价值主要体现在以下4个方面。

第一，《中国少数民族社会历史调查资料丛刊》没有全部收录白皮书的内容。仅举一例如下。

中国科学院民族研究所云南省少数民族社会历史调查组、云南省少数民族社会历史研究所办公室在《四川及云南昭通地区彝族社会历史调查资料》（彝族调查资料之二，1963年5月10日）白皮书的“说明”中写道：

> 因为编写《彝族简史》的需要，中国科学院民族研究所云南省少数民族社会历史调查组与云南省少数民族社会历史研究所于1960年2月至5月，至四川凉山彝族自治州和西昌地区以及羌族地区进行了调查。此次调查中，以云南大学历史系方国瑜教授为首的20多位师生，也作为调查组的成员参加了工作。本资料就是以此次调查的一部分专题材料为主，包括云南昭通地区毗连四川凉山的有关部分调查而成的。

《四川及云南昭通地区彝族社会历史调查资料》白皮书共收录四川、云南有关彝族的调查16篇。20世纪80年代，在出版国家民委《民族问题五种丛书》之《中国少数民族社会历史调查资料丛刊》时，云南省编辑组编辑了一本《四川广西云南彝族社会历史调查》（云南人民出版社1987年版），但未收录任何一篇该白皮书中的调查资料。

第二，云南民族调查资料白皮书主要来自当年的调查手稿，但现今部分手稿已不存在或很难寻觅，白皮书就成为当时调查最真实的记录。

截至目前，我们已粗读过1万多份尚未系统整理和公开出版的云南民族调查资料，大多为复写本、刻印本、油印本和抄本，表明这些资料并非孤本，其中部分曾经内部印刷，部分已经编入白皮书或《中国少数民族社会历史调查资料丛刊》。例如，《思茅　玉溪　红河傣族社会历史调查》编者指出：

> 本集共收集孟连傣族历史文献译文、社会调查资料及景谷、元江、新平、金平、红河各县调查材料共十七篇，其中八篇曾由中国科学院民族研究所云南民族调查组、云南省民族研究所以内部资料形式铅印过。①

① 云南省编辑组编：《思茅　玉溪　红河傣族社会历史调查·后记》，国家民委民族问题五种丛书之一《中国少数民族社会历史调查资料丛刊》，云南人民出版社1985年版。

《傣族社会历史调查》（西双版纳之十）编者指出，该集收入的资料中，“《勐海县勐混区曼蚌乡傣族农村公社和家族组织调查》一文，曾见于云南省历史研究所的内刊”①。《傣族社会历史调查》（西双版纳之三）编者指出：

> 本集收入的译稿，都是 1954 年至 1955 年间收集的有关西双版纳宣慰使司和各勐的史料，大部分在五十年代作内部资料刊印过。《傣族宣慰使司地方志》，是傅懋勣教授和刀忠强同志在 1953 年翻译的，我们根据中共西双版纳州委档案科和省历史研究所的复写本和油印本，选用了其中几节。《防火的通告》《宣慰使侍卫轮流执勤牌》等五篇，均选自省历史研究所的手抄稿，没有译者署名，只在卷内目录“调查写作年月”栏中注明“1954 年”。这些稿件均请当年西双版纳傣族社会联合调查组翻译小组主持工作的刀国栋同志过目，认定确系这个小组的翻译稿。②

《傣族社会历史调查》（西双版纳之六）编者指出：

> 本集共收入十二篇调查资料，其中《勐遮傣族社会经济情况调查》和《勐遮傣族农民内部的封建等级调查》两篇，在六十年代初期作为内部资料铅印过。其余各篇原件，除了《版纳勐遮景真傣族社会历史情况调查》存中共西双版纳傣族自治州州委档案室外，均存省历史研究所。③

《傣族社会历史调查》（西双版纳之七）编者指出：

> 本集收入了景糯、勐很、勐旺、景董以及象明的调查资料共十四篇。收入的这些资料原件，除《景糯傣族社会经济情况调查》《勐旺傣族社会经济调查补充材料》《勐旺曼练景寨调查》《勐旺曼扫寨调查》存中共西双版纳傣族自治州州委档案科外，其他各

---

① 云南省编辑组编：《傣族社会历史调查（西双版纳之十）· 后记》，国家民委民族问题五种丛书之一《中国少数民族社会历史调查资料丛刊》，云南民族出版社 1987 年版。

②《民族问题五种丛书》云南省编辑委员会编：《傣族社会历史调查（西双版纳之三）· 后记》，《中国少数民族社会历史调查资料丛刊》，云南民族出版社 1983 年版。

③《民族问题五种丛书》云南省编辑委员会编：《傣族社会历史调查（西双版纳之六）· 后记》，《中国少数民族社会历史调查资料丛刊》，云南民族出版社 1984 年版。

件均存省历史研究所。[1]

《傣族社会历史调查》（西双版纳之八）编者指出：

本集收入勐罕、勐笼、勐养和勐景哈、勐宽等五个勐的调查资料十二篇。……除上述外，其余各篇五十年代的油印本，原件存省历史研究所。[2]

仅仅要弄清楚这些原件现今是否还存世，其中哪些作为内部资料刊印过、哪些曾收入云南民族调查资料白皮书、哪些已收入《中国少数民族社会历史调查资料丛刊》、都进行了哪些删节和修改等，都不是一件简单容易的事情。

第三，《中国少数民族社会历史调查资料丛刊》遗漏了太多白皮书原有的信息。

白皮书大多有“前言”或“编后记”，如1958年2月13日全国人民代表大会民族委员会云南民族调查组、云南民族研究所《1956年12月至1957年6月云南西盟卡瓦族社会经济调查总结报告·卡瓦族调查材料之一》（全国人民代表大会民族委员会办公室编，1958年3月）白皮书的“编辑前言”：

自1956年12月至1957年6月，我组、所3个田野调查组分别调查了德宏州南部景颇族6个点，西盟县卡瓦族6个点，碧江县傈僳族2个点，贡山县四区独龙族3个点，碧江、福贡、贡山三县怒族3个点。在过去调查的基础上，进一步调查研究了这五族地区的生产力、生产关系、阶级分化、政治及家族制度、意识形态及生活习惯和社会主义改造中的问题。但我组、所初创之际，全部干部都是生手，受过资产阶级社会学、民族学一定的影响，几次批判又软弱无力；尤其对马列主义学习不深，不善于正确地进行阶级分析，特别是对过渡时期两条道路斗争的认识不明确，因此五族调查材料在目前社会主义改造与生产大跃进两个高潮中不能够全部说明问题，就是阶级分化与社会主义改造中的矛盾问题，组、所内干部意见也不一致，尚不能得出准确结论。

上述五族调查，原始材料164万字，景颇族社会、经济、政治、意识形态及历史的专题材料38万字，五族各点的综合材料50万字，卡瓦与景颇两族的综合材料51万字，

① 云南省编辑组编：《傣族社会历史调查（西双版纳之七）·后记》，国家民委民族问题五种丛书之一《中国少数民族社会历史调查资料丛刊》，云南民族出版社1985年版。

② 云南省编辑组编：《傣族社会历史调查（西双版纳之八）·后记》，国家民委民族问题五种丛书之一《中国少数民族社会历史调查资料丛刊》，云南民族出版社1985年版。

五族 5 个总结材料共 30 万字。另收集文物 193 件，摄拍照片 900 张，可供研究参考。

办公室编印资料 150 万字，这是研究边疆各民族社会经济的基础。争取文史馆、参事室及云大教师多人协助，抄录明清两代云南及东南亚民族史料 400 余万字，翻译外文著作中的云南及东南亚民族资料 120 万字，对于明清以来各民族历史关系研究有参考价值。

五族田野调查材料及总结材料，尚须较长时间修改才能付印。就是五族 5 个总结材料，合计亦达 30 万字，不便领导同志看阅。为便于领导同志在百忙中以短时间看阅我组、所调查研究情况，特将五族调查材料各写成 2000—4000 字的总结提要。

该书的“编后记”除了告诉我们该书的编辑者是云南少数民族社会历史调查组、云南省少数民族社会历史研究所，校阅者是张凤岐以外，还讲述了此次调查的基本情况：

1956 年 12 月至 1957 年 6 月，我组在西盟瓦族自治县对马散、永广、中课、翁戛科、岳宋等 5 个瓦族寨子进行了重点调查，并对该县其他少数民族（拉祜族、傈僳族、“罗缅”）进行了某些调查。我们的调查是在过去调查材料的基础上进行的，过去的材料给了我们帮助和启发。

在调查过程中，是在思茅地委会、澜沧边工委会、西盟工委会和西盟瓦族自治县筹委会以及西盟各区委会的具体领导和帮助下进行的，并得到当地驻军的大力协助。

由于我组同志多是初次参加调查工作，缺乏农村工作经验，理论水平不高，因而我们的调查是很肤浅的、不全面的，有些材料还须复查，有些论点还值得商榷。

云南民族调查组第一分组

1957 年 12 月　昆明

《1956年12月至1957年6月云南西盟大马散卡瓦族社会经济调查报告·卡瓦族调查材料之三》（全国人民代表大会民族委员会办公室编，1958年3月）白皮书除了“前言”以外，还有“编者说明”和“编后记”。全国人民代表大会民族委员会云南少数民族社会历史调查组、云南省少数民族社会历史研究所撰写的“编者说明”主要讲述了此次调查的时间、地点和内容：

全国人民代表大会民族委员会云南少数民族社会历史调查组第一分组于 1956 年 11 月至 1957 年 7 月，到云南西盟卡瓦族自治县（筹备委员会）在卡瓦族的 6 个点（大马散、岳宋、永广、中课、翁戛科、龙坎）进行了社会经济和历史的调查工作。大马散是分组的调查重点，在这里调查历时 7 个多月之久，写成了这个调查报告。

本册包括大马散寨卡瓦族的概况、经济［包括农业（生产力：生产工具、生产技术、劳动力的使用、产量。生产关系：生产资料占有、劳动组织与分工、合种、土地买卖、雇工、债务、蓄奴），手工业及副业，商业］、社会历史（历史、政治、军事、物质生活、家庭、婚丧、宗教、科学文艺、文教卫生）和大马散农业生产合作社情况。第一分组试图在几年来地、县委调查的基础上，进一步调查研究了大马散卡瓦族的生产力、生产关系、阶级分化、政治及家族制度、意识形态及生活习惯和社会主义改造的问题。大马散是西盟卡瓦族的腹心地区，保留本民族的固有特点较多些，代表面较宽，所以，在这里进行实地调查就能了解西盟腹心地区卡瓦族的特点。

自从 1957 年冬至 1958 年春省委提出苦战三年改变我省的面貌以来，西盟大马散卡瓦族与全省各族人民一样，掀起了生产大跃进和合作化大跃进的高潮，两个高潮互相推动，使大马散卡瓦族起了亘古未有的大变化，如猎头之俗已在大跃进中停止；许多落后习惯已完全改变。本调查报告由于调查时间的限制性，有些卡瓦族在前进中所存在的矛盾和问题，在 1956—1957 年夏调查时还没有暴露出来，或尚未发现。因此当时调查研究的认识与今天卡瓦族大跃进中生动活泼的局面，容或有不全面不深透之处。但作为了解大马散卡瓦族生产和合作化大跃进以前的实际情况，仍然有参考价值，特刊印出来，以供各方研究之助。

“编后记”则提供了整理者的分工情况：

我组在马散调查中得到中共西盟工委会、西盟瓦族自治县筹委会及马散区委会的大力帮助，区上的同志们更提供了许多材料，特此致谢！本报告的整理者是：顾宗振同志负责“概况”“生产资料占有”“劳动组织与分工”“合种”，杨炳炎同志负责“生产力”“手工业及副业”“文教卫生”，沈琼英同志负责“土地买卖”“雇工”“大马散农业生产合作社情况”，李仰松同志负责“债务”“物质生活”，黄宝璠同志负责“蓄奴”“商业”，徐志远同志负责“历史”“军事”“姓氏与父子连名制度”“科学文艺”，傅懋斐同志负责“政治”“家庭”“婚丧”“宗教”。

云南民族调查组第一分组

1957 年 12 月　昆明

国家民委《民族问题五种丛书》云南省编辑委员会编的《佤族社会历史调查（一）》[1]将该册的标题改成了《西盟大马散佤族社会经济调查报告》，删去了《1956年12月至1957年6月云南西盟大马散卡瓦族社会经济调查报告》白皮书中的“前言”“编者说明”和“编后记”。

云南民族调查资料白皮书的“前言”“编辑前言”“说明”“编辑说明”“编后记”为我们提供了丰富和宝贵的云南民族调查组的信息，但在公开出版《中国少数民族社会历史调查资料丛刊》时大多被删去，留下了太多的缺憾，其中部分也许已经无法弥补。

第四，《中国少数民族社会历史调查资料丛刊》几乎对所有收录进白皮书的内容进行了修改或删节。

鉴于上述，《实录》将收录部分白皮书的内容，主要包括3个方面：一是《中国少数民族社会历史调查资料丛刊》没有收录的文稿，二是《中国少数民族社会历史调查资料丛刊》虽然收录但删改过多的文稿，三是《中国少数民族社会历史调查资料丛刊》仅做了部分收录的文稿。《实录》对于部分白皮书文稿的收录，如果能找到原稿，即以原稿为准；如果无法找到原稿，则以白皮书为准。

三

《中国少数民族社会历史调查资料丛刊》云南部分，收录的不仅是1956年开始的“全国民族大调查”中云南的民族调查资料，而且包括部分1950年至1955年中央和云南省有关部门所做的各项云南民族调查的资料。例如，1958年5月云南少数民族社会历史调查组在《西双版纳傣族社会经济史料译丛》“前言”中写道：

中央访问团第二分团，中共云南省委边疆工作委员会，云南省民族事务委员会，各地、县委，各民族工作队及其他部门和民族工作干部，几年来对云南各少数民族地区的社会经济情况曾进行了许多调查工作，搜集了大量资料，这些资料是此次调查研究的基础。现特委托中共云南省委边疆工作委员会研究室、云南省民族事务委员会、我组参加其工作，将上项资料分别整理编辑；全国人民代表大会民族委员会并指定我组负责刊印出来，

① 《民族问题五种丛书》云南省编辑委员会编：《佤族社会历史调查（一）》，《中国少数民族社会历史调查资料丛刊》，云南人民出版社1983年版。

以供我组作为调查研究的基础材料及各有关部门和民族工作的参考。[①]

在该书的“编者说明”中，编者又写道：

在解放后几年民族工作基础上，1954年九十月间，中共云南省委边委、省委宣传部与省民委先后派去工作组，会同思茅地委联络组与西双版纳工委调查组，并选拔当地傣族干部20余人，共同组成近70人的调查工作队，展开了景洪、勐海、勐遮、勐腊、勐捧等版纳的傣族社会调查工作。在进行调查工作中，也广泛地搜集过去西双版纳宣慰使司和各勐公私所藏的傣文抄本进行翻译，编成本书。[②]

另外，如《中国少数民族社会历史调查资料丛刊》收录的云南民族识别等方面的资料，调查时间也都在1956年“全国民族大调查”开始以前。

云南民族调查资料最初计划用来编写《民族问题三种丛书》，即《中国少数民族简史》《中国少数民族简志》《中国少数民族自治地方概况》。1978年党的十一届三中全会以后，中央决定将《民族问题三种丛书》扩成《民族问题五种丛书》，增加了《中国少数民族语言简志丛书》和《中国少数民族社会历史调查资料丛刊》。《民族问题五种丛书》中的前4种已于20世纪80年代前后基本出版完毕，第五种即《中国少数民族社会历史调查资料丛刊》，作为国家民委《民族问题五种丛书》之一，于20世纪80年代前后全国共出版143册。其中，云南部分由云南人民出版社和云南民族出版社共出版73册，约计3000万字，册数和字数均约占全国出版总量的一半。国家民委《民族问题五种丛书》修订本于2009年由民族出版社出版，合计为86种147册，其中《中国少数民族社会历史调查资料丛刊》云南部分，虽然《崩龙族社会历史调查》不再单独出版，但是加上民族出版社1990年出版的《基诺族普米族社会历史综合调查》1册，仍为73册。

国家民委《民族问题五种丛书》之《中国少数民族社会历史调查资料丛刊》的编纂工作始于1979年。费孝通曾回忆说：“我是1950年到贵州的，从那年开始就搞民族调查。在这以前，什么叫少数民族，我们也不大清楚。通过中央访问团的几次调查，搜集到不少资料，了解了有些什么民族。……总之，过去30年的民族调查工

① 全国人民代表大会民族委员会办公室编：《西双版纳傣族社会经济史料译丛·傣族调查材料之一·前言》，1958年5月。

② 全国人民代表大会民族委员会办公室编：《西双版纳傣族社会经济史料译丛·傣族调查材料之一·编者说明》，1958年5月。

作，国家是花了钱花了力的，各个民族都出了力。我们搞了不少资料，数量很大。可是，这一大批资料很多都不在了，在‘四人帮’横行时损失了。据我所知，贵州烧得很厉害，一卡车一卡车的资料拉去烧掉了，别的地方也损失了不少。这样，现在剩下的材料就很宝贵了。正是因为这个教训，所以在三中全会之后，国家民族事务委员会就提出来，要抓紧时间把过去的材料整理出来，要编五种丛书，供大家使用。”[①]“1978年的中共十一届三中全会后，国家民委行政机构得以恢复，隔年即在北京召开了出版‘五丛’的规划会议，并成立了由众多著名专家学者组成的编委会，以民委党组的名义向党中央进行报告。此报告于1979年3月由中央宣传部和中央统战部转发至相关省和自治区，并将这一计划列为国家哲学社会科学研究‘六五’规划重点科研项目，作为国家任务下达执行。借此，因‘文革’而搁置的民族问题‘三套丛书’得以充实、提高、发展至‘五种丛书’。”“2003年9月1日，民族出版社将一份重修、再版《民族问题五种丛书》的设想和方案上报至国家民族事务委员会民族问题研究中心。经相关专家学者的反复研究论证，《关于修订、再版〈民族问题五种丛书〉的总体方案》于2005年2月制定出台。随后国家民委主任李德洙主持召开党组会议，审议并原则上通过了该方案。是年7月，经报请国务院批准，修订再版工作全面启动。”[②]

为了做好这项宏大巨制的修订工作，在北京成立了“国家民委《民族问题五种丛书》总修订委员会”，并在“基本保持原貌，统一体例、版本，增加新内容”的总体指导方针下，根据各种丛书的不同特点，制定了具体的修订思路。“‘中国少数民族社会历史调查资料丛刊’的修订，主要是尊重史实，修正错误，增加注释。”[③]修订原则即包括两个方面：一是“尊重史实”，即尊重当时的调查成果，原封不动地保留原文，连标点符号都不改，只在需要修订的地方用标注的方式加以说明；二是“拾遗补阙”。一方面由于原版“五种丛书”的调查重点集中于西南、西北地区，此次修订需要补上中东南等地区漏掉的内容；另一方面需要以页下注释的形式补充调查点几十年来人口、经济、社会、风俗、语言等方面的变化情况。[④]

① 费孝通：《费孝通民族研究文集》，民族出版社 1988 年版，第 295—296 页。
② 徐姗姗：《对“民族大调查”与“社会历史调查丛刊”的再解读》，《广西民族研究》2007 年第 2 期。
③ 李德洙：《国家民委〈民族问题五种丛书〉修订再版总序》，2007 年 8 月。
④《中国少数民族社会历史调查丛刊》修订领导小组：《〈中国少数民族社会历史调查丛刊〉修订要求与相关说明》（2006 年 2 月），转引自徐姗姗《对“民族大调查”与“社会历史调查丛刊”的再解读》，《广西民族研究》2007 年第 2 期。

在新中国成立初期历次的民族调查中，无论从规模来讲，还是从结果来看，开始于1956年的全国少数民族社会历史调查都是史无前例的，曾被国家民委等部门和国外学术机构评价为“前无古人，后无来者”。以此次民族调查为基础，出版了《民族问题五种丛书》。这套丛书是当今世界上多民族国家中唯一一部由政府组织、社会力量广泛参与、全面反映国内各民族情况的大型综合文献，内容涉及民族区域自治、民族学、民族史、民族语言文字以及民族经济、文学、宗教、医药、体育、音乐、舞蹈、美术等诸多领域；调查编写工作涉及全国19个省、自治区及中央有关单位400多个编写组，1700余人执笔，共编写出版《民族问题五种丛书》403本，总字数约8000万字；其编写出版工作自1958年开始，到1991年暂告一段落。

四

1950—1965年以各种形式进行的民族调查及其成果是新中国民族理论形成的第一成果，至今仍是民族学、人类学研究的一块稳固基石，在中国民族学发展史上具有里程碑意义。云南是中国共产党民族政策具体实践的一个成功典型案例，丰富而翔实的各少数民族社会历史调查资料则具有充分的代表性。云南是中国少数民族种类最多的省份，是中国少数民族社会历史调查的重点省份，也是中国少数民族社会历史调查文献资料保存最多的省份。当前，云南正在努力建设我国民族团结进步示范区，回顾民族工作历程、总结民族团结经验、促进民族理论创新，是创建示范区的基础性重点工作，因而编辑出版《实录》有着重要的理论价值和现实意义，也将产生深远的影响。

我们现在编辑的这套图书，曾被命名为《〈民族问题五种丛书〉续编——云南少数民族社会历史调查资料未刊稿汇编》，其原因就在于云南少数民族社会历史调查资料未刊稿的存世量远超于人们对它的掌握和认知，其主要目的之一则是为了弥补《中国少数民族社会历史调查资料丛刊》云南部分的某些缺憾与不足。

《中国少数民族社会历史调查资料丛刊》云南部分收录了当时诸多民族调查资料的精华，这一点毋庸置疑，此不赘述。但从现存云南民族调查资料的情况看，《中国少数民族社会历史调查资料丛刊》也存在一些缺憾，主要表现在两大方面。

1. 缺少9个民族的内容。云南有26个世居民族，《中国少数民族社会历史调查资料丛刊》云南部分仅收录了17个民族的调查资料，而汉族、蒙古族、藏族、壮族、布依族、满族、水族、普米族和基诺族等9个民族的内容没有收录。需要说明以下两点。第一，虽然新中国成立初期云南的各项调查主要集中在少数民族地区，调查对象主要是各少数民族，出版的图书名称为《中国少数民族社会历史调查资料丛刊》，但云南汉族的调查资料也应该以某种形式被收录其中。云南民族关系中有3个重要的“离不开”，即汉族离不开少数民族、少数民族离不开汉族、少数民族之间互相离不开，要想把一个地区的民族情况弄清楚，没有汉族的调查资料是很难做到的。就我们目前所见到的云南民族调查资料而言，其中约有数百份汉族调查资料，内容包括云南汉族的来源、汉族与云南社会经济的发展、汉族与少数民族的融合、新中国成立前汉族商业垄断和云南资本主义萌芽、新中国成立初期云南汉族状况、云南山区汉族社会经济调查等诸多方面。第二，在20世纪80年代云南民族出版社和云南人民出版社出版的《中国少数民族社会历史调查资料丛刊》中，没有基诺族和普米族的内容，1990年民族出版社出版了《基诺族普米族社会历史综合调查》一书，其中的上篇“《基诺族社会历史综合调查》，是根据全国民族问题五种丛书编委会云南分编委1980年的决定进行编写的。这一资料的完成是长时间调查的结果”[1]。虽然基诺族在1979年才被正式确认为中国的一个单一民族，但在20世纪50—60年代的民族调查资料中，有数十份有关“攸乐人”的调查报告，这些调查资料并没有收入《基诺族普米族社会历史综合调查》一书。而《基诺族普米族社会历史综合调查》的下篇《普米族社会历史综合调查》，虽然收录的是20世纪50—60年代的调查资料，但部分经过选编者的多次修订，已经无法看到其原始面貌。后人在对前人的历史调查资料进行选编时，删除不利于民族团结或不合时宜的内容非常必要，但选编者基于自己的知识背景对其他民族（当时云南民族识别工作尚未结束，部分民族及其支系的身份、名称尚未最终确认，但参订者将调查资料涉及的所有民族称谓全部改为后来确定的“规范化名称”[2]）的调查资料进行“选编”“参订”“修订”（修订者与调查者并非同一民族），必然面临语言、文化诸多方面的困难和不理解，其结果也就很难完全展示原始调查资料的真实性和准确性。

2. 内容涵盖面不够。首先，据目前所了解的情况，云南民族调查资料存世量居全国第一。在修订出版的147册《中国少数民族社会历史调查资料丛刊》（民族出版

①《民族问题五种丛书》云南省编辑委员会编：《基诺族普米族社会历史综合调查（上篇）·基诺族社会历史综合调查·说明》，《中国少数民族社会历史调查资料丛刊》，民族出版社1990 年版。

②《民族问题五种丛书》云南省编辑委员会编：《基诺族普米族社会历史综合调查（下篇）·兰坪、宁蒗两县普米族社会调查·说明》，《中国少数民族社会历史调查资料丛刊》，民族出版社 1990 年版。

社2009年版）中，云南有73册，占了总册数的一半。没有整理和出版的内容，云南民族调查资料现存在1亿字左右，远远超过现已出版的《中国少数民族社会历史调查资料丛刊》字数的总和。

在云南民族调查资料中，最具价值者为原始档案，即云南少数民族社会历史调查资料，其重要原因之一就在于其他4种丛书的编写依据大多来自第五种即云南少数民族社会历史调查资料。据不完全统计，云南调查组收集、整理和编写的历史档案、少数民族文献和调查资料目前已公开出版约3000万字，大约占到调查资料总字数的1/4。没有系统整理和出版的调查资料，部分存藏于北京市、云南省及其各州市县档案馆、图书馆和相关机构，部分散落于民间或由私人收藏，部分由原参与民族调查的工作人员收藏，部分见诸网上书店，版本包括稿本、复写本、刻印本、油印本、铅印本以及少数民族文字文献，内容则包括调查资料、调查提纲、工作计划、工作报告、工作笔记、文件、公文、批示、审稿意见、会议记录、总结、简报、通信、纸质文物（地契、证照、奖状、土司谱牒、账本等）、纪录片文本（拍摄提纲、脚本、分镜头剧本、解说词）等。但这些珍贵的史料数十年来几乎无人问津，其中部分资料由于保存不当或经过多次搬迁损毁严重，部分已经丢失，有些已有虫蛀，有些则因时间太久（受当年的纸张和墨水质量所限）或受潮而变得字迹模糊、难以辨认，亟待抢救性整理和出版。

云南之所以现存有如此大量丰富的民族调查资料，与云南的地理环境、民族情况、历史发展等多方面的复杂因素是分不开的。由于云南民族具有复杂性、国际性、宗教性等多方面的特点，新中国成立初期在云南的各项民族调查工作都要比在其他省区的工作更难做，需要的时间也更长。例如，新中国成立初期中央决定派出民族访问团到全国民族地区进行访问，首先派出的就是西南民族访问团（1950年），而东北内蒙古民族访问团在两年之后才派出。中央民族访问团西南民族访问团又分为3个分团，第一分团去西康，第二分团到云南，第三分团去贵州。到1951年3月，第一、第三分团的工作已全部结束，而第二分团即云南分团第二阶段的访问工作才刚刚开始。中央民族访问团西南民族访问团第二分团走访了云南9个专区的42个县（含设治局），除了建立地方民族民主联合政府、开办民族干部培训班、召开地区民族代表会议等各项重要工作以外，还整理和编写了百余万字的访问调查资料，这在中央派到全国各地的民族访问团中实属唯一。

前面所说8个方面的云南民族调查资料（不包括民国时期的调查资料），至今大部分尚未整理和出版。已出版的《中国少数民族社会历史调查资料丛刊》中的云南资料只是这些民族调查资料中的极小部分，而且很多重要内容几乎没有涉及。即使读完《中国少数民族社会历史调查资料丛刊》云南部分的全部内容，人们对新中国成立之后一个时期内的云南民族情况依然缺乏了解。比如：云南民族调查是怎样开始和进行的，来龙去脉是什么；云南多种社会形态并存的状况如何；云南的民主改革是在什么条件下如何分类进行的；云南民族区域自治政策和民主建政工作是怎样贯彻和落实的；云南第一个民族自治区和民族自治县是如何成立的，有什么经验和不足，对以后其他民族自治区、自治州和自治县的建立有什么影响和借鉴；等等。

其次，某些少数民族的各类调查资料很多且内容极为丰富，而《中国少数民族社会历史调查资料丛刊》仅收录了其中的极少部分。

最后，我们所说《中国少数民族社会历史调查资料丛刊》收录资料的涵盖面不够还有另外一种情况，即某一方面的资料有所收录，但或掐头去尾，或只见其一不知其二，使人无法了解某一方面资料的全面情况。例如，关于云南民族识别共有3个综合调查报告，第一阶段的识别报告名称为《云南省民族识别研究第一阶段工作初步总结》①，仅其中的《云南民族识别研究组第一阶段民族识别总结》部分被收录在《云南少数民族社会历史调查资料汇编》中，标题被改为“云南省民族识别报告”②，而第二阶段云南民族识别（第一阶段云南民族识别工作总结上报不到1个月，第二阶段云南民族识别工作已经开始）总结和后来的云南民族识别综合调查报告均未被收录，无论是一般读者，还是专业研究人员，仅通过《中国少数民族社会历史调查资料丛刊》收录的资料，对新中国云南民族识别情况和过程都不可能有一个基本的了解。

对于缺少9个民族内容的情况，由于《实录》的内容是少数民族社会历史调查史料，因而汉族不再单独列项，读者可以从各少数民族调查资料和综合调查资料（如“经济生活”部分）中窥见一斑；没有列项的各少数民族资料，除当时尚未识别、“正名”、列为单一民族从而导致没有（或尚未发现和整理）调查资料者外，我们尽量予以弥补和增添。对于内容涵盖面过窄的情况，除了增加单独板块以外，我们在各卷少数民族调查资料中也会适当加以补充。

① 中共云南省委边疆工作委员会编印：《云南省民族识别研究第一阶段工作初步总结》，1954 年 8 月 25 日。

② 云南省编辑组编：《云南少数民族社会历史调查资料汇编（三）》，《中国少数民族社会历史调查资料丛刊》，云南人民出版社 1987 年版。

五

《实录》名为“实录”，就表明了对原始文献史料进行实录即是《实录》最主要的特色之一，也是《实录》与过往同类图书最大的不同之处，保持调查资料的原貌和真实性便成为编辑《实录》的不二法门。

在选编《实录》资料的过程中，经过我们将云南民族调查资料的手稿、原件和白皮书等进行比对，可以发现，部分《中国少数民族社会历史调查资料丛刊》中云南的资料已经做了一定程度的修改，有些调查资料改动的幅度相当大，中央民族访问团西南民族访问团第二分团编辑出版的《云南民族情况汇集草稿》就是一个典型的例子。

中华人民共和国成立后不久，根据毛泽东主席的建议，中央决定向全国各民族地区派遣访问团。从1950年7月到1952年年底，中央共派出4个民族访问团，即中央民族访问团西南民族访问团、中央民族访问团西北民族访问团、中央民族访问团中南民族访问团和中央民族访问团东北内蒙古民族访问团。1950年6月，中央决定首先派出西南民族访问团，由刘格平任团长，费孝通、夏康农任副团长，团员共120余人，分别深入川、滇、黔、康民族地区进行访问。中央民族访问团西南民族访问团团员由中央民族事务委员会、文化教育委员会、内务部、卫生部、贸易部、青年团中央等20多个单位（政务院所属各部、会、院、署）抽调组成。中央民族访问团西南民族访问团下设3个分团，第一分团赴西康，刘格平兼任团长；第二分团赴云南，夏康农兼任团长，王连芳任副团长；第三分团赴贵州，费孝通兼任团长。中央民族访问团西南民族访问团第二分团即云南分团，简称中央访问团第二分团。

1950年7月2日，中央民族访问团西南民族访问团离开北京，经武汉到重庆，西南军政委员会主席刘伯承、副主席邓小平作欢迎报告。刘伯承在欢迎报告中指出：

> 关于西南少数民族问题，以我们来说还是一个新的问题，我们仅一知半解，许多情况我们还不大了解，比如西康藏族人口，云南、贵州少数民族的种类，到今天还没有精确的统计。……希望访问团每达少数民族地区要首先赔不是；另外是要多多调查研究，做一个毛主席的好学生。……要正确地执行民族政策，首先要调查研究。毛主席指示我们：“没有调查研究，就没有发言权。”[①]

①《刘伯承同志在欢迎中央访问团会上关于西南民族工作问题的报告》（1950 年 7 月 21 日），云南省委办公厅印《民族工作文件汇编》，1951 年 8 月。

邓小平在讲话中指出：

中央民族访问团这次到西南来，必定对我们帮助很大。你们在少数民族方面研究、了解的东西比我们多得多。特别是你们下去以后，亲身接触具体情况，会发现许多问题。我们很希望同志们研究各种问题，多提意见，哪怕是一个片面的意见，也比没有意见好。现在我们就是苦于没有意见。……依靠同志们的工作，我相信可以解决西南最复杂的又是最重大的问题——民族团结问题，至少可以打下一个很好的基础。[①]

中央访问团第二分团走访了云南9个专区的42个县，从中央访问团第二分团的行程来看，其在云南的访问可以分为两个阶段。第一阶段从1950年8月6日至1951年1月31日，主要访问滇西各地。1月31日滇西各组返回昆明做短暂休整，第二分团领导做半年来第一阶段工作初步总结。第二阶段从1951年2月22日至5月中下旬，主要访问滇南各地。5月中下旬滇南各组返回昆明，齐聚安宁温泉，做第二分团工作和个人总结。

此外，中央访问团第二分团还整理和编写了100余万字（《实录》编者按目前已收藏的78册书稿页数统计）的访问调查资料，这套资料有一个总的名称，即《云南民族情况汇集草稿》。

中央访问团第二分团编印的《云南民族情况汇集草稿》（后文简称《草稿》）也分为两个阶段，第一阶段的访问成果标明为“材料”，标明的出版（《草稿》为竖排铅印，小32开本，纸张粗糙，封面用红字印刷，虽然标有“出版”字样，但并无统一书号）时间是1951年2月；第二阶段的访问成果标明为“资料”，标明的出版时间是1951年7月。可以看出，中央访问团第二分团的工作不仅时间长（中央访问团第二分团第二阶段工作刚刚开始，第一分团和第三分团的工作已经结束）、成果多（目前尚未看到其他访问团有如此大量的实地访问调查报告面世），而且时间抓得很紧——1951年1月31日第一阶段工作结束，2月份就出版了第一阶段的访问材料；1951年6月10日中央访问团第二分团离昆返京，7月份人们就看到了墨香犹存的第二阶段访问资料。

中央民族访问团西南民族访问团第二分团第一阶段访问了6个专区，即宜良、丽江、保山、大理、楚雄、武定，在这6个专区的每册《草稿》前面都有一个“编

①《邓小平文选》第一卷，人民出版社 1994 年版，第 170—171 页。

者声明”：

这些材料是我们从1950年8月29日至1951年1月31日（其中大部时间是在行动中），先后在圭山、丽江、保山、大理、武定、楚雄等地区进行兄弟民族访问工作中，通过当地干部、民族代表及熟悉当地情况的人士所了解的一些情况。为应各有关机关之急需，仅将原材料加以整理，尽量避免主观分析与结论，在文字上仅要求念得通、看得懂。但由于是短期的访问与了解及仓促整理，情况难免不真实或不深入，观点难免错误，文字烦琐或不通顺。故仅能供各有关机关进行民族工作的参考或进一步考察的线索，并望于今后的调查研究，加以校正。

1951年2月　日

中央民族访问团西南民族访问团第二分团第二阶段访问了3个专区，即普洱、蒙自和文山。在普洱区和蒙自区的每册《草稿》中也都有一个“编者声明”，与前面6个专区每册《草稿》的“编者声明”内容基本相同，只是时间和地点有了更动：

这些材料是我们从1951年2月22日至1951年5月底（其中大部时间是在行动中），先后在蒙自、普洱、文山等地区进行兄弟民族访问工作中，通过当地干部、民族代表及熟悉当地情况的人士所了解的一些情况。为应各有关机关之急需，仅将原材料加以整理，尽量避免主观分析与结论，在文字上仅要求看得懂。但由于短期访问及仓促整理，情况难免不真实或不深入，观点难免错误。故仅能供各有关机关进行民族工作的参考或进一步考察的线索，并望于今后的调查研究，加以校正。

1951年6月　日

20世纪70年代末，国家民委将《民族问题三种丛书》扩展为《民族问题五种丛书》时，部分《草稿》被编入《民族问题五种丛书》之《中国少数民族社会历史调查资料丛刊》中，名称为《中央访问团第二分团云南民族情况汇集》，分上、下两册，由云南民族出版社1986年出版。

《草稿》共计有多少册？这是一个迄今尚未找到答案的问题。作为中央民族访问团西南民族访问团第二分团副团长并留任云南的王连芳在《云南民族工作回忆》一书中回忆道：

当时我们可能了解的民族情况，联络组基本上都了解到了。每次送到我那里的材料都很多，由孙敏贤同志帮我一道看，并进行分类处理。一是如控告、纠纷和违反禁忌等需当地干部引起注意的，留在当地处理，一般的交县里，重要的给地委；二是典型材料、综合材料、总结等直接报省委，少数给省民委；三是报送中央的材料，紧迫的直接电告中央，其他的则带回北京。这些材料虽然粗浅但却使我们初步掌握了云南少数民族的基本情况，为中央和省委以后的民族工作决策提供了重要依据。其中一部分在 1985 年被编成《云南民族情况汇集》（上、下集），留下了近 90 万字的珍贵资料，其他资料和总结均随团带回北京，保留在中央民委。[①]

王连芳所说的《云南民族情况汇集》即1986年出版的《中央访问团第二分团云南民族情况汇集》（后文简称《汇集》）。《汇集》编者在上册“后记”中说：

1981 年底，为编辑西双版纳地区的傣族调查资料，马曜教授首先将珍存的中访团这批资料中有关西双版纳的调查资料十件，交付编入《傣族社会历史调查（西双版纳之一）》（云南民族出版社出版）。出书后引起各方关注，经编委丛刊组研究决定，命专人搜集这批资料，编入中国少数民族社会历史调查资料丛刊。由于历史原因，当年中访团达百余件、百余万字的《云南民族情况汇集草稿》，已很难见到完整成套的了。在搜集这些资料过程中，先后得到省档案馆、省民委资料室同志的鼎力协助，终于将文山以外各地区调查资料基本收齐。

《汇集》编者在下册“后记”中又说：

上、下两集的资料，从搜集原件到编辑付印，前后历时两年多；在搜集资料、编辑过程中，原中央访问团二分团副团长省人大常委会副主任王连芳同志，始终给予各种极大的支持和指导。马曜教授将珍藏数十年的资料近 30 件交付编辑。原中访团二分团的苏丹、宋伯胤、胡鸿章、宋文治、高文英、尹寿铭等同志，以极大的热情为编辑提供情况、照片等。

作为中央民族访问团西南民族访问团第二分团成员并留居云南工作的胡鸿章回忆说，中央访问团第二分团“接触了分别居住在60个县内的少数民族群众，做了20

① 王连芳：《云南民族工作回忆》，民族出版社 2012 年版，第 12—13 页。

个村和10余个专题的典型调查，整处了近百万字的调查材料”[①]，又说中央访问团第二分团“整理了70份近80万字的调查材料”[②]。关于《草稿》的册数，有“70份”和“百余件”之说，但不知道“百余件”的根据从何而来，更不晓得“百余件”的具体内容；关于《草稿》的篇幅，则有“近80万字”“近90万字”“近百万字”和“百余万字”等等不同的说法。

关于文山专区的访问资料，《汇集》编者在上册“后记”中说：

经我们在昆明、北京两地查找，又函请文山壮族苗族自治州民委查询，均未找到。

中央民族访问团西南民族访问团第二分团访问文山的资料有多少，当时是否已编入《草稿》？这也是无从知晓的问题。中央民族访问团西南民族访问团第二分团成员宋伯胤在1951年2月12日的日记中写道：

老聂告诉我，下一阶段工作我参加第一组，组长是老范，我是副组长，由老聂率领，去蒙自、文山工作三个月。团部去宁洱，还有一路去澜沧，这两组是远征军。我们的地区是近了点，团部给予的任务，他们是做“线”的访问，我们则做“面”的调查。[③]

从宋伯胤后来的日记来看，他这一组人马又分为两部分，一部分去蒙自，一部分去文山，宋伯胤只去了蒙自，在他的日记中有详细的记录。他在1951年5月27日的日记中写道：

到文山去的同志们回来了。二分团这一次是最后的会师。[④]

到文山去的“同志们”都有谁，是否编写了访问调查资料，依然不得而知。

为了寻找中央民族访问团西南民族访问团第二分团在文山的线索，我曾两次前

① 胡鸿章：《回忆中央访问团访问云南》，云南省编辑组《中央访问团第二分团云南民族情况汇集（下）·附录三》，《中国少数民族社会历史调查资料丛刊》，云南民族出版社1986年版。

② 胡鸿章：《回忆中央访问团云南分团》，《云南文史资料选辑第四十四辑·云南民族工作回忆录（一）》，云南人民出版社1993年版。

③ 南京博物院编：《宋伯胤文集·民族调查卷》，文物出版社2012年版，第216页。

④ 南京博物院编：《宋伯胤文集·民族调查卷》，文物出版社2012年版，第304页。

往文山壮族苗族自治州、市各档案馆、图书馆、民宗局、政协文史资料编辑审查委员会等相关机构查阅档案资料，仅在文山州档案馆查到了两份提及中央民族访问团的资料。两份资料皆有两个版本，一为手稿，一为刻印稿，内容基本一致。一份资料为中国共产党文山地方委员会1951年3月17日统族字第贰号文，名为《文山地委统战部关于民族工作的计划》，其第三部分“关于民族调查工作”写道：

各县要在五月下旬（即中央访问团未到前）完成下列各项民族调查工作：

①民族种类——名称。②各民族人口数——尽可能得到正确数字，即匪乱地区亦应估计人口的约数。③各民族分布地区——如能绘图说明更好。④风俗习惯——各民族婚姻、年节等礼俗制度。⑤各民族的历史——叙述民族来历、有过什么沿革或斗争。⑥社会概况——各少数民族与汉族的关系，各民族互相间的关系。土司、领袖、头目和经济、生活等情况，应各民族分别叙述。⑦干部情况——县、区、村各级干部各若干？党团员干部各若干？⑧文化情况——有无自己的语言文字？学校情形？⑨宗教——有何宗教信仰？迷信程度。⑩治安状况——报导各少数民族地区匪特活动情况及有无参加匪特的恶霸地富。

从这份民族调查工作计划中，我们从一个侧面可以大致了解中央民族访问团西南民族访问团第二分团在云南各地访问调查的具体内容，还可以知道中央民族访问团西南民族访问团第二分团在1951年5月下旬（或以后）要去文山访问，这与宋伯胤记录的时间稍有出入（宋伯胤1951年5月27日的日记说“到文山去的同志们回来了”）。我们所无法知道的是——文山地区制订的民族调查工作计划完成得如何，是否编写了调查报告？如果是，又是否会列为中央民族访问团西南民族访问团第二分团调查材料的一部分？如果答案是肯定的，那为什么到目前为止在《草稿》中没有找到任何有关文山调查资料的痕迹？如果答案是否定的，又是出于什么原因？（《草稿》普洱和蒙自两区资料的“编者声明”中都提到去过文山访问调查并进行了材料整理）

另一份资料为中国共产党文山地方委员会1951年7月18日发文第031号，名为《地委关于召开各族各界代表会议建立联合政府复麻栗坡市委》。其中，在“（三）如何产生政府委员问题”一节中提到了“见张冲、王连芳同志《关于普洱专署组织联合政府的总结报告》”①，在“（五）领导思想问题”一节中指出：

> 中访团来文山指示后，少数民族工作已引起各级党委注意，但把阶级斗争与民族团结对立起来的左倾情绪还未根绝，争取与稳定民族上层分子还不坚决。……必须明确在边远地区，特别民族关系混乱的地区，只有把社会改革暂退一步，把民族团结、民主建政、生产工作、抗美援朝运动、爱国主义教育推进一步，把少数民族团结发动起来，才能推动其他工作。我们要在思想上彻底解决此一问题，并将这一精神贯彻到具体工作中去！

这份资料对中央民族访问团西南民族访问团第二分团到过文山做了确切的记录，但除了做指示以外有没有像在其他地区一样编写调查报告并编入《草稿》？从到目前为止所掌握的资料来看，依然不得而知。

《草稿》是中央民族访问团西南民族访问团第二分团最为重要的成果之一。从《汇集》编者叙述的情况看，《草稿》非常珍贵，但散佚情况严重，在20世纪80年代编辑《汇集》时，曾“命专人搜集”，并动用组织手段，都未能将《草稿》收齐。我们曾查找和阅读了上万份的云南民族调查手稿资料，对老一代民族工作者吃苦耐劳的革命精神和一丝不苟的工作作风充满敬意，因而历来视其为可信的史料。先是一个偶然的机会，从一家旧书店淘到几册《草稿》，将《草稿》和《汇集》进行简单对照阅读之后，顿时让人心生狐疑：两种版本同一篇访问调查的内容居然有很多地方无法对应！是我见到的这几本情况如此，还是所有《汇集》收录的《草稿》内容已非原文？经过20多年的搜集和寻访，现已收藏除文山区以外的《草稿》原件共78册（其中一册为翻拍件），依照中央民族访问团西南民族访问团第二分团的访问路线顺序，计有路南圭山区材料5册、丽江区材料17册、保山区材料13册、大理区材料2册、楚雄区材料1册、武定区材料7册、普洱区资料20册和蒙自区资料13册。除《傣族社会历史调查》（西双版纳之一）收录10册以外，《汇集》共收录《草稿》63册。

将《草稿》与《汇集》进行比对，发现《汇集》编者对《草稿》动了较大的“手术”，主要有以下几个方面。

1. 未收录或部分收录。《汇集》没有收录的《草稿》有5册，对其他部分《草稿》的内容仅做部分收录或删节收录。

① 关于张冲、王连芳的报告及中央民族访问团西南民族访问团第二分团协助成立普洱专区联合政府，参见申旭、肖依群编著的《云南民族调查史料钩沉（1950—1965）》（云南人民出版社 2016 年版）一书之“I 中央访问团第二分团对云南的访问调查”。

2. 掐头。每册《草稿》都有封面和“编者声明”，封面上标有“云南民族情况汇集草稿”“××区材（资）料之×”“中央访问团第二分团”字样以及篇名、出版年月等各种信息，《汇集》将其和“编者声明”、目录等一并删除。

3. 去尾。王连芳在《云南民族工作回忆》一书中写道，中央民委受命筹建访问团时，访问过程中的调查研究工作就备受重视，民委领导指派他负责起草一个调查提纲，由杨静仁修改后报送中央。1950年6月访问团全体人员集中在北京国子监学习，当时的中央书记处书记、北京市委书记彭真派秘书到国子监找他，转达了3点意见：第一，访问有多种功能，但其中一个重大的政治任务就是多方面了解民族情况报告中央，为中央今后的民族工作决策作参考；第二，调查提纲所列的项目都可以，但最根本的东西是调查各族群众的愿望、要求和疾苦，不要以为群众意见零碎，从零碎意见中可以看到人民的真实要求和期待，从而懂得人民要我们干什么、不要我们干什么；第三，调查要尽可能深入，尽可能深入下面，从一户、一个人那里了解情况。①另外，《中央访问团的任务、工作方法和守则》规定中央访问团的任务有两条，其中之一是“对西南各兄弟民族之政治、经济、文化情况、民族关系、群众要求以及当前民族政策的执行情形，有重点地进行调查研究，并搜集有关资料”②。《汇集》将《草稿》中关于民族关系、群众要求和民族政策执行情形等方面的内容（放在各篇访问调查报告的后半部分）大多删去，对其他方面的内容也部分删除，对此，《汇集》编者的解释是：“编辑过程中，以不失历史资料为前提，对各篇作了必要的删节或摘要，均不一一注明。”③

4. 换名。大部分《草稿》的标题被重新命名。

5. 肢解。一册《草稿》被分成2个、3个甚至4个材料并分别加上标题后放入《汇集》之中。

6. 重组。颠倒《草稿》原文的内容次序重新组合。

7. 改写。全部《草稿》的内容均被做过改写或改编。

8. 添加。《汇集》编者人为添加了“内容”或自己的主观臆断。

1951年2月17日，中央民族访问团西南民族访问团第二分团副团长王连芳召集会议，布置整理访问材料的工作及具体要求。宋伯胤在当天的日记中写道：

① 参见王连芳：《云南民族工作回忆》，民族出版社2012年版，第10—11页。
②《中央访问团的任务、工作方法和守则》，《中央访问团团员手册》，1950年。（参见《实录》第一卷）
③ 云南省编辑组：《中央访问团第二分团云南民族情况汇集（上）·后记》，《中国少数民族社会历史调查资料丛刊》，云南民族出版社1986年版。

晚上在王副团长屋里开会，参加者是留昆整理资料的同志。王副团长指出，在着手整理材料以前，必须首先解决两个思想问题：第一，以非常宝贵和高度重视的态度来对待这个任务；第二，不要随意处置同志们心血的成果。至于整理材料的具体要求，有四点。

（一）整理材料是一个材料汇集的过程，我们所要做的事情就是将材料汇集起来，不是系统地编成文件。

（二）有文必录。即使同一个问题，有两种说法，也要录进去。

（三）原则上无大问题。

（四）文字略通顺。①

“材料汇集”“有文必录”是《草稿》整理成册的重要基本准则。《宋伯胤文集·民族调查卷》一书收录了他自己11篇《草稿》中的文章，但颇具意味的是，每篇文章的末尾都注明有“原载云南省编辑组：《中央访问团第二分团云南民族情况汇集》，云南民族出版社，1986年”字样；也就是说，该书的编者并没有对照《草稿》原文，而是沿用了没有按照“材料汇集”“有文必录”原则进行编辑的文本，若以后有人引用该书，极有可能造成误解误用的不良后果。

国家民委《民族问题五种丛书》云南省编辑委员会在《中国少数民族社会历史调查资料丛刊》（修订本）云南部分的“出版说明”中说：“《丛刊》是研究民族历史、民族学等学科的综合性调查资料汇编。我们这次编选基本上以过去调查整理稿为基础，以便保证调查资料的客观性。在具体编选时，则以具有科学研究价值作为选编资料的标准。在时间上以反映各民族民主改革前社会面貌的资料为主。根据调查资料的价值大小，采取全录或节录。”可能是由于修订原则的约束，抑或是修订者没有找到“过去调查整理稿”，因而在2009年民族出版社出版的修订本中，虽然强调此次修订再版的主要工作是“订正错误”②，但将《草稿》原文与之对比来看，《汇集》中的错误显然没有得到“订正”，这种情况严重地影响了文献史料的真实性和准确性。我们非常赞同“尊重史实”的修订原则，但仅就《草稿》而言，现今人们尊重的并不是其原文的“史实”，而是经过《汇集》编者改编、改写后的“史实”。

① 南京博物院编：《宋伯胤文集·民族调查卷》，文物出版社 2012 年版，第 219 页。
②《中国少数民族社会历史调查资料丛刊》修订编辑委员会：《中国少数民族社会历史调查资料丛刊·修订再版说明》，2007 年 12 月。

遭遇了《汇集》编者大刀阔斧的“手术”，《草稿》已经变得“面目全非”，可谓“旧貌换新颜”。但可以肯定的是，经过了彻头彻尾的改变以后，《汇集》中的诸多问题也许瑕不掩瑜，但它无论是对于云南民族调查资料真实性和完整性的保存和留传来说，还是对于后人参考和进行学术研究而言，都不失为一种“硬伤”。

六

《实录》的编辑出版是一个系统性工程，第一阶段计划出版30卷。具体内容是：

第一至二卷：中央民族访问团西南民族访问团第二分团；

第三至四卷：民族工作；

第五至六卷：民主改革；

第七至九卷：民族语言调查；

第十卷：民族人口·民族识别；

第十一卷：民族民主建政与区域自治；

第十二卷：经济生活；

第十三卷：全国少数民族社会历史调查工作文档；

第十四卷：民族问题三种丛书与云南少数民族社会历史科学纪录片工作文档；

第十五至二十八卷：云南各少数民族调查资料；

第二十九至三十卷：图录和三十卷总目。其中，图录包括有关公文、函件、工作书札、电报稿，各少数民族历史照片、民族调查和纪录片拍摄工作照，中央访问团和慰问团赠送云南少数民族礼物、云南少数民族敬献中央人民政府礼品的照片。

在30卷图书中，云南少数民族资料与其他分类资料各占一半。

各卷预计完稿时间：

2020年：10卷。

2022年：7卷。

2023年：6卷。

2025年：7卷。

《实录》各卷采用纵向和横向两种分类编排方式，在一卷之内必要时纵向与横向交错进行。

第一至十四卷内容的分类架构为纵向排列，即大体上是按各项调查的时间顺序，其主要目的有二：一是为了突出新中国成立伊始中央人民政府对云南边疆人民的关怀、党的民族政策在云南的施行及新中国民族工作的“云南现象”和“云南经验”；二是展示新中国成立初期云南各项民族调查（包括中央民族访问团西南民族访问团第二分团、民族语言、民族识别等中央人民政府派出的调查组和云南省委边疆工作委员会、云南省民族事务委员会、云南省民族工作队等云南本地的调查组）的主要（文字）成果。第一至十四卷的内容突出两个重点，一是1949年以后从中央到地方各级政府机构及下属民族事务机构对云南各地的调查，二是新中国成立初期云南经历的重大事件（如清匪反霸、镇反、减租退押、民主改革、区域自治、互助合作、经济发展等），以展示这一时期云南社会的发展历程。

第十五至三十卷的内容主要集中于全国少数民族社会历史调查中的云南各少数民族调查及相关图片，各民族资料按民族代码顺序依次列出，其分类架构大体为横向排列。

编辑《实录》的整体思路，既着重于全面，也考虑到具体；既有选择重点，也要照顾到各方面的平衡。例如，第五至六卷内容为“民主改革”，包括3个部分，即土地改革、和平协商土地改革和直接过渡。这两卷资料选择的要旨，既要考虑到纵向的主题思路（从中央文献到地方指示，弄清事件的来龙去脉和具体内容），又要顾及内容涵盖面（如清匪反霸、减租退押、土改、复查以及土地改革中的建党、建团、妇女工作等），还要照顾到横向3个方面的大体平衡（一是3个部分内容篇幅的平衡，二是各地区、市县覆盖面的平衡，三是各民族内容的平衡）。再如，在民族语言调查资料的选择上，既要考虑到面的平衡（只要是有调查资料的民族，尽可能有所展现），又要有侧重地照顾到各卷内容的平衡（比如藏族，除语言调查资料外，其他方面的调查资料较少，在以往出版的《中国少数民族社会历史调查资料丛刊》中也没有云南藏族的资料），还要有重点（比如彝族，不但是云南支系、人口最多和分布最广的少数民族，而且还涉及四川、贵州等省，同时还是与周边东南亚国家共有的跨境民族）。

如此架构的目的在于以下5点。一是尝试对1950—1965年的云南民族调查史料进行一次系统性的梳理，因尚属首次，难度甚大，但却非常必要，也具有重大的现实意义。二是通过系统梳理，为总结新中国成立初期民族工作的“云南现象”和“云南经验”提供扎实和充足的史料依据，并在此基础上使其能提升到民族学研究和民族工作的理论高度。三是展现以前所有同类图书中大多没有收录却又极为重要的内容。四是摒弃以前大多主要选择经济内容的编辑思路（经济内容的重要性不言而喻，我们将主要在第十五至二十八卷各民族板块中加以展现）。如果《实录》在内容上与以往同类图书大体雷同或相似，只是在数量上进行些许增添和补充，那就失去了其应有的价值。毛主席当年曾对中央其他领导讲，少数民族地区也要进行社会改革了，一改革很多东西以后就再也见不到了，所以要抢救，这才有了中国“前无古人、后无来者”的少数民族社会历史调查。但是要“抢救”而且已经“抢救”的东西，绝非仅有经济甚至只是农业生产一项内容。五是通过文字、图片系统和全方位的展现，试图勾勒出新中国成立初期云南民族调查的全幅景象和完整进程，并以一斑而窥全豹，从而对全国各少数民族地区的社会历史调查在广度和深度方面能有进一步的了解和认识。

执守严谨的重材料、重考证学风并提出“史学即是史料学”观点的历史学家傅斯年曾说过：“整理史料是件很不容易的事，历史学家本领之高低全在这一处上决定。后人想在前人工作上增高：第一，要能得到并且能利用前人不曾见或不曾用的材料；第二，要比前人有更细密更确切的分辨力。”[1]囿于心智、学识、能力与对云南民族调查史料的认知和掌握程度，及对民族史史料学及其目录学、分类学的一知半解，加之新中国成立初期各种访问团、慰问团、调查组、民族识别研究组、工作队、代表团、参观团等活动密集频繁，更有史无前例的“全国少数民族社会历史调查”，以及中国共产党各项民族政策和实施细则的深入持续贯彻执行，从而使云南民族调查史料的存量和内容变得更为丰厚，全面系统梳理可谓工程浩大，仅凭一己之力很难付诸实施并顺利面世，因而我们现阶段仅仅是在力学不倦的同时，尽力去做一些局部的抢救性整理工作。目前，30卷图书的资料已基本齐备，编选工作也在按照计划有条不紊地展开。当然，我们不会停下继续搜集和整理云南民族调查文献史料的脚步，在身心安好、精力财力尚可维系的情况下，依然会不回头地执着前行，并借此表达对那些在极端严酷环境下脚踏实地开展民族工作的工作者的诚挚敬意。他们历尽艰辛、勇于奉献甚至以生命的代价[2]获取的第一手调查资料，早已构成云南民族文化遗产宝库中不可或缺的重要组成部分。文化是民族的灵魂，是民族精神和民族素质的纽带，深深植根于民族的血脉之中。这些史料之所以如此珍贵，很大程度上就在于其丰厚的民族文化内涵，值得永久藏存。想要留住它们，就离不

① 傅斯年：《史学方法导论》，《傅斯年全集》第 1 册，湖南教育出版社 2003 年版，第 58 页。

② 1958 年 9 月 29 日下午 7 时，云南民族调查组怒江分组贡山小组成员陈延长在调查途中坠落怒江，不幸遇难。时任贡山小组组长洪俊于 10 月 1 日上报《关于陈延长同志牺牲的经过（报告）》，详细描述了事件的经过。我们藏有这份报告的原件（复写稿），其内容将编入《实录》第十三卷。——编者

开执着者的良苦用心；想要解读、弘扬和传播它们，就离不开研究者的孜孜矻矻和传播者的不懈努力，其中最重要的一个方面，就是具有历史眼光和远见卓识的出版者，云南人民出版社就担当了这一举足轻重、令人钦敬的角色。

这些无可复制的实地调查资料，已经成为云南民族文化遗产宝库中的经典。何谓经典？2003年诺贝尔文学奖得主、南非作家J. M. 库切（John Maxwell Coetzee）的定义也许最为贴切。他在题为“何谓经典”的演讲中说道：

> 经典就是得以存活之物……历经过最糟糕的野蛮攻击而得以劫后余生的作品，因为一代一代的人们都无法舍弃它，因而不惜一切代价紧紧地拽住它，从而得以劫后余生的作品——那就是经典。

作为云南民族文化遗产宝库中的经典，它们不能被遗忘，也不应该被率意“修正”。作为云南珍贵民族记忆的收藏者和云南历史文化的研习者，我们也会时刻牢记——“为了明天而收集昨天”。这既是初衷，也是终极目的。

申　旭

2020年1月15日

编辑说明

1. 20世纪中期云南民族调查的内容广泛、丰富、繁芜，由于时间、精力、费用等诸多因素，仅靠个人努力显然无法完成全部云南民族调查史料的搜集工作，挂一漏万在所难免。就目前了解和掌握的情况看，有些调查史料或调查笔记没有标题，且内容相当零碎；有些史料仅有存目而内容已佚；有些史料仅见标题而尚未看到具体内容；有些史料抑或无必要收录，因此《实录》内容为精选而非大全。

2. 通过多年对云南民族调查史料的持续收藏和研读，《实录》暂将其分为13个大类，即中央民族访问团西南民族访问团第二分团、民族工作、民主改革、民族语言、民族人口、民族识别、民族民主建政与区域自治、经济生活、全国少数民族社会历史调查、三种丛书、少数民族社会历史科学纪录片、云南各少数民族调查史料和图片。

3. 本着拾遗补阙的原则，已公开出版的史料原则上不再收录，但为了展现一项调查工作的全过程并保持一套史料的系统性和完整性（收齐一套史料往往需要数年甚至更长的时间），同类图书仅做部分收录或删节、改动过多而又相当重要的史料，则全文收录。

4. 某些文稿有手写本、复写本、刻印本、油印本、铅印本等多种版本，其中部分为摘录或摘要本，《实录》选择相对完备、详细的版本。

5. 《实录》按具体内容和民族内容进行分类，前者按时间先后编排，后者按中国民族代码顺序排列。

6. 一卷或一个板块具体内容的编辑，按照省、专区、自治区（州）、县、市、区、乡等行政区划依次进行，各级行政区划排名不分先后。

7. 依照中国民族代码顺序排列的云南各民族调查史料，按照当时各调查分组或调查小组的调查对象和调查主题进行分类。例如彝族分组的调查史料，除了其中标明为其他民族的调查内容以外，皆归入彝族范畴。

8. 带有歧视和侮辱意味的民族称谓一律删除，必须保留者皆做修改，比如“猓”改作“倮”，“母鸡”改为“佴僟”，等等。

9. 部分史料中存在民族歧视和侮辱方面的叙述，凡影响民族和谐与团结部分予以删除，不加注明。

10. 1966年以前云南各项民族调查（参见《实录》之“写在前面”）期间，部分少数民族尚未进行民族识别或完全确认，部分少数民族的名称尚未最终确定，《实录》对这一时期云南民族调查史料中的原有民族或其支系称谓予以保留，不做改动。例如佤族在定名之前，曾被称为或更改为“瓦族”“卡瓦族”“佧佤族”“佧瓦族”“卡佤族”等，本书不做统一，以免完全抹去了民族名称的历史演变过程。

11. 1966年以前云南各项民族调查（参见《实录》之“写在前面”）期间，部分少数民族自治地方的名称尚未最终“正名”，《实录》原样保留，不做更动。

12. 由于调查、访问、翻译、记录、整理的人员、时间、地点等方面的不一致，人名、地名的写法并不一致，《实录》以脚注形式予以标明，不做统一或修改。

13. 同一专业术语在不同文献中的用法不同，如三种丛书，又写作“三套丛书”“三种民族问题丛书”“民族问题三种丛书”等，除明显错讹之处以外，不做统一。

14. 部分文稿封面、目录标题与正文标题并不一致，本书原样录入，不做改动，仅在页下注释说明。

15. 部分文稿中的数字明显存疑，除有直接证据或旁证据之修改外，不做更改，也不做说明。

16. 原文稿中数字表述多为汉字，除必须使用汉字者外，现统一使用阿拉伯数字。

17. 部分汉字的使用几十年来已有明显变化。如“哪里”原稿作“那里”，“做生意”原稿作“作生意”等；再如助词“的”“地”“得”的使用也较为随意。现根据当下汉语使用规范进行统一，不做说明。

18. 部分文稿标题没有域名，为方便阅读，根据内容将域名放在括号内置于标题前予以标明。

19. 部分文稿没有标明日期，如能在正文中查出日期，则将其摘出置于文稿的开端。

20. 文稿中个别明显笔误或错漏之处，直接补入和改正，不做注释。

21. 限于当时记录、翻译和编写等各方面的原因，部分文稿无法通读，《实录》

在不扰乱和改变其原有风格的前提下稍加理顺。

22. 为了方便阅读，对个别较长的段落稍加分段调整。

23. 《实录》尽量保持原记录文稿的行文风格和断句构成，但为了保证史料的完整性和阅读顺畅，根据内容对部分文稿的序号进行了补入和调整；对标点符号按现在的使用规范做了修改，不做说明。

24. 由于纸张、墨水、年代久远、保存不当、记录编写人员笔误等诸多原因，部分史料的自造字、错别字偏多，个别专有名词处已有残破或漫漶不清，以致极难辨识和无法卒读。对此，《实录》尽力以其他同类史料予以校正补入，无法补入者，则标以虚缺号“□”。

25. 《实录》第七、八、九卷内容为云南民族语言调查资料。由于各方面的原因，此3卷采用扫描和拍照方式将原手写稿内容呈现。原手写稿中的汉语存在有错别字、繁体字、异体字、不规范简体字、自造字等情况，还有词汇、语法序号编排混乱，表格随意断开、分页等现象，作为对珍贵原始资料的抢救性保护留传，《实录》不做任何改动，保持原稿模样。

26. 《实录》收录的史料，部分为个人收藏，部分存藏于相关档案馆、图书馆、资料室，部分存藏于当年参加过民族调查的工作人员手中，为了方便阅读和使用，尽量列出日期、署名等相关信息，并置于每篇文稿的开端，但不标明收藏出处。

目　录

关于民族文字字母形式讨论会
民族语言调查通讯创刊号
1956年11月26日

关于民族文字字母形式讨论会

民族文字字母形式讨论会于10月19日至21日在贵阳举行。参加会议的有中国科学院少数民族语言研究所筹备处尹育然主任和傅懋勣副主任，以及第一、第二、第三、第四工作队的负责同志和各地少数民族语文工作者。贵州省欧百川副省长和有关部门的同志也参加了会议。

为了便于学习汉语和各民族的文化交流，各个以拉丁字母为基础的少数民族文字应在形式上尽可能地和汉语拼音方案取得一致，即以相同的字母来表达相同、相近或有对应关系的语音；各少数民族之间，特别是同语族同语支的民族文字，也应该尽可能在字母形式上取得一致，但是应该同时照顾到本民族语音系统的完整性。

会议按语言的系属分成藏缅、苗瑶、壮傣语族3个小组，分别讨论了各个语族诸语言的字母总表，又根据各组讨论结果、集中讨论各组不相一致的一些字母形式和处理办法。经过两天半的充分研究、反复协商，最后达到意见基本上取得一致，通过了《关于以拉丁字母为基础的少数民族文字在字母形式上取得一致问题的几项意见》和《藏缅、苗瑶、壮傣等语族字母总表》。

为了表达少数民族语言自己的语音特点，可以创制新字母或采用其他文字的字母，或使用双字母，以补拉丁字母之不足；但应尽可能地避免用3个以上的字母表达一个音位。这样，既不影响到全面的问题，又照顾到本民族语言音位系统的完整性和文字表达方法尽可能地经济合理，避免了跟汉语拼音方案在字母形式上的差别矛盾和不同语族文字间的过大分歧。会议认为：这次会议对于今后的少数民族文字创制和改革工作将有很大的帮助，同时也给各民族之间的文化交流创造了有利条件。

编辑组根据会议情况汇报整理

附：

民族文字字母形式问题讨论会关于以拉丁字母为基础的少数民族文字在字母形式上取得一致问题的几点意见

关于以拉丁字母为基础的少数民族文字在字母形式上取得一致问题，我们于1956年10月19—21日在贵阳举行会议，经过讨论后提出了以下意见。

1. 各个以拉丁字母为基础的少数民族文字，在字母形式上，尽可能地和汉语拼音方案一致，以相同的字母表达相近的语音。但是由于汉语拼音方案中X、H、I以及J和W等字母的用法还有不同的意见，可能有更动，对于这些语音，我们可以采取这些形式，也可以另外制定表达的办法。

为了表达少数民族语言自己的语音特点，可以创制新字母或采用其他文字的字母，或使用双字母，以补拉丁字母之不足；但应尽可能地避免用3个以上的字母。

2. 不同语系的以拉丁字母为基础的少数民族文字，特别是使用地区相近的文字，在字母形式上也应该在可能范围内基本上取得一致。同语族、同语支的语言，以及同一个民族使用的几种文字，更应该尽可能地在字母形式上取得一致。在处理这个问题的时候，不只应该考虑语音相同相近的情况，同时还要考虑音位对应的情况。在考虑音位对应情况的时候，应该注意尽可能地不妨碍和汉语拼音方案一致的原则和本族语音系统的完整性。

会议提出：把上述意见送请各地有关机构和中国文字改革委员会参考，并要求中国文字改革委员会在修订汉语拼音方案的时候，适当地考虑到少数民族语言文字的情况。

民族文字字母形式问题讨论会

1956年10月20日

学习民族语文科学的十二年规划的体会

吴丽丽、孙敦

民族语言调查通讯创刊号

1956年11月26日

学习民族语文科学的十二年规划的体会

同苏联一样，我国是一个多民族的国家，有3500多万的少数民族分布在占我国总面积65%的土地上。这些民族的语言情况是相当复杂的，在少数民族语言研究方面，尽管过去做了一些工作并有了一定的成绩，但还远远落后于实际需要，在科学水平上也远远落后于苏联的先进工作。

有些兄弟民族很早就有了自己的文字，并且开始了语言文字的研究，例如7世纪时出现了第一部藏语语法书，此外如维吾尔族、蒙古族学者的研究工作也开始得较早。汉族学者也在汉族与少数民族的交往中做过翻译等工作。中国的语文工作者过去在少数民族语言的语音、词汇和语法方面也有了一定的著作，近30年来更吸收了西方语言学的经验，做了一些语言比较工作。由于过去反动政府对少数民族的压迫与歧视，根本不重视对少数民族语言的研究，所以，尽管有少数学者做过一些调查和研究工作，但就研究的范围上来说，是狭窄的、不全面的。因而，科学水平一般说是不高的，在科学研究的指导思想和目的上也是很不明确的，再加上人才的缺乏，又得不到支持，就使得这门科学的发展很迟缓甚至在抗战胜利之后陷于停滞状态。我们可以这样说，少数民族语言研究工作，在整个科学研究领域里，它的基础一直是最薄弱的。

解放后，党和政府就对这方面的工作给予很大注意，为了使各族人民能得到事实上的平等，就必须发展他们的经济与文化，使用本族的语言文字。因此，就要为没有文字的民族创制文字，为有文字而不够完备的民族改革文字。同时，也应给语言科学理论的发展以极大的注意。

苏联语言学家对于苏联境内那些需要创制与改革文字的民族或部族的语言已经基本上完成了音位系统的研究，有了适用的文字，制定了正字法和新术语，编写了词典和语法，还发表了许多专题研究的论文。在我国现有的40多个民族中，绝大部分民族需要进行创制或改革文字工作。解放后几年来，我们在这方面的工作做了一些，尤其是1955年12月举行了民族语文科学讨论会以后，今年五六月间组织了7个语言调查工作队，到各个少数民族地区进行语言调查研究工作，并且已为西北、西南等地区的一些民族设计了文字方案，有的并做了实验推行工作。但从整个的工作来看，有些语言才获得初步的材料，有些语言还在进行调查，有的尚未进行调查。绝大多数语言还缺少用现代语言科学方法编写的语法与词典。由于许多少数民族标准语的基础方言和标准音还没有确定，以致各民族语言规范方面的研究空白还是很多。

为了能与其他科学齐驱并进，在12年内赶上世界先进科学水平，国务院科学规划委员会委派中央民族事务委员会和中国科学院少数民族语言研究所筹备处拟订了少数民族语言研究的长远规划。在国务院科学规划委员会的领导下组织了在京的少数民族语言专家共同研究和讨论了这个规划，并普遍征求了各省各地方语文工作者的意见。以后又对这个规划进行了多次的补充与修改。自从党提出“百花齐放、百家争鸣”的方针后，在京各有关单位的民族语言专家和民族科学工作者又进行了一段时间的讨论，才初步确定了这个规划。

本规划所包括的项目很多，单就重要著作一项来说在1956—1967年内就将完成以下各种。

一、1956—1967年写成少数民族语言调查报告或研究报告42种，1967年以前将绘制各少数民族语言方言图集1种和少数民族语言较详细的方言地图3种。

二、1956—1958年完成少数民族拼音文字方案20多种、某些民族文字问题研究12种；1957年以前写成少数民族语言和汉语对照的词汇、各种词典119种，语言学、语音学和语法教科书15种，一般语法书62种，标准语手册24种。

三、1956—1958年写成少数民族语言和汉语语法的比较研究8种，1967年前写成关于民族语言的历史比较和语言分类的研究14种。

干部的培养上须特别提出，12年内所需的研究力量，高级研究人员达到120人、中级研究人员240人、初级研究人员600人。此外，对如教科书的出版与供研究用的各种资料和工具书的搜集、整理、编纂，以及古典学术著作和近代有参考价值的学术著作的整理、翻译、出版等工作也做了较详尽的规划。

科学工作是细致而又艰巨的，肩负着这个光荣任务的民族语文工作者必须全力以赴，我国民族语文科学研究还远远落后于苏联及世界先进科学水平，但我们有千百个民族语文工作者在孜孜不倦地埋头工作，有苏联顾问与专家的帮助，有党与政府的领导与支持，我们一定能在12年内胜利地完成这一规划所提出的任务。

学习“八大”文件，使我们得到启示和鼓舞
马香筠
民族语言调查通讯创刊号
1956年11月26日

学习“八大”文件，使我们得到启示和鼓舞

党的第八次代表大会圆满闭幕了，它为全国人民指出奔赴更大胜利的方向，为祖国科学事业开辟了宽广大道。我，一个刚刚参加少数民族语言工作的青年人也获得了力量，得到了启示和鼓舞。

在学习“八大”文件当中，我深刻体会了党对民族问题的重视，对民族语文工作的关怀；同时，也认识到我们所从事的工作是光荣而又艰巨的。在我们工作的领域里，有许多是前人足迹尚未踏及的处女地，而我们要去逐步开垦、播种、收获。

党把正确地处理少数民族问题看作是国家工作中的一项重大任务。党认为在各民族地区发展现代工业是使各少数民族成为现代民族的必要条件之一；中国的历史和文化是各民族共同创造的，今后也需要大家来共同建设伟大的社会主义祖国。要使党的这些指示付诸实现，语言文字问题是其重要条件之一。因为语言文字是人们相互交际的工具，是学习文化和掌握技术的工具。关于帮助少数民族创制和改革文字问题的指示，我在“八大”文件中不止一次地读到过。刘少奇同志在报告中说：“对于没有文字的少数民族，应当帮助他们创造文字。”周恩来同志说：“对于那些还没有文字或者文字尚不完备的少数民族，应该积极地帮助他们创造和改革自己民族的文字。”这使我深深感到自己所肩负的担子是并不轻的。特别是自己刚从大学中文系毕业，对于民族语文一无所知，因此就必须虚心地、刻苦地、坚持不懈地进行学习。

据我所知，少数民族语文调查和研究工作，历史上很长时期里不被人重视，而且也没专人去搞。但是，自从新中国成立以来，废除了民族压迫制度，宪法上规定“各民族一律平等”，民族语文工作也得到了党的重视与关怀。

目前，我所的苏联专家及老科学家们正在为兄弟民族的文化繁荣而辛勤地劳动，700多人组成的7个民族语文调查工作队正在祖国各地进行工作，并且已经为好几个民族创制和改革了文字。但是，全国3500多万少数民族人口中，还有近2000万需要帮助创制文字，还有1000万是有文字而要改革及在民族语文上还有许多问题亟待进行科学研究工作等，所

以，在目前，帮助少数民族创制和改革文字的科学研究工作仍然是个迫切的任务。

能够参加这项工作，对我是很可贵的，为了迅速而保证质量地完成分配给我的具体工作，我必须把全副精力贯注在少数民族语文的学习和工作上。我应该从头学起，学习党的民族政策，学习民族语文知识，学习民族风俗地理……还应该继续认识和体会民族语文工作在祖国的社会主义建设中的重要意义。只有不断地努力，我才能成为一个真正的民族语文工作者，才能为繁荣兄弟民族的文化贡献出自己的一份力量。

云南大中甸二村藏语词汇

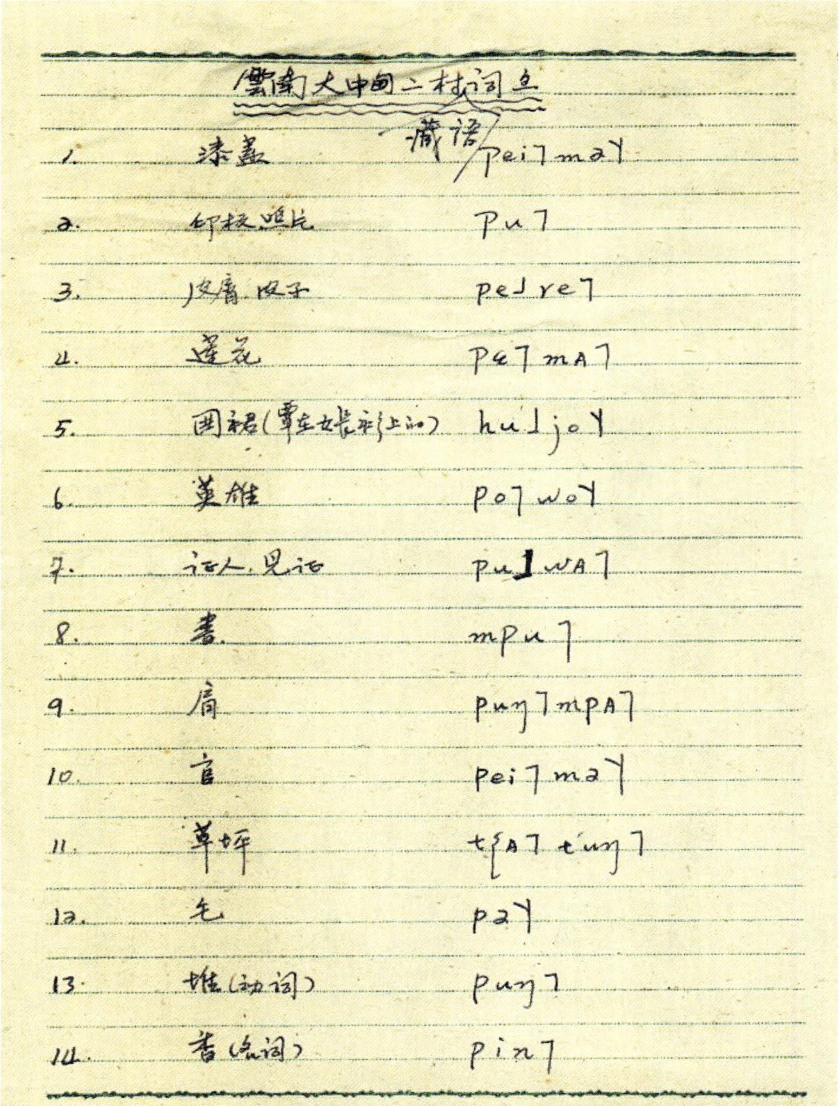

雲南大中甸二村（藏語）詞彙

1. 漆盖 pei˥ mə˥˧
2. 印板照片 pu˥
3. 皮膚、皮子 pe˩ re˥
4. 蓮花 pɛ˥ mA˥
5. 圍裙(藏女長衣上的) hu˩ jo˥˧
6. 英雄 po˥ wo˥˧
7. 證人、見証 pu˩ wA˥
8. 書 mpu˥
9. 肩 puŋ˥ mpA˥
10. 盲 pei˥ mə˥˧
11. 草坪 tʃA˥ tʽuŋ˥
12. 毛 pə˥˧
13. [illegible](动词) puŋ˥
14. 香(名词) pin˥

15.	波浪	tʃə˥ bA˥˧
16.	浸泡	bɛn˧˥
17.	卷蛇	dʑɛn˦˥
18	蛙	bi˧ ɬʋA˥
19	藏、遮、掩	bA˧˥
20	粗心	buŋ˧ tin˥
21	精	pʰAʔ˥˧
22.	失败	ʃɛn˦˥
23	绘画	pi˥
24	胃	luŋ˩ kʰA˥
25	神圣	pʰA˥ pA˥˧
26	增加、涨（物价）	pʰAʔ˥˧
27	繁殖、增加（数目）	pʰi˥
28	纺锤（捻羊线的小木棒）	pʰuŋ˧ lo˥˧
29	飞	din˧˥

30.	西藏	pi˩ ji˥
31.	母牛(可挤乳的)	pA˩˧
32.	小牛 牛犊	pi˩˧
33.	羊毛	pi˩˧
34	瓶	puŋ˩mpA˥˧
35	画具	mpA˥ ŋ˧ʂuo˥˧
36	泡沫	piA˩˧
37	颈瘤	biA˩˧
38	麻子	mpA˩tsA˥˧
39.	虫子	mpə˥˧
40	十万	mpu˥
41	多	mu˧mə˥˧
42	酥油	muŋ˩˧
43	人	ʁə˩˧
44	火	ŋ̊ə˩˧

45	花	mpe˩duʔ˧˥
46	土岳	mA˥nə˧˥
47	低的	mə˥le˧
48	红的	mu˥mu˧
49	孔雀	mA˥ʑA˥
50	伤疤	mə˥mi˥
51	蹄	mi˥wA˥
52	雾	m̥u˥jo˧˥
53	药	m̥ɛn˥
54	黑痣	m̥iA˥
55	成熟	m̥i˥
56	福包，棕包	mu˥tsʻA˥
57	豺，黎豹	m̥lə˥laŋ˥
58	狐狸	wA˩
59	权利，权势	mbuŋ˥mpA˥

60.	檀香	tsə˥nte˥
61	后藏(西藏西部)	tsaŋ˥nə˩
62	乾净的	tsaŋ˥waŋ˥
63	领袖·主要的	tsə˥wo˥
64	髒的	tsu˥le˥˧
65	揹	ntʂy˥
66	煮	tsuə˥˧
67	种(建立)	tsoʔ˥˧
68	狱	tsuen˥kʻaŋ˥
69	皇后	tsuen˥mo˥˧
70	算术	tsə˥tʂuʔ˥˧
71	牆(石砌成的)	tɕi˥wA˥
72	尖	tɕə˥mə˥˧
73	草	tsuA˥
74	糌粑	tsA˥mpA˥

75	勤奋（名）	tsə˥ntʂɛn˥
76	草山	tsuə˥rə˥˧
77	陶器	dzə˩wᴀʔ˥
78	假话	ɖy˥ mᴀ˥
79	收垦	dzi˩wᴀ˥˧
80	县	tᴀ˥je˥
81	踩、揉（搓把）	tɕoʔ˥˧
82	捲起（袖子或裤腿）	tʂᴀʔ˥˧
83	颜料	tɕʻy˥
84	揣摩、揍	
85	骨节、节儿	tɕʻiʔ˥˧
86	商人	tsʻuŋ˥mpᴀ˥
87	盐	tsʻᴀ˥
88	兽穴窝	tsʻaŋ˥
89	热	tsʻᴀ˧˥

90.	武器	tsʻuen˥tɕʻA˥
91	湖	tsʻuəY
92	双生子	tɕʻə˥mA˥
93	寻找	tɕi˥
94	热	tɕʻy˥
95	牧场	tsʻuə˥ɣəY
96	手指	ntseiʌ
97	滴滴	sAʔY
98	爬上、登高	ntsAY
99	世界	ntsɿŋ˧mɔ˥len˥
100	集会、香会	ntsuŋ˥
101	犏牛(公的)	ntsuəY
102	地、土	sʻA˥
103	谁	sʻəY
104	色拉寺	ɕʻə˥ɣAY

105	狮子	ɕə˥ȵtɕə˥˧
106	牲畜、动物	ɕi˥tʃɛȵ˥˧
107	石榴	
108	清除	ʃi˦
109	黄	ʃə˥sɿ˥
110	指甲	ɕə˩mə˥˧
111	牙	sʻuə˥˧
112	新、新鲜	sɿ˥wA˥
113.	清楚明亮	ɕi˥bə˥˧
114	二	sũŋ˥˧
115	黄金	sɿ˥
116	神马	ɕo˥pA˥
117	想起、想到	ɕaŋ˥mpA˥
118	清凉、凉快	sʻaŋ˥mə˥˧
119	教、拿	ʃA˥ seʔ˥˧

120	性命、生命	suʔ˥˧
121	马、嚼子	soʔ˥˧
122	混合	ɓə'˥˧
123	护法神	suŋ˥ mɑ˥˧
124	吃	tʂʰɑ˩˧
125	铜、紫铜	saŋ˩˧
126	拼	wtsaŋ˩npɑ˥
127	角、棱	tə˥ŋko˥
128	镰刀	suɑ˩˧
129	豹	ʑiʔ˩˧
130	钉子	ntsɯ˩˧
131	袈裟（喇嘛服装）	zɛn˥
132	好、善	zəŋ˩ ma˥˧
133	修造、制造	zuə˩˧
134	思受	zy˩˧ pɑ˥

135.	芝麻	tin˥
136.	确切、一定	tiñ˥ tiñ˥
137.	合适	tə˥ tA˥˧
138	一点儿	ɕsə˩ kA˥˧
139	供菩萨的水碗	tin˥ pʻuŋ˥
140	底	ʃo˧˥
141	抵押品	tuŋ˥ waŋ˥
142	切	tyʔ˥˧
143	摘、採	toʔ˥˧
144	捡上、挂	tAʔ˥˧
145	种、播种	toʔ˥˧
146	耳	tA˥
147	吉庆、喜事	tin˥ ŋki˥
148	记号	tAʔ˥˧
149	（脚、鞋、蹄）跟	kaŋ˥ tin˥

150	主要	de˥wA˥˧ 能干
151	饿	tuʔ˥˧
152	看	tA˥
153	秋	tyn˥ḱA˥
154	虎	tAʔ˥˧
155	给	teʔ˥˧
156	干	tuŋ˥
157	空的	tuŋ˥mpA˥
158	坚固	tin˥ mə˥˧
159	符合，随顺	tyn˥
160	依靠，亲近	tin˥
161	给看	tɛn˥
162	咳	duŋ˥
163	梯	də˥waŋ̃˥
164	垫子	dɛn˥

165.	音调	
166	魔鬼	diʔ˥˧
167	便利	diə˥mə˥˧
168	磨（动词）	di˥
169	脚镣	də˥lA˥
170	主人	dA˦tsA˥
171	七	dɛn˥
172	团结	lu˧luʔ˥˧
173	石头	duə˦
174	金刚	ntso˩dʑi˥
175	碟子	diʔ˥˧
176	树干	duŋ˧mpA˥
177	坐，待.	ṅtoʔ˥˧
178	缠住，捆	duʔ˥˧
179	罪	di˥bA˥

180	塌	dyˀ˩˧˨
181	坏的	ˀA˧ beˀ˥˧
182	比赛	do˥
183	敲打	daŋ˥
184	省略	dy˧˥ mpA˩
185	野兽	rə˧ dAˀ˥˧
186	流的（指水）	taŋ˧ rAˀ˥˧
187	距离	tʻAˀ˥˧
188	绳	tʻe˧ wA˥
189	遇见	ɕy˥˧
190	短	tʻaŋ˧˥
191	方法	tʻouˀ˥˧
192	底	tʻiə˥˧
193	見断	tʻuŋ˧˥
194	边缘上，终点	kʻə˥ pAˀ˥˧

195	高	tŏ˥ mə˥˧
196	大姆指	tʻe˨ pin˥
197	抽，拉	tʻen˥
198	裯褡	jA˨ bAʔ˥˧
199	饮	tʻaŋ˩˧
200	那	tiɯ˩˧
201	东一	tə˨ mə˥˧
202	狗熊	taŋ˩˧
203	驮马	to˧ bə˥˧
204	法螺	taŋ˨ ŋkɯ˥˧
205	颜色	tɕy˥ kʻA˥
206	箭	utA˥
207	前面	nty˥
208	结儿	ntɕi˨ tʻuə˥˧
209	打茶筒	so˩ lɯʔ˥˧

210	远	ntiɯ˧˥
211	发抖	nti˥
212	泥	ntɔ˧˥
213	花瓣	ntɔ˩ mA˥˧
214	追赶	ŋAʔ˥˧
215	倍	loʔ˥˧
216	苍园、菜园	kaŋ˧ luŋ˥˧
217	钥匙	go˩ ko˥˧ pə˧˥
218	瓜	pə˥ tiə˥˧
219	舔	ɕuʔ˥˧
220	盘旋	din˥ ku˥
221	足够、充足	tɕuʔ˥˧
222	月	ntə˧ wA˥
223	伴侣、配偶	nu˧˥
224	移、挪(动词)	nA˧˥

225	裡西	naŋ˧
226	宝贝、珠宝	noŋ˨ bə˧˥
227	西	nɯ˥˧˥
228	皮黑	nA(ə)˨ nAʔ˧˥
229	大	naŋ˥
230	后天	naŋ˥ ɲi˥
231	羚羊、野山羊	nA˥
232	旅客（久居的）	nɛ˥ tsʻaŋ˥
233	情况	nɛ˥ sy˥
234	压、刺	nɛn˥
235	媳妇（包括儿媳妇和自己的妻子）	nə˥ waŋ˥
236	快、锋利	nə˥ mə˧˥
237	耳朵	nə˥ dʐuə˧˥
238	脓	nAʔ˧˥
239	传记、戏剧	naŋ˥ tʻə˧˥

240	绳头,线头	ki˥ tɕaʔ˥˧
241	毒毛兽毛(总名)	ɕoʔ˥˧
242	鼻	ʑA˥
243	墨,墨水	ʑAʔ˥˧
244	油	ɲuŋ˥
245	风俗	ntʂo˧˩ loʔ˥˧
246	年,年令	luɵ˨˦
247	瞎子	ɲi˥ luŋ˥
248	站,站起来.	laŋ˨˦
249	绵羊	loʔ˥˧
250	手	lə˩ wA˥
251	脑	le˥ wA˥
252	唸	ntɕi˥
253	脚	luA˥
254	山歌	jaŋ˥

255	电	luʔY
256	象	laŋ˥ma˥tɕə˩
257	黄牛(公的)	lɛn˥
258	大喇叭	lA˥mA˥
259	灌法	loʔY
260	大臣	ly˥məY
261	智慧,心眼	loY
262	风	laŋ˥
263	时运	luŋ˥ntA˥
264	水蒸气	laŋ˥npA˥
265	潮的,湿的.	ɕɪ˥ wA˥
266	遗失	tu˥
267	气球	ɬaŋ˥
268	稀的,淡的	ɸaŋ˥
269	学校	ɬo˥tɕA˥

270	跳蚤	piʔ˧˩˥
271	鼓子	ɖoʔ˥˧
272	训|读|读	ɖyʔ˥˧
273	鞭子	ɖaŋ˥
274	松油	jaŋ˧
275	神	ɖA˥
276	拉萨	ɖA˥sA˥
277	南	ɖo˥˧
278	搬指	mpe˩ti˥˧
279	撞	ʐaŋ˥
280	吉祥	tʂə˥ʂə˥˧
281	店铺	tin˥
282	头发	tɕA˥
283	腔	tɕaŋ˥
284	云	ɕin˥

285	递给、给	teʔ˦
286	变化（动）化为（名）	tʂaŋ˧
287	猴	ʔA˩ ɕy˥
288	奶饼子（牛下犊后两三天内的奶）	ɕʻə˦
289	章嘎（藏币相当於银元）	tʂaŋ˥kʻA˥
290	怕	tɕAʔ˦
291	直伸	guo˧
292	敌人	dʐA˥
293	排列，适合	dioʔ˦ (giʔ˧)
294	故事，寓言	ȵA˥taŋ˥
295	羽毛	dʐo˧
296	声音、语言	(keʔ˦) dʐA˧
297	蚊	ʐɯ˧
298	鹞鹰	tɕʻA˥
299	力	tʂʻə˦

300	主座	tɕə˥˧
301	血	tɕA˥˧
302	带走，牵引	k'ɯˀ˥˧
303	胆	ki˥ WA˥
304	细	ɕə˨ li˥˧
305	搓	xə˨ xɯ˥˧
306	捡拾	ɕuˀ˥˧
307	蛾	tɕaŋ˩ waŋ˥ mpə˧
308		tɕuə˥
309	冷	tɕaŋ˧
310	刀	tɕə˨ dʐaŋ˥
311	木船	WA˧
312	影子	ʔA˧ ŋKA˥
313	铃	tʂi˨ bə˥˧
314	味	tʂə˧

315	问，探问	tʂə˥
316	六	tʂoʔ˧˩
317	骡驹，骡子	tʂui˨˦
318	骡驹	tʂəu˩ ɕoʔ˧˩
319	写画	ɕə˨˦·
320		ɕAʔ˧˩
321	滋味	naŋ˥tʂə˧˩
322	客人	mpi˩ s'A˥
323	开，释放（自动）	ŋkuiʔ˧˩
324	走	ŋkuo˧˩
325	烦	ntɕo˥rə˧˩
326	适当，可以	ɳɕɛn˨˦
327	混合	
328		ntʂA˨˦
329	龍	ntɕoʔ˨˦

330	米、米饭	ŋkɯ˥
331	牧人	ɕo˥dzo˥˧
332	母毛牛	ntɕə˥˧
333	草皮	tuʔ˥˧
334	他、她、它	ɣin˧˥
335	长的	ɣiŋ˧mə˥˧
336	羊粪	lo˧tɕAʔ˥˧
337	聪明智力	ɣi˥pA˥˧
338	山羊	ɣA˧˥
339	命	ɣɛ˧˥
340	是	ɣiʔ˧˥
341	户	ɣu̠ə˧˥
342	山（带路的）	ɣə˧˥
343	兽犬窝	ɣuA˧˥
344	拔断	ɣi˥ (tʂ)

345	球形的，圆的。	lo˧luʔ˥˧
346	单（男女）	ɲə˩tɕaŋ˥
347	稀疏	soʔ˥˧
348	钩子	ŋkA˧ŋko˥˧
349	掐	tɕAʔ˥˧
350	歪斜	jua˧
351	灰色	tɕye˩lie˥˧
352	杓瓢	tsʻə˩kuə˥˧
353	生长	tɕə˥˧
354	条	tɕA˥wA˥˧
355	呕吐	tɕoʔ˥˧
356	快乐。	tɕi˥pə˥˧
357	酸的	tɕo˥ɕAʔ˥˧
358	中心，中部	tsə˥kɯ˥˧
359	伸出	tɕaŋ˥

360	馋	ntɕaŋ˥
361	连胡须	ʔA˥dʑA˥(dʑA˥ɯo˥˧)
362	胖	dʑA˩˧ɕAʔ˥˧
363	狗	tsʰə˥˧
364	家庭	tɕʰuŋ˥uaŋ˥
365	锈	tɕʰy˥˧
366	冰	ŋtɕʰoʔ˥˧
367	游荡	jɛn˩˧
368	冷冻	tɕʰAʔ˥˧
369	携带	kʰo˩˧
370	積水	kʰɯ˥˧
371	土墙	tɕaŋ˩˧
372	上坡	lA˩˧
373	穿	tɕyu˩˧
374	吃毛	pʰiɔŋ˥

375	汉人	dʑA˥	
376	粹	dʑə˧ waŋ˥	
377	肠	dʑə˥ le˨˩	
378	跑	dʑoʔ˨˩	
379	国家	dʑə˧ kʻA˨˩	
380	跌倒 晕倒	luʔ˨˩	
381	百	dʑA˨˩	
382	八	dʑeʔ˨˩	
383	大口袋（牛毛做的）	dʑə˨˩	
384	后脑		
385	快	ntɕə˥ wA˥	
386	有头字	wo˥ tʂeu˥	
387	一	tɕiʔ˨˩	pə˨˩
388	聪明，狡猾	vi˧ pA˥ ɕi˥ mə˨˩	
389	尿	tʂeu˥	

390	拧动	tɕi˥
391	截，砍，弄断	tɕeʔ˥˧
392	十	tɕə˥˧
393	打碎	tɕAʔ˥˧
394	解放军	tʃin˥tɕy˥mA˥nə˥˧
395	寄放	tʃy˥
396	铁	tɕAʔ˥˧
397	柳树	tɕaŋ˥ŋkɯ˥
398	舌	tɕə˥˧
399	牛粪	tɕuA˥
400	头顶	ŋko˥tsi˥˧
401	粮	ʃaŋ˥tʃə˥˧
402	交换	dʑə˥˧
403	后来	sə˥rin˥
404	褪饰	dʑi˥

405	忘记	dʐɯ˥˧˩
406	练习	ʑaŋ˥
407	施舍	se˨˧˩
408	砍肩	tyn˥bu˧˩
409	粘贴	neʂɯ˥
410	水	tʂʻə˧˩
411	雨	tʂʻə˧wA˥
412	大	tʂʻu˧
413	小的	tsə˧kA˧˩
414	奶渣	tɕo˥tʻuə˧˩
415	肝	tʂʻen˥mpA˥
416	跳	pʻo˥
417	盘	tʂʻo˧pie˥
418	供神的灯	ten˥ɕin˥
419	跳神	tʂʻaŋ˦

420	摸，拿着	ɕʻAʔ˥˧
421	和睦，友好	tuŋ˧ mə˥˧
422	外面	dʑo˧ ʂuʔ˥˧
423	富	ɕʻo˥ bə˥˧
424	一半	ɕʻeʔ˥˧
425	方面	ɕʻuʔ˥˧
426	举起	tɕʻAʔ˥˧
427	扫帚	nti˥ mə˥˧
428	擦拭	tʂiʔ˥˧
429	哥哥	jA˥
430	土匪	tʂA˨ wA˥
431	茶	tʂA˧˥
432	北	ɕaŋ˧˥
433	鸟鸡	ɕA˧˥
434	冰	ɕə˨ waŋ˥

435	做	nki˥
436	额子	tɕə˥ pA˥˧
437	遇见，碰见	ɲtɕei˥
438	锄头	kA˥ liə˧˥
439	吃（小孩吃奶）	ɲtɕyˀ˧˩˧
440	虹	ʐA˥
441	量，称，比喻，对音	ɲtɕi˥
442	柔软的，和谐	ntʂaŋ˥ mə˧˥
443	镶边	dʐaŋ˧ tɕə˧˥
444	粘住	ntʂɯ˥
445	碰撞，撞到	pu˧˥
446	睡，躺	jo˩ (ɲi˩)
447	鱼	ɲA˩
448	骂	ɲuə˩
449	日，太阳	ɲə˧ waŋ˥

450	二十	ȵə˧ʂə˧˥
451	嫩芽	tʂʰA˥tɕaŋ˩
452	悲痛	ȵə˧ȵeu˥
453	二	nei˥
454	订婚人	ȵiu˥ mpu˥
455	官家	ȵe˥ wA˥
456	睡着	jo˧lu˧
457	随和柔顺	kʰu˥dʐeu˥
458	一对儿	dioʔ˧˥
459	硝(皮)鞣(皮)	ȵə˧˥
460	污浊	ȵ̥uŋ˥dA˥
461	旧的	ȵin˥mpA˥
462	枯萎	ȵoʔ˧˥
463	找着	lɸũʔ˧˥
464	心	ȵ̥i˥

465	麦穗	ŋ̥ɔ˥ waŋ˥
466	诗	ŋ̥en˥ ŋɑʔ˥˧
467	眼耳	ŋ̥eu˧˥ daŋ˧˥
468	发酵，使睡下	ŋ̥i˥
469	地狱	ŋ̥ə˥ lɑ˥
470	竹子	ŋ̥i˥ waŋ˥
471	发痳	ŋ̥uə˥˧
472	痳子	ŋ̥o˥ mpɑ˥
473	后腿肚	ɕin˧ pʻe˥
474	酸奶酪	ʃuə˧˥
475	香	ʂuŋ˧ mə˥˧
476	瞎子（睁眼瞎）	ɔo˧ luŋ˥
477	舅父，舅母（妻子的弟）	ʃaŋ˧ mpə˥˧
478	弓	ʐə˥˧
479	尾巴	ntʃə˩ woŋ˥˧

480	歌	lo˥tɕáŋ˥
481	吉他	jɛu˥mpA˥
482	高出化	ʂi˩
483	开了，散了（如扣子、结子）	liˀ˨
484	四	ʐə˧˩
485	骑	tɕ⁺A˥
486	放置舍弃	ʐAˀ˩
487	帽	ʂuA˩
488	鹿	ʂ́A˩
489	木	ʂ́im˥
490	肉	ʂ́A˥
491	双	ʂ́ə˧˩
492	东（方）	ʂ́ɯˀ˧˩
493	纸	ʂ́ueɯ˩
494	劈开（指物）	ʂAˀ˧˩

495	倒,倾斜	toʔ˥˧
496	翅膀	nto˧ pɑʔ˥˧
497	说,陈述	ʂɛ˥
498	屠夫	ʂen˥ mpɑ˥˧
499	剥脱,削	ɖiʔ˥˧

500	文字、字、信。	ji˨ dʐə˥˧
501	女子	zə˩ mə˥˧
502	轿子	jaŋ˧ ɕin˥
503	单（与双相对）	kʰə˧ jA˥
504	耳坠	ju˧ tʂɛn˥
505	悬崖	ɕaŋ˥ kʰA˥˧
506	松耳石	ji˥
507	仆人	ŋki˥ nə˥˧
508	公毛牛	jAʔ˥˧
509	借、租。	tsəʔ˥˧
510	夏	ʐɯʔ˥˧
511	放弃、抛掷	joʔ˥˧
112	母音元音	pA˩ dA˥
113	柱子	kA˥
514.	牛皮	kuA˥

515	思念	kə˥dȵen˥
~~516~~		
516	抽出，拔	bi˩˧
517	驮运	ki˥
518	困难，难的.	le˩ KA˥
519	稀少的	kuen˥
520	合的	kə˥kɯ˥
521	脚	kə˥mpA˥
522	腰	kɯ˥wA˥
523	挖掘，刻，雕刻	kuoY
524	欠戒	ken˥ mA˥
525	哑吧	ko˥pA˥
526	梯套	kui˩˧
527	腰带	kə˥ɣA˥
528	线	ki˥wA˥
529	居[illegible]	kɯ˥waŋ˥

530	颈	tɕə˥ riʔ˧˥
531	话，语言	ʂuʔ˧˥
532	煮熟	kui˥
533	瘦的 乾的	ʂɛu˩ kɔŋ˥
534	渴	kuŋ˥
535	偷窃	kə˧˥
536	收割，压弯（他动）	du˩˧
537	带给，寄给	ko˥
538	晒，晾	kɔŋ˥
539	老师，先生	gi˥ geu˥
540	欢喜的 爱的	gA˩˧
541	冬	geu˥
542	九	go˧˥
543	需要 应当	gue˥
544	老人	ge˥ pAʔ˧˥

545	走(动词)	ge˥
546	跨过、渡过	gei˧˥
547	野羊	guA˥
548	毋身	guen˧ wɔŋ˥
549	葡萄	gen˥ dʐu˥
550	背	gɔŋ˧ le˥˧
551	门	guo˥˧
552	窗	guo˧ dʐɔŋ˥
553	箱子	gɔŋ˧˥
554	蛋卵	ŋkuA˧˥
555	笑(动词)	gAʔ˧
556	分、分配	guo˥˧
557	膝	sə˥ pə˥˧ (gu˧)
558	等候	goʔ˧
559	驮	dʐoʔ˧

560	昨天	kʻe˧tsɿ˥ŋ˥
561	回族	ŋko˥gɯ˥
562	哈达	kʻə˥dɑʔ˥˧
563	房子	tɕʻuŋ˥
564	唱	kʻɑ˥
565	喝	tɕʻuɑ˩˥
566	堪布	kʻe˥ma˥˧
567	文明·熟练	kʻe˥wɑ˥
568	轮子·机器	bə˥lo˥˧
569	缩短	kʻuŋ˥
570	旋转	kʻu˥
571	帐篷	ko˧kɯ˥
572	案·带盖	tɕʻy˩˥
573	缎子	ko˧tʂɛu˥˧
574	头子·首领	ŋko˥pʻə˥˧

575	不心，阻攔	ŋkuA˧˥
576	尖	ŋkuo˧˥
577	者	ŋA˧
578	鵝	ɔŋ˩ sɿ˧˥
579	坛，野蛮	tʻɛu˥ (mpA˥)
580	真正的	wuŋ˧ mA˧˥
581	哭，啼哭	ŋə˧
582	银子，钱	ŋei˥
583	真的	deu˥mpe˥
584	甜的	ŋə˥ biu˥
585	子宫	ŋAi˥
586	鼓	ŋA˥
587	刈，收割	ŋA˥
588	尾	tə˥ ŋA˥
589	骆驼	ŋA˥ mu˥

590	汗	ŋɯ˥ tɕə˥˧
591	五	ŋA˥
592	蓝	ŋuo˥ ɕi˥
593	正前面，首先	tɕeu˥ ɕu˥˧
594	伯父，叔父	A˩ ·kə˥˧
595	等次，号数	A˥ ntɕə˥˧
596	白酒	A˩ ɣAˀ˥˧
597	母	mA˩˧
598	卫（西藏中部）	ji˥
599	气息	boˀ˩˧
600	将，了解	nA˥ kuo˩˧
601		nA˥ jəŋ˥
602	天空	nA˥ lɯˀ˩˧
603	走不来	gə˩ ɣo˥˧
604.	惊奇	nA˥ le˩

605	浩陵	ŋ̊uÃ̃˥upo˧
606	猫头鹰	o˧ge˦
607	乌拉(麂级)	tA˥kʻi˥
608	奶子，奶乳	w̃A˜˧˩
609	光	weiˀ˧˩
610	聋	jiu˥tʂuəˀ˦

二、人体各部名称

611	身体	li˧ bə˥˧
612	辫子	tɕe˥ le˥
613	五官	ʔuŋ˥ mə˥ ŋ̊A˥ ŋA˥˧
614	皱纹	tʂɯ˩ ɕɛn˥
615	额	lie˥ wA˥
616	酒窝	dzi˥ gaŋ˥
617	面颊	ntɕo˥ mpA˥
618	颧骨	ntɕo˥ rə˥˧
619	太阳穴	sə˧ ŋki˥
620	头颅	kA˥ lA˥
621	小疙瘩	tó˥˧
622	雀斑	ŋe˩ ɕi˥˧
623	麻子	ntʂɿ˩ wA˥
624	鼻孔	ŋ̊A˥ gaŋ˥

625	鼻梁	ŋ̊A˧ riʔ˧˥
626	鼻涕	ŋ̊oʔ˧˥
627	耳	nə˥dʑuə˧˥
628	耳孔	nə˥ gaŋ˥
629	耳朵	nɛ˥ poʔ˥
630	胡须	ʔA˩ tʐu˥
631	下颏胡须	tʂə˥dɛn˧˥
632	眼	ŋ̊iʔ˧˥
633	眼皮	ŋ̊i˥ʔAʔ˧˥
634	瞳孔	ŋ̊i˥ ɗA˥
635	眼眶	ŋ̊i˥gaŋ˥
636	眼珠	ŋ̊i˥luʔ˧˥
637	睫毛	ŋ̊i˥pəʔ˧˥
638	眉毛	zə˥ pə˧˥
639	上唇	gaŋ˥pAʔ˧˥

640	下唇	ʑo˩ pAʔ˥˧
641	牙齿	sʰo˥ tɕAʔ˥˧
642	上牙	gaŋ˥ sʰo˥˧
643	下牙	ʑo˩ sʰo˥˧
644	臼齿	ɣaŋ˩ tʰA˥˧
645	门牙	tʂi˥ sʰo˥˧
646	犬牙	tʑʰA˥
647	牙龈	sʰo˥ ʑʰA˥
648	齿根	sʰo˥ kaŋ˥
649	舌根	tʑə˥ tsA˥
650	舌尖	tʑə˥ tɕə˥˧
651	辫穗	pʰɛ˩ ntʑo˥˧
652	上颚	ke˥

653	下巴	mɛ˩ki˥
654	下巴骨	mɛ˩vi˥˧
655	喉咙	mpi˩pA˥
656	气管	lo˥jəʔ˥˧
657	颈骨	tɕə˥tɕʻiʔ˥˧
658	颈骨节	
659	上肢	kʻuŋ˥tyʔ˥˧
660	下肢	kʻuŋ˥ŋ̥ɛʔ˥˧
661	手掌	puŋ˥mo˥˧
662	手腕（关节）	lA˩tɕiʔ˥˧
663	手心	lA˩tʻiə˥˧
664	手背	lA˩dʑuə˥˧
665	拳头	mpəsuʔ˥˧

666	中指	tse˥ utsi˥˧
667	小指	ntsi˩ dʐaŋ˥
668	前臂	mpə˩ ɕə˥˧
669	肘	kuŋ˩ soʔ˥˧
670	腕	tɕʰu˥ ʐuʔ˧˥
671	胸	ɓaŋ˧ dA˥
672	胸腔	kʰɯ˥ pA˥
673	肋骨	tsə˥ waŋ˥
674	脊椎骨	gɯ˩ tɕi˥˧
675	乳房	ueiʔ˧˥
676	肚子	ky˩ wA˥
677	小肚子	ky˧ dʐaŋ˥
678	内脏	naŋ˩ tɕA˥

679	大腸	dʑə˥ buŋ˥
680	小腸	dʑə˥ ɕɛn˥
681	脾	tsʻɿ(m)˥ wA˥
682	胃	ku˩ liə˥˧
683	胯	ntu˩ vi˥˧
684	胯骨	tsʻaŋ˧ rA˥˧
685	臀	tsʻaŋ˩ nto˥˧
686	肛门	tɕA˥ gaŋ˥
687	男生殖器	
688	女生殖器	
689	陰毛	
690	大腿	zo˥˧
691	小腿	ɕin˩ mpA˥˧

692	脚掌	kaŋ˥ tʻiə˥˧
693	膝窝儿	dʑi˩˥ tʻA˥˧
694	腿肚子	ɕi˩ ȵi˥
695	足指	kaŋ˥ ntsi˥
696	踝	kaŋ˥ tɕʻi˥˧
697	脚尖	kaŋ˥ ŋkuə˥˧
698	骨	ri˩ pA˥
699	骨髓	kaŋ˥
700	筋	tsɯ˥ dzɔ˥˧
701	脈	tsA˥
702	汗毛	kɯ˩ pə˥˧
703	胎衣	ɕi˩ vuʔ˥˧
704	淚	ni˥ tsɔ˥˧

705 痰 ɿ˩ ŋ̊aŋ Y

706 唾液 k'ə ˥ tʒ'ə Y

707 屁

708 精液

三、生活

（一）衣（衣帽、布疋、首饰）

709 布疋 ve˧ ȵA˥

710 氈毛 pi˧ tsɿ˥

711 氆氌 ɕʰo˥˧

712 粗氆氌（农民的）

713 毛呢、头号氆氌 tɕʰi˥ ~~m~~ maŋ˥

714 棉纱 ~~tɕʰi˥ mon~~ ve˧ dʑə˥˧

715 麻布 so˥ tʰA˥˧

716 绸子 tɕʰuə˧ tsə˥˧

717 一种起毛的呢子 mpə˥ rə˥

718 金丝绸 dʑA˧ se˥

719 织金缎

(720) 哔嘰　　ti˥ maŋ˥

721 進口哔叽　　dʑə˥ ti˥

722	單面絨布	tɕiu˧ pə˥ ɯʌ˥
723	双面絨布	mpə˧ lʌ˥ tɕi˥
724	毯子（借印）	jʌy˥ tʰʌ˦
725	羊毛布模子	tʰʌʔ˦
726	毛線（打毛衣用）	pi˩ kiʔ˦
(727)	衣服	ky˩ zɛu˥
728	衫子（男用外衣）	tʂʰə˥ wʌ˥
729	女衫（有袖）	ɣə˩ qɛu˥
730	女衫（無袖）	tyʔ˥ ʐpu˦
731	背心汗衫	
732	裙	uay˩ gui˥
733	便衣	le˩ gui˥
734	汉装	dʑə˥ gui˥
735	皮衣	tsʌ˥ pʌ˦
736	棉衣	tʂə˩ gui˥
737	袖	pə˩ utɔ˥
738	上衣	ty˥ tʰay˥
739	长袖内衫（人常用）	
740	喇嘛穿的长袖上衣	tyu˥ ykuʔ˦
741	大喇嘛穿的黄袍时穿（哈达）	tɕʰy˥ gui˥
742	斗篷披风	utə˩ gay˥
743	裤子	tuŋ˩ ɯʌ˥
744	衬绒衣裤	
745	衬绒衣 内衣	nʌi˥ tʌʔ˦ 借词
746	短裤衩	

747	喇嘛的圆裙	ʑuŋ˥ to³˧˥
748	衣服面子	dʑo˥ ʑA˧˥
749	衣服裡子	naŋ˩ ʑA˧˥
750	衣襟（裡襟）	naŋ˩ ʑaŋ˥
751	〃 （外〃）	dʑo˥ ʑaŋ˥
752	怀兜	ʑu˥ k'o³˧˥
(753)	扣子	ɕaŋ˧ ŋkui˧
(754)	钮子眼兒（扣）	ȵuŋ˥ pé˥
755	子母扣（借）	ts'u˥ ʑuA˥
756	鸡冠帽	↙
757	草帽	tsə˥ ʑuA˥
758	礼〃	jaŋ˩ ʑuA˥
759	围巾	
760	手套	lA˩ ɕy³˧˥
761	手绢	n̥aŋ˥ ɕi˧˥
762	穗子	ts'o˩ luə˧˥
763	裹腿	ɕin˩ tɕə˧˥
764	皮鞋	ntɕy˩ tA˥
(765)	马靴	〃 〃 ˥inA˩dʑʑu˥
~~766~~		~~koə˩ tsə˧ niaŋ˥~~
766	平头花靴	tɕʑu˥ kaŋ˩ ~~[illegible]~~ ˩npA˩

767		po˩ lia˥˧
768	皮靴底	du˩ ʑo˥˧
769	靴带	ɖaŋ˥ ɳkɯi˥˧
770	袜子等用线织成物品	wA˩ [illegible]˥˧
771	装飾品，手飾	dʑɯɯ̃˥ ʈʂA˥˧
772	頭飾	ɳko˥ dʑɛ˥˧
773	颈飾木製，三角形	pA˥ tɕɛuʔ˥˧
774	耳環	uA˥ kʰoʔ˥˧
775	耳墜（ ）	dʑo˦ tɕʰuʔ˥˧
776	墜儿（耳墜儿等）	
777	戒指	sɿ˩ duʔ˥˧
778	扎鐲	tɕɛA˥ tɕʰAʔ˥˧
779	手鐲	uA˥ tɕʰAʔ˥˧

780 项链，珠链 fy˥ liəY

781 嵌珠 ɕ'ə˥ ŋA˥

782 粉（涂的粉） p'ú ŋ'Y

783 涂面油（保护面容）

784 顶针 fʂuə˥ ɯuY

785	食料 吃的	tɕʰa˩ sA˥	
786	飯	sə˩ waŋ˥	ȡɛŋ˥˩
787	乾粮	tɕua˩ pʰa˥˧˥	tʰuʔ˥˧˥
788	人吃的飯	ŋe˥ dʑuʔ˥˧˥	
789	面条	mɛ˥˩	(借词)
790	挂面	kuA˩ mɛ˥	(借词)
791	饺子	mo˩ mo˥˧˥	
792	线粉	kAŋ˥ tɕʰi˥˧˥	
793	粥	tʰa˩ wA˥	tsʰa˥˩ mə˥˧˥
794	咸、稀飯	ŋkɯ˥ tʰoʔ˥˧˥	
795	包子	mə˩ mu˥˧˥	(借词)
796	馄饨		
797	清奶油	mu˩ tɕʰa˥˧˥	mɛn˩ kʰa˥˧˥
798	乾酪粉	tɕʰo˥ tuaʔ˥˧˥	
799	奶渣糕	tʰiʔ˥˧˥	
800	酸奶子	waŋ˩ ʐaŋ˥	
801	糌粑团	tɕʰuŋ˩ və˥˧˥	
802	酥油调和的糌粑团	mu˥˩ pa˩ tɕua˩	
803	麵疙瘩	mɛu˥ tʰAŋ˥	
804	骨头汤	ri˩ tɕʰuA˥	

805 炒熟的青稞 jy˦

806 豌豆糖 uʑaŋ˧˥

807 红糖 赤糖 pə˩ ɣaŋ˥

808 白 糖 pe˧ ɯ ʜ˥ kʻə˧ ɣʌ˩

809 冰 糖 ɓin˥ kʻə˧ ɣʌ˩

810 蜂 蜜 ɥʌ˩ tʂaŋ˥

811 水菓糖块 ʂui˥ ko˥ tʻaŋ˩

812 白沙糖 dʑaŋ˩ kɯ˧˥

813 零 食 kʻə˥ dze˥

814 点 心

815 食 物 tʂʻə˩ tʻaŋ˥

816 油炸果子（麻花） kʻə˩ dze˧˥

817 蛋 黄 gu˧ sɿ˥

818 饼 子 kʻuʌ˩ ɯ

819 生 肉 ʂə˥ dʑiu˥

820 牦牛肉 jʌ˥ ʂʌ˥

821 猪 肉 pʻʌ˥ ʂʌ˥

822 鸡 肉 ɕə˩ ʂʌ˥

823 鱼 肉 ŋə˩ ʂʌ˥

824 羊 肉 lo˩ ʂʌ˥

825 肉 块 ʂə˥ luʔ˧˥

826 肉 饼子 ʂə˥ kʻuʌ˥

3 调味作料

827 菜子油（本地产生的） huŋ˥ uʌ˧˥

828 脂油，肥油 tʂʻə˧˥

829 酱 油 tɕaŋ˩˥ jo˧

830 醋 tɕʰu˩˥

831 [illegible] tsʰə˥ gɯ˥

832 石碱 tso˥ kʰoʔ˥˧

833 胡椒 hu˩ tpo˥

834 花椒 je˥ waŋ˥

835 香 料 ɕɑn˥ ʑeu˩

836 蒜 gu˧ wɑ˥

3 味觉

837 胃口 tɕin˥ kʰɑ˥

838 咸 tsʰə˥ tɕʰə˥˧

839 淡 tsʰə˥ ɸɛ˥

840 kʰɑ˩ ɓɑ˥˧

841 辣 kɯ˩˥

4 水菓

842 果实 统称. utɕe˩ bə˥˧

843 果 子 ɕin˥ tʰuʔ˥˧

844 核 桃 gwə˩ tɯə˥˧

845 桃 杏 kʰɑ˩ mə˥˧

846 桃 核 kʰaŋ˩ tsɑ˥˧

847 核 haŋ˩ ɓi˥

848 柿 子 dʑə˩ ɕoʔ˥˧

850 蘋菓 je˥ gaŋ˥ ɕ˥˧

851 石 榴 ɓx˥ po˥˧

852 栗 儿

853 梨
854 香蕉树

68 ˥ i:ə˦
十八 ˧ i:˥ io ˥ 以人

885	山楂	tɕo˥ ɕy˥˧
886	花生	lo˩ tʰy˥ ɕy˧
857	开水	tɕʰə˥ kʰy˥
858	素菜	nɑ˧ ɕʰaŋ˥
(857)	酥油茶	sə˥ dʑe
(860)	茶磚	pə˥ kʰɑʔ˥˧
861	沱茶	tɕə˧ luʔ˥˧
862	青稞酒	tɕʰaŋ˥
863	酒糟	bʰuŋ˧ waŋ˥
864	酒麴	pʰoʔ˥˧
(865)	纸烟	tɕi˥ jɛn˥
(866)	鼻烟	nɑ˥ dɑ˥
867	旱烟	ti˩ tsuʔ˥˧
868	鸦片	
869	鍋烟子	ti˧ tɕɑʔ˥˧

870 鼻烟壶 nA˥ ruA˧

871 旱烟袋 KAŋ˥ ˥ ⁿtsə˥˧

872 烟袋 ti˩ gui˥˧

6 饮食用品

(873) 大炉子 to˥ kʻA˥

(874) 皮风箱 bi˥ wA˥

875 炒菜锅 tɕA˥ tɕuʔ˥˧

(876) 铜锅 saŋ˩ diʔ˥˧

877 铁锅 tɕA˥ Kaŋ˥

878 沙锅 dzə˧ ẃaŋ˥

(879) 炒麵锅 lə˧ ŋA˥

880 炒青稞的搅棍 jy˥ ŋ Kɯə˥˧

881 粗筛子 SA˥ luəʔ˥˧

(882) 细筛子 ɕə˥ tsAʔ˥˧

883 泡菜器 tɕA˩ tsʻAʔ˥˧

880	漏杓	tu˦ ʑo˩
(885)	铁勺	tɕA˥ tɕuʔ˥˧
886	铜勺	saŋ˩ tɕuʔ˥˧
(887)	打茶筒	so˧ lAʔ˥˧
888	打酥油茶的棍子	so˥ luə˥˧
889	豆壶（酥油茶壶）	ty˥ dʑə˥˧
(890)	茶碗	ky˥ jy˥
891	杯子	tɕuŋ˥ ⁿtsə˥˧
892	玻璃杯	ɕin˥ kuə˥˧
893	木碗	pʰə˨ rə˥˧
894	包银的木碗	ŋei˥ pʰu˥
895	叉子	ʑə˥ zaŋ˥
896	匙子	kʰo˧ diə˥
897	筷子	ʑaŋ˦
898	器皿	ny˥ tɕʰe˥

899	水缸	ɕA˥ kA̦˥
900	水桶	to˩
901	(酒罈子)	bu˥
902	酒罐	wo˥ uo˧˩
903	瓶子	ɕin˥ duŋ˥
(904)	瓦罐	dʑy˧ po˧˩
(905)	盖子	k'ə˧ lio˧˩
906	篾子	ɕə˧ pə˧˩
907	篭子	tsə˥ k'A˧˩
908	筐子	mpɤ˥ lu˧˩
909	口袋	tsə˥ dʑə˧˩
910	糌粑袋	~~tɕo˧ ɕə˧˩~~ tsaŋ˥ k'oʔ˧˩
911	乾粮袋	tɕo˧ ɕə˧˩
912	皮口袋	dʑuA˩˧
913	布袋	rɕə˩ dʑə˧˩

914	小布袋	re˩ dʑə˥˧
915	盛奶的袋	
916	盐 袋	tsə˥ koʔ˥˧
(917)	石 杆	tiu˥ tɕy˥
(918)	四	gu˧ tiu˥
919	柴	ɕin˥˧
920	火 柴	jA˨ hɒ˥˧
921	硫 磺（火柴）	wə˧ dʑə˥˧
922	火 把	nə˧ tsʰaŋ˥
923	火 花	nə˧ tsʰA˥
924	失 跋	nə˧ tɕə˥˧
925	火镰	tɕAŋ˥ waŋ˥
926	火 石	nə˧ duə˥˧
927	餘 燼	ne˧ ly˥˧
(928)	炉 灰	tʰiA˩˧

（三） 住

1.房屋

929	房间	kə˥ ȵiʔ˥˧
930	厨房	t'o˥ ts'aŋ˥
931	储藏室	lA˧ ntsyʔ˥˧
932	宿舍	jo˧ sA˥˧
933	仓库	piaŋ˩˧
934	厕所	tʂ'A˥ k'aŋ˥
935	礼堂、正房	tɕ'uŋ˥ wA˥
936	洗澡堂	tsə˩ tʂ'ə˥˧
937	食堂	ʂɛn˧ k'aŋ˥
938	草房、茅屋	tso˥ tɕ'uŋ˥
939	瓦房	tʂə˥ kɯ˥
940	会议室、礼堂	ɕə˥ k'aŋ˥
941	楼房	tin˥ tɕ'uŋ˥

942	小院子	dzə˨ ɣA˥
943	菜园子	kʰaŋ˨ luŋ˥˧
944	楼檐顶	nkui˥
945	屋脊	dʑə˥ bi˥˧
946	楼顶层	nkui˥ tin˥˧
947	楼中層	de˩ tɕāŋ˥˧
948	楼上	rA˩ lio˥˧
949	楼下	ɛuŋ˨ kʰaŋ˥˧
950	大门	go˥ dʐɛn˥˧
951	二门	pu˩ guo˥˧
952	外门	ɕə˥ guo˥˧
953	後门	tA˥ guo˥˧
954	屋内之门	naŋ˩ guo˥˧
955	门框	go˥ rA˥
956	门板	go˥ ntio˥˧

957	插栓	go˧ pA˥
958	顶门棍	go˥ ʁɛ˥
959	门帘	go˥ ju˥
960	门槛	go˩ lA˥
961	隔扇（窗名）	ɣo˩ ɕi˥
963	天窗	kɯ˥ tuŋ˥
964	窗框	ʑin˥ tɕAʔ˧˥
965	门窗的帽子	jaə˧ lA˥
966	幔	bA˧ ju˥
967	廊	jə˥ ku˥
968	走廊	ly˥ ɕyʔ˧˥
969	天花板	naŋ˥ tɕɛn˧˥
970	横梁	tɕoʔ˥˧
971	地板（木板的）	tɕɛʁ˥ tA˥
972	石板	do˩ bAʔ˧˥

973	台阶	do˩ ke˥
974	楼顶上矮围墙	tɕaŋ˧ kʰA˥
975	墙角	tʃA˥ ŋkao˥
976	栏杆	pɛn˥dtioY
977	栅栏	lə˥ tʒA˥
978	烟囱	ti˩ kɯY
979	经幡旗	dzA˩˥
980	幡旗撑杆	dzə˥ kA˥
981	幡旗绳子	dzə˥ te˥
982	土坯	sʰə˥ pA˥Y
983	涂墙的泥	ʒə˧ kA˥ sʰA˩
984	黏土	nto˩ mpA˥
985	碎石	ʔA˩ gA˥ sʰA˩
986	地基	ni˥ dɛn˥
987	屏风	juə˧ lAY

2 卧具

988	床	jo˧ tɕʻə˥˧
989	卧具 铺盖	ky˧ zɛu˥
990	枕头	hɛn˥˧ cyɛ˥˧
991	被子	mi˩ zɛn˥˧
992	褥子（草）	kə˥ dɛu˥
993	被套	pʻi˥ tʻo˥
994	床单	
995	毛毯子	tɕo˥ tʻy˥
996	坐垫	bi˧ dɛu˥
997	铺盖	pʻu˥ ke˥
998	蚊帐	tɕʻə˥ go˥

3 生活用具

999	桌子	tʂo˩ tsʻə˥˧
1000	台桌	tʂu˥ diə˥˧
1001	矮方桌	ɯ tiu˥ ntʂuʻ˥˧

1002	抽屉	guo˧ tAʔ˥
1003	揩·桌布	tsʰeʔ˥ dʑiʔ˥˧
1004	板凳	pA˥ tiu˥˧
1005	衣櫃	ky˧ ʑoʔ˥˧
1006	灯	ɕo˩ wA˥
1007	灯心	duŋ˥ bi˥
1008	洋蜡	lA˩˧
1009	手電筒	ɬy˥ ʐuə˥˧
1010	灯盏、挂灯	tiu˥ lu˥
1011	火炉	dʑə˩ toʔ˥˧
1012	火盆	ȵə˩ ku˥
1013	火钳子	tɕA˥ kaŋ˥
1014	牙刷	jA˧ ɕuA˥
1015	牙膏	jA˧ ko˥
1016	梳子	ɕʰuŋ˩˧

1017	肥皂	ji˧ tsə˦
1018	刷子	ʂuA˨˩ tsə˦
tɕ		
1019	毛巾	ʂu˥ tɕi˥
1020	洗脸盆	tʂʻA˧ lu˥
1021	水槽	tʂʻə˧ wA˥
1022	剃头刀	ʑɯ˥ dʑəʔ˦
1023	镜子 玻璃	ɕʻiɯ˥ gdo˦
1024	眼镜	ȵi˥ ɕi˥
1025		
1026	便壶	tʂʻə˩ dʑy˥
1027	包囊	mpo˩ dʑi˦
1028	包袱	kʻo˥ tsA˥
1029	伞	doʔ˦
1030	尺	tʂʻɯ˥ tsə˦
1031	木盆	ʑuŋ˩ mpA˥

1032	搪磁	tɕA˥ pʻu˥
1033	陶瓶	ʑɔ˥ buŋ˥
1034	熨斗	tɕə˥ lɛu˥
1035	钟表	tɕə˥ tsyʔ˥˧
1036	麻球	ɕuo˥ ki˥
1037	皮球	ntɕo˩˧
1038	羊毛球	pi˧ kiʔ˥˧
1039	牛毛球	tsi˥ kiʔ˥˧
1040	锁	gu˧ kʻoʔ˥˧
1041	手扶	pu˧ gA˥˧
1042	棍子	ʑi˧ kuA˥
1043	胶	ɕiu˥ tɕəʔ˥˧
1044	漆	ɕɔʔ˥˧
1045	桐油	tɕA˥ tsə˥˧
1046	浆糊	dzɿn˥ pA˥

1047	篓子	tɕʻɯ˧ tɛn˥
1048	木炭	ɕʻuA˩
1049	鞭炮	ʑuen˩ pʻA˧˥
1050	图章	tiə˧˥
1051	铁钩儿	tɕA˥ ŋko˧˥
1052	铇儿	ɳe˥ ku˥
1053	象牙	pə˩ sʻao˧˥

四 畜牧业

(一) 家畜

1054	骑的马	tɕə˥ tA˥
1055	驮马	ki˥ tA˥
1056	走马	kuŋ˧ pA˥ dʑɛn˩
1057	西宁马	ɕin˩ tA˥
1058	骒马	ɣɯ˧ dʑɛn˥
1059	公马	pʻə˥ tA˥

1060	老馬	tA˥ ge˥˧
1061	馬駒	ty˥
1062	棕色馬	tA˥ tɕaŋ˥
1063	青白色马	dzə˩ kɯ˥ tɕo˧ gɯ˥
1064	口齡	rə˧ miʔ˥˧
1065	一岁马	ʐɯ˥ tɕiʔ˥˧
1066	二岁马	ʐɯ˥ nəi˧
1067		
1068	三岁马	ʐɯ˥ suŋ˥
1069	四岁马	ʐɯ˥ ʐA˥˧
1070	五岁马	ʐɯ˥ ŋA˥˧
1071	驴	ko˥ ruə˥˧
1072	小驴	ko˥ bi˥
1073	骡帮	tsʰuŋ˥ ɸA˥
1074	牛	tɕʰA˩ tʂʰA˥˧

1075	母犏牛	ntso˩ mə˥˧
1076	耕牛	ntso˥˧
1077	一岁牛	jɛ˨ʁə˥˧
1078	小犏牛	ntso˩ pi˥
1079	黄牛	PA˩˧
1080	水牛	tʂin˥ loŋ˥
1081	不孕牛	Pə˧ kaŋ˥
1082	雜秐牛	ty˥ tʂo˥˧
1083	公绵羊	lo˧ gA˥
1084	母绵羊	lo˧ mA˥
1085	绵羊羔子	li˩˧
1086	公山羊	ʁə˩ jAʔ˥˧
1087	母山羊	ʁə˧ mA˥
1088	山羊羔	ʁy˧
1089	猎犬	ʒ.ɛ˧ tsʼə˥˧

1090	小狗	tsʻi˧
1091	哈巴狗	tɕʻo˥ le˧
1092	貓	ʔA˧ lə˧˥
1093	小貓	pʻe˧
	(二) 家畜身体	
1094	牛颈下之垂肉	ɕaŋ˩ pøʔ˧˥
1095	鬃	je˥ ɣe˧˥
1096	(骡马的) 鬃	ɕə˩ ŋA˥
1097	马尾	tA˥ ŋA˥
1098	牛羊的	tɕy˥ wA˥ ?
1099	膘肥	dzA˥ bA˥
1100	母的	mə˧˥
1101	公的	pʻo˧˥
1	(三) 家畜的产品用具及其它	
1102	牧区	ŋku˥ kʻA˥
1103	草料	tsuə˥ tsʻA˧˥

1104	草地	tsʰu˥ ri˥
1105	草堆	tsuə˥ púŋ˥
1106	马厩	gə˩ tɕœ˥
1107	鞭，马鞭	te˥ tɕᴀʔ˧˩
1108	马嚼子	soʔ˧˩
1109	马笼头	tó˥
1110	缰绳	so˥ dᴀʔ˥
1111	马鞍	tᴀ˥ gᴀ˥
1112	马蹄铁	mi˥ tɕᴀʔ˧˩
1113	系镫的皮	jy˧ dᴀʔ˧˩
1114	马褡盖	tɕʰo˥ tɛu˥
1115	马褡裢	ke˧ tᴀ˥
1116	马垫子	gᴀ˥ tɕʰoʔ˧˩
1117	马肚 ?	lə˥ nte˥ ?
1118	剪鞦	kuŋ˧ tʰᴀʔ˧˩

1119	后鞦马	ntsu˥ ntʂo˥˧
1120	马么娄	t'iu˥ tɕuŋ˥˧
1121	套马索.	sA˧ t'ie˥˧
1122	马料	tɕ'Aʔ˥˧
1123	马料袋	tɕ'A˥ dzə˥˧
1124	马刺	mi˥ tɕ'Aʔ˥˧
1125	骡、马粪（个数的）粒状	te˥ tɕAʔ˥˧
1126	骡、马粪（一堆）	te˥ tɕA˥˧ ʑɿ˥ (ɯ) wA˥ (?)
1127	马 棚	tA˥ ɣA˥
1128	马 槽	te˥ gi˥˧
1129	牛 圈	pə˧ ɣA˥
1130	犏牛圈	ntso˥ ɣA˥
1131	犏奶棚	ʑo˧ ʑoʔ˥˧
1132	猪圈	p'A˥ ts'aŋ˥
1133	猪 槽.（[illegible]子）	p'A˥ pə˥˧

1134	羊皮	lo˩ pAʔ˧˥
1135	兰皮	s'ə˩·rə˧˥
1136	毛織物捆	puʔ˥˧
1137	羊毛 捆	pi˧ dʑuəʔ˧˥
1138	栓在牛头上绳子	tɕə˥ t'iʔ˧˥
1139	牛瘟	ɕ'o˥ uɛ˧˥
	五 农业	
1140	耕 种	tyn˥ t'uʔ˧˥
1141	五谷籽粒	t'uʔ˧˥
1142	蕎 麦	ɕu˧˩ (= ɕu˧˩ u˥)
1143	小米	tɕ'ə˧˥
1144	玉米	po˥ ku˥
1145	燕麦	jy˧ kɯ˥
1146	麵粉	dʐ pn˧˩
1147	青稞	nɛ˧˩
1148	麦桿基	suʔ˧˥
1149	秈 子	ʂuə˧ yn˥

1150	青苗	dzɛn˩˧
1151	糖	pʰuŋ˥ ŋuA˥
1152	菜	tsʰỹ˩ waŋ˥
1153	蔬菜	tɕʰĩ˥ tsʰe˥
1154	油菜子	tsʰe˧ tsə˥˧
1155	红辣子	ŋɯ˩ mu˥
1156	青辣子	gɯ˧ mu˥ jo˥ ɕin˥
1157	西红柿	
1158	萝卜	lə˧ po˥˧
1159	葱	tɕʰuŋ˩˧
1160	豌豆	sɛn˥ waŋ˥
1161	土豆	jɛn˧ diŋ˩˧
1162	蚕豆	ntə˥ ty˥
1163	园根	jaŋ˩ mA˥
1164	藕	

1165	葱	tsʻuŋ˥
1166	生姜	tʃe˥ gA˥
1167	木耳	mo˩ rə˧˥
1168	烟叶	ntuə˩ pAʔ˧˥
1169	棉花	siu˥ bi˥
1170	荒年、灾荒	miə˩ dʑiə˧˥
1171	旱灾	ŋaŋ˥ kaŋ˥
	二 农业用具	
1172	犁	tʻuŋ˥ mpA˥
1173	犁	tʃAʔ˧˥ ?
1174	犁柄	ɕy˥ ntA˥
1175	牛轭	ɳə˥ ʃin˥
1176	耙	
1177	小锄	ntʃu˩ rə˧˥
1178	铲子	tʃʻAn˥ tʃʻAŋ˥

1179	楗枷	dɑ˥ tɕəʔ˩
1180	打耙场	je˥ ɣA˥
1181	剁桩犁	ɯA˥ lA˥ ii˥
1182	拖柱桄	to˥ lA˥ tɕi˥

六 工商 交通 运输业

1183	工业	zuə˧ le˥
1184	工厂	zu˧ tɕA˥
1185	工具	lA˩ tɕe˥
1186	铁针	tɕA˥ ntsʰɯ˥
1187	铁链	tɕA˥ tAʔ˥˧
1188	铁杆	tɕA˥ kiʔ˥˧
1189	螺丝钉	tɕi˥ buʔ˥˧
1190	钳子	tsʰɯ˩ zay˥
1191	铁子钳子	tɕA˥ kay˥
1192	斧头	tA˥ rə˥˧

1193	錘子	tʻuA˥
1194	鑿子	zuŋ˥
1195	鑽子	kʻu˥raŋ˥
1196	鋸子	suə˧liə˧˥
1197	銼子	SA˥diʔ˧˥
1198	錐子	neə˩ŋə˧˥
1199	鉋子	tʻi˧
1200	[illegible]刀	tio˥dzeə˧˥
1201	刀把	pə˥ŋkuə˧˥
1202	刀面	tʻɒə˩ʂuŋ˥
1203	刀刃. 刀口	tʻɒə˩suə˧˥
1204	磨刀石	duə˩di˥
1205		
1206	楔子	ʂiu˥ntsɯ˥
1207	柄 把儿	laŋ˧ tʻAʔ˧˥

1208	机器	tɕi˥ tɕʻi˩
1209	织布机	tʻᴀ˥ tʂʻe˥
1210	纺锤	tʻᴀ˩ pin˥
1211	缝纫机	tɕi˥ tɕʻi˥˧
1212	手艺	lᴀ˩ ɕi˥˧
1213	工钱	lᴀ˥ tsʻᴀ˥
	(二) 商业	
1214	商业	tsʻuŋ˥ le˥
1215	买卖	keuə˩ tsʻuŋ˥
1216	市场、大厅	ry˩
1217	市场	tsʻuŋ˥ rᴀ˥
1218	商店	tsʻuŋ˥ kʻaŋ˥
1219	货物	tsuŋ˥ zə˥˧
1220	货色	pə˥ kʻᴀ˥
1221	本钱	mə˩ tsᴀ˥˧
1222	利钱	tɕə˥ tsaŋ˥

1223	利息	tɕe˥ kʻA˥
1224	收入	waŋ˧ go˧˩
1225	乳饼	lA˥ jyʔ˧˩
1226	价钱	kuŋ˧˥
1227	实价	kuŋ˧ tʂaŋ˩ mə˧˩
1228	谎价	kuŋ˧ tʂʻu˧
1229	小秤	ɲei˥ dzaŋ˥
1230	秤杆	dzA˥ ʂin˥
1231	秤锤	dzə˥ duə˥
1232	秤盘	dzə˥ kuA˥
1233	销出去	
1234	找	gə˩ kʻi˥
1235	商标	len˥ mpA˧˩
1236	收树	ɕə˥ tʻuə˧˩
1237	还帐	pe˥ tɕuə˧˩

1238 银行 ŋe˥ kʰaŋ˥

1239 货币 tyn˧ tʰA˥˧

1240 元宝 tA˥ mi˥ mə˧

1241 银元 ŋuŋ˩ mə˥˧

1242 十两银币 tɕə˥ kʰu˥

1243 钞票 ɕueu˧ ŋei˥

1244 财富 dʑə˧˥˧

1245 财产 dʑə˧ dʐɛu˥˧

1246 家产 祖产 pʰə˥ zu˥˧

1247 盔甲 ntɕo˩ suŋ˥

1248 签章 ntsi˥

1249 房钱 tɕʰuŋ˥ lA˥

1250 庄钱 ne˥ ze˥˧

1251 房契 tɕʰuŋ˥ ntsi˥

（三）交通运输业

1252	运输	ki˥
1253	轮船	tɕʻo˧dzin˥
1254	木船	kuə˥ tɕʻə˧˥
1255	木筏	ɕə˧˥
1256	桨	ʂwo˩ tɕA˥
1257	铁桥	tɕʻA˥ ntʂo˥
1258	火车 列车	no˥ tɕʻe˥
1259	站	noə˩ laŋ˥
1260	汽车	tɕi˩ tɕʻe˥
1261	站口	
1262	公路 马路	laŋ˩ tɕʻe˥
1263	牛车	ɕin˥ tA˥
1264	轿子	tɕə˧˥
1265	脚钱、运费	də˥ lA˥
1266	飞机	(tɕʻA˥ zA˥)(naŋ˥ dʑnə˧˥)

1267 电话 tɛn˩ xuA˥

1268 邮局 ji˩ kʰaŋ˥

1270 路 laŋ˧

1271 ntɕu˥ laŋ˥

1272 山垭路口 Suŋ˥ ntsuɣ˦

七 動物

一 獸类

1273 猛獸 tɕɛn˥ ʑe˦

1274 禽獸、畜牲 ty˩ ntɕuə˦

1275 野猪 tɕaŋ˥

1276 一种野羊 re˩ guʔ˦

1277 麝 lA˥

1278 貂

1279 雪豹 SA˦

1280 人熊 tɕɯ˦

1281 野牛 ntɕuŋ˦ (?)

1282	犀牛	
1283	猩猩、野人	nA˧ neə˧ guiʔ˨˩
1284	猿	nA˧ neə˨ lA˥
1285	猞猁	zeə˧ gɯ˥
1286	水獭	saŋ˥
1287	雪猪	ɕuA˥
1288	野猪	pA˥ guiʔ˨˩
1289	兔	rə˧ gnŋ˥
1290	田鼠	ʔA˥ dʑA˥
1291	黄鼠狼	ɕə˥ ɯuŋ˥
1292	鼠	ɕuA˧ ɕuA˧

二 禽类

1293	鸟、风筝	pA˨ ko˥
1294	乌鸦	tʂaŋ˥ tɕA˧
1295	比乌鸦大的食肉鸟	ɕə˨ ruʔ˦

1296	雕	ʂAʔ˧˥
1297	红嘴乌鸦	tʂaŋ˥ ntɕAʔ˥˩
1298	鸢	
1299	鹰	tɕə˥ ge˥
1300	鹫之一种	ku˥ leʔ˥˩
1301	鹫	gai˧˥
1302	鹊	hA˥ jA˥ bə˩ gɯ˥
1303	燕子	tʂɯ˩ ʑy˥
1304	杜鹃	kə˩ joʔ˧˥
1305	啄木鸟	ʂin˥ tʂA˥ mə˥
1306	鸽子	tʰiə˩ pAʔ˧˥
1307	鹦鹉	nə˩ tsueʔ˧˥
1308	斑鸠	ty˥ ty˥ pə˧ ʂe˩
1309	仙鹤	tɕə˧ tʂaŋ˥
1310	鸡	tɕuŋ˥ ʑA˥
1311	母鸡	ɕə˧ mə˧˥

1312	公鸡	ko˥ te˥
1313	母鸡	ko˥ mə˥˧
1314	麻鸟	ɕə˩ kɯ˥
1315	鸭子	ʔÃ˧˩
1316	水鸟	tʂə˥ ʑA˥
1317	小麻雀	ɕy˥ ɕoʔ˥˧
1318	麻雀	ɕy˥ ɕoʔ˥˧
1319	鸡冠	sɯ˧ tɕuə˥˧
1320	羽	ɕe˩ pə˥˧
1321	爪子	pə˥ tiə˥˧
	（三） 昆虫类	
1322	龟	ɣi˩ bi˥
1323	金鱼	sɯ˥ ŋA˥˧
1324	螃蟹	
1325	蝴蝶	zə˩ ɣə˥ ŋkuə˥˧

1326	蜘蛛	ʥɛ̃˧˥ kə˥ ʐA˧
1327	蜂	buŋ˩ nto˥
1328	蜜蜂	ʥaŋ˥
1329	蜻蜓	tsʰe˥ wA˥
1330	蝴蝶、蛾	ɕə˥ mA˥ kə˨ le˩
1331	蚤	mpə˥ kiʔ˥˧
1332	地蚤	ntə˧ dy˥ mpə˧
1333	蜈蚣	tuŋ˥ ɳA˥ ɣA˥
1334	蜥蜴	tsə˩ ʐaŋ˧˥
1335	蝎子	di˥ pA˥ ɣA˦ ɳA˩
1336	蚊子	tʂʰA˥ ɕə˥ kaŋ˥ ɣẽ˥
1337	跳蚤	ʥuA˧˥
1338	臭虫	tɕə˥ ɕʰi˥
1339	虱子	ɕiʔ˥˧
1340	蛾子	suə˥ tsʰAʔ˥˧

1341	绦虫	sə˥ m pə˧˥
1342	毒蛇	ʑyʔ˩
1343	蚯蚓	ɲə˧ m pə˧˥
1344	蝙蝠	bi˥ buŋ˥ n tɕɑ˧ tA˥ʔ˧˥
1345	森林	ʑĩ˥ n̥A˥
1346	树	ʑĩ˥ pʰuŋ˥
1347	桃树	kəŋ˨ pʰuŋ˥
1348	桐树	
1349	梨树	tʑə˧ ʑĩ˥
1350	柏	bA˩ tɕi˥ wA˥
1351	柏树	ʑə˧ weA˥ pʰuŋ˧
1352	棕树	tA˥ le˥ ʑĩ˩
1353	松树	tɑŋ˩ ʑĩ˥
1354	白杨树	tʑɑŋ˥ mA˥
1355	杨树	ʑɯ˥ wA˥

1356	桦树	ʦA˥ waŋ˥
1357	柳树	ʨoŋ˥ ykɯ˥
1358	白杨树	ɦA˧ bi˥
1359	根	ʦə˥ wA˥
1360	叶子	lo˩ mAʔ˥˧
1361	枝	iẽ˩ lAʔ˥˧
1362	分枝	kÂ˩ nʦA˥
1363	菊花	taŋ˥ wA˥ ⁿpe˧ dɯ˥˧
1364	蔷薇花	
1365	木芙蓉	
1366	向日葵	neə˥ waŋ˥ mpe˩ dɯ˥˧
1367	鸡冠花	kɐ˥ zaŋ˥ mpe˩ dɯ˥˧
1368	玫瑰	ʦə˥ waŋ˥ mpe˧ dɯ˥˧

1369	一种小草花	tɕuŋ˥ den˥ mpe˧ dɯ̃˥˧
1370	花蕊喷孔	bi˥ ɸuŋ˥
1371	蕊　香	taŋ˥ wa˥ ɕin˥
1372	长春藤	kA˥ tɕə˥ mpe˧ dɯ̃˩
1373	荨　麻	suA˧˩
1374	一种作蜂子的草	tsuə˥ gɯ˥
1375	草　子	ŋ̊A˥ ɕɿ̃˩
1376	甘　草	ɕĩ˥ ŋɯ˥
1377	荆　棘	tsə̇˧ maŋ˥˧
1378	蒺藜	dzə˥ mA˥ ɣA˧ ŋ kɔ˥
1379	山　渣	
1380	杏子	ŋA˥ ɣə˥ kA˩ mə˧
~~1381~~	九　破　[illegible]	

（一）矿石

1381	矿	ti˥ kʻA˥
1382	硼砂	pʻy˩ tsʻA˥
1383	朱砂	tsA˥ ɯu˥
1384	汽油、石油	sʻə˥ nũ˥
1385	白矾	
1386	火柴	ɸo˧ ɕʻuA˥
1387	石灰	ɸo˩ tɕʻə˥˩
1388	白灰	sʻə˩ gɯ˥
1389	磁石	ɸo˥ kʻə˧ lẽ˩
1390	石子	ɸo˧ ɕə˥
1391	硝石	tsʻə˧ ɬA˥

（二）珍宝

1392	珍珠	mpe˩ ti˥

1393	琥珀	pi˥ ɓʻi˥
1394	翡翠	za˧˥˧
1395	玉石	jy˧˥
1396	碧玉	iaŋ˥ tɕə˧˩
1397	珊瑚	ɕə˧ vɜ˥˧
1398	玛瑙	o˩o˩dzo˥˧
1399	珍珠母（螺鈿）	ɦə˧ ɓʻi˥
1400	鑽石	o˩o˩dʑə˥ tɕen˥ laŋ˥
1401	綠宝石	
1402	水晶	tsʻə˥ ɓʻi˥

（三）金屬

1403	鍍金	tsʻə˧ sɵ˥
1404	水銀	ŋe˥ tɕə˧˩

1405 黄铜 ʁA^{2}˦˥

1406 青铜 liə˦˥

1407

1408 生铁 tɕʻuəʻ˦˥

1409 锡 ʂə˧ gɯ˥

1410 铅 ʂə˧ ŋɕə˧˥

1411 钢 ŋɯ˩ tʂA^{5}˥

六 人文

（一）职业身份

1412 老百姓 me˩sau˥

1413 人民 me˩muŋ˥

1414 农民 ʂi˩mpA˥

1415 工人 zo˩bA˥

1416 工匠技术的 lA˩tbə˥dA˩bə˩

1417 画匠 ɸA˩ɣə˥pA˧

1418 建筑工人 ʔA˩bə˥ŋku˩ɯA˧

1419 裁缝 tʂY˩ʐY˥

1420 皮匠 kuə˥ŋəY

1421 金匠 sɯ˥ykAY

1423 银匠 saŋ˥ykAY

1424 铁匠 tʂA˥ŋkAY

1425	木匠	ʂĩ˥ tsey˥	
1426	塑像匠		
1427	泥水匠	tɕi˥ Kéy	
(1428)	炊事员	mə˧ dʑɛ̃˥	tɛ˧ liɯ˥˧
1429	打鱼人(渔[illegible])		
1430	樵夫	kɑ˩ wɑ˥	
(1431)	猎夫	ɲ̊ə˥ wɑ˥	ŋuaŋ˥ mbaʔ˥˧
(1432)	渔夫	ɲə˩ bɑ˥	ȵɑ˩ na˥
1433	船夫	wo˩ tɕo˥˧	
1434	牧人	dzɿ˩ wɑ˥	
1435	放猪的人	pʰɑ˥ zuə˧	
1436	牧牛人	jɑ˩ zuə˥˧	
1437	牧牛人	pɑ˧ zuə˥	
1438	牧羊的人	lo˩ zuə˥˧	
1439	客人	kɑ˥ tɕʰɑ˥˧	ɕe˧ ɕʰpʔ˥˧

1440	中人	pu˨ wa˥	pe˨ ʑa˥
1441	证人		
1442	媒人	n̥i˥ bu˥	
1443	皇帝	kuŋ˨ ɯa˥	
1444	王	dɸe˨ bə˧	dɸə˨ bu˥
1445	女王	dɸe˨ ɯə˧	
1446	王子	dɸe˨ bə˥ se˥	
1447	贵族	ku˥ ʑa˧˦	ŋgu˥ ʑõ˧
1448	先生，阁下	ku˥ ʑu˧˦	
1449	大人，老爷		
1450	太太		
1451	少奶奶（尊称）		
1452	小姐	tʂe˥ ɯə˥	
1453	少爷	tʂe˥ pə˧	
1454	贫民 穷小模微者	ɲaŋ˥ tʂʻaŋ˥	ʂɛŋ˨ ndu˧

1455	富裕的人.富人	ɕo˥ pə˦
1456	口头翻译	fuŋ˩ sə˥ tuŋ˩ suɣ˦ 借词
1457	司庫者	ɕA˥ u˧ tsy˦: saŋ˩ ntse˦
1458	听差.男仆.随員	ʂo˩ ʂin˦
1459	看门的	go˥ saŋ˥
1460	熬茶的人	tʂə˧˩ ɯ [illegible]A˥
1461	打杂的	ʔA˩ in˥˩
1462	马夫.送公文的人	ʔA˥ tʂuŋ˥
1463	佛教信徒	dʑə˧˩ lo˥ pA˩ nuŋ˩ npa˥
1464	信人(不出家的人)	dʑi˥ fin˥ pA˩ min˩ nA˦
1465	徒弟.学生	dʑə˧˩ tʂuʔ˦ (mi˩)
1466	学生	ɕo˩ sin˥ 借词
1467	学徒	gə˩ tʂuʔ˦
1468	同志	xiŋ˥ fuŋ˥
1469	伙伴.伙计.助手	ruʔ˦ ruʔ˥˧

1470	朋友	pə˧ tsʰA˥ ru˩ pə˧ru²Y
1471	又朋友	po˩ mo˥ vu˩
1472	债主	du˧ dA^pY
1473	地主	sə˩ dA^pY
1474	贪酒鬼	tʂʰaŋ˥ tsʰuŋ˥
1475	佃户	tʂu˧
1476	店主	uɛ˥ pəY
1477	旅店主人	uɛ˥ məY
1478	行人旅客	laŋ˩ utʂyY
1479	房客	uɛ˥ pə˥ tʂə˧ nəY
1480	掌柜的	tsʰuŋ˥ pɛu˥ tsʰuŋ˩ pɛ²Y
1481	伙计店员	lA˩ duəY
1482	买主顾客	tsʰuŋ˥ ʂAY
1483	野人	hə˧ kuʔY
1484	流浪者	uə˩ tɕʰaŋ˥

1485	[illegible]人	nə˥A˧pe˥˧	
(1486)	乞丐	ɕan˥loŋ˥	jan˧tɕan˥
1487	淫夫		
1488	淫妇		
1489	妓女		
1490	乡下人	ji˩tɕʰɥə˥˧	
1491	保護者.救星 救主	tɕuŋ˥ukui˥	
1492	外人	nə˩ji˥wA˩	
1493	自己人.家人	vaŋ˩ji˥wA˩	
(1494)	邻居	tɕuŋ˩tɕi˥	tɕuŋ˩vi˥˧
1495	单身汉	nə˩tɕaŋ˥	
1496	独身女人	mə˩tɕaŋ˥	
1497	外国人	ɕə˩lin˥rɲA˩	
1498	印度.印度人	dʑə˩gɯ˥wA˩	
1499	蒙古人	su˥bə˥˧	do˥bə˥˧

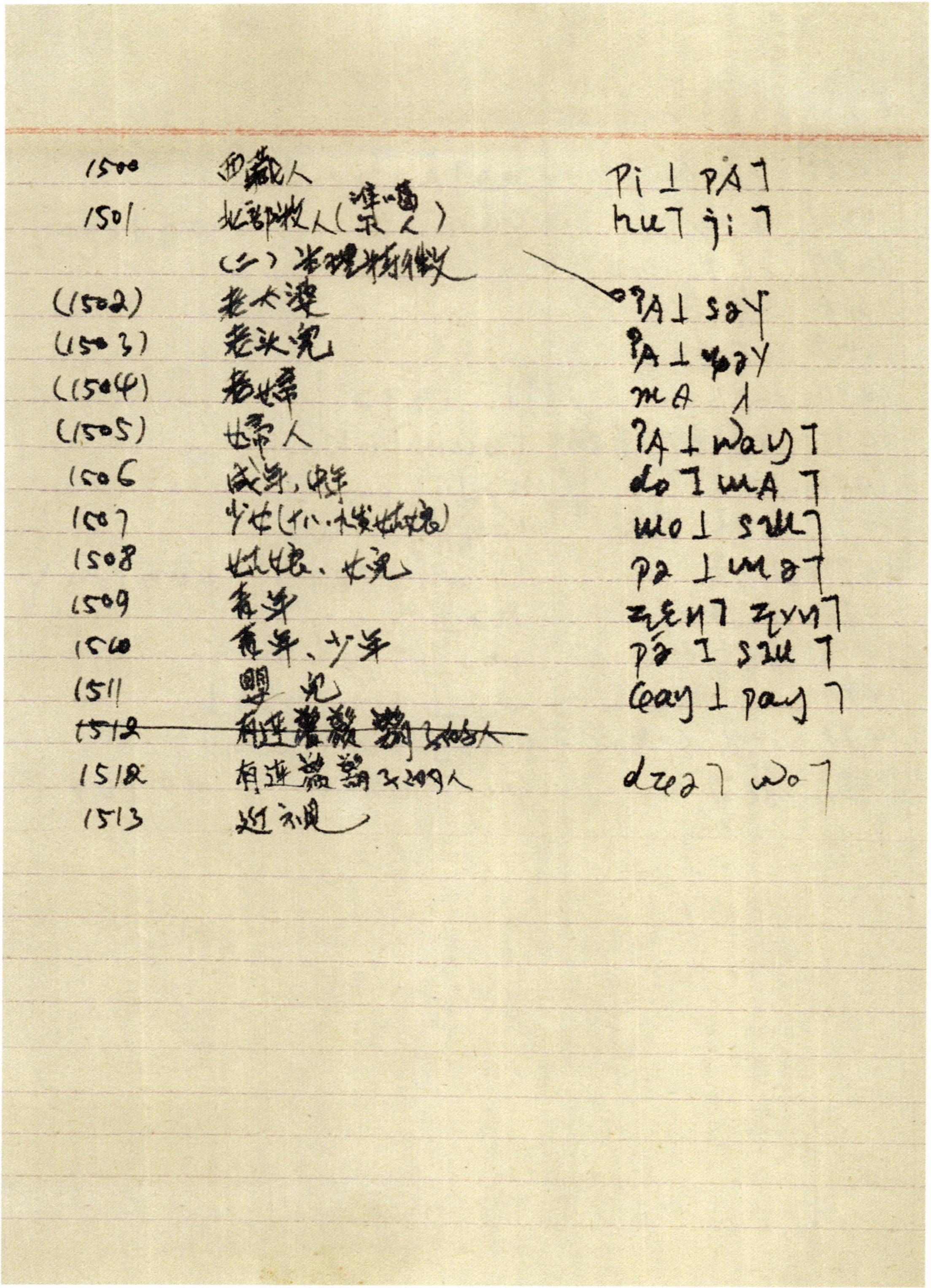

1500	西藏人	pi˧ pA˥
1501	北部游牧人（[illegible]人）	hɯ˥ ji˥
	（二）伦理称谓	
(1502)	老太婆	ʔA˧ sə˦
(1503)	老头儿	ʔA˧ [illegible]ə˦
(1504)	老妇	mA [illegible]
(1505)	妇人	ʔA˧ waŋ˥
1506	成年，中年	do˦ ɯA˥
1507	少女（十八、九岁姑娘）	ɯo˧ sɯ˥
1508	姑娘、女儿	pə˧ ɯə˥
1509	青年	ʐɛn˥ ʐɤn˥
1510	青年、少年	pə˦ sɯ˥
1511	婴儿	ɕaŋ˧ paŋ˥
~~1512~~	~~有连鬓胡子的人~~	
1512	有连鬓胡子的人	dzeə˥ wo˥
1513	近视	

1514 秃头 ŋko˥ [illegible]ɯ˥
(1515) 结巴 tɕə˥ tɕiy˩
1516 哑巴 ko˥ pa˥
1517 愚昧、愚人 leɯ˥
(1518) 瞎子（瞎一眼） ɲɕə˥ kɯ˥
1519 一隻眼、独目 ɲɕi˥ ja˥
1520 斜眼 zə˥ gua˥
1521 驼背 ta˥ go˥
1522 缺嘴 兔唇 tɕʰo˩ ʂuə˧
1523 歪嘴 ka˧ tɕiʔ˩
1524 歪脖子 tɕʰe˥ tɕiʔ˩
1525 跛子 kaŋ˥ ʐa˥
1526 跛脚（专指瘸腿的） ʂə˥ ʐa˥
~~1527 [illegible]~~

（三）家庭亲属

1527 姑婆 riʔ˩

1528	人类	nə˩ viʔ˧
1529	民族	miə˩ viʔ˧
1530	彝族	nə˩ dzyʔ˧
1531	家	ji˧
1532	我	ŋaŋ˧
1533	科学、文学	ŋaŋ˩ ɕA˧
1534	部族、家族	vi˩ dzyʔ˧
1535	血统	ʔə˥ dzyʔ˧
1536	祖先	tʰaŋ˥ vuʔ˧
1537	亲属	nə˩ wA˥
1538	家庭、人家	tɕʰuŋ˥ naŋ˥
1539	祖父、老太爷	ʔA˩ nə˧
1540	祖母、老太太	ʔA˩ sə˧
1541	外祖父	ʔA˩ nə˧
1542	外祖母	ʔA˩ sə˧

1543 父母 pə̃˥ mA˥

~~1544~~

1544 父亲 pA˩ bA˥

1545 爸 〃 〃 〃

1546 岳父 tɕoy˧ bə˥˧˥

1547 乾爸 继父 mə˩ ɣɯ˥

1548 岳母 dʑo˥ mə˥

1549 继母 ~~养母~~ mə˩ ɣɯ˥

1550 保姆 奶妈 bi˩ tɕÃʔ˥˧˥

1551 姨母 ʔA˧ maŋ˥

1552 夫妇 pə̃˥ mi˥

1553 姑〃 尼姑 tʂo˩ mə˥˧˥

1554 妻 女人 ʔA˩ ʒəʔ˥˧˥

1555 丈夫 男人 mpA˥ mA˥

1556 老婆 uə˥ waŋ˥

1557 客人 sə˥ vuʔ˥˧˥

1558	寡人 光棍儿	ɕaŋ˥ saŋ˥	
1559	孤寡人	〃	
1560	姐〃	mo˥ mə˦	A˩ tɕi˥
1561	妹〃	nə˥ mə˦	nuŋ˦
1562	兄弟亲戚	po˩ piŋ˥	nuŋ˦
1563	弟〃	nu˦	
1564	子	puə˦	pu˧ ly˥
1565	养子	tsʻə˩ suə˦	tɕuŋ˩ suə˦
1566	女婿	ȵi˥ ja˥	da˥ tɕʻə˥ [illegible]
1567	新郎	ui˥ sɯ˥ wa˥	
1568	娃孩子	ɕi˦	[illegible] ka˦
1569	孙子 甥儿 侄儿	tsʻə˩ wo˥	tsʻu˦
1570	孙女 甥女 侄女	tsʻə˩ mə˦	

〈中甸云南中甸县二村〉

十一. 天文地理

(一) 天文

(1571) 天空 naŋ˥ kʰA˥˧

(1572) 空中 pu˩ naŋ˦˥

(1573) 天氣 ji˥˧

(1574) 天陰 ji˩ ŋɛn˥˧

(1575) 天晴 ji˩ zaŋ˥˧

(1576) 月掌 ɲə˨ wA˥ re˧˩ ju˩

(1577) 日蝕 ɲi˩ ntsi˥˧

(1578) 月蝕 ntA˩ ntsi˥˧

(1578) 月亮 ntA˩ ɔA˥

(1580) 月亮 ntA˩ wi˥˧

(1581) 天河 po˩ laŋ˥

(1582) 星曦星辰 zə˥ kɯ˥˧

1583 naŋ˥ sɯə˥ pi˩ deu˩

1584	七星	ȵin˥ dʐuˀ˧˩
1585	启明星	k̊ɯ˥ dʐen˥
1586	行星.晓日.	ʑA˥
1587	流星	kɯ˦ n̥A˦
1588	雷	n̥tɕo˧˥ ɣɯ˩.
1589.	霹雳.	tʰuˀ˧˩
1590.	雪	kʰÁ˧˥
1591	露	ɕi˩ wÁ˦
1592	冰雹	ɕuA˧˥
1593	霜.	pɑ˩ mə˧˩
1594	霜打(动)	po˩ mo˦ po˧˥
1595	彩霞.	ɕ́in˦ mʋ˧˩
1596	白云	ɕ́in˦ kɯ˦
1597	黑云	ɕ́in˦ nAˀ˧˩
1598	風	laŋ˧˩

1599 旋风 ɕe˥˧ ku˧˥

1600 暴风 laŋ˥ dʐAʔ˧˥

1601 黄风 fi˩ ntA˥

1602 雨(云遮太阳下的) tʂʻɯ˩ kim˥

1603 暴雨 tʂʻɯ˩ dʐAʔ˧˥

1604 蒙蒙细雨 ntʂʻo˥˧ tʂʻɯ˥˧

1605 暴风雨 tʂʻɯ˩ loŋ˥˧

1606 暴风雪 kʻə˩ laŋ˥˧

二 地理

1607 山(有路的) lA˧˥

1608 雪山 kʻə˩ ɣə˧˥

1609 山间小路 4A˩ laŋ˧˥

1610 山间洞 4A˩ kaŋ˥˧

1611 山崖,小坝子 ɣə˩ ʐuŋ˥˧

1612 山峡 ɣə˩ kōʔ˧˥

1613 山谷口 ɣə˩ ʐuA˥

1614 山谷 ɕA˩ ɕyʔ˧˥

1615 山沟口 ɣə˩ KAʔ˧˥

1616 山根下 ɣə˩ ɣu˧˥

1617 山脚 ɣə˩ tɕA˥

1618 下坡 tó˥˧

1619 土洞 ʐə́˥ káŋ˥

1620 土堆 ʐə́˥ puŋ˥

1621 土崗子 ɣə˥ ɯpu˥

1622 土岗、土塊 ʐə́˥ kuʔ˥

1623 土穴、窟窿 ʐə́˥ duŋ˥

1624 陡峻 zə˥ ɕA˧˥

1625 山地 ɕə˩ waŋ˥ ʐA˩

1626 平坝、平原 táŋ˥˧

1627 塵土 tí˩ ntA˥

1628	滑土·垮坡	dʑuʔ˥˩˥
1629	田[地]	ɕiŋ ˥˩˥
1630	荒野	ɕin˩ npu˥
1631	荒地	ɕɑ́˥ duŋ˥
1632	地震	ɕɑ́˥ ji˥
1633	草原	tʂuə˥ táŋ˥
1634	泉	tʂɑ́˥ ɲi˥
1635	温泉	tʂə́˥ tʂɑ́˥˧
1636	瀑布	bɑ˥ tʂə́˥˧
1637	井	tʂə́˩ kʌ˥
1638	溪	dzʌ˩ tʂə́˥˧
1639	河	tsɑ˥ tʂə́˥˧
1640	河	tʂə́˩ ho˥
1641	沼泽	ntaŋ˩ tʂə́˥˧
1642	海	dʑaŋ˩ ntʂuɑ˥˧

1643 引水沟（灌田用） tɕə˩ kA˥

1644 沟渠 tɕə˥ ju˥

1645 水坎 tɕə˥ kÁ˥

1646 波浪 bA˧˩

1647 水漏 ti˥ pA˥

1648 漩涡 tɕə.ku˥

1649 漏水 tɕə˥ nɕuŋ˥ dA˥

1650 河堤 tɕə˥ dzeɯ˥

1651 大平坝 tʰaŋ˥ tɕe˥

1652 桥洞 ntsɔ˩ ʑoʔ˨˩

（三）地名

1653 西康 kʰaŋ˧˩

1654 格孟雄锡金 （没标国际音标）

1655 尼伯尔 pe˩ bə˨˩

1656 日喀则 tsuŋ˥ tɕə˥ ɕi˥ leɯ˥

1657	安多	ʔA˥ ntʰo˥
1658	江孜	dʑoŋ˩ dzə˧˥
[illegible]	不丹	ntɕu˥ ji˥
1660	昌都	tɕaŋ˥ nto˧˥
1661	德格	de˥ dʑə˧˥
1662	甘孜	kaŋ˥˩ tsə˧˥
1663	康定	ti˥ tsə˥ ntu˩
1664	巴塘	mpA˥
1665	玉树	
1666	哲蚌寺	ntɕe˩ puŋ˥
1667	塔尔寺	ku˥ mu˥
1668	噶登寺	gA˩ dɛn˥
1669	扎伦布寺	tɕə˥ ɕə˥ len˩
1670	巴释寺	de˥ dʑə˥ gɯiŋ˥ tɕin˥

十二 时间季节

1671. 今年	tɵ˩ luəY
1672 明年	soŋ˥ pʻiʔY
1673 去年	nə˩ nei˥
1674 后年	haŋ˥ pʻiʔY
1675 前年	ɣə˩ mi˥ lu˩
1676 后年	ŋə˥ ni˥ lu˩
1677 大前年	
1678 大后年	pʻu˩ pʻiʔY
1679 每年	lo˩ ɣɵY
1680 上半年	naŋ˩ tyʔY
1681. 年底	lo˩ dʑoʔY
1682 新年	lo˩ ɕɯ˥
1683 兔年	jy˩ luəY
1684 辛亥年	pʻA˥ laəY

1685	月	ntA˩ wA˥
1686	上旬	ntA˩ ty˧˥
1687	中旬	ntA˩ tɕi˧˥
1688	下旬	ntA˩ m̥ɛn˧˥
1689	望月	tʂɛn˥ ŋA˥ ntA˩ wA˥
1690	月初	tśi˥ ʂɯ˧˥
1691	上月	~~[illegible]~~ hen˥ lA˥
1692	下半月	mA˩ nkui˥
1693	下月	ʂin˥ lA˥
1694	闰月	ntA˩ ɕy˥
1695	正月	tə˧ wə˧˥
1696	一个月	ntə˩ wA˥˧ tɕiʔ˧˥
1697	今天	tA˩ ɣin˥
1698	明天	sáŋ˩ ɲi˥
1699	前天	kə́˥ ɲin˥ mpu˩

1700 大前天 jaŋ˩ ȵi˥

1701 大后天 ʑə˥ ȵi˥

1702 大大后天 gə˥ ȵi˥

1703 大大前天 ḱə˥ heu˥ ȵi˥ pu˩

1704 春 ɕi˥ ḱA˥

1705 每日 naŋ˨˩ tA˥ ɛm˥

1706 —星期日 dɛu˨˩ ḱu˥ tɕiʔ˧˥

1707 星期日 zA˨˩ ȵi˩ mA˧˥

1708 星期一 zA˨˩ utə˩ wA˧˥

1709 星期二 zA˨˩ mi˥ mu˧˥

1710 星期三 zA˨˩ ɬA˥ pA˥

1711 星期四 zA˨˩ p̄o˥ bo˧˥

1712 星期五 zA˨˩ pA˥ saŋ˥

1713 星期六 zA˨˩ peŋ˥ mpA˥

1714 日子 ȵə˩ waŋ˧˥

1715	日子	tɕʰi˥ ʐɯ˥
1716	整天	ɲin˩ mpu˥
1717	昼夜	ʐAʔ˥˧
1718	一日（初一）	tɕʰi˥ tɕiʔ˥˧
1719	二日（初二）	tɕʰi˥ ~~[illegible]~~ nei˥
1720	三日（初三）	tɕʰi˥ saŋ˥
1721	三十日（末日）	naŋ˥ ŋko˥˧
1722	过去、那段时代	ti˩ tsʰɛy˥˧
1723	白天	ɲei˩ ɕeʔ˥˧
1724	黎明、天亮	naŋ˧˥ ɕi˩
1725	早晨	ʐu˩ wA˥
1726	清晨	haŋ˥ tɕAʔ˥˧
1727	早晨午前	haŋ˥ ntʐuə˥˧
1728	午前	ɲin˩ tʐy˥˧
1729	去年	ɲei˩ tɕi˥˧

1730	黄昏	m̥A˩ kA˥
1731	今晚	to˩ nyʔY
1732	昨晚	nə˩ ʂaŋ˥
1733	明晚	ʂaŋ˩ nuʔY
1734	深夜	tin˥ ntʂɛ˥
1735	半夜	nə˩ nei˥ tsə˥ nei˥
1736	上半夜	naŋ˩ tyʔY
1737	下半夜	naŋ˩ mɛY
1738	节日	ty˩ tɕin˥
1739	季节	
1740	四季	tyn˥ ʐwiY
1741	冬至	n̥ə˩ waŋ˥ iu˨˦
1742	(一)夜	ʂA˥ tɕiʔY
1743	下午、黄昏	m̥A˥ kA˥
1744	晚、下午、傍晚	tɕɛnY

1745 时候 kə˩ zi˧˥

1746 钟点 tʂə˥ tʂy?˧˥

十三、文化艺术

（一）文艺娱乐

1747 歌词 tɕi˥ tsA˥

1748 跳锅庄 舞蹈 du˩ tɵː˧˥

1949 藏剧、戏剧 ʔA˩ ʐi˥ qA˥ mə˩

1950 电影 tɛn˩ ji˥ 〈借〉

1951 说唱戏

1952 箫 （借英） ntsi˥

1953 乐器 mpu˥ tɕy˥

1954 弦子（月琴） dʑA˥ ɯɛ˨˩˦

1955 弦 dʑi˥ ki?˧˥

1956 胡琴 pi˥ jaŋ˥

1957 口琴

1958 箫 liɑ˥ ŋə˥

1759	笛子	
1760	喇叭（~~用人腿骨做成~~）	dʑA˥ lin˥
1761	喇叭（用人腿骨做成）	kaŋ˥ daŋ˥
1761	大铜钹	m̍pu˥ tɕy˥
1763	跋	ɕi˥ ȵe˧˥
1764	锣	tio˩ ŋA˥
1765	手鼓	lA˩ ŋA˥
1766	鼓槌	ŋə˥ tʑAʔ˧˥
1767	朴壳	bA˥˧
1768	棋	dʑə˩ ʔə˥ pə˩ (ŋki˥)
1769	球	kuA˥ pu˩ lu˩
1770	毽子	tʂé˩ kuo˧˥
1771	鞦韆	tʂé˨ pé˥ jo˧˥
1772	风筝	pA˩ ko˥
1773	放风筝	pA˩ ko˥ woŋ˧˥
1774	骰子	ʐuə˥˧

1775 [illegible]丸

1776 麻将〈借汉〉 roʔ˩ bɑʔ˥˧
〈二语文〉

1777 话、语 keʔ˥˧

1778 汉语 dʑa˥ keʔ˥˧

1779 英语 pi˩ keʔ˥˧

1780 文言 ji˩ keʔ˥˧

1781 普通话 pá˥ keʔ˥˧

1782 方言 ji˩ keʔ˥˧

1783 土话

1784 官腔话 pin˥ taŋ˥

1785 宗教话 tɕý˥ keʔ˥˧

1786 成语、谚语 ɕe˥ śu˥

1787 敬语 ɕe˥ śɑ˥

1788 声母、语音 kə˥ ɯɛ˥

1789	拼音	pA˧dA˥
1790	字母	kA˥kÁ˥
1791	字引.目録	
1792	词句	tɕiʔY
1793	读句读文	nki˩tɕiʔY
1794	字训	ji˧ɕin˥
1795	分音节表	tsÁʔY
1796	章节	ji˧tsɯ́˥
1797	字体	ji˧zuʔY
1798	大头字(正楷	wo˥ mɛʔY
1799	草书	jo˥ ji˥
1800	标题的字	ji˧ŋknəY
1801	正字序	tA˧ ji Y
1802	文章	~~dɛn˥~~ (没有找)
1803	序言	ŋko˥dzɛn˥

1804 格言（学校） taŋ˥dʑey˥

1805 典故 ↓

1806 諺語 taŋ˥ pia˧˥

1807 谜语 nA˥taŋ˥

（三）文教

1808 文化 ri˩ ɕuŋ˥

1809 艺术

1810 科学

1811 知识文明 ɕi˥riʔ˧˥

1812 学问、知识 ˩ （不明）

1813 学问功德本领 jy˩ tɛn˥

1814 历史 la˩dʑyʔ˧˥

1815 医书 mɛn˥ ji˥

1816 印本书 pu˥ mA˥

1817 手抄书 ji˩dʑø˥ pia˧˥

1818	手写本	ɕɔ˧ mA˥
1819	稿本 草本(稿)	
1820	付本	
1821	历书	liə˥ tʐA˥
1822	地图	ʐə˥ tʐA˥
1823	壁画	lu˧ rə˦
1824	图画 花纹.	ve˧ mə˦
1825	画报	pu˦
1826	像片	pu˦
1827	照像机	pu˥ tɔ˧ ʑA˧
1828	新闻	siu˥ n tɕu˥
1829	报纸	po˦
1830	印板	pu˥ ʐiɑ˥
1831	例子. 标本.	piə˦
1832	封面 背面	dʑə˧ ʐɿ˥

1833 本子 diɔ˧˥

1834 草纸 pi˩ ʑyn˥

1835 玻璃纸 tʑə˥ ʑuʔ˥˧

1836 页数 ʑyn˥ diɔ˥˧

1837 张（一张） ʑyn˩ diɔ˥ tʑʔi˥˧

1838 纸捲 ʑyn˩ dzi˥

1839 文具 ji˩ tʑe˥˧

1840 信封 ji˩ keʔ˥˧

1841 竹笔 ŋA˥ ɲo˥˧

1842 毛笔 ɲo˧˥

1843 铅笔 ʑə˩ tʑəʔ˥˧

1844 钢笔 ʑui˥ pi˩

1845 竹笔之一种 sA˥ ɲə˥˧

1846 写字用的木板 ŋA˥ jaŋ˥

1847 写字的木板

1848.	墨水瓶	n̥A˥ p'u˥
1849	护照、执照、介绍信	kə˥ ʂuʔ˨˩
1850	字据	ntsĩ˨˩
1851	表格、表	lA˩ zaŋ˥
1852	说明书	ɣə˩ mə˨˩
1853	表册	t'un˨˩

十四 医药卫生

1854.	病	nə˩ tś'A˨˩
1855	生病	nə˩ tś'A˥ p'u˨˩
1856	病疫	nə˩ tś'A˥ ɕy˥
1857	病人	nɛ˩ ɯA˥
1888	感冒	k'ə˥ ɕy˥
1859	疟疾	ntə˥ ɣə˥
1860	肝病	lo˥ nɛʔ˨˩
1861.	咳嗽	li˩ nɛʔ˨˩

1862 嗓子哑 kuŋ˥ ŋkaʔ˥˧

1863 水肿病 肺气病 风湿病 mpioŋ˥˧

1864 梅毒 dʐuə˥ ʐuə˥˧

1865 麻疯 tʂaŋ˩ nɛ˥˧

1866 白带病 tʂaŋ˩ ʑə˥˧

1896 关红花 kə˥ tʂə˥ ʂa˩ ka˥

1897 关青菜 ʔa˥ ɣə˥ ɣa˩

1898 鹿茸 ʐə˩ ɣna˥

1899 虫草 ʑə˥ tsua˥ gen˥ ba

1900 熊胆 tuŋ˩ kiʔ˥˧

1901 贝母 pi˩ muʔ˥˧

1902 黄连 ntʂə˥ dʐuə˥˧

1903 荳蔻 ntsə˩ tiə˥˧

1904 麝香 lə˥ tsə˥˧

1905 樟脑 dʑə˩ kɯ˥ gu˩ wa˥

1906 毒药 to˥˩

1882 麻瘋 麻風、 ntɕuə˥pə˥

1883 骑马皮臀部磨的痛 tA˥ ʑuəY

~~1884 药铺,医院~~

（二）医药

1884. 药铺,医院 ẉɛn˥káŋ˥

1885 大夫 ẉɛn˥ pA˥

1886 ~~护~~ 护士 nɛ˥juʔY

1887 药剂 ẉɛn˥tín˥

1888 药方 ẉɛn˥jiʔY

1889 药费 ẉɛn˥ lA˥

1890 治牙的药. só˥ ẉɛn˥

1891 膏药 ndə˥ ẉɛn˥

1892 咳嗽药. li˩ ẉɛn˥

1893 药末 ẉɛn˥tsaŋ˥

1894 外敷药 ɕo˩ ẉɛn˥

1866	日落山，日了。	ɣi˩ bə˥˧
1867	彩霞	dʑu˥ ɣi˥˧
1868	月光仪．月光节区．	ntɕə˥ tɕə˩
1869	候秋，	tɕA˥ gA?˥˧
1870	气山节	bo˥ dʑe˩
1871	天花	mpe˩ du?˥˧
1872	中风	pɛ˩ ke˥
1873	抽风，羊癫疯，	zA˥ ɸu˩
1874	风湿	laŋ˥
1875	抽筋	ɣa˥˧
1876	传染病	kuə˩ nɛ˥˧
1877	伤口	mə˥ gaŋ˥
1878	受伤	mɛ˥˧
1879	茧子（手脚上磨出来的）	ɕy˥ tuə˥˧
1880	疟疾	tɕaŋ˩ ʂuA˥

1881. 殡. ɯA˥

比　　十五.宗教与风俗习惯

1907. 经典,信,宗教　tʂʻy Y

1908 信仰　te˩ pA˥

1909 教派　tʂʻy˥ laʔ Y

1910 红教　ŋə˥ mA˥ pA˩

1911 黄教　dʑə˩ lo˥ pA˩

1912 白教　kə˥ dʑy˥ pA˩

1913 外教　ɕə˥ ɣy˥ pA˩

1914 佛　saŋ˥ dʑe˥

1915 对大喇嘛的尊称　ɣin˥ ɯə˥ tɕʻə Y

1916 信佛　tʂy˥ kuə Y

1917 格西(宗教学位)　ge˥ ɕi˥

1918 铁棒喇嘛　dʑə˩ kɯeɯ˥

1919 喇嘛　dʑe˥ nty˥ ɕA˩

1920	出家人	tɕʏ˧ pA˥ wA˩
1921	尼姑	nɛ˥ dʑaŋ˥
1922	護法神之一	~~nɛ˥ dʑaŋ~~〈待查核〉
1923	空行母	kʰaŋ˥ ntɕʰo˥ mə˩
1924	度女	di˥ mə˧˥
1925	神仙	tɕaŋ˩ ʂuŋ˥
1926	婆羅门	
1927	閻羅王	tɕʰy˥ dʑe˥
1928	财神	nɑ˩ ɡA˥
1929.	土地神	ji˩ ɡA˥
1930	菩薩	ɕʰaŋ˩ tɕʰu˥ tɕʰin˥ pA˥
1931	僧侣	tɕə˩ ʂɯ˥
1932	儀軌	tɕʰy˥ pA˥
1933	聖書、聖教	saŋ˥ ru˧˥
1933	甘珠	kə˥ ntɕo˥

1935 教义 tɛn˥ pA˥

1936 ? tʂý˥ ɣA˥

1937 寺庙 gỹ˥ pA˥

1938 佛堂 ɖA˥ gàŋ˥

1939. 教堂佛堂. tʂý˥ káŋ˥

1940 佛画 kuə˥ táŋ˥

1941 泥塑小塔 tsə́˩ tsÁʔY

1942 寺庙的庄田 tʂý˥ ʂÁ˥

1943 寺庙之牧场

1944 ? ɖo˩ tʂAʔY

1945 深山修行的山庙 ɣə˩ tʂýʔY

1946 天堂 ɖə˥ ji˥

1947 鬼 hA˥ ntʂəY

1948 先知的神道 ŋei˥ ɸi˥

1949 凶兆 te˥ ŋɛn˥

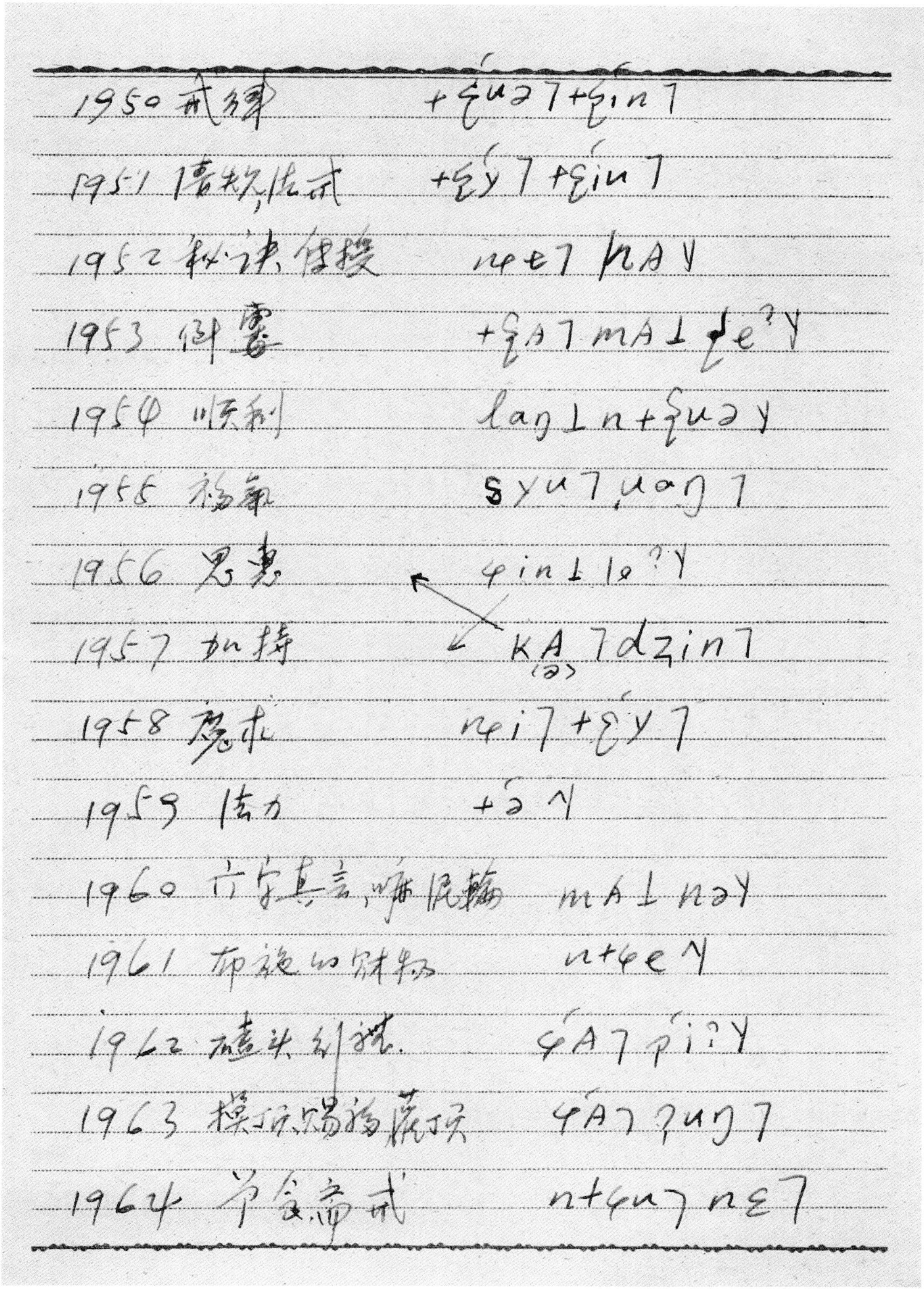

1950 戒律 tʂʰuə˥tʂʰin˥

1951 信教,仪式 tʂʰy˥ tʂʰin˥

1952 秘诀,传授 ɳe˥ hA˧˥

1953 倒霉 tʂʰA˥ mA˩ ɖeʔ˧˥

1954 顺利 laŋ˩ n tʂʰuə˧˥

1955 福气 ɕyu˥ uaŋ˥

1956 恩惠 ɕin˩ loʔ˧˥

1957 加持 kA(ə)˥ dʑin˥

1958 魔术 ɳei˥ tʂʰy˥

1959 法力 tʂʰə˥˧

1960 六字真言,嘛呢轮 mA˩ nə˧˥

1961 布施的财物 ntɕʰe˥˧

1962 磕头,礼拜 ɕʰA˥ pʰiʔ˧˥

1963 摸顶、赐福、灌顶 ɕʰA˥ ʔuŋ˥

1964 节食斋戒 ntɕʰu˥ ne˥

1965 灵魂 naŋ˥ ɕi˥

1966 转世 tɕə˥ ɯA˥ laŋ˩

1967 念经 naŋ˧ tu˥ ʂA˩

1968 禁忌 ntɕo˥ tʂA˥

1969 罪过 nɕɛ˩ pA˥

1970 业(因)果 le˩ ntʂe˥

1971 因果 dʑy˩ ntʂe˥

1972 敬神之物 ɡA˥ ʂuə˧˥

1973 朝礼圣地的香 nɛ˥ ku˥

1974 造世因缘 lɛ˧˥

1975 祭品 tʂy˥ ze˥

1977 香炉 saŋ˧ pʻoʔ˧˥

1976 香炉 pei˥ tso˧ ʂA˥

1978 最好的香 tsaŋ˧ pẽ˥

1979 烧香 ʔA˧ KA˥ ɣA˩

1980 佛像 ka˥ ntɕA˥

1981 杆木，挂经旗的杆子 ti˩ tɕuʔ˧˥

1982 旗杆 ti˩ dʑĩ˧˥

1983 屋顶四角插旗杆处 dʐə˥ bi˥

1984 旗幡 ti˩ tɕeʔ˧˥

1985 ? nto˥

1986 经堂门前的号角 kaŋ˥ daŋ˥

1987 大喇叭 rA˩ daŋ˥

1988 幢 dʐaŋ˩ tʂɛu˥

1989 煨烧松枝敬神的火灶 saŋ˥ rA˥

1990 礼节手续 ntɕo˩ loʔ˥

1991 黄道吉日 tɕi˥ zaŋ˥

1992 仪仗（指旗子）

1993 婚丧，婚礼。 ji˩ dɛŋ˥˩

1994 （恭喜（吉祥如意） tɕə˥ tɕə˩ de˧ le

1995	礼物	lA˩dAʔ˧
1996	三朝	sĩ˩ tuʔ˧
1997	临时陪新嫁娘的女伴	PA˩ ɣuʔ˧
1998	女傧相	tə˥juʔ˧
1999	聘金	ʂo˥ ri˥ tA˩ tɕA˩
2000	抚育金	tʂaŋ˥ ri˥
2001	男傧相	lɑ˩ ŋuə˧
2002	岁	luɑ˧
2003	寿命	tɕə˧
2004	寿辰生日	tɕə˥ kɯ˥
2005	临死	ɣɯ˩ ntʂi˥ lA˩ nA˥
2006	遗嘱	kə˥ tʂuŋ˥
2007	灵魂	ɕə˥ ʂA˥
2008	棺材	guŋ˧
2009	天葬（去）	to˩ tʂyʔ˧

2010 天葬场 tɑ˩ tʂʏ̌ʔy˦

2011 份金 ʏi˩ mɯə˥ tʂə˩ tʂɛ˥ tʂɑ˥ tey

十六 算法

(一) 政治

2012 社会 ɕə˥ ʂúʔ˦

2013 团结 tỹ˥ n tʂi˥ 储

2014 政府组织 si˥ tʂuŋ˥

2015 行政·政务

2016 政治 tɕʰó˥ siʔ˦

2017 策略

2018 政策 kə˥ tʂen˥

2019 公务 ʈʂʰuŋ˥ dỹ˥

2020 共和国 ɕə˥ tỹ˥ dʑe˩ kó˦

2021 首都 dʑə˩ ʂá˥

2022 国界世界·地界 se˥ ʂáŋ˥

2023 民主 ʏaŋ˩ tɕʰé˥ ʏaŋ˩ dɑʔ˦

2024	国旗	dʑə˥ din˥
2025	社会主义	ɕi˧ su˥ ri˩ lu˧˥
2026	共产党	kuŋ˧˥ tɕen˥ tʌŋ˩
2027	共产主义	~~kuŋ˧˥~~ ɕə˥ liaŋ˥
2028	区、管辖地	ŋa˥ wu˧
2029	区域	zə˩ wu˧
2030	地方	ʂə˥ ne˥
2031	地方	ʂə˥ tɕA˥
2032	县长、县本	tʰA˥ je˥
2033	省	sin˧˥˧
2034	城市	tɕʰə˥ kʰA˧
2035	边部	ʑu˥ kʰA˥
2036	巷、小街	ji˩ tsʰuə˧
2037	巷子、胡同	tɕʰy˥ by˥
2038	城墙	tʑA˥ və˥
2039	乡村	tʰaŋ˥ jaŋ˥
2040	权力	ʔɯŋ˥ tʰaŋ˥
2041	职权	waŋ˥ tɕʰA˥
2042	责任、任务	kʰe˥ ɲɛ˥

(2043) 自由 ɣaŋ˩ waŋ˥

~~2044~~ ~~残暴~~

2044 残暴 tʂə˥ waŋ˥

2045 自治 vaŋ˩ tɕuŋ˥

2046 平等 utʂA˩ .ɰuŋ˥

2047 友爱 gA˩ tʼy²˥

2048 帮助 vu˩ vaŋ˥

2049 保护 saŋ˥ ŋtɕu˥

2050 领导 ŋko˥ kʼɯ˥

2051 动员(乱) kʼA˥ tA˥

2052 强弱 tʂA˩ ʐeu˥

2053 兴盛 ti˩ dʑe˥

2054 发达 jA˩ dʑe˥

(2055) 群众会 tɕʰu˥ ʔA˥

2056 头目 uti˥ tɕu˧˦

(2057) 地位，品级 ko˩ ʂA˥

2058 执政 kA˥ tʂo˥

2059 秘书 tʂaŋ˩ ji˥

(2060) 代表 kA˥ tʂo˥

2061 代表 〃 〃

2062 职员(小官员) le˩ dy²˥

2063 委员 ʔu˥ je˩

(2064) 土司 le˥ tsen˥ ~~hA˧~~

2065 噶厦 kə˥ ʂA˥

2066 噶伦 kə˥ lyu˥

2067	总理、总督	ɓa˥ tɓoʔ˧
2068	给官	tʂain˩ ku˥
2069	(做官)致仕	tɓa˥ dʐnŋ˥
2070	(活佛的)职务	ɓy˥ pin˥
2071	工作	le˩ kʻA˥
2072	四品官	
(2073)	千户	le˩ ze˥ mpA˩
2074	村长的会计	tɓi˥ kʻe˥
2075	司神	ntʂy˥ mɓen˥
2076	王统、皇族	dʐe˩ voʔ˧
(2077)	胜利	tʂA˩
2078	勇士	le˩ dyʔ˥
2079	意见	ʂn˥ ʂA˩
2080	成绩、功劳	
2081	伟大	tu˥ ʂuʔ˧
2082	忠实、烦恼	(tʂin˥ tʂʻu˧)
2083	成果	ntʂe˩ ɓa˧
(2084)	幸福	de˧ tɓiʔ˧

2085 徽章，商标 tʂeu˧tʂᴀɣ˥

2086 共同 ŋaɣ˥ntʂi˥

2087 假日 gyɿ˨˦mpᴀ˥

2088 薪金 pʰuʔ˨˦

2089 太平，安定 ti˥diə˨˦

2090 碑 dua˧rĩ˥

2091 揭露

2092 假冒，作假 gy˧mpᴀ˥te˥

2093 服从 kʰᴀ˥ɲɕu˧˩

（二）军事 （kʰᴀ˥ɲɛn˧˩）

1、军队、编制

2094 军旗 mᴀ˥ti˥

2095 兵营 mᴀ˥ku˥

2096 战斗 mᴀ˥ntsi˥

2097 战败 mᴀ˥ʂɛu˧˩

2098 战胜 mᴀ˥kʰᴀ˥tiŋ^{3}˨˦

2099	暴动	ti˩ tʂ'ʊ˩ ~~mA˧ k'A˥ t'n³˧˥~~
2100	屈服、归顺、投降	ɡkʊ˥ tA³˧˥
2101	埋伏	dʑA˥ dʑo˩
2102	反攻、进攻	mA˥ tɸA³˧˥
2103	援军	mA˥ rn³˧˥
2104	后援	dʑo˩ tsA˧˥
(2105)	军队	mA˥ puy˥
(2106)	军官	mA˥ peu˥
(2107)	总司令	uə˥ pen˥
2108	警卫员	ʔA˥ tʂ'o³˧˥
2109	哨兵、奸细	tʂ'ə˥ wA˥
2110	九本（相当于军队的班长）	tʂə˥ peu˥
2111	丁本	
2112	甲本（一百人）	dʑə˧˥ peu˥

2113	如本（相当于营长）	
2114	代本（相当于团长）	
2115	陆兵	pi˩ mᴀ̱ʔ˧˩
2116	空軍	uaŋ˥ mᴀʔ˧˩
2117	海军	tsiə˥ mᴀʔ˧˩
2118	步兵	ʂə˥ mᴀʔ˧˩
2119	骑兵	tə˥ mᴀʔ˧˩
2120	军队	
2121	骑士	to˥ ȵᴀ˥
2122	射手	utᴀ˥ ke˥
(2123)	对手	dʑə˥ iᴀ˥
(2124)	行列	tʂᴀ˩ dʐʑi˧
2125	队伍	ʂiʔ˦
2126	营寨	tʂo˥ kᴀ˥
2127	石头堡壘	po˩ wᴀ˥

2128	武藝	mɑ˥ tɕe˥
2129	武器	tsɣ˥ tɕɑ˥
2130	軍械	kɤ˩ tɕe˥
2131	槍	ɸə˩ u tɑ˥
2132	長槍	ko˩ vi˥
2133	手槍	ko˩ tʃ'uɣ˥
2134	槍（明火槍）	pi˩ u tɑ˥
2135	子彈	u tiə˥
2136	彈丸	u tɣ˥ ɣ ko˥
2137	火藥	dze˥
2138	机关槍、摩托車	pɑ˩ pɑ˥
2139	大火炮	pu˥ tʃɛu˥
2140	槍連茶	tʃɑ˥ ʃɑŋ˥
2141	刺刀	tsɯ˩ to˥

(2142)	矛	
2143	剑、宝剑	re˩ tɕə˥˧
2144	鞘子、套子	ɕʻy ˧˥
2145	箭袋	ntA˥ kʻoʔ˥˧
2146	箭筒	ntə˥ tɕ ŋ˥
2147	靶（射击目标）	mpi˥
2148	匕首、短刀	lo˥ dʑə˥
2149	指挥刀（长刀）	tɕə˥ ɕAʔ˥˧
(2150)	盔	maʔ ˧˥
(2151)	盔甲	tʂʻoʔ˧˥
	（三）法律	
2152	法律	kə˥ tʂʻen˥
2153	纪律	dʑe˩ laŋ˥
2154	惩法	tsə˥ tʂʻn˥
2155	普选	tsoʔ ˧˥
2156	法官	tʂʻan˥ dAʔ˥˧

2157	法院	tʂʻin˥ kʻɯŋ˥
2158	布告	tʂə˥ tʂʻə˥
(2159)	官司	kʻaŋ˥ tʂʻə˧˥
(2160)	状子、报告	ɳɛn˥ ɕx˥
2161	原告	kʻaŋ˥ tʂʻə˥ tʂe˥ nə˩
2162	被告	tɕy˩ jA˥
2163	判案	tɕy˩ tʻA˥ tʂʻy˧˥
2164	判决结案，	tsʻaŋ˥ tʂeʔ˧˥
2165	欺凌	ho˥ ʂe˩
2166	镇压	ŋko˥ nɛ˥
2167	狱卒	tsy˜˥ saŋ˥
2168	镣（刑具）	puŋ˥˧
2169	脚镣	kɯŋ˥ tʂAʔ˧˥
2170	手镣	lA˩ tʂAʔ˧˥
2171	枷	tɕə˥ pɯŋ˥
2172	囚犯	tsyʔ˥ mpA˥
2173	流放罪犯	ʑə˥ dʑɛn˥
2174	奸妇、（与情妇常似）	nə˥ nə˥ mA˩
(2175)	罪魁	k
(2176)	凶手	lA˩ mu˧˥
十七、指代词 2177	特务、间谍	diə˥ tɕoʔ˧˥
(2178)	我们	ŋə˥ nA˥ kɛ˩
2179	咱们	A˥ go˥ ken˩
(2180)	他	kʻuə˧˥
(2181)	你们	tɕʻə˥ nA˥ ken˩
2182	她	
(2183)	他们	kʻo˥ nA˥ kɯn˩
(2184)	自己	ʏuŋ˩
2185	各自	ɕʻu˥ ɕʻu˥
(2186)	什么	kə˩ zoʔ˧˥

(2187)	哪一个	kə˩zi˥
(2188)	哪里	kA ˧˥
(2189)	多少	kə˩ze˦
2190	从那里	kA˧˥ɣi˩
2191	几时	kə˩diə˦
2192	怎么样	kə˩zɵʔ˦
2193	多少，好多	
(2194)	那样	kʰo˧ntʂA˦
(2195)	这样	ŋə˩ntʂA˦
(2196)	那些	tiɯ zA˩
(2197)	这些	ntiɯ˧˥zA˩
(2198)	这儿	ntiə˦
2199	这边	ntə˩duʔ˦
2200	这里	ntiɯ˧˥
2201	那儿（稍远点	pʰə˩duʔ˦
2202	彼此	pʰɛu˥tʂʰyʔ˥

十八方位词

2203 右 jɛu˥ ɸuʔ˥˧

2204 左 jỹ˥ ɸuʔ˥˧

2205 往这边 ʂʂʻɯ˩˧

2206 往那边 pʻu˧

2207 上，向上 ʒɯ˩˧

2208 往下 ʂɯ˩˧

2209 上面 tAʔ˥˧

? 2210 下面 ʂo˧˥˧

2211 上首

2212 下面 ʒu˧˥˧

2213 后面 dʑo˥ pʻA˥˧

2214 对面 kʻa˥ tʒyʔ˥˧

2215 深处 bo˩˧ lA˨

2216 涯岸 沿边 ntɕaŋ˥

2217 边上 so˩˧ lA˨

2218 ~~ntɕaŋ˥~~ 顶上 tɕiːə˥ lA˧

2219 ~~so˩˧ lA˨~~ 背后 dʑo˧ lA˩

2220 跟前 tsA˥ lA˩

2221 到处 kA˨ sA˥ kA˩˧

2222 上面 tiu˥

2223 在上 gaŋ˥ lA˨

2224 中间儿（两者之间） pu˨ lAʔ˥˧

~~2225~~ 十九 数量词

~~2226~~ （一） 基数 倍数 百分

2225 号码 ʒA˥ ntɕə˥

2226 数目 tʂaŋ˩ kʻA˥

2227 零 le˩ wA˥

2228 十一 tɕo˥ dʑiʔ˥˧

2229 十二 tɕo˥ nə˥˧

2230	十三	tʂo˥ suŋ˥˧
2231	十四	tɕy˥ ʐə˥˧
2232	十五	tʂɛn˥ ŋA˥˧
2233	十六	tʂu˥ tʂuʔ˥˧
2234	十七	tʂu˥ dʑu˥˧
2235	十八	tʂu˥ dʑeʔ˥˧
2236	十九	tʂu˥ gə˥
2237	二十一	ɲə tʂə˥ ɲA˧ dʑiʔ˥˧
2238	三十	suŋ˥ tʂə˥˧
2239	三十一	suŋ˥ tʂə˥ so˥ tɕiʔ˥˧
2240	四十	ʐə˥ tʂə˥˧
2241	四十一	〃 〃 ʂe˥ dʑiʔ˥˧
2242	五十	ŋə˥ tʂə˥˧
2243	五十一	〃 〃 ŋA˧ dʑiʔ˥˧
2244	六十	tʂo˩ tʂəʔ˥˧
2245	六十一	〃 〃 ɣe˩ dʑiʔ˥˧
2246	七十	dʑu˥ tʂə˥˧
2247	七十一	〃 tʂə˥ dy˜˩ dʑiʔ˥˧
2248	八十	dʑe˩ tʂə˥˧
2249	八十一	〃 tʂə˥ dʑA˩ dʑiʔ˥˧
2250	九十	gə˥ tʂə˥˧
2251	九十一	〃 tʂə˥ go˩ dʑiʔ˥˧
2252	二百	ɲi˩ dʑA˥
2253	三百	suŋ˥ 〃
2254	四百	ʐə˥ 〃
2255	五百	ŋə˥ 〃
2256	一千	tɕi˩ tuŋ˥
2257	二千	tuŋ˥ ue˩ (ɲi˩ taŋ˥)
2258	百万	SA˥ iA˥
2259	千万	ɕə˩ waŋ˥

2260 亿 taŋ˧˥
2261 一倍 lu˥ tɕi˩
2262 二倍 ɕi˩ luʔ˥˧
2263 十倍 tʂə˥ luʔ˥˧
2264 四分之一 ʐə˩ zo˥ tɕi˥˧
2265 十分之一 tʂə˩˥ zo˥ tɕiʔ˥˧
2266 二十分之一 ɕə˩ ʂə˥ ɣə˩ tɕiʔ˥˧
2267 零点一

二 序数.

2268 第二 nei˥ bA˥
2269 第三 suŋ˥ :
2270 第四 ʐə˥ :
2271 第五 ŋA˥ :
2272 第六 tʂo˩ :
2273 第七 dɛn˥ :
2274 第八 dʑe˩ :
2275 第九 gə˥ :
2276 第十 tʂə˥ :

三 量词

2277(1) 两个 tuə˧˥
2277(2) 两个半 ɕe˥ suŋ˥
2278(1) 几个 kʻA˥ ʂe˥
2278(2) (两)节. kuŋ˥ bA˥ duə˧˥
2279 一队 ɣə˥ tɕi˧
2280. 丈斗 hdə˥˧

2281 小斗 mpo˥˧

2282 一斗 mpo˥ kuŋ˧

2283 升 ɕə˧

2284 疋 re˩ buʔ˥˧

2285 塊，疋 re˩ joʔ˥˧

2286 量，度 tsʻeʔ˥˧

2287 宽度(口面) ʂen˧

2288 束，捆 piaŋ˥

2289 一拃的宽度 sʻu˥

2290 一方(量布时的方的一块) kʻʌ˥ kaŋ˧

2291 半方 kʻʌ˥ ɕe˩

2292 次，回 wu˧

2293 剩 tʻin˥

(2294)	一两	huŋ˧ kaŋ X
(2295)	二两	huŋ˧ to X (uə)
(2296)	一斤	tɕi˧ kaŋ ˩
(2297)	两斤	tɕi˧ tuə ˩
(2298)	(一)拃(tɕa˩)	tuə˧ kaŋ ˩
(2299)	两层、两重	tsA ˧˦
(2300)	两个、双方	n̥ei˧ ŋA ˦
(2301)	一根	kaŋ˧ tɕi ˧˦
(2302)	一隻	jA˩ tɕi ˦
(2303)	一双	tɕ'A˧ tɕi ˧˦
(2304)	(一)把(糖、盐)	pa ˧ ma ˦
(2305)	(一)庹(t'ou˧)	nuŋ˧ ŋpA˧
(2306)	七卜、段	tuŋ ˩ ŋpA˧
(2307)	股份、(遗产应得部分)	tua ˧ lA ˧

二十 形容词

(2308) 颜色 tɕy·˥ k·A˥

(2309) 素白的(带花纹白的布) h·tʂaŋ˥ ɕi·ʔ˥

(2310) 雪白的 kɯ˥ tʂaŋ˥

(2311) 浅黄 śɯ˥ pu˥

(2312) 纯黄 sɯ˥ tɕaŋ˥

(2313) 硃砂色 dʑ·ʔ˥ tɕy˥

(2314) 朱红色 [illegible]˥ ɕi·ʔ˥

(2315) 粉红色 [illegible]u˥ tɕA˥

(2316) 紫红色 nA˧ m·uʔ˥˧

(2317) 桃红色 [illegible]u˥ tɕA·˥

(2318) 深红 [illegible]u˥ nAʔ˥˧

(2319) 鲜红 [illegible]u˥ tʂaŋ˥

(2320) 浅紫色 dʑə˧ ·muʔ˥˧

(2321) 淡紫 [illegible]˥ hu˥

(2322) 深紫、紫红色 dʑə˧ ɯu˥˧

(2323) 深绿 dʐaŋ˧ nAʔ˥˧

(2324) 深棕色 tɕaŋ˥ nAʔ˥˧

(2325) 草绿色 dʐaŋ˧ ·sɯ˥˧

(2326) 浅蓝 ŋo˥ tɕA·˧

(2327) 青黑色(藏青) ŋo˥ nAʔ˥˧

(2328) 土色 sə˥ ntuʔ˥˧

(2329) 咖啡色 ti˥ tutuʔ˥˧

(2330) 古铜色 dzə˩ ntaʔ˧

(2331) 灰色 tʻiʔ˧ [illegible]tuʔ˥˧

(2332)	丸形的、球形的	lo˩ luˀ˧
(2333)	椭圆形.	jueə˩·juə˧
(2334)	圆形	ku˧·ku˧
(2335)	三角形	tɕ tɕo̥˩ suŋ˥
(2336)	扁平	li i˩·liə˧
(2337)	四方的	tɕo˩ tɕə·˧
(2338)	纵	hə˩·hɯ˧
(2339)	直的	tɕaŋ˩ tuə˧
(2340)	凸	mpo˩ pu˧
(2341)	凹	kə˩·ko˧
(2342)	弯曲的、弧形的	ʑə˩ ŋo˥
(2343)	直线	tʰi˥ ki˥
(2344)	空壳（中空体）	kʰuŋ˩·tuŋ˧
	[illegible] = > [illegible]	~~u tɕyaŋ˥ tuə˧~~
(2345)	齐等的、平坦的	u tɕyaŋ˥ tuə˧
(2346)	[illegible]度的	ȵi˥ kʰo˧
(2347)	远	tʰA˥ tuŋ˥
(2349)	力	ȵe˩ ȵaŋ˥
(2348)	近、亲近	tʰA˥ tuŋ˥
(2350)	很多	dʑe˥ pA˧
(2351)	太较多	tɕə˩ wo˧
(2352)	最大的	tɕə˥ ʊy˥
(2353)	中等的	ɯ ki˥ uiə˧
(2354)	重	dʑi˥ bA˥
(2355)	半刻半伯	kʰA˥ ȵi˥

(2356)	温的（指水）	tɕʰyʔ˩·tɕam˥
(2357)	温暖的	tɕo˩ ɯə˥˧
(2358)	組糙的	tɕy˥ tɕᴀ˥
(2359)	细的 粉	ʑəi˩ kᴀʔ˥˧
(2360)	粗的	buŋ˩ tɕʰa˥
(2361)	细的	ɕə˩ ʑi˥˧
(2362)	~~脆的~~ 坚硬的	sə˥ kaŋ˥
(2363)	脆的	só˩ sʊá˥˧
(2364)	伶俐的，聪明	ri˩ zaŋ˥˧

2365 熟练 ʂi˩ tʂA˨˩
2366 缓慢的 pi˩ ɕAʔ˨˩
2367 美丽的 daŋ˥ mə˨˩
(2368) 〃〃(指女人) ntɕi˥ pə˧, ntsɿ˧ mə˨˩
2369 好看相称 tsaŋ˥ waŋ˥
(2370) 丑陋 go˥ ŋə̃˥ , naŋ˥ ɕɯ˨˩
(2371) 困难 kə˥ le˥
(2372) 容易 le˥ ɕA˧, je˧ la˥
2373 宽 ʂiũ˥ tʂu˧, dʑa˧ tɕeɯu˥
2374 窄 ʂiu˩ tʂuŋ˥ tu˩ ɣeʔ˨˩
2375 合适 ntsua˥ u tsua˨˩
2376 丰富 mpi˥ bə˨˩, mbje˥ ma˨˩
2377 穷困 tio˥ tʂA˨˩, ndo˧ ɣe˨˩
2378 不同 蒙 kə˥ le˨˩ ko˥ ɕɯ˨˩
2379 单薄的 ʂA˥ ʂo˨˩ ɕə˥ ɕɯʔ˨˩

2380	便宜（贱）	tɕʰe˥ pə˧˥
2381	紧	taŋ˩ kʰA˥
2382	深	ho˩ tiʔ˥
2383	健康	li˩ bə˥ zaŋ˩ mə˧˥
2384	仁慈、仁爱	mu˦˥
2385	凶恶的，粗野	tsʰɿ˥ pA˥
2386	凶悍，顽绝	tɕoŋ˩ kʰnA˧˥
2387	强烈	tʂA˩ kʰɯu˧˥
2388	乱蓬々	tʂʰyʔ˥˧
2389	平滑的	mpe˥ dʑɛn˥
2390	平坦、险要地形	sʰi˥ rA˧˥
2391	私人的	raŋ˧ da˩
2392	公共的	ɕə˥ da˩
2393	上游的上等人.	jA˧ roʔ˧˥
2394	下游的	mA˧ roʔ˧˥

2395	直爽	ɕay˥ ɡɯ˥
2396	骯髒	ho˧ ʂA˥
(2397)	正確的	tA˩ pə˥
(2398)	公平	tʂay˩ nə˥
2399	花 耀眼	ɕi˥ bə˦
2400	流利	ntɕə˥ wA˥
2401	應該的 應當的	
(2402)	謊的	sy˥ wə˥
2403	寬敞	ɕay˥ tɕA˥
2404	擁擠	
2405	偏僻	tə˥ ku˥
2406	冷〻清〻	
2407	單純的	nə˩ ntɕan˥
2408	孤獨	utɕan˥ wA˥
2409	虛弱	
2410	老朽	ne˩ ku˥
(2411)	奇怪	jitnə˩ tʂə˥
2412	神聖	tay˩ nA˥
2413	舊 新 陳舊	zA˥ sɯ˥ ɯ
2414	指尖的	tʂə˥ tʂɛ˥
2415	多餘	ʂA˥ way˥
2416	不錯，還可以	ou˦ uə˩
2417	尋常 平凡	ʂɛu˩ mA˥
2418	驚恐	tɕA˥ hɯ˥
2419	自然 天然	ʏay˩ zi˥
(2420)	黑暗	nA˩ ɡay˥
2421	陰涼	ʂay˥ ʏA˥
2422	附近	ɡu˩ to˩
2423	破碎	tʂA˥ tuə˥
2424	主要	wɛ˥ tɕi˥ wə˩

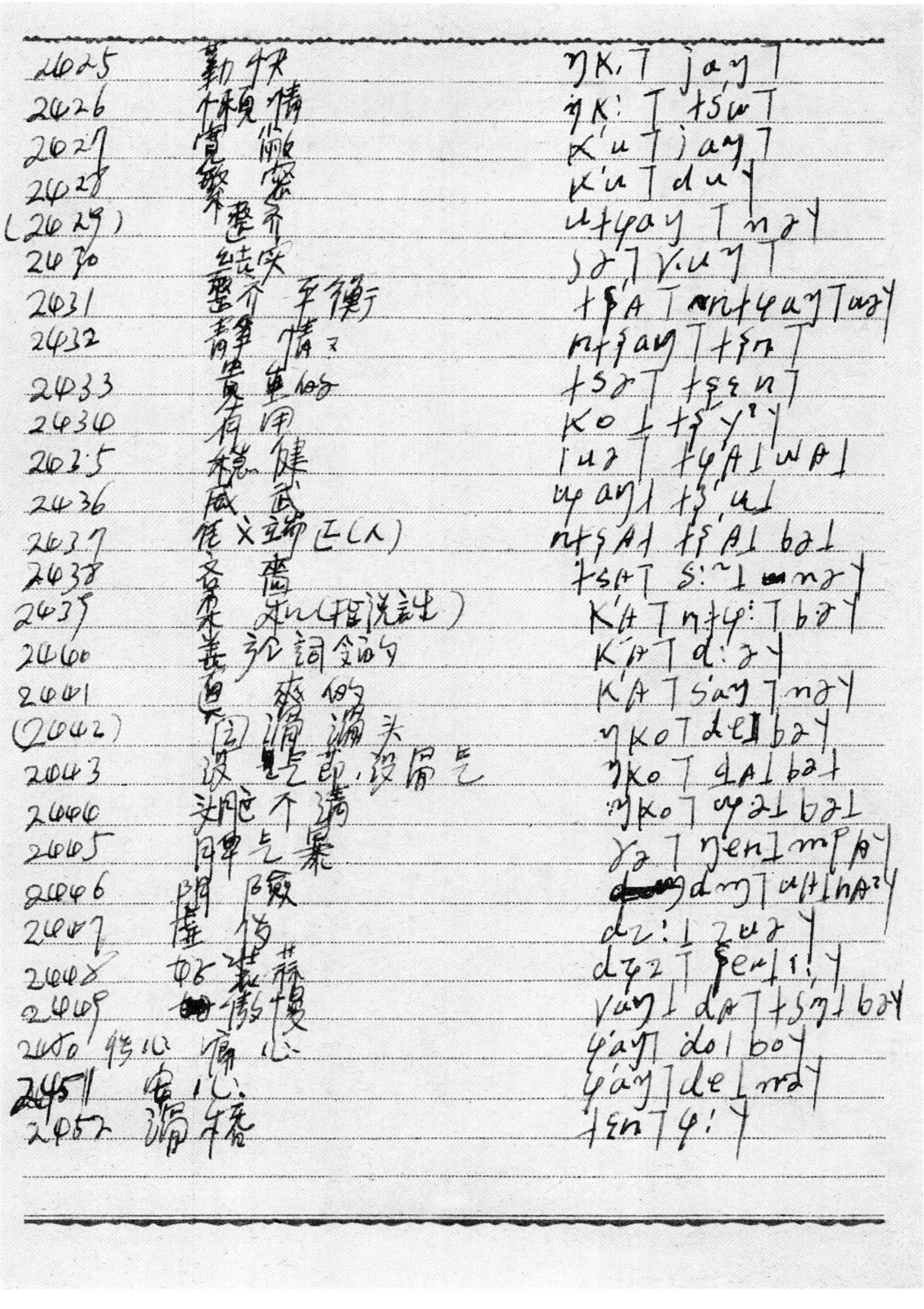

2425	勤快	ŋkʰi˥ jaŋ˥
2426	懒惰	ŋkʰiː˥ tsʰɯ˥
2427	宽敞	kʰu˥ jaŋ˥
2428	紧密	kʰu˥ du˥˧
(2429)	整齐	utɕaŋ˥ nə˥˧
2430	结实	ʂə˥ ɣuŋ˥
2431	整不平衡	tʂʰA˥ antɕaŋ˥ aŋ˥˧
2432	清静 情叉	ntɕaŋ˥ tʂʰa˥
2433	贵重的	tsə˥ tsʰen˥
2434	有用	ko˩ tʂʰy˥˧
2435	稳健	luə˥ tɕA˩ wA˩
2436	威武	ɕaŋ˩ tʂʰu˩
2437	能X端正(人)	ntʂA˩ tʂʰA˩ bə˩
2438	齐 斋	tsA˥ ʂːi˩ nə˥˧
2439	杂乱(指说话)	kʰA˥ ntɕʰyː˥ bə˥˧
2440	善论词令的	kʰA˥ dːə˥˧
2441	直爽的	kʰA˥ saŋ˥ nə˥˧
(2442)	闭漏 漏头	ŋko˥ de˩ bə˥˧
2443	没气节，没骨气	ŋko˥ ɕA˩ bə˩
2444	头脑不清	ŋko˥ ɕə˩ bə˩
2445	脾气暴	ɣə˥ ŋen˩ mpA˥˧
2446	阴险	dəŋ˥ ʔA˩ nA˥˧
2447	虚伪	dzːː˩ zuə˥˧
2448	好装蒜	dʑz˥ ʂe˩ ɕi˥˧
2449	傲慢	vaŋ˩ dA˥ tsə˩ bə˥˧
2450	伤心 痛心	ɕaŋ˥ do˩ bo˥˧
2451	害心	ɕaŋ˥ de˩ nə˥˧
2452	偏[illegible]	tɕʰen˥ ɕiː˥˧

2453	固执顽强	ki˩ ŋɛn˥ dʑə˥ naŋ˥
2454	紊乱	ȵA˥ tʂA˥ tʂʻə˩ pə˧˥
(2455)	忙碌	ŋaŋ˩ ɕin˥
2456	刺目	nA˥ tʂʻA˩ ɕA˧˥
(2457)	愚笨	ko˥ tA˥ tɛn˩
(2458)	懒惰	le˩ ȵA˥
(2459)	宽宏大量的	lo˥ kʻu˥ tʂʻu˩
2460	勇猛的	pə˥ tʂA˥ ɣA˩ bə˧˥
2461	倔强、粗野	kə˥ dʐn˥ tʂʻn˧
2462	手笨	lA˨ kʻuŋ˥
2463	沉闷	ɕʻə˥ mə˨ tɕiʔ˧˥
2464	性情温和	dʑə˨ dA˥ nn˩ mpo˧˥
2465	自高自大	ɣaŋ˩ dA˥ tʂʻə˩ pə˧˥
2466	吝啬	lA˩ kaŋ˥
2467	慷慨、大方	lA˨ ʂnA˧˥
2468	机警	tʂɛn˨ zə˥ gy˩ ɕA˧˥
(2469)	秀	tʂə˩ waŋ˥ ʂuŋ˨ mɯə˧˥
2470	幽静	ntʂaŋ˥ ten˧˥
2471	模样好、漂亮	tA˥ ʂA˥ zə˩ mə˧˥
(2472)	無比	tsʻo˥ zaŋ˥
(2473)	圆满、美丽	pʻin˥ tsuŋ˥ tʂʻn˥ pA˩
2474	出奇的	pe˥ mɯə˨ si˥ pA˩
(2475)	忍性大	dʐ mɯ˩ ɕaŋ˥ ɖA˥ pə˧˥.
2476		

二十一 副词

<2476> 早	hɑ˥ tɕɑʔ˥˧
<2477> 迟晚	ɑ˥ ɕɑ˥˧
<2478> 早先 以前	——
<2479> 特别	tỹ˧ ŋe˧ ze˧
<2470> 特为 故意	ty²˧ to˧
<2481> 须要……也	hɑ˥ le˥ nə˥˩
<2482> 仍然 还……	tə˩ ɣɑ˥
<2483> 刚才(过去的时间较久)	ŋku˥ je˥
<2484> 一直	kʰɑ˥ toʔ˥˧
<2485> 快	kə˩ le˥ kə˩ le˥
<2486> 突然	tɕʰo˥ kʰo˩ ty²˩
<2487> 正巧	tam˥ kɑ˥
<2488> 必定	dem˥ be˥
<2489> 新近	tsɛ˥ ɣə˥
<2490> 十分 非常	kə˧ mə˥ tsʰe˥˧

<2491> 相互交.互相　　ga˧ tɕɛn˥

<2492> 继续地　　tɕy²˩ ma˧ tɕeʔ˥˩

<2493> 很.十分　　ma˧ tɕʔ˥˩

<2494> 全部地.全然地　　ken˥˩

<2495> 只仅.仅是　　ʑə˩ dᴀʔ˥˩

<2496> 过几天.近来　　tᴀ˩ vin˥ ke˩ tsaŋ˥

<2497> 以上　　ɣɯ˩ toʔ˥˩

<2498> 以下　　ʑɯ˩ toʔ˥˩

<2499> 简便　　tu˥ dia˩

<2500> 然后　　tə˩ re˥

<2501> 照常.照常　　tᴀ̂˥ tuŋ˨˩

<2502> 至/……

<2503> 冷不防地

<2504> 悄悄地　　ká˥ vᴀ˥˩

<2505> 顺便　　tɕŷ˥ lᴀ˩

2506 大体、基本上 kɑ˩ roʔ˥˧˥

<2507> 粗略地 rə˥ ze˩

<2508> 暂时、短暂的 kʰê˩ tɕə̂˥ kaŋ˩˧

<2509> 基本 ʑə˥ tsA˥

<2560> 近来 ȵe˩ laŋ˥

<2561> 确实、真正 wuŋ˩ wA˥

<2562> 相似 ntɕA˥

<2563> 立刻 laŋ˩ tsáŋ˥

<2514> 经常 tɕʰyʔ˥ duŋ˩

<2515> 整个儿 kA˩ ze˥˧˥

<2516> 经常、平常 dʑyʔ˦ tu˩

<2517> 一致 ŋA˩˧ tɕi˥˧˥

<2518> [illegible] wu˩ ly˥˧˥

<2519> 同样 ta˥ naŋ˩ ʑiu˥

<2520> 不同、不一样 ma˩ ntɕA˥ wA˩

<2521> 步行地	kaŋ˥ tâŋ˥
<2522> 以后於马	ɕâŋ˥ ma˩ teʔ˧
<2523> 亮晃晃	nuŋ˥ tɕyʔ˧
<2524> 故意地	kaŋ˥ tsoʔ˧
<2525> 讲讲	tɯ˩dzi˥ tsô˩
<2526> ……等等	tɕe˦tɕi˦
<2527> 大约、大概	pû˩ tɕi˥
<2528> 后来	ka˩ ti˥
<2529> 常常地	tA˥ pA˥ re˦ tɕin˩
<2530> 一样无区别	pe˥ tɕi˦
<2531> 有时	tsàŋ˥ tsúŋ˩
<2532> 反复	jaŋ˦ jaŋ˦
<2533> 首先、当初	ta˩ ma˧
<2534> 屡次	jaŋ˦ sa˩
<2535> 完全、一切	tsâŋ˥ mA˥

<2536> 例如：

tɕA˥ ʑA˩ nɑ˩

<2537> 重新、再。 jaŋ˧˥ lA˩

<2538>. 它们<专指事物> kɑ˩ zɑ˥ ɣɯ˥ nɑ˩

<2539> 根本<用於否定句中> tsɑ˥ wA˥ nɑ˩

第二十二类 助词、感叹词、连词

<2540> 噢 jaŋ˧˥

<2541> 嗳 ʔA˥ kA˩

<2542> 哎呀，表惊异 ʔA˥ dʑi˧˥

<2543> 表示冷 ʔA˥ tɕɯ˧˥

<2544> 疼时呻吟 ʔAi˥ jo˧˥

2545 表疼痛<刺痛等> ʔA˥ tsA˧˥

<2546> 嗳呀<表示婉惜同情> ʔA˥ kɯ˩

<2547> 噢！<亲切的口吻> wo˥ ɣɑ˩

<2548> 怎么办 kɑ˩ znɑ˥ ɣɯ˥ be˩

<2549> 糟了 tɕyz˧˥ tɕe

<2550>	乾脆说<对不住>	kɑ˥ ɣen˥
<2551>	应当，	ɣɯ˧˩ gue˧˩ re˩
<2552>	准许	ɣɯ˧˩ tɕu˨˦ re˩
<2553>	会做	ɣɯ˧˩ ɕi˧˩
2554	曾经……过	ɣɯ˧˩ ɳaŋ˧˩
2555	不但，而且，	mɑ˧ tsɛ˨˦
2556	能够	ɣɯ˧˩ ty²˧˩
<2557>	除此以外	pi˨˦
<2558>	也许	tɕi˥ ɣɯ˧˩ ne˩
2559.	倘若，万一，	kaŋ˥ tsA˥
2560	或者	jaŋ˧˩ mi˥ ne˩
2561	虽然但是，	zi˧˩ nɑ˩
2562.	然后于是	ti²˧˩
2563.	从、由，	ne˨˦
2564	那么	mi˥ ne˩

2565 其次 nei˥na˩

2566 因为、因此、所以 te˥kẽ˩

2567 所以、因此 tɕuʔ˧˥

2568 和 taŋ˥˩

2569 又、再……也 jaŋ˥˩

二十三 其他

2570 想法、心思 saŋ˥lua˧˥

2571 时髦

2572 义气

2573 感情 ntɕi˥

2574 吝啬

2575 忧虑、着急、烦心 ɕaŋ˥ɕɛ˧

2576 可怜 nei˥dʑa˧

2577 懈怠、散漫 ma˩ɡia˧˥

2578 机会 sa˥tɕiʔ˧˥

2579 热闹 tɛ˥ma˥

2580 怀、争 ȵɕu˥ tɕAʔ˧˥

2581 洽談 do˥dʑuŋ˥

2582 利益 tɕa˥ tsʰaŋ˥

2583 禍害 ȵy˥ tʂʰo˧˥

2584 災難、禍害. pu˩ tɕeʔ˧˥

2585 危險 kʰe˥ ȵɛ˥

2586 災條 utɕe˩ wA˥

2587 圈套、陷阱 ȵəʔ˧˥

2588 客氣 ȵi˥ kʰA˩

2589 習慣 ɕaŋ˧˥˧

2590 規矩、風俗 lo˧ sui˥

2591 根西叶 商品

2592 賞、賞錢 ɕy˥ ɣe˥

2593 手印 lA˧ dʑi˥

2594 足印 kaŋ˧ dʑi˥

2595 痕迹 dʑi˥

2596 理由 dʑyʔ˩ tsɛu˥

2597 标准 ntɕuŋ˥ kʰuŋ˥

2598 根据 kʰɤŋ˩ luŋ˥

2599 机密 秘密 saŋ˥ ji˩

2600 才干 ntɕyʔ˩ ma˥˩

2601 恢复 sʰaŋ˥

2602 进步 pi˥ tɕeʔ˥˩

2603 差别、区别 tɕʰA˥ wA˥

2604 架子（指派头儿大） neaŋ˩˥

2605 趣味、意思

2606 力气、胆量 ʑɯʔ˥˩

2607 甘苦、境遇、团体 tɕi˥ duaʔ˥˩

2608 劳苦 kɑ˥ le˥

2609 梦 ȵei˥ laŋ˥

2610 关键 nei˥ laŋ˥

2611 隙缝、裂缝 si˥ ɕy˥ kɯ˥

2612 团体 tsô˥ wA˥

2613 慷慨 dʑa˩ dAʔ˦

2614 资产、财产 fí˥ káŋ˥

2615 效率 tsɯ́˥

2626 条件 tɕ̂A˥ tɕ̂en˥

2627 途径 neiʔ˦

2628 特点 kê˥ tɕ́y˥

2629 核心、要点 neiʔ˥ mpa˦

2630、榜样、先例 tA˥ sÁ˥

2631 无疑 tɕyʔ˥

2632 阴谋 tɕ̂i˦

2633 高帽 tyʔ˩ tÂʔ˦

2634 民家

2625 东西 tɕʰa˥ laʔ˥˧

2626 乱 ʔa˩ ŋko˥

2627 甘露 dy˩ tɕa˥˧

2628 吉同 ntɕʰi˥ tiu˥

2629 空啵 pu˩ la˥˧

2630 根本 tsa˥ wa˥

二十四 动词

2631 是 ziŋ˥˧

2632 有 naŋ˥˧

2633 有·在 jy˩˧

2634 没有 me˩˧

2635 可以·行 tɕʰuʔ˥˧

2636 来 waŋ˥˧

2637 回去 pi˩˧ ŋko˨

2638 来<命令式> ɕuʔ˥˧

2639 剩·去 pi˩˧ suŋ˩

2640	降(下)	ntɕy˧˦
2641	承来(自动)	ɕwy˧ waŋ˨˩?
2642	松散	tɕãŋ˨˩
2643	裂缝、烧裂	ke˨˩
2644	救、保护	kyʔ˥ tɕoʔ˧
2645	抓住、钳紧、拿住.	zaŋ˥
2646	乾	kaŋ˥
2647	揪起、揉起.	ɕɯ˥
2648	剪	tɕA˨˩
2649	阻止、堵塞	gAʔ˧
2650	翘起	laŋ˨˩
2651	扭在一起，扭打	ntsi˥
2652	这	tɕA˥
2653	盛(饭)容	tɕiʔ˧
2654	光耀，光明	ɕi˥ wɯi˧

2655 涂抹、敷上 ɕoʔ˥˧

2656 刺痛 tśA˩˧

2657 凑够、凑 tɕʰy˥ tsua˩

2658 取乐 ʑɯ˥ pʰi˥

2659 紧抱 tua˥˧

2660 衔 ʑAʔ˥˧

2661 获得、胜利 tʰuʔ˥˧

2662 听见 kuo˥ ɕaŋ˩

2663 缩、捻线 ki˧˥

2664 欲望、嗜好、愿意 nty˩ pA˥

2665 插入 tsoʔ˧˥

2667 流动 ta˩ nti˥

2668 毁坏 ɕiʔ˧˥

2669 懂得、会 ɕi˥

2670 打击 lo˧˥

2671	楼	ɡio˧
2672	許可	tɕʰuʔ˧
2673	杀、处死、断	tɕʰAʔ˧
2674	沉没	nuʔ˨˩
2675	剃、刮	ʑɯ˧˥
2676	跳跃、奔腾	dʑo˧˥
2677	扎、刺	so˨˩
2678	痒	hoʔ˨˩
2679	乏、累	tɕʰeʔ˧
2680	萎靡	do˨˩
2681	麻	ʑɯ˨˩
2682	输	ɕuʔ˧
2683	储蓄、积攒	suʔ˧
2684	卖、出	tsaŋ˥
2685	赔损、损失	piaŋ

2686	破、烂（布、纸等）	ri˥
2687	裹、卷	tɕɑ˥˧
2688	裁衣、裁剪	tɕʌ˩˥
2689	脱（衣）	ɸiʔ˥˧
2690	缝补（衣）	koʔ˥˧
2691	灼烧（烧糊了）	tɕiʔ˥˧
2692	燃、着火	mpu˥
2693	吩咐、指使	ko˥ ky˥˧
2694	要饭、讨饭	ky˥
2695	修理	zuo˩ tɕy˥˧
2696	闭上（口、眼等）	tsuŋ˥
2697	送	tɕʌ˥
2698	遣送、派	taŋ˥
2699	跌倒	nʈo˧˥
2700	围绕	ku˥

2701	拖过	ntʃi²˥
2702	搅	kuo˧˥
2703	搂	
2704	储存	nɕA˥
2705	拿取	laŋ˥
2706	扒开	kʰA˥ɕə˩
2707	解开	kʰui˥
2708	放开	waŋ˥˧
2709	开	ɕəʔ˧˥
2710	打开	kʰA˥ɕə˩
2711	寻遇、拜访	tɕA˥
2712	收到	pʰu˧˥
2713	逃脱、通过	tʰi˥
2714	经过	pi˨˩ nɕaŋ˨˩
2715	越过、超过	gi˥˧

2716	睡下	jo˩˧
2717	去、成为	śuŋ˥
2718	侵入、钻入、参加	ntsi˩˧
2719	镶嵌、按装	ʂɛn˥
2710	连接、接起来	tîʔ˩˧˨
2711	弄直	tɕaŋ˩˧suŋ˩
2712	遗留	li˩˧˨
2713	捡、拾起	t̂ø˥˧
2714	抬	tɕAʔ˥˧
2715	辣呛〈指味道〉	ŋkaŋ˥
2716	习惯	ɕaŋ˩˧
2717	闲暇、有空	k̂uŋ˥
2718	演唱	tɕâŋ˩˧
2719	羡慕、希望	miu˥ mpA˥
2720	熟悉	

2731	佩服，赞成	tieʔ˥˧
2732	省略	dy˧˩ bᴀ˩
2733	耽延	tɕa˩ tɕᴀ˥˧
2734	禀告	ɕy˥
2735	告诉	ɕeʔ˥˧
2736	回复	lɛn˧˩
2737	听	neɛn˧˩
2738	克服	ɣa˧˩ ta˩
2739	出卖，打散	toʔ˥˧
2740	扰乱，骚动	tɕoʔ˥˧
2741	守卫	saŋ˥
2742	违背	ŋkɯ˥
2743	结土合拢	suŋ˥
2744	散	tɕaŋ˧˩
2745	挡住	haŋ˥

2746	晃[illegible]	tɕaʔ˥
2747	羞怯	ki˥
2748	惊恐	ga˧ʑu˥pə˩
2749	惊、受惊	ntɕɛnʔ˥
2750	错误	nu˧
2751	熟悉	din˧
2752	训练、锻炼、广义	ntɕo˥
2753	剥削	pi˥
2754	满出来	po˥˧
2755	满了	kaŋ˧
2756	装满	dzaŋ˥
2757	溢出来了、流溢	ɕuaʔ˧
2758	腐烂、腐败	ri˧
2759	换〈打〉	taŋ˧hɛ˧ŋɛuə˧
2760	垮	dyʔ˧

2761	合适、该当	ren˩˧ mɑ˧˥
2762	完毕	ntɕuʔ˧˥
2763	完、终结	dzuʔ˧˥
2764	完精、完人	tsʰaŋ˥
2765	够（数）	lyˇ˩˧
2766	增加（但动）	pʰAʔ˧˥
2767	滤、筛	tsAʔ˧˥
2768	泡（火烧化）	ntA˩˧
2769	浇	tɕʰə˧˥
2770	邀	pʰən˩˧
2771	改变/变化	ntɕʰə˧˥
2772	消化	ɕi˩˧
2773	衰退	tɕʰAʔ˧˥
2774	堕落	tɕʰeʔ˧˥
2775	乖巧	ntɕʰaŋ˥ mɑ˧˥

2776	消除、排除	ɕiʔ˥˧
2777	褪(色)、消失、凋零	ji˩˧
2778	戒除、弃	puŋ˥
2779	抹掉、勾消	se˥˧
2780	协调、调合	tiŋ˥
2781	容纳	ʥuŋ˥
2782	落伍	tŝAʔ˥˧
2783	掉落	sAʔ˥˧
2784	太阳落	ʑo˥˧
2785	爬上去	ntsA˥˧
2786	撮合	ɕo˥˧
2787	盖住、替——穿	koʔ˥˧
2788	隐藏	bA˩˧
2789	躲藏	
2790	逃	ɕy˩˧

2792	驱赶、赶走，	dA˥
2793	思念	tɕɛn˨˩
2794	认识、适应	ntɕi˥
2795	编写著作	zua˨˩ua˧˥
2796	发出、出现	ɕaŋ˨˩
2797	结、连贯	ʑɯ˥
2798	产生、出现	tɕʰAʔ˧˥
2799	衰老、衰废	ge˥
2800	延续	po˧˥
2801	养活、扶养	so˧˥
2802	奉赠	mpi˥
2803	安装、放入塞入	tɕʰoʔ˧˥
2804	捣舂、石碓	tsoʔ˧˥
2805	剥	tsoʔ˧˥
2806	编织	qA˥

2807	黄小解小	tɕʰA˥ʑA˩
2808	拖延	pʰi˥tɕa˩
2809	打场	ne˦taŋ˩
2810	小便	tɕʰin˥taŋ˥
2811	打门	guɑ˥daŋ˥
2812	换步	neaŋ˥˧
2813	摄象	lA˩wA˥tA˩
2814	赛马	tA˥tsʰe˩
2815	过节	ty˧tɕiu˥ʐɯ˩
2816	烧白树香	saŋ˥taŋ˧
2817	过年	lo˩sɯ˥ʐɯ˩
2818	解手（大小便）	tɕʰo˥suŋ˥ŋka˥
2819	放屁	ɕin˥taŋ˩
2820	撒撒、解脱	piʔ˦
2821	放假	guŋ˩pA˥teʔ˦

2822 解大便 tɕA˥ wA˥ leʔ˥˧

2823 晦气、疲劳 mɛ˥ ɣA˥ taŋ˥

2824 [illegible]、赞迎 dzu˧˥ ɣu˩

2825 唱歌 ʑi˧˥ taŋ˥

2826 弹琴 dʑA˩ mɛn˥ daŋ˩

2827 啸口 k̂A˥ ɕi˥

2828 挤眼泪 na˥ tɕʰa˥ po˩

2829 呼吸 bo˧˥ do˧˥

2830 吸气 bo˧˥ duŋ˥ kŷ˩

2831 做梦 na˥ laŋ˥ na˩

2832 思考想 saŋ˥ lo˥ taŋ˥

2833 自誇 ɣaŋ˧˥ ty˥ ɣu˧˥

2834 慰问 ɕaŋ˥ sua˥ ɣu˧˥

2835 陪伴、帮助 ɣu˩ ɣu˧˥

2836 做工作 le˩ kʰA˥ ɣA˧˥

2837	开玩笑	ga˩ za˥ zua˥˩
2838	念经	ɕɒ˩ tɕɛn˥ dʑu˥˩
2839	咧嘴	kʰa˥ ra˥ dʑᴀ˩
2840	弯腰	gu˥ gu˥ ɣu˥˩
2841	隐秘、守秘密	saŋ˥ tsʰᴀ˩
2842	亮[illegible]色	ɲei˥ tsu˥ ɣu˥˩
2843	偷懒	le˩ ʑy˥ ɣu˥˩
2844	互相推诿	ŋki˥ jᴀ˥ dᴀ˩
2845	说大话（吹牛）	ka˥ dʑɛn˥ ɕeʔ˧
2846	弄[illegible]弄款	tɕʰᴀ˩ ra˥ da˩
2847	吹牛	mpo˥ ra˥ ɕeʔ˧
2848	逗笑、诈[illegible]，	tɕy˥ ɕeʔ˧
2849	骂人、说谎	dzi˥ zuo˥˩
2850	撒娇	
2851	谄媚	

2852	酒宴	tsáŋ˥ tɕáŋ˥ ʑuɯ˨
2853	[illegible]的仪射辞将服.	? hei˥ tɕi˧˥
2854	桃跃	tɕA˥ ʑe˧˥
2855	赶马去了	dɑ˥ lA˥ ki˩
2856	鞴鞍子	tA˥ gA˥ to˩
2857	炼铁	tɕA˥ ʑi˨
2858	生锈	jA˥ tɕA˩
2859	有霉	ŋaŋ˥ tɕA˩
2860	有霉、长毛	suA˨ pɑ˩
2861	打顶架	dɑ˥ daŋ˥ ʑuɯ˨
2862	褪颜色	ŋi˥ tsuŋ˥ ʑuɯ˨
2863	染色	tɕy˥ tɕo˩
2864	[illegible]	ʑo˥ jo˩
2865	打结子	di˩ tɕua˥ ŋti˩
2866	关门	go˨ dia˧˥
2867	锁门	duŋ tɕa˩

2868	讨饭要饭	kuŋ˧ tʂe˧
2869	买东西	ɲə˩ tʂʰe˥ dʑo˥˧
2870	上税纳税	gə˩ kʰi˥ dʑoʔ˥˧
2871	上铁箍	tʂʌ˥ ku˥ dʑoʔ˥˧
2872	上 肥	lɿ˧ loʔ˥˧
2873	銹 花	mpiə˩ du˥ ʐʌ˥˧
2874	抓 阄	dʑɛu˥ dʑoʔ˥˧
2875	划船划桨	wʌ˨ tɕoʔ˥˧
2876	築 墙	ro˥ tʂe˩
2877	夜 对	ʒu˩ lu˥ dʑo˩ tɛŋ˧
2878	跳 神	mpʌ˧ tʂaŋ˩
2879	淌水过河	tsʰə˥ ro˥ dʑoʔ˥˧
2880	绕圈子绕行	ko˥ rʌ˥ ku˧
2881	走步迈步	kuŋ˩ pʌ˥ pə˩
2882	打 针	kʰo˥ dʑoʔ˥˧
2883	打 尖	tsʰə˩ bo˥ dʑoʔ˥˧
2884	放 火	ɲə˥ tsoʔ˥˧
2885	放 箭	~~ɲə˩~~ ŋ tʌ˥ dʑoʔ˥˧
2886	打 猎	tɕeu˥ ze˥ seʔ˥˧
2887	打 闪	lu˥ utɕə˩
2888	打 雷	utɕo˥ ɣɯ˧
2889	吹打气	pu˥
2890	打卦打课	mo˧ to˧
2891	打官司	kʰaŋ˥ tsʰo˥ se˥˧
2892	打 仗	mʌ˧ utsi˧

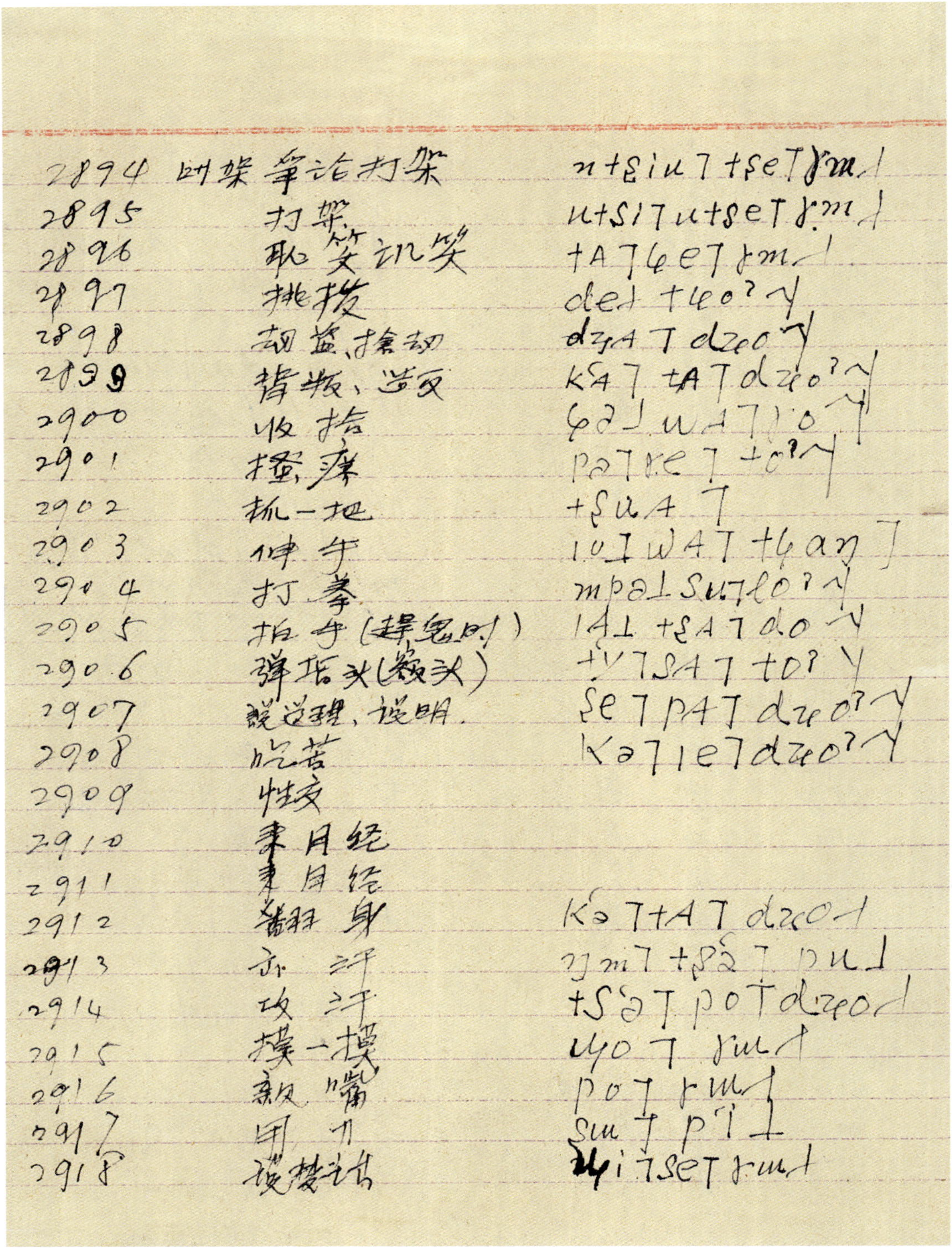

2894	吵架 争论打架	n̩˧tʂiu˥ tʂe˥ ɣm˩˧
2895	打架	u˧tsɿ˥ u˧tse˥ ɣm˩˧
2896	耻笑 讥笑	tA˥ ɕe˥ ɣm˩˧
2897	挑拨	de˩ tɕoʔ˧˥
2898	抢盗、抢劫	dʑA˥ dʑoʔ˧˥
2899	背叛、造反	kʰA˥ tA˥ dʑoʔ˧˥
2900	收拾	ɕə˩ wA˥ lɿo˥
2901	搔痒	pa˥ ʐe˥ toʔ˧˥
2902	抓一把	tʂuA˥
2903	伸手	lu˧ wA˥ tɕaŋ˥
2904	打拳	mpə˩ su˥ loʔ˧˥
2905	拍手（赶鬼时）	lA˩ tʂA˥ do˧˥
2906	弹指头（额头）	tʏ˥ sA˥ toʔ˧˥
2907	说道理、说明	ʂe˥ pA˥ dʑoʔ˧˥
2908	吃苦	kə˥ le˥ dʑoʔ˧˥
2909	性交	
2910	来月经	
2911	来月经	
2912	翻身	kə˥ tA˥ dʑo˩
2913	亦汗	ŋm˥ tʂɐ˥ pu˩
2914	收汗	tʂə˥ po˥ dʑo˩
2915	摸一摸	uo˥ ʐu˩
2916	亲嘴	po˥ ɣu˩
2917	用力	su˥ pɿ˩
2918	谈楼话	ɣi˥ tse˥ ɣu˩

2919	打嗝	dʑA˨˩ tɕʝ˩
2920	鼻子哼声	uA˥˧ pi˥ dʑo˧˥
2921	打喷嚏	ʔA˥ tiə˥ ɣ ɯ˧˥
2922	打咳嗽	uti˥ tɕə˩
2923	作噎，~~打嗝~~打嗝	tsi˧ kɯ˨˩
2924	打哈欠	le˥ ɛɯ˥ ɣɯ˧
2925	吹哨子	ɕy˩ liə˥˧ pu˩
2926	贩卖	pu˩ tsuŋ˥ dʑo˧
2927	锁(门)	kɯ˩kʰo tʂAʔ˥˧

2928	腻（3）	kɛn˧˩ tɕə˩
2929	冬眠	ʑo˧˩ tɕə˩
2930	围坐喝酒	tsʻaŋ˥ pu˥ tɕAʔ˧˥
2931	嚷	wA˥ tʂA˥ do˧˩
2932	盘腿打坐	tʂɛn˥ wə˥ kə˧ tʂa˩ ʂA˧˥
2933	争扯	fə˩ tɛn˥ ɣɯ˧˩
2934	拷	ʂə˥ tʂi˥ dʑo˧˩
2935	请经	kA˥ tʂʻy˥ suŋ˩
2936	叽叽咕咕地说	tɕo˥ tɕo˥ mo˧ mo˥ ʂeʔ˧˩
2937	引路	laŋ˥ kʻe˥ ɣɯ˧˩
2938	种庄稼	lo˩ tʻu˥ toʔ˧˥
(2939)	马跑	tA˥ dʑo˥ ɣɯ˧˩
2940	种牛痘	mpiə˩ tu˥ tsoʔ˧˥
2941	上课	nti˥ tsʻuʔ˧˥
2942	谋生	tuə˥ gy˥ tʂʻe˩
2943	低头偷看	ɲi˥ gɯ˧˩
2944	斜看	zo˧˩ ntʂo˥ ɣɯ˧˩
2945	看热闹	tɛn˥ mə˥ fA˧˥
2946	发回声	ɕA˥ tʂA˥ zo˧˩
2947	怀孕	mə˩ ti˥ mə˧ kʻA˩
2948	失言	kA˥ ʂu˧˩
2949	流泪	ɲə˥ tʂʻə˥ ʂu˧
2950	失盗	ki˥ mA˥ ʂu˧˩
2951	流产	ɕi˥ tɕo˧˥
2952	作媒拉皮條	ɲi˥ pu˥ ɣɯ˧˩
2953	犯忌律	to˥ pA˥ sA˧˥
2954	入赘上门	neʔ˥ ŋko˧
2955	招女婿	no˥ pA˥ ɔA˥ kʻɯ˧˥
2956	娶妻娶媳妇	naŋ˥ wA˥ kʻɯ˧˥
2957	唱山歌	lə˥ len˧

2958	跳舞	ʂo˧ tʂə˥ dʐoʔ˥˧
2959	报到	
2960	请假辞职告辞	ɡuŋ˩ upA˥ ɕi˧
2961	消除怀疑	tu˧ pA˥ ɕe˧
2962	灰心	jə˧ tʂeʔ˥˧
2963	下决心	ɕuŋ˥ t'A˥ tʂe˥˧
2964	打场打禾	
2965	打茶	tʂA˧ sə˥˧
2966	倒茶	tʂA˧ ~~tsuə˧~~ loʔ˥˧
2967	熬茶	tʂA˧ tsuə˥˧
2968	酿酒	tʂ'aŋ˥ tsuə˥˧
2969	失火	ɕe˧ ɡɯ˧
2970	烧水	tʂ'ə˥ li˥˧
2971	拔草	tʂ'A˥ pi˧
2972	铺垫子	tsɛn˥ tin˥˧

2973	丘 瘾	jiu˦ pʻA˦
2974	提净奶油	ɯɯ˦ ʑi˦
2975	举 手	lo˩ ʑiA˥ tɕAʔ˧˥
2976	睁 眼	ɕi˥ gɯ˦
2977	砍 头	tɕɤ˥ pɯ˥ tɕeʔ˧˥
2978	理 发	tɕA˥ ʑɯ˦
2979	排 队	piaŋ˦ gi˦
2980	放 血	tɕʻA˥ pʻi˦
2981	偿 还	tɕɿ˥ tɕin˥ teʔ˧˥
2982	[illegible]	naŋ˥ waŋ˥ ɡaŋ˧˥
2983	树 杈	buŋ˥ pA˥ teʔ˧˥
2984	做 手势	ko˥ ke˥ ɣɯ˦
2985	握 手	
2986	小孩背自力更生	vaŋ˥ ŋno˥ tʏ²˦
2987	轮 流	tɕin˥ ŋkɯ˥

2988	受刑、受处分	tʂʰin˥taŋ˧
2989	赔本 吃虧	tɕuŋ˧tʂi˧
2990	赊账	pu˥lyɿ˥ʃyʔy
(2991)	着火、失火	ŋə˥ʂu˩
2992	还债	ɣiu˩˥teʔ˧
2993	借债	kuŋ˩˥taŋ˧
2994	减债	kuŋ˥pʰuə˩˥
2995	纳税	kɯ˩kʰi˥dʐəʔ˩˥
(2996)	狗叫	tsʰə˥ʃo˩˥
2997	张嘴	kʰA˥daŋ˩˥
2998	下雨	tʂʰə˩wH˥puə˩˥
2999	印刷、照像	pu˥to˩
3000	要錢	ŋei˥tuŋ˥ɣA˩
3001	折本、虧本	nA˥lu˩˥
3002	找零儿	kʰɛu˩˥

3003	成功	tỹ˧ ntɕu˧
8004	还债；还账	ɯu˩ te˧
(3005)	支鸟拉	kʻi˥ pʻi˩

动词（三）　~~din˧ suŋ˧~~

3006	相信	din˧ suŋ˧
3007	认识	ŋo˧ ɕi˧
3008	怕羞	ɣaŋ˩ ɕoŋ˥ ɡɯ˧
3009	无能	pɑ˥ do˧
3010	躲藏	ȵen˧ pə˥ tʂɤ˧˥
3011	传命令	dɑ˧ taŋ˧
3012	显示、给示、展示	pɑ˥ taŋ˥ ʂeʔ˧˥
3013	困困、迷惑	ŋko˥ tyʔ˧
3014	遗漏	ti˧ tʂo˧
3015	有益、有用	pʰɛn˥ tɯʔ˧˥
3016	联络	n˧ tʂe˧ wɑ˥
3017	睡醒	ɡɯ˥ seʔ˧˥
3018	来得及、赶上、追上	ʑio˥ tɕə˧
3019	仰、举起	tɕɑʔ˧˥
3020	解渴、喝足	kɑ˥ wɯ˥
3021	荡漾（摇步）	tsə˥ ɕe˧˥
3022	忌口	kɑ˥ ɯ tɕo˥
3023	抹嘴	kɑ˥ bo˧
3024	接吻	kɑ˥ boʔ˧˥
3025	洗澡	lː˧ bə˥ tɕə˩
3026	麻木（肌肉）	ʐɯ˥ pɯ˥ to˩
3027	打瞌睡	ɯ to˩ ʈə˥ ɡɯ˧
3028	进攻	
3029	闭眼	ȵi˥ tsɯŋ˥
3030	跌痛	kɑ˥ ɡɯŋ˥ tɯn˩ joʔ˧˥

3031	[illegible]醒	dzɿ˧˥ sa˨ ŋ˩
3032	醉了	˧ ʑaŋ˥ dzɿ˨˩
3033	看不起	˧ aŋ˩ ɣi˥ ɯ˨˩ ˧ ʑɯ˥
3034	轻视	ɯpe˥ dzɯŋ˦ ɣɯ˩
3035	重视	˧ sɿ˥ n˧ ʑɿ˥ ɣɯ˩
3036	反对 违背	dʑaŋ˥ ŋkɯ˥ ɣɯ˥
3037	珍惜	˧ ʑɤ˥ kA˥ ɣɯ˩
3038	显[illegible]	˧ ɕA˥ zɯ˥ ɣɯ˩
3039	详查(追究)	zɿ˨ zo˥ ɣɯ˩
3040	仔细观察	ʑi˨ ˧ sA˥ ɣɯ˩
3041	督察	ɣaŋ˩ n˧ A˥ ɣɯ˩
3042	拖々 拉扯扯	ɣA˨ ˧ o˥ ɣɯ˩
3043	困难	lo˥ dzi˥ ɕaŋ˥ nɔ˥
3044	代替	˧ so˥ ɣɯ˩
3045	努力	ho˥ ˧ A˥ ɣɯ˩
3046	清楚	ɣo˥ ˧ sA˥ ɣɯ˩
3047	微笑	kA˥ tsɿ˨ ˧ ʑi˥ ɣɯ˩
3048	冷笑(取笑)	kaŋ˥ gɣi˥ ʑɯ˥
3049	集合	˧ sɿ˥ ɣo˦

3050	真弄	tso˥ tso˥ ɣɯ˧
3051	费	
3052	不惜	ȶA˥ dzA˥ ne˧
3053	注意	ɕy˩ tsA˥ ɣɯ˧
3054	饶恕	ku˥ pA˥ kə˧
3055	和解	tso˥ bo˥ ɣɯ˧
3056	荡动	je˥ jo˥ ɣɯ˧
3057	摇动(身体)	ŋk:˥ vo˥ to˩
3058	抖	do˧
3059	推托	ʂu˥
3060	校对	ʂui˧˧ tsA˥ ɣɯ˧
3061	颤摇	diuŋ˥ nə˧
3062	[illegible]援	tʂA˩ wA˥ ɣɯ˧
3063	调解	pu˩ wA˥ ɣɯ˧
3064	等着	gə˥ gu˥ ɣɯ˧
3065	使用	
3066	希望	və˩ wA˥ tʂA˧
3067	轮流	ŋko˩ rin˥ ɣɯ˧
3068	进攻	ɸeʑə˧ tɕə˧
3069	散步	tɕ'aŋ˥ ŋkao˧
3070	研究	taŋ˩ mə˥ ɣɯ˧
3071	领导	ŋko˥ utʂi˥ ɣɯ˧
3072	领头(带首)	ŋko˥ ɣɯ˧
3073	嘉奖	by˩ ve˥ naŋ˩
3074	宣传(布告)	ʂu˥ ʂA˩

3075 嚼 de˥·wA˥ tʂA˩
3076 咱 kʻA˥ ɯpo˩ mpu˥ ɣmɯ˧

(3077)	摸顶赐福	ɕA˥u˨ky˥ʑA˩
3078	拉背	
(3079)	准备	tɕA˧dʑi˧
3080	同情爱护（对人对物）	ʂA˥tɕA˥ɣɯ˧
(3081)	模仿	lə˩lo˥ɣɯ˧
3082	客气、不好意思	tsʰuA˥ɣɯ˧
3083	变为球形	lo˩lu˥dʑi˧
(3084)	使坏心眼	ɕay˥uA˥ɣɯ˧
(3085)	估计	(ɕay˥)tsʰɿ˥ɣɯ˧
3086	招待	ʂo˩sɛu˥ɣɯ˧
3087	喜爱、喜欢	yA˩tə˥ɣɯ˧
3088	勒索	sə˥kuy˥ɣɯ˧
3089	当神提防警戒	tu˩pA˥ɣɯ˧
3090	照料、管理	tɕA˥po˥dʑo˧
3091	偏担	+
3092	运输	tɕɛu˥utʂi˥ɣɯ˧
3093	撤回	sə˥ɣoy 回来
3094	摩擦（揉搓）	də˥tʰi˥ɣɯ˧
3095	按摩	ɕAʔ˧
3096	上導	tsə˥tso˥uto˧
3097	恼羞	yo˥tʂA˧
3098	悲痛	do˧yɛu˥ɣɯ˧
3099	约好	kA˥tɕe˥ɣɯ˧
3100	悔恨	ɯiu˥ue˥tsA˩
3101	怀恨	ɯiu˥ue˥tsA˩

3102	憎恨（报复）	ɯ˧ iu˥ ue˥ ʂɣ˧ ɣ
3103	猜测	tsɣ˥ ɣɯ˧
3104	数[illegible]	mo˩ uko˥ be˩
3105	坚持	ʔo˥ ʐo˥ ɣɯ˧
（3106）	小心保重	ʐə˩ ʐo˥ ɣɯ˧

3107	惋惜	báŋ˥ piaŋ˥ ɣɯ˧
3108	損害，伤害	ny˥ pA˥ ɣɯ˧
3109	任性	raŋ˧ dy˥ ɣɯ˧
3110	自願	uty˩ pA˥ ɣɯ˧
3111	謙虚，謹慎	neaŋ˥ tʂuŋ˥ ɣɯ˧
3112	自滿氣，架子大	neaŋ˥ tʂú˥ ɣɯ˧
3113	忍耐 忍受	do˥ rə˥ dʑo˧
3114	老问	wu˥ dʑə˥ ɣɯ˧
3115	学习 ~~引进，引見~~	ɕio˥ ʑaŋ˥ ɣɯ˧
3116	引进，引見	ŋko˥ ntʂen˥ ɣɯ˧
3117	阻住、纏繞	kʰA˥ dA˥ ɕio˧
3118	动员 鼓勵	gu˥ gu˥ ɣɯ˧
(3119)	[illegible]	pə˩ tɕo˥ ɣɯ˧
3120	討論	ky˧ kʰA˥ ɣɯ˩
3121	观察	
3122	庆祝	tɕyz˥ mə˥ dʑoʔ˧
3123	知[illegible]	ly˥ tɕuŋ˥
3124	浪费	ky˩ lA˥ ɣɯ˧ (taŋ)
3125	糟蹋，浪费	
3126	欺騙	ŋku˥ ku˥ taŋ˥
3127	推荐，介绍	ŋo˩ ɓin˥ ɯiu˩
3128	称讚	tɕy˥ vA˥ taŋ˥
3129	啓发，指点	ko˩ wA˥ kyʔ˧
3130	侵害，欺负	tsy˥ ɣɯ˧
3131	虐待	do˥ re˥ ɣɯ˧

3132	提醒	tʂɛn˥ laŋ˥ ɣɯ˧
3133	搓	dn˩ tsə˥ ɣɯ˧
3134	[illegible]	
3135	下蛋	ŋkwA˥ guŋ˧
3136	算	dʑy˩ tɕaŋ˥ ʈaŋ˩
3137	责骂、申斥	
3138	对照、证明	直向 də˩ duə˥ ɣɯ˧
3139	没收	zuŋ˩ zi˥ taŋ˦
3140	处罚	tʂe˥ pA˦ k!˦
3141	祝祷、祈祷	ɯiə˥ laŋ˥ ta˩
3142	上漆	tsə˥ taŋ˧
3143	晾	kan˥
3144	穿透	p'uo˧
3145	推	pi˥ taŋ˥ dʑoʔ˧
3146	掩埋	sə˩ vu˥ bo˧
3147		
3148		
3149		
3150		

3147	租给 [illegible] 田地	ɕe˩ kʰA˥ tʰuə˦ ɕin˩ ro pa˥
3148	刮擦	ʑu˥˩
3149	搅拌	ʑaŋ˥ ɖu˥˩
3150	造假	dzi˥ zo˧
3151	抖	dɯ˥˩
3152	掌灯宴会	mpi˩ ɕA˥ mpi˥
3153	[illegible]	ʑoiʔ˧
3154	拔糠	kʰu˥ pA˥ dA˧ kʰo˥ pa˥ da˥
3155	追赶	ʑ̥oAʔ˥˩
3156	凑	nə˩ tsʰA˥ taŋ˧
3157	处罚	tɕin˥ taŋ˥˩
3158	考试	
3159	打	daŋ˥˩ daŋ˧
3160	招呼	nop˥ li˧ kʰə˥ za˥ je˥˩
3161	鼓励 [illegible]	
3162	询查	tsə˥ tɕe˥ ɣɯ˧
3163	结婚	ʑaŋ˥ san˥ ɣɯ˧
3164	做星象[illegible]	tsʰuŋ˥ dʑoʔ˧
3165	抽签	ʑaŋ˩ tsʰuŋ˥ dʑoʔ˧
3166	零售	ʑi˥ tsʰuŋ˥ ɣɯ˧
3167	下雹	ʑuA˧ po˩ dA˧ dʑɯ˥˩
3168	剥、[illegible]利	tɕə˩ dzaŋ˥ dʑə˧
3169	分区	kʰə˥ ɕɤ˥ nA˧ kʰə˥ tu˥ na˧
3170	脊椎病	də˩ zə˥ də˩ zə˥ ɣɯ˧ ke˧ tA˦ ɛ̃˧

3171 刺 tɕʻA˩ pʻi˥

3172 疼(痛).痛. dɑ˨ zɑ˥ dɑ˨ zɑ˥ ɣm˧

3173 发酸 ŋ̊iə˥ aŋ˥ dʑoʔ˧

3174 诅咒 nA˥ tɕə˦

3175 撑胳膊 guŋ˥ dʑoʔ˧ tsʻAŋ˥ de˧

3176 打闹 tu˥ ntɕə˧˩

3177 滴下 SA˨ tʻiʔ˥˩ SA˧ tʻi˥ pa˥ ʑo˥˩

3178 打线 tʻi˥ dʑoʔ˧ tʻi˥ dʑɯ˥˩

3179 冻 ŋ̊ə˥ mpA˥ dʑoʔ˧

3180 对换 kʻə˥ ŋ̊y˥ dʑoʔ˧

3181 蹲起 tɕAʔ˧ dʑɯ˧

3182 话话 tsə˥ tɕu˥ dʑoʔ˧ tsə˥ tsu˥ dʑɯi˥˩

3183 算数 tɕaŋ˥ kʻA˨ dʑaŋ˥ tɕaŋ˨ kʻa˥ dʑaŋ˥

3184 嘴甜心苦 kʻuŋ˥ tsə˥ ɣm˧

3185 分娩胎分配 go˥ ʑA˥ taŋ˨ gu˧ te˧

3186 烙印子 lɛn˨ tsʻA˨ dʑoʔ˧

3187 浇水 tɕʻə˥ ɕi˥ dʑoʔ˧

3188 打摆 dʑu˥ ɕʻA˧ ndʑu˧ sʻA˧

3189 穿珠子(摆珠珠) du˥ ue˥ dʑoʔ˧

3190 刷 ʑuA˥ ˨sə˥ dʑoʔ˧ dʑʔ˥˩

3191 印刷 pu˥ toʔ˧

3192 刺绣绣

3193 耕 sin˧ ŋəʔ˧ muʔ˧

3194 出嫁 ʔA˨ pə˥ dʑoʔ˧

3195 熏(薰) po˧

3196 补 ~~po~~˧ ɬau˧ pA˥ tɕɛn˥

3197 缝补 tɕui˨˦ hɛn˧

3198 出嫁 nA˥ waŋ˥ ŋko˥˧

3199 捶打 mpo˩ su˥ loʔ˥˧ pʰu˥ vu˥ dʑɯʔ˨˦

3200 踢 da˥ tʰuə˥ loʔ˥˧ du˧ vu˥ dʑɯʔ˨˦

3201 差马送 kʰi˥ tA˥ nA no˩

3202 照管 nA˥ tɕøə˥˧

3203 迫害 ny˥ tsʰo˥ ɣɯ˧

3204 上当

3205 报告(下对上) ŋ̊ɕɛn˥ sy˥ pʰi˧ sA˧ tɕʰuʔ˥˧

3206 投降 ŋkuə˥ tAʔ˥˧ ŋku˧ tAʔ˥˧

3207	亲热、殷勤	kə˥ n̩˧ ɣ˥ ʂɯ:˦
3208	行礼 敬礼	ɓʌ˥ ʔ:˥ tɕəɣ˧ li:˦ [illegible]
3209	[illegible] 出名	k'ə˥ ʐen˥ dzɑŋ˩
3210	问候、慰问	tsɣ˥ n̩tʂɣ˥ ɣm˦
3211	赔理	tʂɑŋ˥ tʌ˥ ʐ:˥ t˧
		tʂɑŋ˥ tʌ˦
3212	降神 [illegible]	
3213	欢迎	p'u˥ tɕi˥ ŋkuɣ˨ ʂi˦
3214	迎接	tsɯ˥ sə˥ ŋkuo˦ dzə˦
3215	讽刺、指责	dzəɣ˥ tɑŋ˥ ʂe˦
3216	邀请	dɛu˥ ɯtʂi˥ ʂi˧
~~3217~~	~~服务~~	dɛn˥ dzɑŋ˥ ʂɯ˦
3217	服务	vu˩ dzo˦
3218	宽贷	tɕi˥ pɣ˥ zɛn˦
3219	惹、挑衅调戏	tʂe˦ dʑa˥ je˦
3220	[illegible]	nɑŋ˥
3221		tʂə˧ tʂe˥ ɣm˦
3222	弄错了、搞糟了	tʂɣ˥ tɕɣ˦ tɕe˦ ɕɯ˦
3223	发气着 赌气	k'uŋ˥ tʂə˥ lɑŋ˦
3224	催逼	lɑŋ˥ tʌ˥ tʂʌ˦
		lɑŋ˥ tʌ˥ mɯ˦
3225	[illegible]	jo˥ tɕə˧
3226	[illegible]	len ʌgo˧
3227	[illegible]	p'uŋ˥ zuŋ˧
3228	灌溉	tʂə˥ k'ɯ˧

3229	赞同	ɣaŋ˥ tɕʰiu˩
3230	安定下来	ʑɤ˥ tɕA˧
3231	偏袒	piaŋ˧ ki˩
3232	信任	luɤ˥ te˧
3233	横着摆着	mpɤ˩ ɕu˥ tɕaŋ˨˦
3234	闹	ɕa˧ ʂo˥ zo˩
3235	朵巴刻	lA˥ len˥ to˧˥
3236	收化	lo˥ ki˩ tɕA˥ za˧
3237	燃光	ba˦ saŋ˥
(3238)	嘴唇	bo˧ dza˧ bu˦ haŋ˥ tɕA˨˦
3239	嘟	bo˦ kʰy˩
(3240)	笑	gi˦
3241	筋	ka˥ ku˥ tA˩
3242	让*座	tA˥ tso˥ ɕA˥ tɕo˨˦ tɕA˧
3243	扩右帽	ɕaŋ˥ piaŋ˥ ɕaŋ˥ pa˥ ʑo˦
3244	焚烧	tɕA˦ tɕo˦ tɕa˦ si˦
3245	晚饭	ky˩ zu˥ pʰi˨˦
(3246)	要错	tɕɛu˥ zɤ˥ se˦
3247	冰冷	kʰuŋ˦ pA˩
3248	跑	dʑo˧˩ pʰɤ˩
3249	铁丝	tA˥ tA˨˦
3250	~~喊~~炮	wa˥ ute˦
3251	鹫丑	ɕA˨˦ ŋge˨˦
3252	潭侵	dʑy˩ pA˥
3253	懂、领会	na˥ ko˧ na˥ ku˦

3254 间断 dʑyʔ˧ ʂeʔ˨

3255 纷乱(不清楚) ŋko˥ tɕʻy˧

3256 吻合 vuA˧ tɕyʔ˨

3257 零星散漫(指人和物)

3258 分别 kʻA˥ kʻA˥ zuə˧ ji˥ ʂeʔ˨

3259 混乱 dʑə˩ kʻŋ˥ ku˧ ɕʻAŋ˨

3260 密贝睛 ŋɕo˧ zə˥ ko˧

3261 惩罚 ŋɕe˩ ʔA˥ tɕeʔ˨

3262 收获 tyn˥ tʻu˥ ro˨ tʻu˧ ro˨

3263 埋葬 vo˧ bA˧

3264 啣 sʻnə˥ to˩ qu˥ tũ˧

3265 宽-窄 naŋ˥ tɕy˥ taŋ˩

3266 会遇 kuɛ˧(de˧)

3267	说谎	
3268	结冰	ntɕo˥ ki˥
3269	站有站相	tə˥ kʰɯ˥ laŋ˩
3270	猜疑	
3271	臭、有臭味	tɕʰa˧˥ (waŋ˥) ɯA˥ kʰA˧
3272	弄糟了	
3273	热（感觉热）	tsʰə˩ dʑy˥ tɕʰə˩
3274	铇平	tʰi˥ dʑo˧˥
3275	锯	ʂuə˩ liə˥ tɕʰu˩
3276	锉	sʰA˥ tʰi˥ dʑo˧˥
3277	斜倚（靠）	do˩ jo˥ ɟɯ˧
3278	侧躺	do˩ jo˥ ɟɯ˧
3279	打音	ʐɯ˧ ntɕʰA˥ ɟɯ˧
3280	胡言胡语	ʁaŋ˩ taŋ˥ ʂeʔy
3281	背地说话	me˩ tʰuŋ˥ (sʰA˥) ʂeʔy
3282	[illegible]	
3283	骗	kʰA˥ ʐy˥ dʑo˥˧
3284	打滚	dʑə˩ lu˥ ɟɯ˧
3285	围攻围打	ʁy˧ dʑo˥˧
3286	辩争论	tsʰɤ˥ pʰA˥ dʑo˥˧
3287	吃醋 忌妒	ɯɔ˩ ntʰy˥ ja˧
3288	抢争夺争抢	hAn˥ tʰo˥ dʑo˥˧
3289	咬蜇	ʐu˥ tɔ˩
3290	交换	dʑʰə˥ kʰA˥ dʑo˧
3291	拥挤	tsaŋ˥ gɯ˥ uti˩

3292	鼓动	tsə˥ gɯ˥ uti˩
3293	互助	de˥ ɯA˥ tɕA˩
3294	放射[闪光火照]	wi˥ dʑo˥˧
3295	绕弯子(不会走直的弯走)	kuŋ˧ bA˥ dʑo˥˧
3296	讲解(解释)	ntɕe˩ ɯA˥ tA˥˧
3297	休息	ŋə˧˩ so˥ ɣɯ˧
3298	绳子量	
3299	改正、修理	zo˩ tɕu˥ dʑo˥˧
3300	以目示意	
3301	叫(动物叫)	ke˥ dʑo˥˧
3302	扶上马	tA˥ gaŋ˩ tɕo˥˧
3303	抱	te˥ puŋ˥ tso˥˧
3304	考查	
3305	负责(保证)	ŋke˧ leu˧
3306	探试	k'uŋ˥ lyn˧
3307	赁(田地)	
3308	答应	ké˧ lɛu˧
3309	生气	ŋi˥ k'A˥
3310	伺候	ɣaŋ˧ buŋ˥
3311	噁心	tɕo˥ k'A˥ luŋ˧

3312.	订婚	jo˩ dɛn˥ zuo˩˧
3313	口角 争论	kə˥ tʂə˥ dzeʔ˥˧˥
(3314)	抱怨	ki˥ wu˥ dzo˩˧
3315	相当	tuŋ˥ waŋ˥ ʑa˩˧
3316	来你家那停下来	le˩˧ ʑa˩˧
3317	打扮（戴首饰）	tɕeu˥ tʂa˥ tɕy˥˧˥
3318	打扮（穿衣服）	tʂɛ˥ tɕy˥˧˥
3319	奖赏	ɕy˥ re˥ liaŋ˩
3320	警告	ko˩ da˥ pʰuo˥˧˥
3321	应考	
3322	落后（迟到）	ta˥ de˩˧
3323	淹溺	tʂə˥ tɕi˥ ɣu˩˧
3324	误解 听错了	kuo˩ no˥ ɕuŋ˩
3325	激动	ɦei˥ tuŋ˩
3326	夸大	kə˥ tɕa˥ ɣɯ˧
3327	夸功	vaŋ˩ ty˥ ʂeʔ˥˧˥
3328	藉口	ɣaŋ˩ tɕyʔ˥ tsu˩
3329	插口	tɕe˩ wa˥ taʔ˥˧˥
3330	取名 命名	ɦaŋ˩˧ taʔ˥˧˥
3331	追悼	ɦə˩ ŋe˥ ɣɯ˩˧
3332	描	kə˥ tsa˥ mpa˩
3333	讨好	ŋo˩ so˥ ɣɯ˩˧
3334	诬赖	kə˥ tsu˥ ʂeʔ˥˧˥
3335	开始 起头	ŋko˥ tsaʔ˥˧˥
3336	跪	pei˥ mo˥ tsoʔ˥˧˥

3337	试试	tA˥ tsʻy˥ ɣɯ˧
3338	试探 尝试	tsʻy˥ tʂə˧ ~~ɯi˥ zɯ˥ tA˧~~
3339	斜眼看（一般又指眼有毛病的）	ɯi˥ zɯ˥ tA˧
3340	口尝	ɢo˩ wA˥ tA˥
3341	如愿	nty˧ pA˥ pʻɯ˧ y
3342	尿胀	tʂiɯ˥ dẑze˧
3343	降低	ɯtɕy ˧˥
3344	露出方尽	gy˥ ɯA˥ tuŋ˥
3345	急需	lA[illegible]˩ tʻɯ˥ y
3346	单坐	jaŋ˧ tʂʻA˥ dzɯ˧
3347	颠倒	ŋko˥ to˩ dzo˧
3348	离婚	kʻA˧ kʻA˥ ɢə˩
3349	确定	tʻɛn˥ tʂʻy˥
3350	碰巧	taŋ˥ ɯtɕi˧
3351	解决 贯彻	kʻuŋ˧ tɕʻy˩
3352	晕眩	ŋko˥ jaŋ˥ kʻɯ˩
3353	想通了	saŋ˥ lo˥ kʻo y
3354	锈泥	tʂʻə˩ tuŋ˥ ɯi y
3355	消魂入迷	ɢaŋ˥ dɯ˧ 心热
3356	惨叫	kʻɛ˥ ŋe˥ ʂo˩
3357	往下塌	dy˧
3358		
3359		
3360		
3361		

云南大中甸二村藏语语法

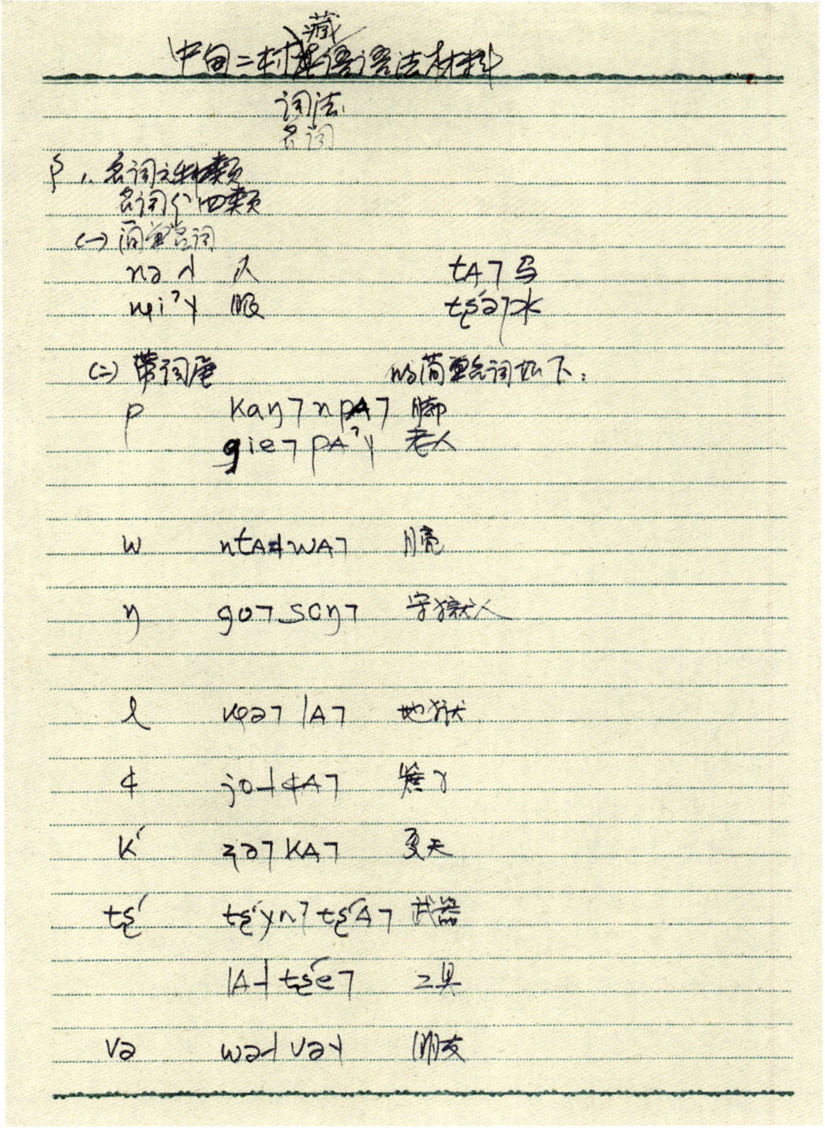

中甸二村藏语语法材料

词法

名词

§1. 名词之性数

名词分四类

(一) 简单名词

na˧˩ 人　　ta˥ 马

mi˧˥ 眼　　tɕa˥ 水

(二) 带词尾的简单名词如下：

p　kaŋ˥ n pa˥ 脚

　　gie˥ pa˧˥ 老人

w　nta˧ wa˥ 月亮

ŋ　go˥ sɔŋ˥ 守狱人

l　ŋa˥ la˥ 地狱

ɬ　jo˧ ɬa˥ 瘦了

k'　za˥ k'a˥ 夏天

tɕ'　tɕ'yn˥ tɕ'a˥ 武器

　　la˧ tɕe˥ 工具

va　wa˧ va˧˥ 朋友

mə　　pĩ˥ mə˧˩ 官

wo　　pə˥ wo˥ 英雄
　　　tsə˥ wo˥ 领袖

waŋ　　kə˥ waŋ˥ 皇上
　　　nə˥ waŋ˥ 娘娘

mo　　pə˧ mo˧˩ 女孩

pə　　muŋ˧ bə˧˩ 宝贝
　　　tɕi˧ bə˧˩ 铃子

(三) 复合名词

ntɕuə˧ lo˥˧˩ 规则
saŋ˥ lo˧˩ 兄弟
lA˧ mu˥ 光手
ji˧ tɛ̃˥ 写字板
mu˧ kɕaŋ˥ 多少

(四) 词组性的名词

le˧ nki˥ nə˧ 工作者
ji˧ dʑə˧˩ ɕə˧ nə˧˩ 写字者
tɕə˧ zə˧˩ tãŋ˧ zə˧˩ 穿(衣的) 吃的
ji˧ tsɔ˥ tɕo˥ sA˥ 胰子盒
sɛ̃˧ zu˧ sA˥ 煮饭又吃
tsA˧ lA˧˩ taŋ˥ sA˥ 跳年又吃
go˧ saŋ˥ mA˥ nə˧˩ 看门者

§ 名词有　性之区别

一、阴性名词词尾 "wɑŋ" "mA" "zA" "mo"

wɑŋ　nə˥ wɑŋ˥　媳妇

mA　liə˥ mA˥　母马

tɕaŋ˥ tɕuŋ˥ mA˜˧　卖酒妇

lo˧ mA˜˥　母羊

və˧ mA˜˥　母山羊

zA˥　dʑə˥ zA　汉女人

pi˧ zA˥　芷女人

mo　ntso˧ mo˥　母犏牛

ta˥ moʔ˦　~~母老虎~~

pə˧ mo˥　大孩

二、阳性名词词尾

~~pA˥ wA˥~~

wA　pA˥ wA˥　女婿

tə˥ wA˥　骑士

pA　zo˥ pA˥　工人

ɕi˜˥ pA˥　屠夫

pə　　nɛ˥ pə˧˩　　男人
　　　dʑə˧ pə˧˩　　国王

wo　　pə˥ wo˥　　英雄

二、带阴性词尾 mA、waŋ、mə、不当阴性

A 器物名称

mA　　lo˨ mA˧˩　　叶子
　　　tɕə˥ mA˥　　膝盖
waŋ　　kə˥ waŋ˥　　盖子
　　　ɕə˧ waŋ　　沙子
mo　　ɕə˧ mo˧˩　　画

b 老人

mA　　lə˥ mA˥　　喇嘛
　　　kei˥ mA˥　　贼
mə　　kɛ̃˥ mə˥　　堪布

§3、名词有表数的区别，用 ki~ 表通数、用 naŋ˧ npA˥ 表多数，用 ki~ 表动物及植物多数。

ki~　　wə˧ və˥ ki~˥　　们表的

jA˥ ki˥˧ 哥哥的

pə˧ mo˥ ki˥˧ 姑妈的

ɕo˧ yɛ˧ ki˥˧ 学生的

naŋ˧ npA˥ lA˥ mA˥ naŋ˧ npA˥ 喇嘛的

ɸA˥ pi˥ naŋ˧ npA˥ 老师的

pi˥ mə˥ naŋ˧ npA˥ 官的

ki˥ tA˥ ki˥˧ 马的

tsʻə˥ ki˥˧ 狗的

ɕA˧ ki˥˧ 鸡的

tɕu˥ tɕm˥ ki˥˧ 桌子上

və˧ ki˥˧ 山上

名词的格

一、共同格

§5. 不及物动词、系词、形容词、表存在动词、作谓语的句子里的，主语用共同格

一、tɕə˥ ʑə˥ vy˧ nə˧ ŋgo˧ zə˧ vi˩˥

扎西要进城去

lo˥ zaŋ˥ tsʻm˧ ɕaŋ˩˥

洛桑回来了

ɸə˥ pi˥ kʻo˧ tsaŋ˥ tim˧ ɕaŋ˩˥

老师昨天已回到家了

二、kʻo˥ tə˧ tsʻuŋ˥ tɕo˧ nə˥ vi˩

他是作生意的

kó˥ tə˧ pi˧ vi˦˨

他是苗族

ŋA˦ tə˨ dʑA˥ zĩ˥

我是苗族

(三) kó˥ tə˧ kóŋ˥ tʂə˥ táŋ˧ nə˧

他俩脾气不好

və˧ gɛ̃˥ táŋ˧ gA˥

走得很累了

tə˥ ɕi˧ mə˧ tɕi˥ ntɕi˥ nə˧

那孩子很漂亮

(四) kó˥ tɕúŋ˥ naŋ˥ tie˧ nə˧

他在家

tɕə˧ tʂoŋ˥ tsu˧ tɕɯ˥ ko˧ ŋaŋ˥

刀在桌子上

§6 直接宾语和间接宾语

ɕA˥ pĩ˥ A˧ guə˥ kĩ˥ tsA˧ nA˥ taŋ˥ ʂe˦ nə˧

老师给我们讲了个故事

ˀA˧ bA˥ ŋi˦ tsA˧ və˧ gɛ̃˥ sɔ˥ wA˥ tɕi˥ ko˥ nə˧

ŋA˦ sɛ̃˦ tɕA˦ tỹ˦

我忘了今天了

kei˥ mA˥ gə˦ nə˧ nə˦ dʑe˥ pA˥ sey˦ tɕə˧ nə˦

上一班学生过了很多人

tɕʰə˥ ga˧ na˦ goŋ˧ ntɕʰeɴ na˧ 我的爱人

二 属格

§7

名词词尾	变成	加	例子	
A		ga	tA˥ ga˧ mi˥ wA	马的蹄
A		〃	mA˦ ga˧ ɕi˦	妈的孩子
o			lo˦ ga˧ li˦	羊的小羊
			~~we˦ ga˧ mA˦~~	
ə			we˦ və˧ ga˧ ɕi˦	同志之小孩
i			ɕi˦ ga˧ mA˦	小孩的妈妈
Aʔ			jAʔ˥ ga˧ vuA˦	牦牛的角
ŋ			naŋ˦ ga˧ na˦	里面的人
oʔ			dzoʔ˦ ga˧ na˧	外面的人
iʔ			tɕiʔ˥ ga˧ ʂuA˦	你的帽子
e			saŋ˥ dʑe˥ ga˧ tɕʰy˥	释迦佛之教义

§8

一、表名词之间领属关系

na˦ ga˧ ɲiʔ˥ 人的眼睛

jAʔ˥ ga˧ vuA˦ 牦牛的角

mi˧ sɔ˥ ga˧ buŋ˥ npA˥ 人民的权利

ɕi˦ ga˧ mA˦ 小孩妈妈

zo˥bA˥gə˧lA˧tɕʻe˥　　工人之工具

二、表名词之间的修饰关系

tɕʻi˥mA˥gə˧tɕʻə˥wA˥　　全人民的希望

kuA˥gə˧tʂuA˧　　皮的帽子

do˧gə˧dzaŋ˧npA˥　　石头的桥

§9 在表示领有关系的表语时，其被领属的事物省去后，由属格直接

ntiɯ˥tA˥sə˥gə˧ɣin˩　　这匹马是他的

ʔA˧ɕi˥jA˥gə˧vin˩　　是我哥哥的

ntiɯ˥tzo˧npA˥ʂi˥gə˧vin˩　这桥是木头的

§10、表示属格的附加成分情况如下。

(一)表修饰关系可将属格省掉、无[illegible]

və˧gɛ̃˥(gə)tɕy˥kʻA˥　衣服的颜色

tɕʻuŋ˥(gə)naŋ˧　　房子的里面

kuA˥(gə)ʂuA˧　　皮帽子

jAY(gə)vuA˧　　庄稼的田

二、所有格

单数 i　　ŋi˧ tə˧ zaŋ˥　　我的这个好

　　　　　tɕʰi˥ də˧ tẽ˥　　你的不好

复数 ue　　kʰue˥ də˧ zaŋ˥　　他们的好

(三)有指时用所有格表示的被动动作者与主格一齐去掉，而不影响句意义

nɛ˧ wa˥ tʂa˥ kʰa˥ ɣə˧ nə˩　　喂狗的人者

ɕa˥ sa˥ ŋgo˥ nə˩　　去拉萨者

kʰo˥ sɔ˥ gə˧ sə˧ duŋ vi˧　金的戒指

tʂə˥ tsʰui˧ gə˧ kaŋ˩　　在九点钟

(四)所有格的结构构成词

ve˧ pa˥ gə˧ tɕʰua˧ → ve˧ pa˥ tɕʰua˧
牛皮的帽　　　　皮帽

kuaŋ gə˧ ʂua˧ → kuaŋ ʂua˧ 皮帽

三. 主动格

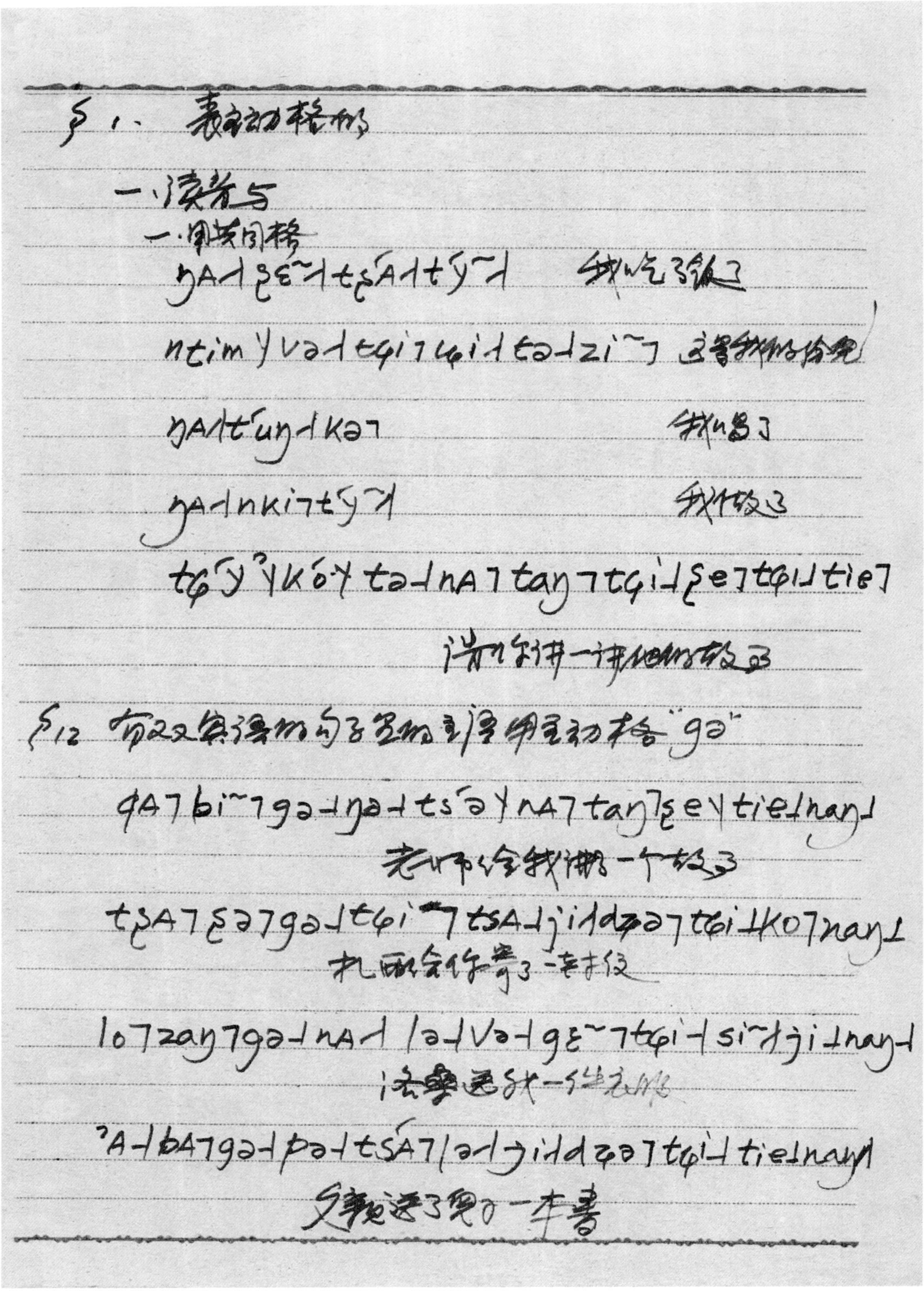
§1、表示动格的

一、读音与

一、用于同格

ŋA˧ ʐɛ̃˥˧ tʂA˧ tỹ˥˧　我吃了饭了

ntim˩ və˧ tɕi˥ ɕi˧ tə˧ zĩ˥　这是我的伙伴

ŋA˧ tʰuŋ˧ kə˥　我喝了

ŋA˧ nki˥ tỹ˥˧　我做过了

tɕʰỹ ʔy˩ kʰo˩ tə˧ nA˥ taŋ˥ tɕi˧ ʐe˥ tɕi˩ tie˥

请你讲一讲你的故事

§12 带双宾语的句子里面间接宾语用宾格标志"gə"

qA˥ bĩ˥ gə˧ ŋə˧ tsʰə˩ nA˥ taŋ˥ ʐe˩ tie˧ naŋ˩

老师给我讲一个故事

tʂA˥ ʐə˥ gə˧ tɕʰĩ˥ tsA˧ ji˧ dzə˥ tɕi˧ ko˥ naŋ˩

扎西会给你寄了一封信

lo˥ zaŋ˥ gə˧ nA˧ lə˧ və˧ gɛ̃˥ tɕi˧ sĩ˧ ji˧ naŋ˧

洛桑送我一件衣服

ʔA˧ bA˥ gə˧ pə˧ tsʰA˥ lə˧ ji˧ dzə˥ tɕi˧ tie˧ naŋ˧

父亲送了我一本书

§13 谓语是及物动词只带一个宾语的句子里的主语用施动格"ga˧"表示

kẽi˥ mA˥ ga˧ na˨ tɕe˥ pA˥ sɛ˦ tɕi˧ naŋ˨

土匪杀死了很多人

ntʰim˥ tʂo˥ puŋ˥ kʰuo˥ ga˧ tə˥ naŋ˨

这堆牛粪是他拾的

pɛ̃˥ mA˥ ga˧ ji˧ dzo˥ tɕi˧ ɕie˨ naŋ˨

别人写了一封信

tA˥ ga˧ kʰo˥ jo˦ tʂo˥ naŋ˨

马把他摔倒了

tʂə˥ ʂɿ˥ ga˧ pA˦ tʂə˦ ʂA˥ naŋ˨

扎西吃了十个粑

§14 表示动作所用的工具（原料）时用施动格"ga"

一、

ŋA˧ tA˥ lə˥ (ga˨) ʂi˥ tə˥ zi˧

我用斧头劈柴

ŋA˦ lə˨ nA˥ ga˨ mə˧ ɕio˦ naŋ˨

用手拿不着

二、用施动格"ga"表示原料

a˩ tim˦ dzu˥ dzə˦ ʂi˞˥ gə˧ zuə˧ vA˧ naŋ˩

这桌子用木头做的

tɕə˧ tʂuŋ˥ tʂA˦ gə˧ zuə˧ vA˧ naŋ˩

刀子是用钢铁做的

ŋA˥ ntim˥ ʂi˞˥ gi˥ gə˩ tsə˦ daŋ˩

我用棍子打狗

§15 表原因用 kʻɛ̃ 表原因、[illegible]本身

lo˥ zaŋ˥ mə˧ naŋ˥ ntim˥ kʻɛ̃˥ hiŋ˥ kʻA˧ tɕi˩ naŋ˩

因为客人不来，所以他生气了

ŋA˩ nɛ̃˥ ti˥ mə˧ ɣu˥ tʻy̆˧ ntim˥ kʻɛ̃˥ niu˦ tɕi˩ naŋ˩

由于他不注意所以跌跤的，

naŋ˥ gə˩ kʻA˩ po˩ tɕi˩ kʻɛ̃˥ tɕA˦ tɕi˩ naŋ˩

因为天下雪所以冷

ntim˥ ɕi˩ pʻə˥ mA˥ mə̃˧ do˦ tʻy̆˧ ntim˥ kʻɛ̃˥ ʐə˦ tɕi˩ naŋ˩

这孩子因为无父母所以饿死了

§16 作谓语的主动本身

ʔA˧ ko˥ gĩ˥ gə˩ vi˩ gɛ̃˥ ɕio˥ tʂA˥ nə˧ ve˩ tʂy˩ tie˩ naŋ˩

[illegible]儿子都上学校读书

★ tʂə̃˧ pʻu˦ nə˧ ve˧ kA˥ naŋ˧ vA˦ tʻũ˧

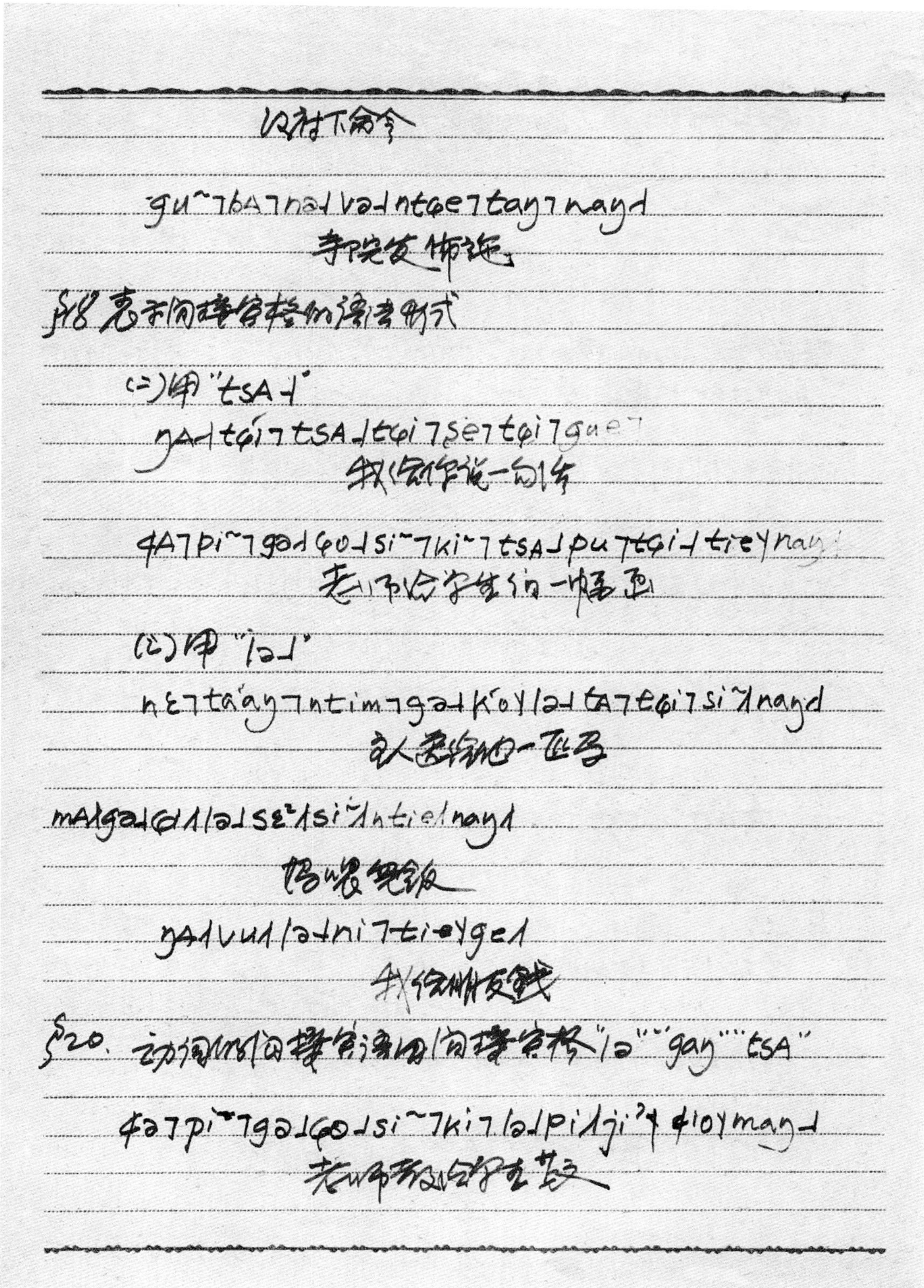

以对下命令

gu˜˥ bA˥ na˧ va˧ ntɕe˥ taŋ˥ naŋ˧

寺院要装饰

§18 表示间接宾格的语法形式

(一)用"tsA˧˥"

ŋA˧ tɕi˥ tsA˩ tɕi˥ se˥ tɕi˥ gue˥

我给你说一句话

ɕA˥ pi˜˥ ga˧ ɕo˧ si˜˥ ki˜˥ tsA˩ pu˥ tɕi˧ tie˨ naŋ

老师给学生们一幅画

(二)用"la˩"

nɛ˥ tãŋ˥ nti m˥ ga˧ kʰo˨ la˧ tA˥ tɕi˥ si˜˥ naŋ˧

主人送给他一匹马

mA˧ ga˧ ɕi˩ la˩ sɛ˥ si˜˥ nti e˧ naŋ˧

妈妈喂鸡饭

ŋA˧ vu˩ la˧ ni˥ tie˨ ge˩

我给他们发钱

§20. 动词的间接宾语的间接宾格"la""gaŋ""tsA"

ɕa˥ pi˜˥ ga˧ ɕo˩ si˜˥ ki˥ la˩ pi˩ dʑi˥ ɕo˨ maŋ˧

老师教给学生藏文

tɕə˥ ʂə˥ gə˩ ɕi˦ lə˩ tA˥ tɕi˧ si˥˩ naŋ˧

扎西家的那块一亩田

tɕi˜˥ kãŋ˥ di˧ gə˩ kɛ˜˥ mA˥ gaŋ˩ tɕi˜˥ taŋ naŋ˧

法院决定把土地交给我

tɕi˜˥ tʂə˥ mA˥ nə˥ ki˜˥ gə˩ mi˧ sɿ˥ ki˜˥ tsAY˥ kə˥ tɕi˥
ʂeY naŋ˩ 解放军打了民家的敌兄弟

sə˥ tA˩ mi˧ sɿ˥ gaŋ˧ nə˥ nɛ˜˥ dʐə˩ dʐAY
gə˩

地主死了还有坟

tim˧ mi˩ sɿ˥ gə˩ kue˜˥ mi˩ taŋ gaŋ˩ kãy tieY laŋ˧
naŋ˩ 这是老百姓反对国民党

§23 表示领格的tem又可以加在后面的单词“nə”“gaŋ”“tɕuə”
“zo”“tsA” gaŋ˧

tɕuŋ˥ naŋ˥ nə˧ dʐə˧ pA˥ naŋ˥

房子里有个客人

tʂə˥ nə˩ ŋA˧ tie˧ naŋ˩

水里面有鱼

ɕi˩ pãŋ˥ gaŋ˩ A˩ lo˥ ŋaŋ˧ 树上有叶子。

naŋ˥ nə˩ kə˥ waŋ˥ naŋ˧ 天上有星星

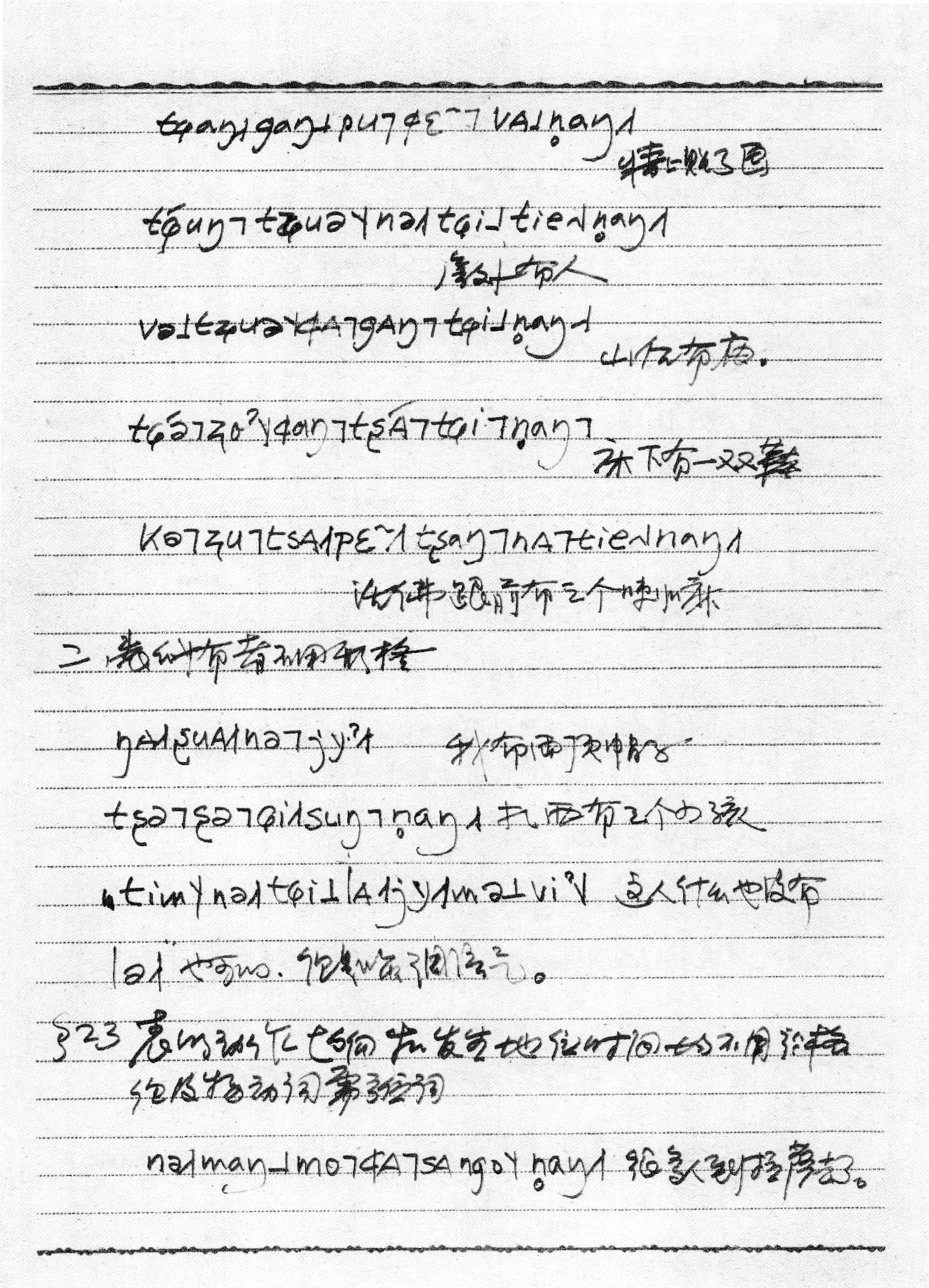

tɕaŋ˦ gaŋ˧ pu˥ ɸɛ̃˥ vA˨ ŋ̊aŋ˩

牛毒已败了回

tɕuŋ˥ tɕuə˦ nə˩ tɕi˨ tie˨ ŋ̊aŋ˩

像外有人

və˨ tɕuə˦ kA˥ gAŋ˥ tɕi˨ ŋ̊aŋ˩

山顶有庙。

tɕə˥ zoʔ˦ ɣaŋ˥ tʂA˥ tɕi˥ naŋ˥

床下有一双鞋

ko˥ zu˥ tsA˩ pɛ̃˩ tʂaŋ˥ nA˥ tie˨ naŋ˩

洛佛寺跟前有三个喇嘛来

二 表领有者和所有物格

ŋA˨ ʂuA˩ nə˥ dʑyʔ˦　我有两顶帐篷

tʂə˥ ʂə˥ ɕi˩ suŋ˥ ŋ̊aŋ˩ 扎西有三个小孩

tim˦ nə˩ tɕi˨ lA dʑy˩ mə˨ viʔ˨　这人什么也没有

lə˩ 也可以。但是没调查完。

§23 表明动作已经发生的时间一般不用词尾 但用助动词第三类词

na˩ maŋ˨ mo˥ tɕA˥ tsA ŋo˦ ŋ̊aŋ˩ 很多人到拉萨去了。

dʑe˥ taŋ˥ saŋ˥ ki˥ naŋ˧˥ ŋaŋ˧˩ 中间发生了地震

ʂə˥ ɕʰeʔ˧ kʰi˧˥ n tʂo˧˥ tɕʰy˧ ŋgo˧˥ ŋaŋ˧˩ 向东方走

ʂuA˧˥ tʂu˥ dʑə˩ gaŋ˧˩ zA˧ 帽子放在桌子上

və˩ gɛ̃˥ gaŋ˧˥ na˩ tʂoʔ˧ 衣服放在箱子里

§24. 表明动作发生时的时间补语格

ŋA˧ naŋ˥ tə˥ ʂə˥ tʂə˥ tsʰy˥ ŋA˥ gaŋ˧ laŋ˧˥ zi˧

我每天五点起床

ɕo˩ sĩ˥ kĩ˥ tɕʰi˥ tʂɯ dio˩ ŋgo˩ zə˥ vi˧˥ sɿ˩

据说印字修大号了

ŋA˧˥ jo˧˥ lu˧˥ tie˧ vɛ̃˩ vũe˥ keʔ kʰə˧˥ tɕə˧ ŋaŋ˧

当我唱歌时他大声叫

ŋA˧˥ sɛ̃˥ tʂA˧˥ tie˩ vɛ̃˧˥ kõ˥ ɕaŋ˧˥

我吃饭时他来了

ntim˥ lie˩ kʰA˥ ŋa˧˥ kɯə˧˥ waŋ˥ tɕi˥ tɕʰy˥ tɕʰy˧˥ pɛ˩

这几天之内也做不完

§25 表明动作发生在某种条件下的补语格

ntim˥ le˩ kʰA˥ nə˩ ko˥ mə˩ waŋ nei˥ʔ ŋ ki˥ SA˥ kɯə˧˥ lyʔ˥

再做这几天也多加不行

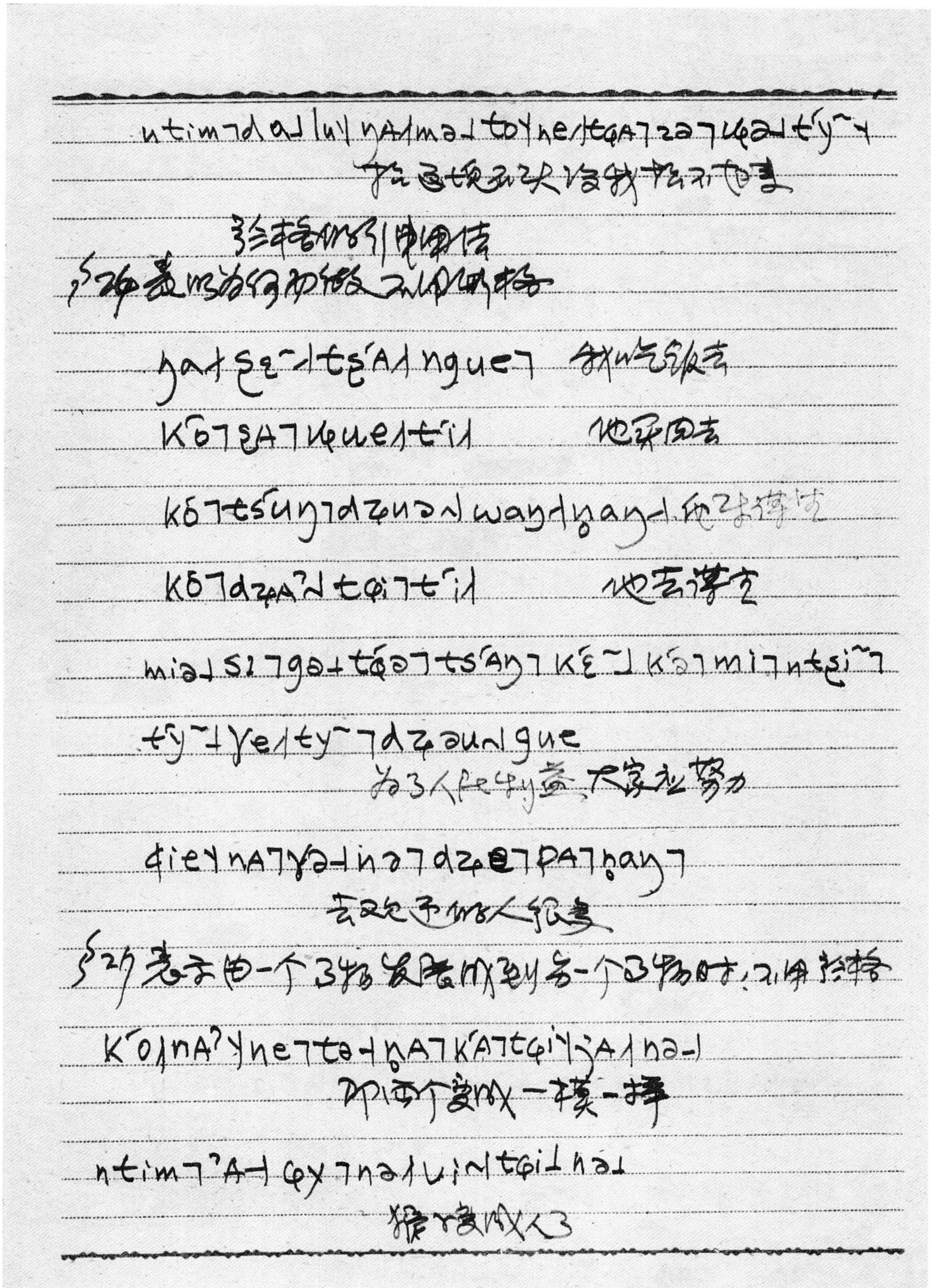
我吃饭去
为了人民的利益，大家都努力
那两个变成一模一样
猴子变成人了

ntim˥ dua˧ sɿ˥ vi˨ tɕi˩ na˧

六、从格

§29 表示了物体所由出 从格

naŋ˦ da˧ tɕ‘A˦ tsA˨ ga˧ li˥ p‘a˨ gaŋ˨ zo˦ k‘o˧ na˧

奶子是牛身上挤出来的

mu˦ naŋ˦ na˧ ve˧ p‘i˨ k‘o˧ na˧

酥油是从牛奶里提炼出来的

ɕuA˦ da˧ pi˦ ʂi˞˥ na˧ ve˩ sA˨ k‘o˧ na˩

炭是由木烧的

§30 表示动作行为的时间发生的时间用"vi"表示

ntim˥ ʑi˨ tɕ‘a˥ tʂi˞˨ naŋ˥ vi˧ ho˦ k‘o˩ zi˞˥

这本书是从城里买来的

k‘o˥ tɕ‘A˥ sA˥ vi˧ ʂa˦ naŋ˦ vi˨

他从楼房下来了

ntim˨ dua˦ va˦ kaŋ˧ vi˧ tsɿ˥ nti˥ waŋ˦ na˩

这石头从山上滚下来了

§31 表示不同的方向，地点，时间，动物，都用格助"vi"

ʂə˧˨ vi˩ nu˩ pu˧ kɯ˞ˀ˨ 从东到西[illegible]

kʰə˩ tsaŋ˥ vi˧ tsʰɿ˩ to˧ tə˩ vi˥ 从昨天到今天

ɸA˥ sA˥ vi˩ pe˩ tɕʰi˥ pu˧ kɯ˞ˀ˨ 从打场到此家

tɕʰə˥ vi˩ dzA˧ pu˩ kɯ˞ˀ˨ 从十到一百

tsə˩ kA˥ vi˩ dɛ˥ gie˧ pu˩ kɯ˞ˀ˨ 从小到大

文补语比较格会

§32. 表补语比较格的语法形式用"gaŋ""pe"

tsə˥ ʔA˩ lio˥ gaŋ˩ tɕə˧ naŋ˧
狗比猫多

jaŋ˧ ɣy˥ tso˧ ji˥ ə˩ naŋ˧ ji˩ ʂuŋ˧ naŋ˧
他的洋芋比煮的好吃

ŋA˧ pia˩ tɕʰy˥ tʰuə˥ nə˧
你比我矮

tʰaŋ˧ kA˥ pia˩ vi˧ mə˥ ɕɛ˥ nə˧
手的比较的好

附注

一、名词

tɕʰuŋ gə˧ naŋ˧ ɕe˩ 房子里面

二、动词

tɕ'uŋ˥ gə˧ naŋ˧˩ kɕi˥ 大房子里面

三．较

tɕ'uŋ˥ tɕɛ̃˥ suŋ˨ gə˧ naŋ˨ kɕi˥
近大房子里面

四．名词结构

pie˧ tɕĩ˥ tie˥ wə˥ nə˨ gə˧ tɕA˥ ɬA ʔv
写着此字的东西

五．句子形式

ɬA˥ sA˥ vi˩ ɕɐ˩ waŋ˩ nə˥ gə˩ nə˩
从拉萨来的那个人

tɕA˦ gə˨ zo˩ vA˨ gə˧ tɕA˨ tsə˦ ŋaŋ˧˩
用铁做的椅子

指示代词

§33 §34 指代词有单复数，双数的区别

ŋA˩ 我　　ŋə˨ tsə˦ 我们

ʔA˨ n tɕA˥ nei˦ 我们两

k'uə˦ 他　　k'o˩ tsə˥ 他们

k'o˩ n tɕA˥ nei˥ 他们两

tɕ'y˥ ʔy˦ 你　　tɕ'ə˨ tsə˥ 你们

tɕʻə˩ ntʂA˥ nɛi˥ 你们俩

tim˥ ɒp　tim˥ ki˜˧ 那些

ŋA — ~~？~~ tsʻə˥　　tɕʻə˩ — tsʻə˥
我　　的　　　你　　的

§35 但指示代词变复数的附加成分与人称代词变复数的附加成分不完全一样

ŋA˩ tsʻə˥ 我的　（无 ki˜˧）

tɕʻə˩ tsʻə˥ 你的　（〃 〃）

tim˥ ki˜˧ 那些（无 tsʻə˥）
ntim˥ ki˜˧ 这些（〃 〃）

§36. 指代词格
（一）主格
tim˥ ɒp　　　　ŋA 我

tim˥ ʂi˜˥ vi˧ 那是本书

ŋA˧ dzA˩ vi˧ 我是汉族

（二）属格
ntim˥ də˩
tim˥ tA˩ ntim˥ də˧ vi˩ tim˥ də˩
mA˧ vi˥　那个是这个的，不是那个的

ɳɕi˦də˨

ndim˥˧ tA˥˧ tɕʰi˥də˨mo˨vi˦ ɳɕi˦də˨zi˧˥

这多是我们；不可作的

(2)宾动格(无)

ntim˥˧ gə˨ ɳɕi˦gə˧

ntim˥˧ gə˨ ɳA˦ ʑi˧dʑə˥ tɕʰi˥ si˧˥ ɢaŋ˦

那个给我一本书

ɳɕi˦gə˨ʑi˧dʑə˦ tɕʰi˥ kʰo˥ lə˧ si˧˥ gə˨

我给他一本书

(四) 间接宾语

ntim˥ lə˧ nA˧ lə˧

ɳɕi˦gə˧ntim˥ lə˧ ʑi˧dʑə˥ tɕʰi˧ si˧˥ gə˧

我给这人一本书

kʰue˥gə˧ɳA˦lə˨ʑi˧dʑə˧mə˧ zi˧˦ ɢaŋ˦

他们给我一本书

(五)领格

ntim˥˦ ɳA˦

ntim˥ nə˧ su˧ ʑy˥˧. tim˥ su˧ kʰe˦

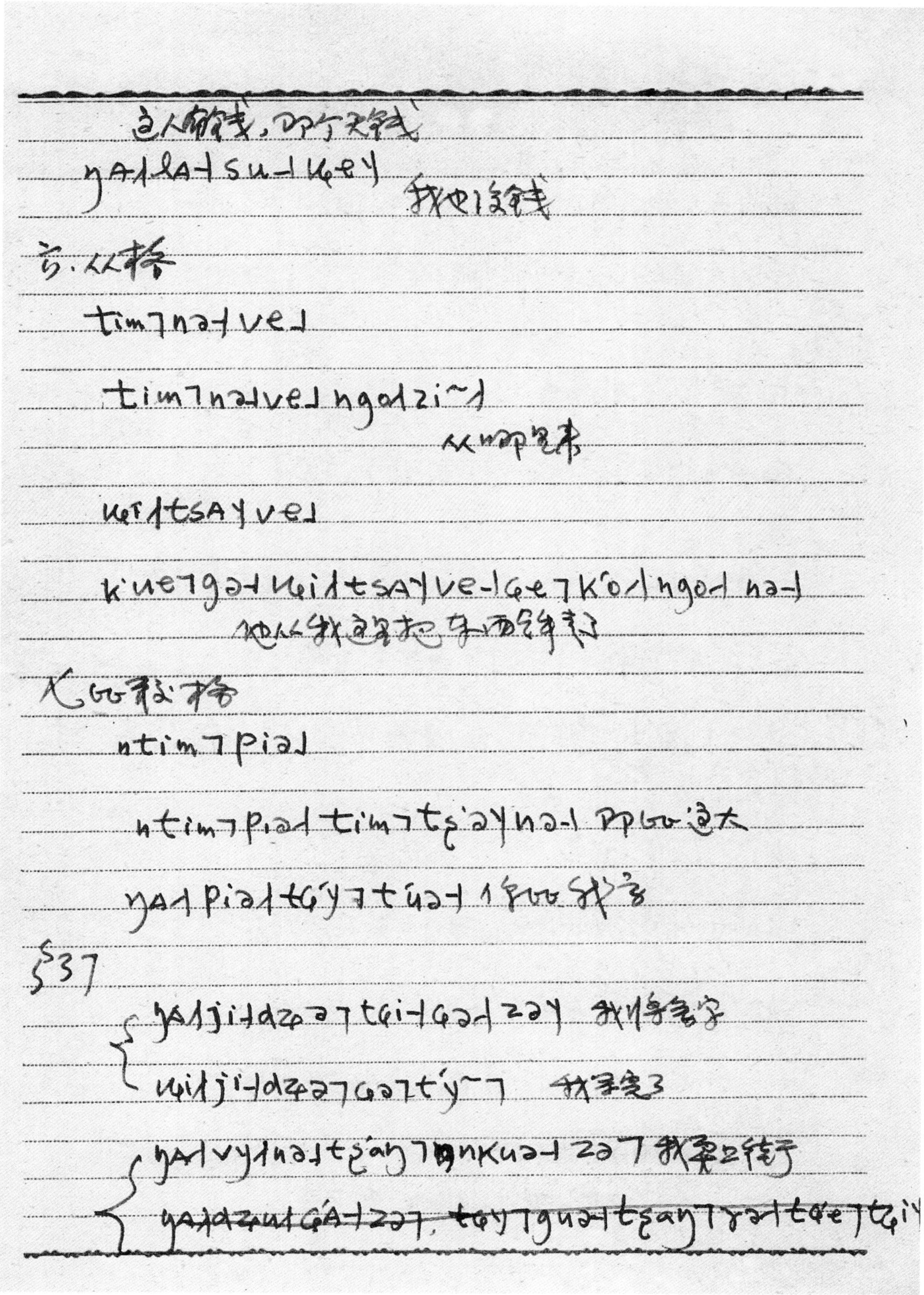

这人的钱，哪个的钱

ŋA˩ lA˧ su˧ ɕe˥

我也没钱

六、从格

tim˥ nə˧ ve˩

tim˥ nə˧ ve˩ ngo˧ zi˥˩

从哪里来

ɕe˦ tsA˥ ve˩

kʰue˥ gə˧ ɕi˦ tsA˥ ve˧ ɕe˥ kʰo˦ ngo˧ nə˧

他从我这里拿走两角钱

七、比较格

ntim˥ piə˩

ntim˥ piə˧ tim˥ tɕə˥ nə˧ 比……大

ŋA˧ piə˦ tɕy˥ tuə˧ 什么我多

§37

ŋA˦ ji˧ dʑə˥ tɕi˧ ɕə˧ zə˥ 我们写字

ŋi˦ ji˧ dʑə˥ ɕə˥ tỹ˥ 我写完了

ŋA˦ vy˦ nə˧ tɕə˥ nkuə˧ zə˥ 我要上街去

ŋA˦ dzu˦ ɕA˧ zə˥ tɕy˥ guə˧ tɕə˥ ɣə˧ tɕe˥ tɕiy

ŋA˦ vɯ˦ nə˧ jɛn˦ ŋkuə˥ k'ə˧ 我已上子了

ŋA˦ dzɯ˦ ɕ'A˧ zə˥, tɕy˥ guə˧ tɕaŋ˥

ɣə˦ tɕ'e˥ tɕi˨ 我撑穿了，你打地

§39

tɕ'y˥ʔy˩ 非敬

tɕi˧ ntsA˥ 您（你的）（敬语）

如：

tɕi˧ ntsA˥ ɕy˧ vn˥ jɛ˧？您来了吗？

tɕ'y˥ ŋgo˦ jɛ˧？你来了吗？

§38 人称代词第二身有敬语和非敬语之分。文言也有敬语和非敬语之分。

ki˥ 非敬语 —“你”

naŋ˩ mpA˥ ki˥ 敬语“诸位”

§40 第三身代词无性之区别

如：ti m˥ uə˧ tʂ'A˥ ɕi˦ tɕi˧ ŋaŋ˥

kue˥ gə˧ ɕi˦ mə˧ ŋA˦ nə˧

那女人有一个孩子，他不爱。

tim˥ pə˩ tsʻA˥ tA˥ tɕi˧ ŋ̊aŋ˥, kʻo˥ tA mə˧ gA ŋ̊ə˧

即影人有一匹马,你不爱。

§41 开始笑的时之代词 天们是物代词而细新词

tim˥ tɛ̃˥ mə˧ tɕiʏ˥ ʔoŋ˥ ve˥. tɕi˧ ŋ̊aŋ˥

即切信以供春流气

ntim˥ tɛ̃˥ də˧ tɛə˥ vi˧ lAʏ

这信以做什么?

§42. "人" "ne:˧" 有表"别人"

nə˧ kʻ:˧ 别人.

ne:˧ gə˧ n i˧ gaŋ˧ sə˧ ren˥

kʻA˥ lA˧ mə˧ neen˧ uə˧

别人说什么也不听

ŋe˧ gə˧ kə˧ ze˥ sə˧ lA˧ kʻA˥ mə˧ wen˥ uə˧

我说什么也不听

nə˧ kʻi:˥ gə˧ daŋ˧ nə˧ lA˧ tɕ yʔ˥ mə˧ tuA˥ nə˧

不管别人打什么也不怕

§43. 相当"你""我"之用 raŋ˧ raŋ˧,

只用在人称代词之后.

ŋA˧ raŋ˧ raŋ˧ 我们

tu˩ raŋ˧ raŋ˧ 你们

kʻu˥ raŋ˧ raŋ˧ 他们

§44. 第一人称代词表谦虚的词，ʂɛ²˩ lɨ:˧˥.

ɣA˧ ʂɛ²˩ lɨ:˧˥ 我(客人)

如：ɣA˧ ʂɛ²˧ lɨ:˧˥ tɕi˩ ɕi:˥ u tsA˧ le˧ ɣki:˥

ɣko˧ zi:²˩. 我(客人)来给你做工作.

ɣA˧ ʂɛ²˧ lɨ:˧˥ kə˥ zu˧ ʂɛ:˥ tɕe:˥ tɕi˧.

我(客人)来请你陪您一下。

§45. 代词第一人称复数有排除式和包括式。有代词后加：

咱—ko˥，我—uβA˥

A˧ ko˥ ki:²˥ 咱们

A˩ uβA˥ ki:²˥ 我们

A˩ ko˥ ki:²˥ sa˧˥ ɕi:˥ i˧˥ uɛ˧ ŋgue˥.

咱们明天都去这面.

A˩ utsA˧˥ nei˧˥ sa˧˥ ɕi˥ sə˧ da˥

ŋgue˥，tɕi˩ utsA˥ uei˧˥ mə˧ ɣgue˥.

明天我们俩去丽江，你们俩别去.

§46 代词后表多数附加成分，均要加。

ŋA˧ nA˧˥ uei˥. 我们俩

ɣA˧ ko˥ uei˥ 咱们俩

ŋA˧ uA˧˥ suɣ˧˥ 我们三

ɣA˧ ko˥ suŋ˧˥ 咱们三

§47 指代词有三级，即近远之指。

uti˧ zA˩ 这边

tiɯ˧ zA˧ 那边

pʻə˧ du˧˥ 那边(远)

dʑaŋ˥ ri²˥ (这处).

utiɯ˥ ki²˩ 这些.

tiɯ˥ ki²˩ 那些

pʻədu˥ ki²˩ 那些(远)

dʑaɣ˥ ri²˥ ki:²˩ (这和那些)

§48. 疑问代词有下列的一些.

tɕʻə˧˥ 什么？ KA˧ 哪里？

kʻə˧ tiɯ˥ sə˥ tuʻi˧ tuə˩：怎么？

kə˧ tso˦ ɣə˧，为什么？ sə˦：谁？

kə˩ tiɯ˦ gue˧ 那一个.

kə˧ ze˦ ŋaŋ˥ 有几个

§49 疑问代词可以重叠表多数.

tsʻə˥ sə˩，谁们，

tɕə˥ tɕə˥ 什么些

KA˧ KA˧ 哪里哪里

如

kʻo˥ tsʻə˩ KA˧ KA˧ ɣi˧

他们在哪里？

§50 表示"某人"不用疑问代词，須加"某人"詞

sə́˥ sə́˥ gə˧ ʂe˦ tɕʻi˦ ŋə˧ hA˥
uɛe˧ guə˥ 某人说：我不知道。

wo˥ utimɯ˥ wo˥ utimɯ˥ gə˧
ʂe˦ tʻyʔ˧ ŋA˧ kʻuə˧ ɕaŋ˧。
某人说：我知道一点

kʻ

§51 引用第三身代词之话时，话中之话的词可以用
kʻo˥ 另外的词来表"自己"

pə˧ tsʻA˥ kʻiʔ˥ gə˧ "kʻo˧ tsə˥
ŋkʻo˧ zə˦"。si˧ uə˧。
男孩子说"他们要去"

pə˧ tsʻA˥ gə˧ "kʻo˥ lə˧ ŋkʻo˧ zə˥"
si˧ uə˧。男孩子说"他要去"

pə˧ mə˥ gə˧ "ŋA˧ lA˧ ŋkʻo˧ zə˥"
si˧ uə˧ 女孩子说"我们去"

pə˧ mə˥ kʻiʔ˥ gə˧ "kʻo˧ tsə˥
lA˧ ŋkʻo˧ zə˥" si˧ uə˧。
女孩子说"他们去"

数词

§52 数词词尾"ŋA˦""ŋkA˦"有指代词的作用

kʻo˧ uA˥ ɲi˥ ŋA˧ ——。他们两
kʻo˧ uA˥ tɕo˧ ŋkA˦ ——。他们六个
kʻo˧ uA˥ tɕo˧ ŋkA˦ ——。他们六个
kʻo˧ uA˥ suŋ˥ ŋkA˧ ——。他们三个
kʻo˧ uA˥ dze˧ ŋkA˦ ——。他们八个

§53 基数词可以重叠，表示"每"之意。

① 用 rə˧ rə˥˧ 表示"每一个"

② 十以上重叠四次

③ 十以上重叠两次

ŋə˥ rə˧ rə˥ ɕaŋ˧ dʑa ŋ˧˩ rə˧

rə˥ si²˧˩　每人给一颗糖

tA˥ rə˧ rə˥ tsuA˥ pʰa ŋ˥ rə˧

rə˥ si²˧˩　每马一束草

ŋə˧ yo˥ ŋə˥ ŋA˥ ŋə˥ ŋA˥˧ tsa˥˧

rə˧ rə˥ zuə˧˩　每五人做一组

ŋə˧ yo˥ suŋ˥ tɕə˥ suŋ˥ tsə˥

tsuŋ˥˧ rə˧ rə˥ suə˧˩　每四十做一组

§54 基数词在句中可以作主语和修饰词

(一) 作谓语

suŋ˥ suŋ˥ ɡə˧˩。三三得九

ŋə˥ ŋə˥ zə˧˩　二二得四

zə˥ zə˥ tɕuə˥˧ dzo³˧˩　四四十六

二、作修饰语：

ŋə˧ ŋe:˥ ɕaŋ˧˩　两个人来了

ŋə˧ ŋkʰo˥ ŋA˥ ti˧˩　五个人走了

kʰo˥ ʍpʰe˧ duŋ˥˧ tɕ[illegible]:˥˧ kʰo˧

ty²˧˩, tɕʰuŋ˥ ŋə˧ ɕaŋ˧˩　他拿着一朵花进来

(kʰo˥ ji:˧ dʑə˥ tɕi:˥˧ kʰo˧ ty²˧

ɖi:o˥ tɕʰA˥ kʰaŋ˥ pA˥ ŋə˧ ti:˥。　他拿一本书来了)

§55 数词作修饰语用時可將被修饰语省略，留下數詞有代替被修饰语之意义。

tə˧ ri²˥ tɕi˥ tɕʰA˧˩ saŋ˧ wi˥

tɕi˥ tɕʰA˧˩ ŋ tɕe˥ WA˥ tsʰA˧ ty²˧˩。

今天吃一个，明天吃一个，很快就吃完

tə˧ ri²˥ tɕi˥ ŋkʰi˧˩ saŋ˧ ŋi:˥

tɕi˥ ŋkʰi˧˩ ŋ tɕe˥ WA˥ ŋkʰi˥ ty²˧˩

今天做一件明天做一件很快就做完。

tə˧ ri˞˥ uei˥ ŋki˩, saŋ˧ wi˥ suŋ˥
ŋki˥ uaŋ˥ wei˥ uki˥ ty²˧ zə˥ zi²˧.
　　今天做两样，明天做三样，后天就做完

§56 序词的构成表示月份时，是数词后加词尾"ba˥"以外表示净数者在数词前加"ʒa˥ utɕe˥"。

　　taŋ˧ mpə˧　第一（月份）
　　nei˥ ba˥　第二（月份）
　tso˥ uə˥ ba˧　第十二（月份）
　ʒa˥ utɕe˥ tso˥ suŋ˧　第十三·
　ʒa˥ utɕe˥ suŋ˥ tɕə˧　第三十
　ʒa˥ utɕe˥ uei˥　第二
　ʒa˥ utɕe˥ suŋ˥　第三

§57 序词在句子中可以作修饰语，主语和宾语

一、作修饰语

　utʌ˧ wʌ˥ uei˥ ba˥ ʒa˥ sa˥ ŋko˧
zə˥ zi²˧　我二月份要去拉[illegible]
　yʌ˧ ʒa²˥ taŋ˧ tiu˧ utiu˧ tsa˧
　pi˧ɕaŋ˧　我第一个到达

二、作主语

　taŋ˧ mpə˥ utimu˧ yʌ˧ ba˥
ue˧ ko˥. uei˥ ba˥ utimu˧ wi˥
ʒa˥ zi²˧
　　第一个地方认识，第二个是生疏
　taŋ˧ mpo˥ utimu˧ rɛ²˧ zə˧ mə˥
ri˧, uei˥ bə˥ utimu˧ rɛ²˧ tɛ˥
ri˧。第一个是好的，第二个是坏的

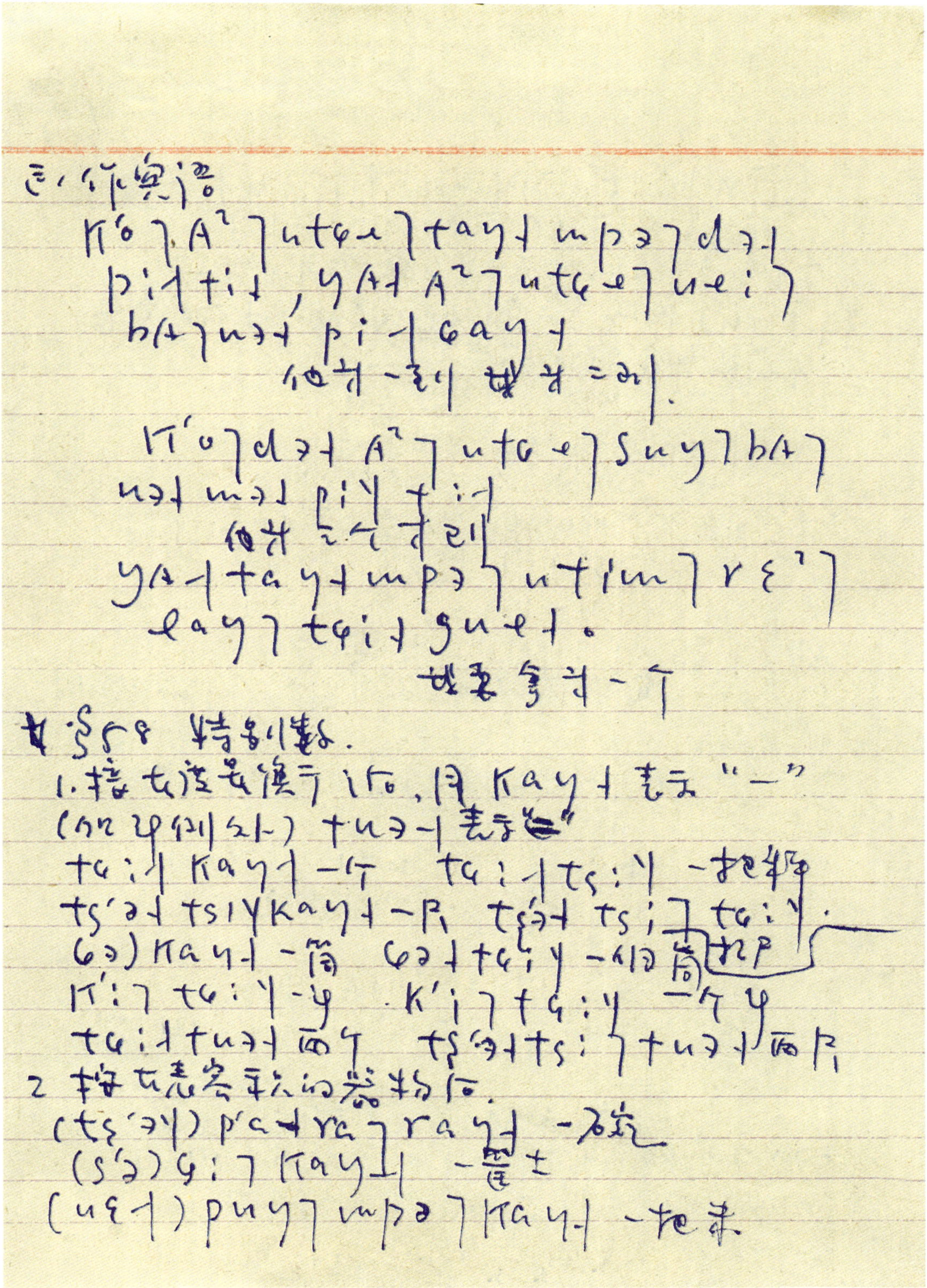

三、作宾语

kʰo˥ A²˥ utɕe˥ taŋ˧ mpə˥ də˧˦
pi˧˦ ti˧, yA˧ A²˥ utɕe˥ uei˥
bA˥ ŋə˧ pi˦ ɕaŋ˧
他对一到 我 对 二到.

kʰo˥ də˧ A²˥ utɕe˥ suŋ˥ bA˥
ŋə˧ mə˨ pi˦ ti˦
他对 三个 对到
yA˦ taŋ˧ mpə˥ utim˥ rɛ²˥
laŋ˥ tɕi˧ gue˧。
她要拿对一个

§58 特别数.
1. 按它该是依于话，用 kaŋ˧ 表示"一"
(个别例外) tuə˦ 表示"二"
tɕi˦ kaŋ˦ 一个　tɕi˦ tsi˥ 一把椅
tsʰə˦ tsɿ˥ kaŋ˧ 一片　tsʰə˦ tsi˥ tɕi˥.
(ɕə) kaŋ˦ 一筒　ɕə˧ tɕi˥ 一个筒 把
kʰi˥ tɕi˥ 一半　kʰi˥ tɕi˥ 一个半
tɕi˧ tuə˧ 两个　tsʰə˧ tsi˥ tuə˧ 两片
2 按它表容积的器物后.
(tsʰə˥) pʰa˧ ra˥ raŋ˧ 一碗
(sʰə) ɕi˥ kaŋ˧ 一筐土
(uɛ˦) puŋ˥ mpə˥ kaŋ˦ 一抱米

(tɕʌ˧) tʻuŋ˧ hu˥ kʻaŋ˧ —壶茶

3. 接在表示一个整体.名称后可以用kʻaŋ˧.亦可以用tɕiŋ 但时间名词仅用'tɕiŋ'

ɕe˧ tɕʻɔ˥ tɕiŋ —辈子

tsʻɛʔ˥ kʻaŋ˧ (tɕiŋ 也可以)

→晚上

ɕe˧ wʌ˥ kʻaŋ˧ —整天.

§59 表不定数的方法如下：

1.相连、两个数连用：

ŋə˥ tʂo˧˥ tɕi:˩ 五六个。

tʂə˥ tʂɛ˥ ŋA˥ tɕi:˧ 十五六个。

tʂu˥ dɛʔ˥ tʂu˧˥ dʐe˧˥ tɕi:˩ 十七八个

tʂo˥ suŋ˥ tʂe˥ ʑə˧˥ tɕi:˧˥ 十三四个

dɛ̃˥ tʂə˥ dʐe˧ tʂə˧˥ tɕi:˧ 七八十个

2.用不定数词表示：

tsə˥ tsə˥ dʐe˥ dʐaŋ˥ 几个

tsə˧ kʰi:˧˥ 一点儿。

kə˥ xə˥ 几多（相当）

mə˧ ɕaŋ˥ mu˧ mu˧ mu˥ tɕi:˧ 不多不少

§60 常用量词如下：

1.专用量词：

"pə˥" "utɕuA"

(tɕə˥) pə˥ tɕi:˧˥ 一根发。

(tsuA˥) pə˥ tɕi:˧˥ 一根草

tʂɛʔ˥ jɛʔ˥ utɕuA˧ tɕi:˧˥ 香烟一根

pʰo˥ wA˥ utɕuA˧ tɕi:˧˥ 一根棒

kʰiʔ˥ utɕuA˥ tɕi:˧˥ 一根线

"tʂʰA˥"——(=ɕʰo˧˥)

ɡaŋ˥ tʂʰA˥ tɕi:˧˥ 一双鞋

lA˧ ʂy˧˥ tʂʰA˥ tɕi:˧˥ 一双手套

nə˥ no˧˥ tʂA˧ tɕi:˧˥ 一对耳朵

lA˧ ntuaŋ˧ ɕo˧˥ tɕi:˧˥ 一对手镯

jA˥ (= A˧ jA˥) —只 —

la˧ KA˥ A˧ jA˥ —只手

ɯi˥ jA˥ —只眼

kaŋ˥ jA˥ —只脚

ʂaŋ˧ jA˥ —只筷子

~ tʻsɛʔ˥ —

ɯɛʔ˥ tʻɛʔ˥ tuɑ:˥˧ —剂药

tɕə˧ tʻɛʔ˥ tu:˥˧ —开药

~ tʻɔ˥˧ ~

sen˧ tʻɔ˥˧ tu:˥˧ —顿饭

tsʻu:˩ tʻɔ˥˧ tu:˥˧ —顿菜

puŋ˥ mə˥ —

mpe˧ du˥˧ puŋ˥ mə˥ kaŋ˧˥ —朵花

2、用名词（容器词）形容词借作计算单位"量词"

ʂi:ɔ˥ tɕuə˩ mə˥ kaŋ˧˥ —抱柴

tɕʻə˥˧ kə˧ mə˥ kaŋ˧˥ —口水

ʂʻA˥ pə˥ l:ɔ˥˧ tu:˥˧ —块田

nfuuA˥ tuʻuŋ˥ kaŋ˧˥ —房子粮食

动词

§62. 单向动词除个别之外，每次都有曲折变化

四种形式

现、	未、	过、	命、	汉义、	变化
tA˥ te˧	tA˥ zɪə˥	tA˥ tʻɤʔ˧˥	tA˥˧:	租	/
tɕʻA˧ 〃	tɕʻA˧ 〃	tɕʻA˧˥	tɕʻA˦˥:	坐	/
ɣuA˥˧ 〃	ɣuA˥˧ 〃	ɣuA˥˧	ɣuA˥˧:	偷	/
zaŋ˧˥ 〃	zaŋ˧˥ 〃	zaŋ˧˥	zaŋ˧˥:	抓	/
ɕiə˧˥ 〃	ɕiə˧˥ 〃	ɕiə˧˥	ɕiə˧˥	书	

二 三种形式的：

现	未	过	命	词义	变化
ŋA˥˧tɕe˩	ŋA˥˧zə˥˧	ŋA˥˧tʰy˧˩	ŋA˧˥:	割	1
ŋkʰuə˧˥〃	ŋkuə˧˥〃	tʰi:˥˧〃	sʰuŋ˧˥	走	3
tɕʰi:˥˧〃	tɕʰi:˥˧〃	tɕʰi:˥˧〃	tɕʰi:˥˧	拔	1

三、两种形式的

现	未	过	命		
tɕʰi:ə˧˥tɕe!	tɕʰi:ə˧˥zə˥˧	tɕʰi:ə˧˥tʰy˧˩	tɕʰi:ə˧˥	抹	1
ʑuŋ˧˥〃	ʑuŋ˥˧〃	ʑuŋ˥˧〃	ʑuŋ˧˥	炒	1
ɲʰuə˧〃	ɲʰuə˧〃	ɲʰuə˧〃	ɲʰuə˧	買	!
ʑo˧〃	jo˧〃	jo˧〃	jo˧	瞧	1
ɲʰɛ˧〃	ɲʰɛ˧〃	ɲʰɛ˧〃	ɲʰɛ˧	听	1
tsʰ˧˥〃	tsʰə˧˥〃	tsʰə˧˥〃	tsʰə˧˥	砍	1
tʂA˧˥〃	tʂA˧˥〃	tʂA˧˥〃	tʂ˧˥	打破	

动词之根的内部曲折

§63 中甸话的动词形态变化

§64 "　　" "

§65 用辅音或替表动作之形态/使意之命式一个字

观

写 ɕə˧˥˧ tɕe˨ zə˨ ɕə˧˥˧ zə˥˧ …… mə˧ ʑə˧˥˧

§66

§67

§68

§69 表阻止语气在动词之根前加"mə"有时变词根辅音有时不变

词根		
写 ɕə˧˥˧	mə˧ ʑə˧˥˧	别写
逃 ɕyʔ˧	mə˧ ʑyʔ˧	别逃
洗 tɕə˧	mə˧ tɕə˧	别洗
放 ŋuA˧	mə˧ ŋua˧	别放
抽 tʂoʔ˧	mə˩ tʂoʔ˧	别抽
走 ŋkue˥	mə˧ ŋko˧	别走
要 gue˥	mə˧ gue˥	别要

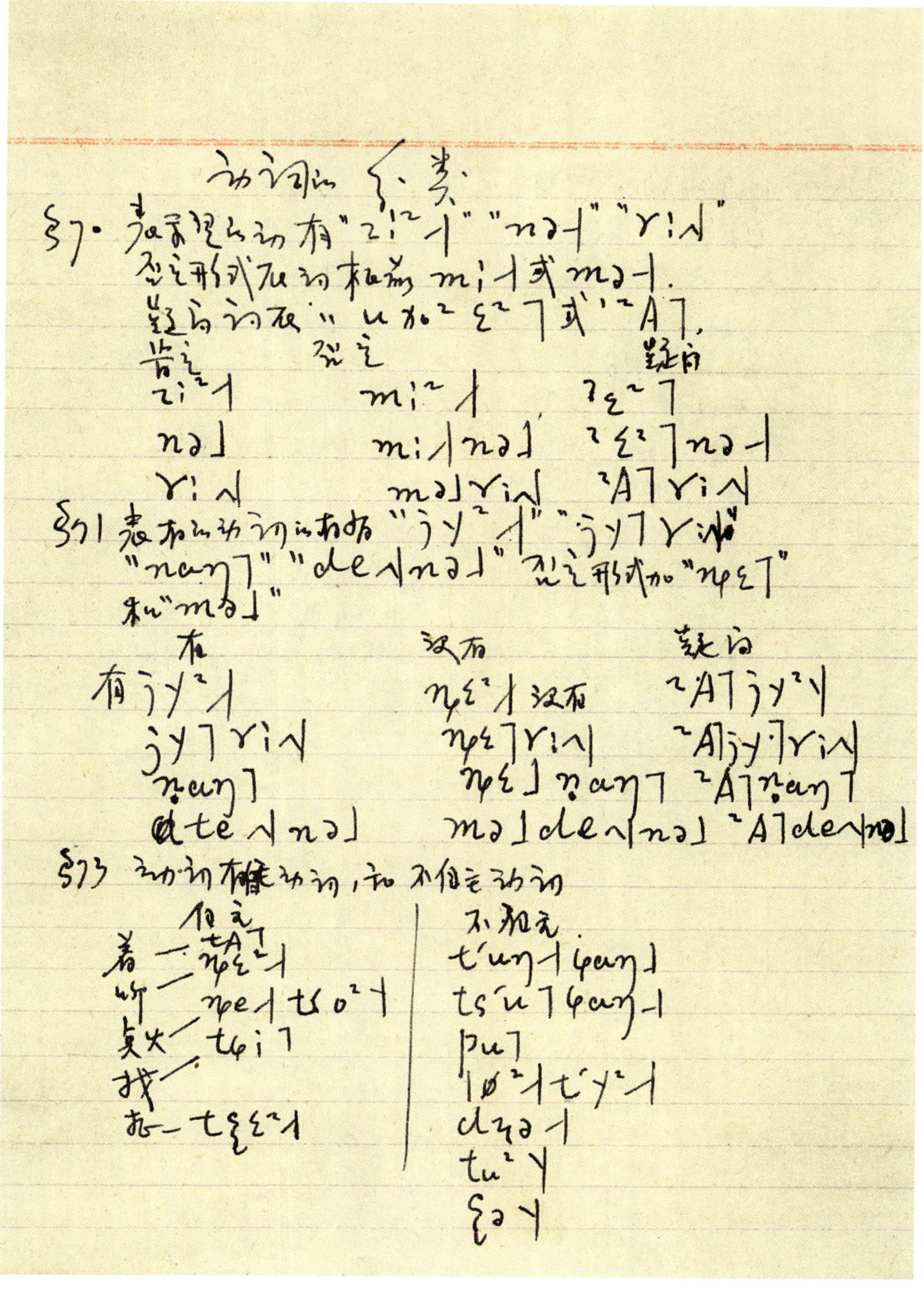

动词的分类

§70. 表示"是"的动词有"ʐiʔ˧""nə˧""ɣi˥˧"
否定形式在词根前加 mi˧ 或 mə˧.
疑问词在〃〃加 ʔɛʔ˥ 或 ʔA˥.

肯定	否定	疑问
ʐiʔ˧	miʔ˧˥	ʔɛʔ˥
nə˩	mi˧˥nə˩	ʔɛʔ˥nə˧
ɣi˥˧	mə˩ɣi˥˧	ʔA˥ɣi˥˧

§71 表存在的动词的有"ʝyʔ˧˥""ʝy˥ɣi˥˧""n̥aŋ˥""de˥˧nə˩"否定形式加"ɲɕɛ˥"和"mə˩"

	有	没有	疑问
有	ʝyʔ˧˥	ɲɕɛʔ˧˥ 没有	ʔA˥ʝyʔ˧˥
	ʝy˥ɣi˥˧	ɲɕɛ˥ɣi˥˧	ʔA˥ʝy˥ɣi˥˧
	n̥aŋ˥	ɲɕɛ˩n̥aŋ˥	ʔA˥n̥aŋ˥
	de˥˧nə˩	mə˩de˥˧nə˩	ʔA˥de˥˧nə˩

§72 动词有自主动词，和不自主动词

	自主	不自主
看	tA˥ / ɲɕɛʔ˧	tʰuŋ˧ɕaŋ˩
听	ɲɕe˧tsoʔ˧	tsʰu˥ɕaŋ˧
烧火	tɕi˥	pu˥
找		løʔ˧tʰyʔ˧
放	tʂɛʔ˧	dʐə˧
		tuʔ˧˥
		ʂə˧˥

§73 动词有自动与使动之区别

74 用不同的词表示.

使个别变辅音.

使动	
弄断	tɕA˥
使醒	ʑi˥
打碎	tɕAˀ˥
使倒	ʑy˥;(luy˥)
使起	day˦
使动	ki˥
使变	(dʑə˦)
粘	tɕʅˀ˥

tɕA˥

自动	
duŋ˦	断
ʑo˦	醒
pʻA˥	碎
lu˦	倒(lu˦)
laŋ˦	起
nki˥	动
(dʑə˦	变)
dʑə˥	粘

§ 7.5 自动与使动之区别。

(一) 使动词用主动格，自动词用普通格。

ŋɛ˥˧ ga˩ ɕi˥˧ ʑa˩ ȵi˜˥ 我让小孩睡了

ŋA˥ jY˩ zɿ˥ zi˜˥˧ 我要睡

ŋɛ˥˧ ga˩ ɕi˥˧ daŋ˥˧ tɕi˥ zi˜˥˧ 我把孩子扶起

(二) 使词后可以加"tʰy˜˥˧" zi˜˥˧ 自动动词后不能加 za˧ zi˜˥ 或 zi˜˥

ŋɛ˥˧ ga˩ tʰe˩ wA˥ tɕe˧˥˧ tʰy˜˥˧ 我把绳子剪断了。

tʰe˩ wA˥ kʰuA˥ kʰuA˧˥˧ duŋ˥˧ tɕi˩ na˩ 绳子自己断了。

ŋɛ˥˧ ga˩ pʰu˥ rɑ:˥ tɕa˩ zi˜˥˧ 我要撕破

§76. 要求主语用宾格与主格者如下：

(一) 要求主语用宾格(及物动词)

ɕa˦ 骂　　se˨ 杀　　day˥ 打

nkue˥ 去

(二) 要求主语用主格

tsA˧ 吃　　tA˥ 看　　tɕɛ˧ 想

ɕi˥ 会　　ɭay˧ 起　　ʑy˧ 睡

8 77 要求直接宾语因位词除外用宾格的有哪些动词？

1. ye˦ k'o˥ tA˧ gA˦ wA˥ jɤ˧

我喜欢他

2. k'o˥ ye˦ tA˩ t6A˥ nə˩

他怕我

5 49 动词未来式用什么形式表示.

(一)词根加 zə˥ ʑin˧˩ 表示时

1. ŋA˧˩ ji˩ tɕə˧˥ ɓə˩ zə˥ ʑin˧˩
我要写信

2. ŋA˧˩ ʑi˧˩ tɕaɣ˧˩ zə˥ me˧˩
我不唱歌

(二)词根加 zə˥ re˧˩ 来表示

1. kʻo˥ ɬA˥ sA˥ ŋko˧˩ zo˥ re˧˩
他要到拉萨去

2. ko˥ ʑi˧˩ tɕan˧˩ zə˥ mə˧ re˧˩
他不唱歌

(三)词根加 way˧˩ 来表示

1. tɕʻy˥ ʐu˩ ʔzu˧˥ mə˩ w˧˩ ne˩ ɛw˩

ko˥ tsA˥ sA˧˩ way˧˩ 小孩不小心会摔下去

2. ʑA˥ zw˧ zu˥ mə˩ ʑA˥ ne˩ tsə˥

gw˧˩ tɕA˧˩ way˧˩
这个学生不好好学校会被打的.

§80. 动詞現在時用什么形式表示：（继续）

（一）詞根（1·2）加 zə˥ ʑy˧˥ 来表示

① ŋA˧˥ ʑi˩ tɕə˥˧ ɓə˧˥ zə˥ ʑy˧˥

我正在写信

② ŋA˧˥ ʐi˧˥ tɕʰaŋ˧˥ zə˥ ʑy˧˥

我正在唱歌

（二）詞根（1·2）加 zə˥ ŋaŋ˥˧ 来表示（nə˧˥）

① kʰo˥ ʑi˩ dʑə˥ ɓə˧˥ zə˥ ŋaŋ˥˧

他正在写信

② kʰo˥ ʐi˧˥ tɕʰaŋ˥ zə˥ ŋaŋ˥˧

③ ŋA˧˥·ŋkʰo˥ nA˧˥ zə˥ nə˩

我头痛

④ ŋA˧˥ kʰo˥ tA˧ tɕA˥ zə˥ nə˧

我怕他

（三）詞根（3）加 zə˥·ʑy˧˥ re˧˥ 来表示将

① kʰo˥ zA˥ po˥ dʑo˥˧ zə˥ ʑy˧˥ re˧˥.

他正在建筑房子

◎. k'o˥ way˩ zo˩ zə˥ jɤ˩ re˩

他在挤牛奶.

§81 动词过去时用什么形式表示.

(一) 词根加 zin˩ 来表示.

① ŋA˩ ji˩ dʑə˥ ɓə˩ zin˩.
我写了信

② ŋA˩ ʐi˩ tɕʰay˥ zin˩.
我唱了歌

③ ŋA˩ sɛn˩ tɕʰA˥ zin˩
我吃了饭

(二) 词根(后)加 re˩ 来表示.

① kʰue˥ ji˩ dʑə˥ ɓə˩ re˩
他写了信

② kʰue˥ ʐi˩ tɕʰay˥ re˩
他去拉琴了

(三) 词根(后)加 ɓay˩ 来表示.

① tx˧ tʰA˥ ntiə˩ ŋA˩ ɕi˥ ɓay˩
这事情我知道

② tA˧ tɕʰɛn˥ kʰə˥ ji˩ dʑə˥ ɓə˩ ɓay˩。
刚才他写了信

(四) 词根(后)加 mi˥ ne˧ nay˥ 来表示的

① kʰə˥ ji˧ dʑə˥ ɓə˥ mi˥ ne˧ nay˥
他没有写信

② kʰo˥ tɕʰɛn˥ PA˥ nA˩ nə˧
他伤风了.

§81 k'o˥ŋko˧˩ t'ɣ^˧˩ re˧˩.

他走了.

(二) 词根加 bay˧˩ 来表示.

① k'o˥ kɑ˧˩ ɕɑu˥ ɕɑ˧˩ ji˧ ŋɑ˧˩

kuo˥ bay˧˩

他说做的事情我知道了.

② k'uə˥ ye˧˩ gay˧ ru˧˩ w˧˩ bay˧˩.

他带动了我.

(三) 词根加 jy˧˩ 来表示的.

① ŋɑ˧˩ go˧ k'o˥ tbɑ˥ jy˧˩.

我领了它.

② ŋɑ˧˩ ji˧ dʑəY bə˧˩ jy˧˩.

(bə˧˩ rɑ˥ jy˧˩)

我写了信.

(四) 词根加 jy˧˩ re˧˩ 来表示的.

① k'uə˥ ji˧˩ dʑəY bə˧˩ rɑ˧˩ jy˧ re˧˩

他写了信

lo˩ zaŋ˥ ntɕi˧˩ ŋko˧˩ maŋ˧˩ re˧˩

§82 经常反覆的动作和表现习惯经常状态的叙述用什么方式来表示：

（一）表示经常反覆的动作。

① ŋA˩ tA˥ pA˥ ʑiu˩ ɕin˧ tɕʻə˥ tɕi˥

ŋkə˩ zə˥ ziu˩

我经常去打水。

② ŋe˩ pə˩ tɕʻaŋ˩ wA˩ ɸo˥ tɕA˥

nə˩ ŋkə˩ zə˥ jy˩

我读完了上学。

③ kʻo˥ ke˥ tɕA˥ kA˩ ɕe˥ ne˧

ŋA˩ ji˩ tɕʻi˥ nə˧.

他说什么我都不相信。

④ kʻo˥ tA˥ pA˥ ʑi˩ ɕin˧ nə˧ waŋ˥

ɕm˥ vin˥ m˩ laŋ˩ nə˧

他经常在大门口外边睡觉。

（二）表示表现习惯的经常状态的。

① sʻə˥ tɕʻA˥ nte˩ nə˧ nkm˥ to˥

tɕu˩ nə˧ 这样的地方可以种米。

② tɕə˥ nte˩ du y ɕɑ̃˥ nə˩ tsʻm˩.

dɯo˩ de˩ re˩ 这条河向东方流去.

⑬. ɲeə˩ waɣ˥ ɛm˥ bo˥ ne˧ ɛm˥

waɣ˩ re˩ 太阳从东方出来.

⑭. ʔA˩ liə˥ pɛ˧ tsə˥ tɕɛə˥ re˩

猪比狗大

⑮. ʔo˩ ntso˥ mɯ˩ ne˧ gA˩ re˩.

这样做对.

动词人身

三 84 系词 ʁɑ（是字）有 来表示人身时分别吗.

（一）一身

ŋA˩ dʑA˩ zin˩　　我是汉人

ŋA˩ pi˩ mi˩　　我不是藏族

ŋA˩ ʔA˧ dA˥ zin˩　　我是喇嘛.

（二）三身.

① k'o˥ pi˩ re˩ dʑA˩ ma˩ re˨.

他是藏族而不是汉族.

② tɕə˥ ɕə˥ ɬA˥ sA˥ wA˧ re˩

扎西是拉萨人

③ ɬA˥ sA˥ re˩ wa˩ nə˩ tiə˩

ŋA˩ ts'o˥ ge˧ gen˥ re˩

从拉萨来的那人是我的老师.

（三）二身

① tɕ'ø˥ pi˧ pA˥ ɛn˩.

你是藏族吗？

②. tɕʏ ˥ge˧ gen˥ m˩ re˩

你是做教员的。

85 表示存在动词 ʐɿ˥（或 ɟɯ˥ ɕi˥）表示身分别吗？

(一) 一身

ɣA˩ yei˥ ɟy˩ 我有钱

ɣA˩ ʔnA˩ nɛe˩ 我没有帽子

(三) 三身

kʰo˥ yei˥ ŋay˩ 他有钱

kʰo˥ ʔnA˩ nɛe˩ ŋay˩

他没有帽子

(二) 二身

tɕʰy˥ yei˥ ʔA˥ ɟy˩

你有钱吗？

tɕʰy˥ ʔnA˩ sɯ˥ wA˥ (dɕi˥)

ŋay˩ 你有一顶新帽子吗？

2. u˩ 用第三身 肯定

之 88 自动词词根后面附加成分表示身份分别吗？

(一) 一身

ŋA˩˧ ry˩˧ nə˧ ŋko˩˧ zə˥ zin˩˧

我要进城

ŋA˩˧ ry˩˧ nə˧ ŋko˩˧ zin˩˧.

我到城里了.

tɕə˥ ɕə˥ ji˧-dʑə bə˥ rin˥ SA˧

扎西说.我要.到了.

ŋA˩˧ tA˥ pA˥ ɕi˩˧ ɕin˧ ry˩˧ nə˩˧

ŋko˩˧ zə˥ jy˩˧ 我经常进城

(三) 三身

k'o˥ ɬA˥ SA˥ ŋko˩˧ zə˥ re˩˧

他要到拉萨去.

k'o˥ ɬA˥ SA˥ ŋko˩˧ re˩˧

他去拉萨了.

ge˨ gen˥ sɛn˩ tɕʻẽA˩ zə˥ nə˩

老师正在吃饭.

kʻo˥ ntsi˥ zə˥ bay˧ · 他没有来说了.

tɕĩə˥ ʑə˥ dA˥ sA˥ yko˨ tɕy˧ re˨.

扎西到拉萨去了

kʻə˥ ʑwA˨ dʑi˥ nɛə˨ tɕy˧ re˨.

他买了一顶帽子.

tɕĩə˥ ʑə˥ ry˨ nə˨ yko˨ tɕy˨ re˨

扎西进城去了.

(三) 二句

tɕʻy˥ dA˥ sA˥ yko˨ zə˥ ɛn˨

你去拉萨吗?

tɕʻy˥ dA˥ sA˥ ykə˨ zə˥ nə˨

ɛn˨ 你去拉萨吧!

88 叙述者对于所叙述的动作有不同程度的了解时，用不同的构词成分吗？

(一) 亲自叙述者，就是看见的动作的这样用法：

1. kʻo˥ ry˩ na˧ yko˩ tʻi˩

他上了去了！

2. ɕA˥ də˩ kʻuə˥ tɕA˩ tʻi˩.

那块肉被他吃了。

3. tʻe˩ wA˥ duy˩ tʻi˩.

他已逃了。

(二) 叙述者，没有看见的动作：

① kʻo˥ ry˩ nə˩ yko˩ tʻy˩ re˩.

他上了了。

② ɕA˩ də˧ kʻə˥ tɕA˩ tʻy˩ re˩.

那肉被他吃了。

③ tʻe˩ wA˥ duy˧ tʻy˩ ve˩

堤&进行了.

三）一般以叙述用 ve˩ 表示.

① kʻo˥ vy˩ na˩ yko˩ ve˩.

② ʂA˩ dɑ˩ kʻo˥ tʂA ve˩

③ tʻe˩ wA˥ duy˩ ve˩.

8.9 叙述式：肯定的程度有不同时，是用不同的附加成分：

①. ʔA˧ liə˥ gmɯ˧ ɕuA˩ tɕA˩ zə˥ re˩　　猫吃老鼠。

② ʔA˧ liə˥ gmɯ˧ ɕuA˩ tɕA˩ dʐəɣ˧　　猫吃老鼠。

90. 表示动作的结果继续存在用什么附加成分。

(一) kʻo˥ day˥ du˩ de˩ re˩.

他的鞋子磨破了。

(二) kʻo˥ sɛn˩ tɕʻA˩ tɕy˩ re

他记忘做饭了。

(三) ye˩ ji˩ dzay bo˩ jy˩

我写了信。

(四) ye˩ kʻe˥ lA˩ pʻi˩ jy˩.

我赠给他了。

91. 表推测中由於叙述者主观上肯定的程度不同而各不同的附加成分.

(一) 动词之词根加上 jy˩ ʂu mi˩，表示叙肯定的.

1. tA˧ rin˥ tɕʂə˥ tɕʰə˥ ŋay˥ yA˥.
mi˩. 今天不该我去担水吧！

2. kō˥ tɕʂi˥ pA˥ sA˩ re˩
他生气了吧！

(二) 之词根加 ŋay˥ ʂu ne˧ ŋay˦ 表示肯定成分稍差的推测.

1. tɕʂo˥ dʑə˩ tɕʂu˩ ŋay˦ dzo˩ mpA˥
tso˥ tʰy˧ zə˥ mi˩ ŋay˩.
那条水很大，不能盖桥吧！

2. tɕe˩ yko˩ ne˩ pə˨ tɕʂu˩ tɕʂA˥
wA˥ po˧ zə˥ ŋay˧.
现在不会就下雨了.

(三) 加上 ntɕʂA˩ 有些根据的推测.

1. kuA˥ pu˩ lu˧ pʻo˥ tɕə˧ ntɕA˩
mpo˩ sʻo˩ tɕə˩ tʻi˧。

球大概元不够了，撒气哪.

2. tʂy˧ ʑy˥ ntiə˩ kʻe˥ WA˥ ʐiɯ˩
ntɕA˩

那位裁缝大概手艺精了.

3. pə˧ mə˩ ntiə˩ sa˩ ɲei˥ na˥
wa˥ ŋka˩ zə˥ ntɕA˧.

这位姑娘大概已经结婚

4. dʑə˩ nA˥ gm˧ na˥ wa˥
ŋko˩ lu˩ pi˧ gm˩ na˥
wa˥ ŋko˩ lu˩ mi˩ ntɕA˥
tɕA˧.　什么结婚方式大概和西藏相.

(四) ɖʉ˩ ma˧˩ re˥ ɛ˧˩ 表示主观推测.

1. ŋe˧˩ tɕʰə˥ tsʰy˥ ma˧ ŋko˥ naŋ˧.

tɕy˥ ɕu˧ ma˧˩ re˥ ɛ˧.

我对于這些還不慣了：也許會生病.

2. ʐʉ˥ kʰA˥ tɕə˧˩ tsʰo˥ pʰA˥ ji˥

tɕi˥ ba˥ jy˧˩ re˥ ɛ˧.

夏天時候此地方涼爽吧；

3. kʰo˥ tsʰu˥ ntɕy˥ tɕaŋ˧˩ da˧.

laŋ˧ tsaŋ˥ ŋko˧˩ za˥ re˧˩ ɛ˧˩.

他未完全.也許就走了.

形容词.

92.

(一) 带词尾

1. —ke

dɛ̂˩ keY 大的

10. —ɓəY

ɹeY ɓəY 真的.

2. —kɯ˥

kə˥ kɯ˥ 白的.

[illegible]. —ko˥

ɲei˥ ko˥ 黄了.

3. —pA

dʑə˩ pA˥ 为.

ɲei˥ ɲpA˥ 高的.

dʑA˧ bA˩ 胖的.

4. —ɲpə

muY˩ ɲpəY 多

tɕi˥ pə y 愉快

5. —wA

ʂʅ˥ wA˥ 新的

6. —le y

tʂʰu˥ le y 髒的

7. —way

tsay˥ way˥ 乾静的

8. —ɕi^˥

tɕay˩ ɕi^˥ 冷的

yə˥ ɕi^˥ 甜的

9. —ɕAˀy

tɕo˥ ɕAˀy — 酸的

二、带有表示某种特定色彩和状态的叠音词尾

(三) 形容词的根重叠

① tɕʻə˩ tɕʻay˥ 小

② tə˩ tʻay˥ 矮

nə˩ nay˥ 小

③ nə˥ ne˥ 真正的.

(四) 词组性形容词

tʻA˥ riʔ˩ npəy 虚伪的.

ɓay˥ zə˩ npəy 善良的.

dzə˥ riʔ˩ pəy 耐心.

§3. 形容词重叠

(一) 词的重叠表加强语气.

sə˥ kɯ˥ sə˥ kɯ˥ 新々的.

tʰuy˥ npo˥ tʰuy˥ npo˥ 高々的.

tʰo˥ ji˩ tʰo˥ ji˩ 高々的

kə˥ kɯ˥ kə˥ kɯ˥ 白白的.

nə˩ nA˥ nə˩ nA 黑々的

(二) 词根重叠表示加强之意 中间加字.

94

	普通级	比较级	最高级
大	tɕʻin˥ mə˦,	tɕʻe˥ WA˩	tɕʻe˥ 6x˦
贵	kuy˥ kyn˥ ma˦	kuy˥ kyu˥ WA˩.	kuy˥ kyu˥ 6x˦
好	za˧.pə˦	zay˥ WA˩	zay˥ 6x˦
粗	buy˧ mə˦	buy˧ WA˧	buy˧ 6x˦

9.5 形容词在句子里可以做修饰语、主语和宾语

一、做修饰语

1、修饰名词.

ɣe˩˧gɯ˩˧ mpe˩ duʔɣ kə˥ kɯ˥ dʑiʔɣ

tu˥ zi˥ ziu ɣ

我捡到一些白花.

tɕʰuɣ˥ tɕʰu˩˧ nte˥ nɑɣ˩ tsʰu˥ dyɯ˥

tsʰɯ˩˧ dʑi˩ tsʰu˥ zi˥ zi˩˧ so˩˧ nɑ˦

他们到这所大房子里开会.

do˥ tɕA˥ wA˥ sɯ˥ wA˥ mo˩ moɣ

wɑɣ˩˧ ve˩˧

新来3位女学生

dʑio˥ ʑaɣ˥ zə˩ məɣ ɣmɯ˩˧ zə˥ ziɯ˩˧

要好好学习.

2. 修饰动词.

ntɕu˥ zɿ˩ ŋkaə˧˩ 快点走

tɕʻy˥ zə˩ mə˥ tAɣ 仔细看.

tɕay˥ mə˥ ɕə²ɣ 老实说.

二. 作主语.

ŋo˥ ŋo˥ tay˩ sə˥ ʂɯ˥ ni˥ ɣAɣ tɕʻy˥

gə˩ neay˧˩ re²˧˩

黄和蓝两种都是颜色的名称.

三. 作宾语.

ye˧˩ gə˩ ŋo˥ ŋo˥ tay˩ nA˩ nA˥ ni˥

ɣA˥ je˥ wA˥ bʻə˥ mə˩ tʻy˥ nə˩

我不能分辨蓝色和黑色

ji˨˩ dʑə˥˧ n̥te˥ zu˩ taŋ˥ jʌ˨˩ nə˩

这个字写得很好

96. 形容词可以做动词的补足语

形容词一般地都有词尾 tɯ˩.

tə˩ tsʻaŋ˥ kʻue˥ gə˩ ʑio˨˩ zaŋ˥

zə˩ mə˥ re˥ naŋ˩

这条他的衣服好起来了.

nə˥ tsʻɯŋ˩ mA˥ gə˩ saŋ˥ luo˥ nei˩

rə˥ nei˩ rə˥ gə˩ jA˨˩ tu˩ ŋkuə˩ zə˥

ʑy˨˩ re˩

人们的思想一天比一天好起来了.

tə˩ tsʻaŋ˥ ʑi˨˩ nei˩ rə˥ nei˩ rə˥

tɕaŋ˥ tɯ˩ ŋkuə˥ ʑaŋ˩

近来天气一天比一天冷了.

ɣ:ɯ˨˩ tɯ˩ taŋ˩ pu长

mɯŋ˨˩ tu˩ ŋkuə˥ naŋ˩ 增多.

tʂu˥ tiə˧˩ wi˩ ɭi˥ wi˩ ɭi˥ tʂi˥ jy˩˧

这棹子擦得亮光光的.

97. 形容词可以作谓语用。

一、形容词之根本都能作谓语。

tsə˩ bɛ˩ A˨ liə y tɕʻay˨ nə˩

猫比狗小。

jA˨ də˧ ʒA˨ nə˧ kuy˨ də˧ tɕə˥ nə˩

此帽子但是也大

ɕuA˨ ndiə y tɕə˥ tɕA˧ nə˧ tɕy ʔ˥ nə˩

tʻy˥ nə˧

这帽子太大，不能戴

ʔA˥ tɕi˨ vin˥ tɕə˥ nə˧

这呀！太好了。

状词

98. 状词的形式

一、单词

maꜜ dʑiꜛ 很

laŋ˩ tsaŋ˥ 最

pʰu˩ 都

ɣɯ˩ 即

二、由其他成分后缀合而成的

1. 形容词＋ɣɯ˩ 或 zua˩

za˩ ma˥ ɣɯ˩ 好好地

2. 名＋【A】

tʰa˥ gɯ˥ lA˩ 直接地

3. 名＋ɣɯ˩

vaŋ˩ ɕʰaŋ˥ ɣɯ˩ 自然地、自动地

vaŋ˩ ɯa˥ ɣɯ˩ 不由地

4. kay+形、动词结尾

kay˥ ʒÀ ˩ ʒÀY | [illegible]
kay˥ tʻuə˥ tʻuəY | [illegible]
kay˥ ɕ˥ ɕi˥ | [illegible]
kay˥ nə˩ uÀY | [illegible]

5. — nɛ

nʻe˥ mA˥ nɛ˩ | [illegible]年的一
tsə˥ wA˥ nə˩ | [illegible]年的一
tay˩ mə˥ nɛ˩ | 去年的一
kʻe˩ tsay˥ nɛ˩ | 昨天的一

99. 付词可以重叠、表示加强语气

ɳe˥ ɱA˥ ɳe˥ ɱA˥ ɳɛ˩ --—

很早很早以前 ---

kə˥˥le˥ kə˥le˥ ykuəy

慢々走

ɳtɕə˥wA˥ ɳtɕə˥wA˥ ɕe˧˥

快々说.

100 常用的疑问代词

KA˦ ?　　(往)哪儿？

ryn˦ nə˩　　往街上

kə˩ ri˥ ?　　何时？

tA˩ rn˥　　今天

KA˩ zo y ?　　怎么样？

ntso y　　这样。

101. 状词在句子中有三种作用：1. 表示时间. 2. 表示动作程度. 3. 表形容词或状词的程度.

一、表示时间，它在句子中的地位，可在主语之前，也可在主语之后。

n̥ʻA˥ mA˥ ȵaŋ˩ mɒA˥ dʑi˥ nə˩
nə˥ dʑi˥ ntɕo˥ re˩

从前某地有一个人.

ŋA˧ kʻe˩ tsaŋ˥ dzuŋ˥ nə˩ ŋko˥
ze˩ 我昨天进城去了.

kʻuəŋ kʻɛn˥ npu˥ kʻɛn˥ mpu˥ neɛn˩
pe˩ tɕin˥ ŋko˥ re˩

他老早到北京去了.

二. 表示动作程度. 在动词之前並常跟着它.

ru˩ raŋ˥ kaŋ˥ tʻu˥ tʻu˥ rɯ˩˧ zə˥

zin˩˧　　要努力地帮助.

saŋ˥ lɯə jA˩˧ pə daŋ˥ te˥ gaŋ˥

lə˩ tɕen˩ tɕe˥ ʑe˥ zə˥ jo˩˧ mA˩ re˩˧

当冷静考虑的时候就不应该那样作.

tʻə˥ kɯ˥ lə˩ ŋko˥ gne˩ re˩

直走

raŋ˥ rin˥ gm˩ ʔi˥ wA˩ re˩˧

沿边前进去吧.

KA˩ le ŋko　　慢走

三. 表示所有之形式付词的程度. 在它之前常接着.

tA˨ rin˥ mə˩ tɕi˥ mə˩ tɕʻA˥ nə˩

今天不太冷。

te˩ du˦ sin˩ puy˥ mə˩ tɕi˥ dze˩

那 多

PA˦ ne˩ ŋay˥

在那里树林不太多。

也可生产好些可以当柴烧着。

kʻoy˦ mə˩ tɕi˥ PA˩ kʻA˥ de˥ mo˥ ʑy˩

re˩ 他说话很流利。

kʻue˥ ʑo˥ ʑay˥ mə˩ tɕi˥ PA˩ do˩ rə˥

tɕʻuɪ˦ ɯ˩ re˩ 他学习很努力。

kʻue˥ mə˩ tɕi˥ kyn˩ zɛn˥ zə˩ mə˦

tɕyn˩ nə˩

他说话很客气。

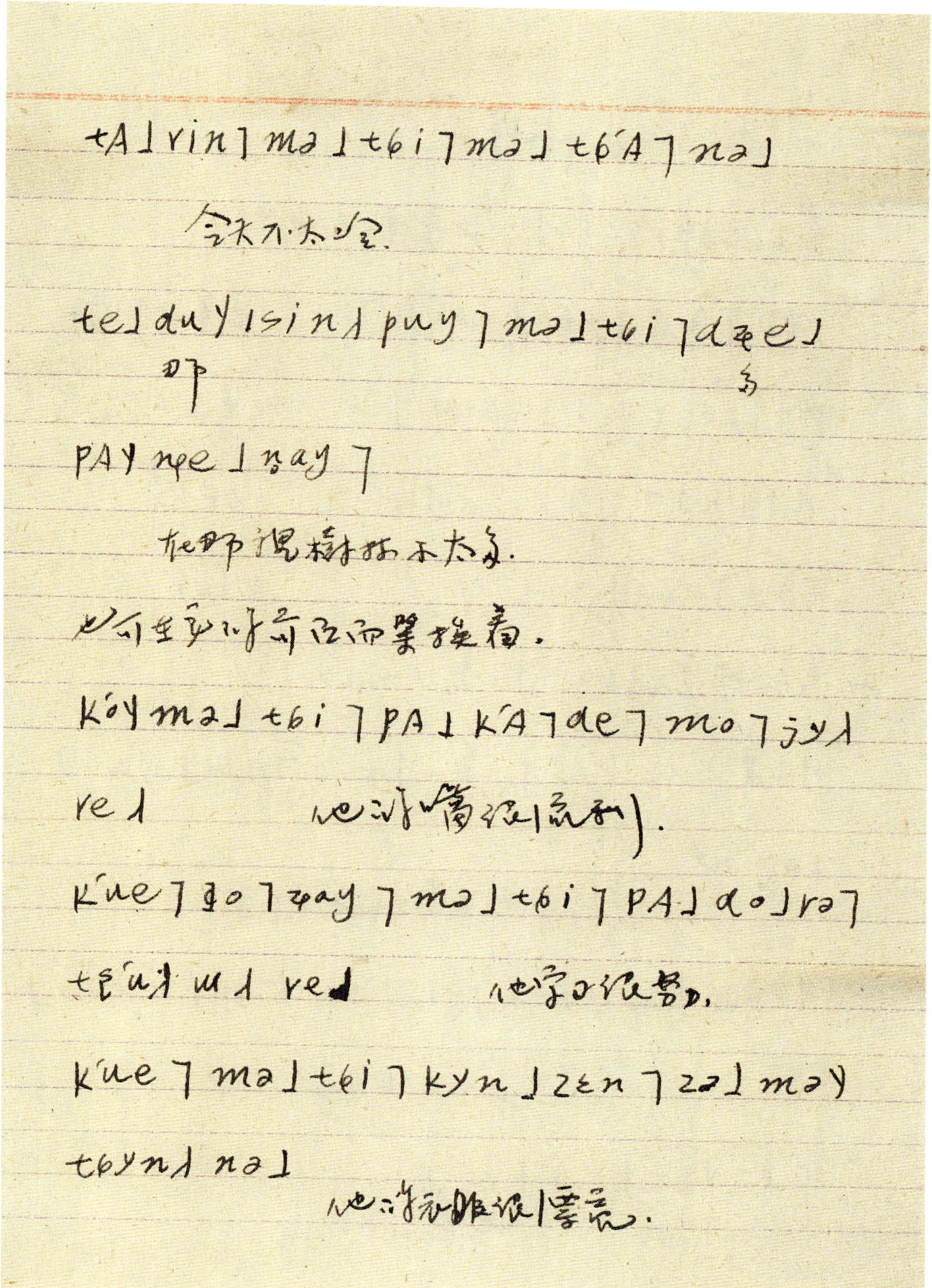

102. 表示副词的词素

一、表示纯粹性的副词词素 tɕaŋ˥

tɕə˧ nA˥ tɕə˩ tɕaŋ˥　　单身啊嘛.

p'A˩ ke Y k'ə˧ tɕaŋ˥　　纯就多的.

nA˩ nA˥ nA˩ tɕaŋ˥　　纯黑

tɕə˥ tɕə˩ tɕaŋ˥　　纯水.

二、表示程度的副词词素 ʂu~zə˥

yA˥ k'ue˥ tsA˩ kaŋ tsA˥ gɯ˩ ŋko˩

zə˥ ɲe˨

我不常到他那去

ɲtiɯ Y zə˩ mə˥ ri˩ zə Y min˨ nə˩

这个不太好了.

kuə Y bi˨ jA˨ re˧

他真是好人.

连词

104. 常用的连词如下：

1. tay˩ …… 和 ……

{ tɕA˥ tay˩ tsʻA˦ 李和王

{ mɯ˧ tay˩ mɯ˧ ʐin˩ mpA˩

做建筑工作

2. tyn 或 dim 因为……所以……

gi˥ gɛn˥ gɯ˩ rɑ˦ mɯ˧ tyu˩ ɣA˥

dʑA˩ ke˦ zɑ˩ mɑ˥ ɓi˥ ɓʻay˩

因为老师帮助，所以我把藏语学会了。

ɣA˧ pʻi:˥ zin˥ dim˧ kne˥ vn˧ mɯ˧

re˧ 因为我是病残所以他帮助我。

3. ɓin˥ ɣɯ˧ nɑ˧ ……虽然……但是

tA˩ riu˦ nay˥ gɯ˩ tɓay˥ ɓin˥ ɣɯ˧

nə˧˩ kʻue˥ gɯ˩ tɕʻə˥ dʑay˥ nə˩ tɕʻi˩

tɕʻi˥ tɕʻe˥ nə˩ 天气虽然很冷，但他还用冷水洗脸.

4. ne˩ 表假设 假使——就——

{ tɕy˥ yko˥ ne˩ yA˥ lA˧ yko˥ zə˥
zin˧˩ 你去我也去

kʻo˥ tɕA˧˩ ne˩ yA˥ lA˩ tɕA˧˩ zə˥
zin˧˩ 他吃我也吃.

yA˥ dʑA˥ ze˧˩ ne˩ dʑə˩ ke˥ bi˥ re˩
我只跟汉族的话就会说汉话

yA˥ bʻo˥ wA˥ ze˧˩ ne˩ mɯn˧˩ dʑe˥
pA˥ tɕA˧˩ tɕu˥ re˧˩
我只要人请的话就可以大量地吃酥油.

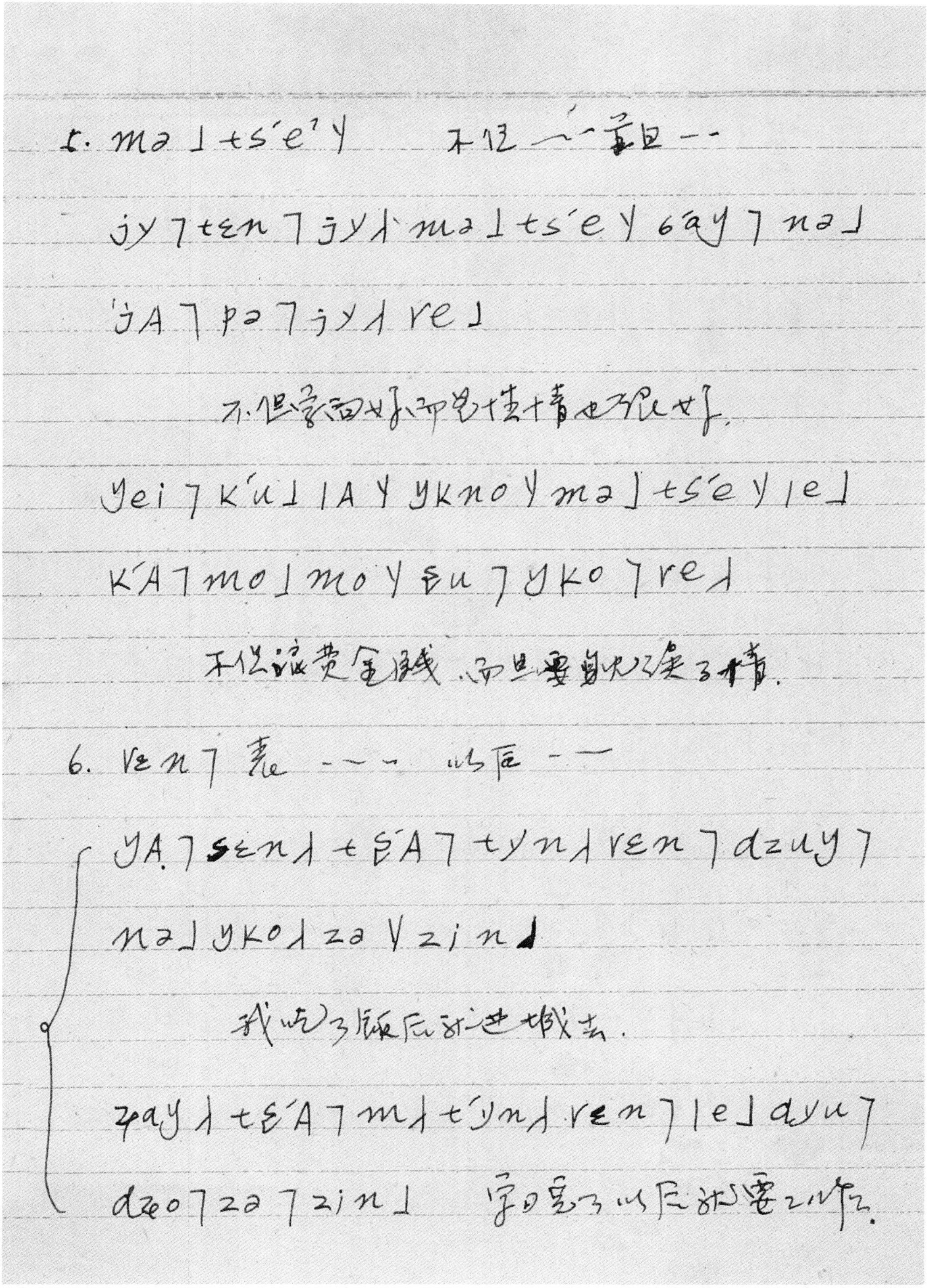

5. mə˩ tsʻeʔ˥˧ 不但——而且——

jy˥ tɛn˥ jy˧˩ mə˩ tsʻe˥˧ ɓay˥ nə˩

jA˥ pə˥ jy˧˩ re˩

不但家园好而且心情也很好.

yei˥ kʻu˩ lA˥˧ ykno˥˧ mə˩ tsʻe˥˧ le˩

kʻA˥ mo˩ mo˥˧ ɛu˥ yko˥ re˧˩

不但浪费金钱、而且要自找麻烦事情.

6. vɛn˥ 表——以后——

yA˥ sɛn˧˩ tɛ́A˥ tyn˧˩ vɛn˥ dzuy˥

nə˩ yko˧˩ zə˥˧ zin˧˩

我吃了饭后就进城去.

ʔay˧˩ tɛ́A˥ m˧˩ tʻyn˧˩ vɛn˥ le˩ dyu˥

dzo˥ zə˥ zin˩ 穿好衣了以后就要工作.

8. mi˥ ɓay˥ ne˩ 我一、我———

mi˥ ɓay˥ ne˩ le˨ k'A˥ rAʔ˧˥ mi˥

ɓay˥ ne˩ ʑay˥ tɕ'A˥ ɣɯ˧˩ tɕi˥ də˩

ɣɯ˧˩ gue˥ re˧˩

我去工作，我学习更要做一样

9. tɕi˥ ɯ˧˩ ne˩ 我 —

tɕi˥ ɯ˧˩ ne˨ yko˨ zə˧˥ ziɯ˩ tɕi˥

ɯ˧˩ ne˨ yko˨ zə˧˥ nin˧˩

我去我不去

10. pə˩ tsu˥ 除——以外，——别——

le˨ k'A˥ n̥kim˧˥ tɕ'y˥ pə˨ tsu˥

nə˥ ʑɛn˩ mpA˥ w˧˩ ɕi˦ mA˩ rey

这样（件）除了你以外，别人就不会做。

ŋA˥ ŋko˥ nə˩ pə˩tɕ[illegible]˥ ntɕi˥ mA˩
re 我不去不到

11. 7
tə˥ ntɕe˥ mA˥˧ bi˥ jA˥˧ pə˧˥˧ jɤ˥
mA˩ re˧˥˧
tby˥ ntim˧˩˧ ʑe˥ ʑin˥ k'o˥ ti˥ pA˥
ɕA˧˥˧ re˥˧.

句法.

名词结构.

10.7. 名词常有修饰语的结构,共有以下几种. 可以举三种来说. 见下例

一. 修饰语放在后之例.
修饰语可以是形容词、数词、或数量词、指代词、可以有一个至两个, 其中形容词也可以是形容词结构.

1. 名+形

tsA˥ nɛɕyn˥ tɕɛe˩ bəy˥ '很努力

2. 名+数.

nə˥ n:˥　　二人

3. 名+指代词

nə˥ timy　　那个人

4. 名+量+数

tɕə˥ pə˥ tɕi²y　　一根头髮.

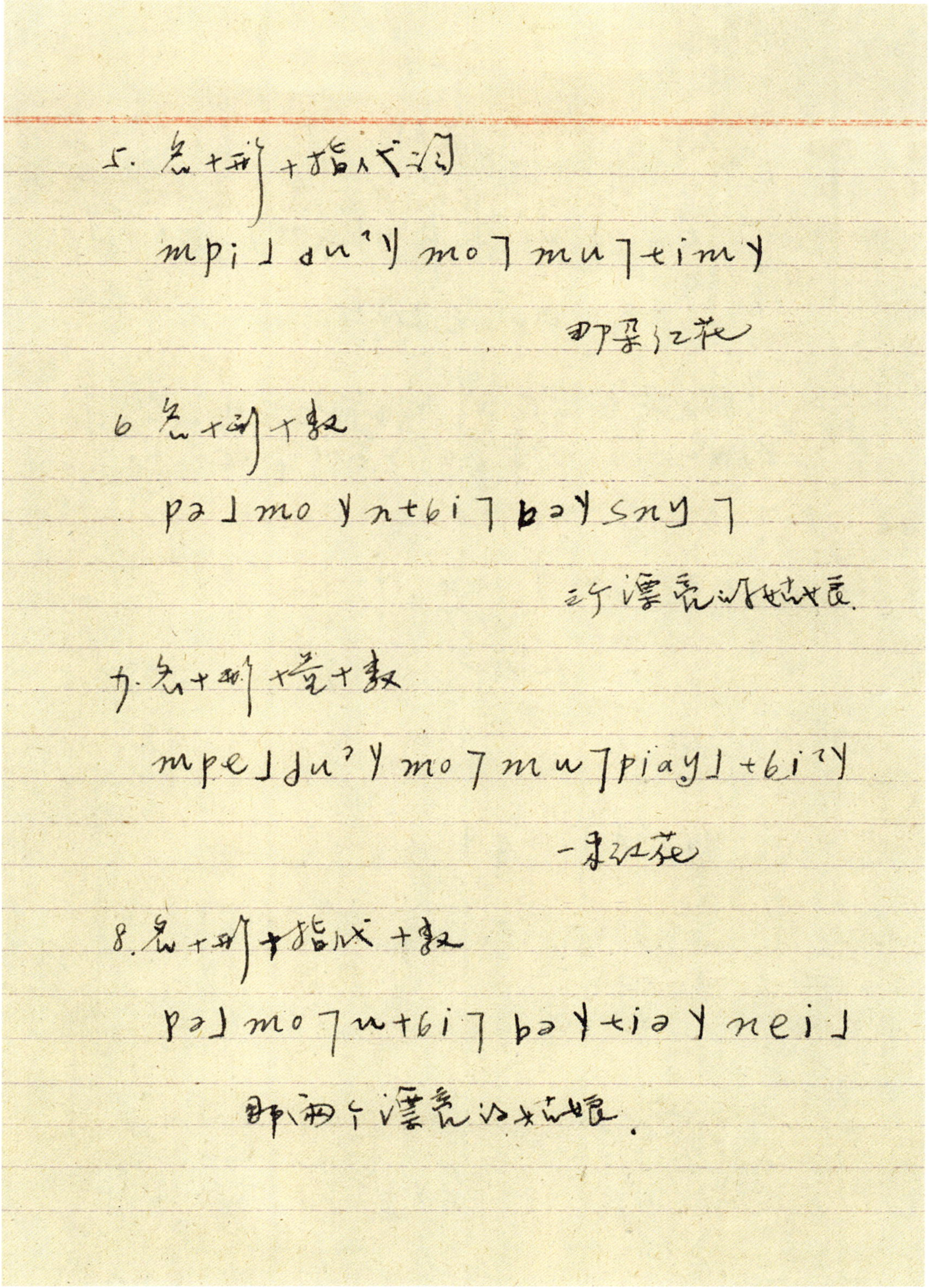

5. 名+形+指代词

mpi˩ ɖuʔ˥˧ mo˥ mu˥ tɕim˥˧

那朵红花

6 名+形+数

pə˩ mo˥˧ ntɕi˥ bə˥˧ sɳy˥

三个漂亮的姑娘.

7. 名+形+量+数

mpe˩ ɖuʔ˥˧ mo˥ mu˥ piaʔ˩ tɕiʔ˥˧

一朵红花

8. 名+形+指代+数

pə˩ mo˥ ntɕi˥ bə˥˧ tɕiə˥˧ ɳei˩

那两个漂亮的姑娘.

9. 名+形+数+指代

tɕA˥ nɯtbi˥ bə˥ ʂny˥ tɕiə˩

那三匹漂亮的马.

二、修饰语在前的词. 修饰语可以是名词 指代词（却要后移）可以有一个至数个.

10. 名+名

nə˥ gɯ˥ ykuo˥

人的头

11. 代+名

yi˥ TIA˩ wA˥

我的手.

12、名+名+名。

ɖA˥ ʂA˥ gɯ˩ tʂʰũŋ˥ kaŋ˥ nə˧

gɯ˩ tɕə˥ tAˀ˦˥

拉萨商店里的东西。

13. 代+名+名，

ŋA˩ tɕʰe˥ pə̃˥ ji˥ gɯ˩ kyu˩ zɛn˥

我们家里的服装。

14. 句子+形式+名，

kʰue˥ gɯ˩ ɕoy˥ ji˩ ɖaŋ˥ tirn˩

他买的那双鞋子。

三、前后都有修饰语的，即兼有一、二两种形式：

ɖA˥ ʂA˥ re˩ waŋ˧ nə˦˥ nə˥ ʂuŋ˥ tiɯ˩

从拉萨来的那三个人。

rə˥ gaŋ˧ re˩ waŋ˧ nə˦˥ tA˥ ʂuŋ˥

tiɯ˩。从山上来的那三匹马。

§108. 名词并列结构：有名词和名词并列，代词和代词并列，其间都用连词 taŋ˩ 连接.

代
- ŋA˥ taŋ˧ tɕy˧˥ 我和你
- utim˧˥ taŋ˩ tim˧˥ 这个和那个

名
- tʑA˥ taŋ˩ mɯ˧ 菜和米饭
- ŋko˥ taŋ˩ lə˩ WA˧˥ 认和手

§ 109.

形容词带有修饰语的结构共有四种，其次序和例举如下：

1. 付+形

mə˩ tɕi˥ jɑ˧ po˧˥ 非常好

kaŋ˥ mə˩ tsʻe˥ jɑ˧ po˧˥ 〃

piə˧˥ mə˩ tɕi˥ jɑ˧ po˧˥ 〃

2. 形+付

jɑ˧ pə˥ mə˩ tɕi˧˥ tɕi˩ 〃

jɑ˧ pə˥ kaŋ˥ mə˩ tsé˧˥ 〃

jɑ˧ pə˥ piə˥ mə˧ tɕi˥ tɕi˩ 〃

3. 结构+形

kó˥ naŋ˩ ʑin˥ zə˩ mə˥ uə˩

像他那样好.

4. 句子形式排列.

ʐe˥ɯə˩ fý ˦gɯ˩ zə˩ mə˥nə˩

读不来的好.

§110 形容词并列结构：二形容词相连，中连接词用 taŋ˩

kɑ˥ kɯ˥ taŋ˩ nA˥ nA˥ tɕʰy˥ gɯ˩ ȵaŋ˧˥ ve˩

白色和红色都是颜色的名称

tsɑ˩ ɕA˧˥ taŋ˩ tɕʰaŋ˧˥ pin˥ tɕʰe˧ ȵi˩ ɳ̊aŋ˧

热的和冷的都一样

tɕʰɯɑ˥ mɑ˥ taŋ˩ mɑ˥ mɑ˥ mA˥ tɕʰe˧ ȵi˩ ɳ̊aŋ˧

高的矮的都一样

§11 动词前的修饰语的结构有三种
其次序见下面的例子

1. 副词+动词
ty˥ to˧ tyn˩ waŋ˥ tyu˩ ɣɯ˧ 努力地学习。

2. 名词（处所）+动词
drun˥ na˧ ŋɯ o˧ 孔雀树上叫
tɕʰa˥ ia˩ ga˩ na˩ 我明天要喝茶

3. 名词之介格+动词：
ŋa˥ ʂɯ o˧ gɯ˩ ; dʑə˥ ɕa˧
用笔写信。

（二）句子成分

§112 句子可以分为主語，賓語，謂語 三个成份。
其次序是：

主語→賓語→謂語

ŋA˧ sen˥ tɕʻA˩ zə˥ jy˧
我正在吃飯

tɕə˥ ʂə˥ gɯ˩ nɔi˧ tɕA˩ ji˩ tɕə˥˧ tɕi˥˧
ko˥˧ ɕuy˩
扎喜给我写了一封信

ŋA˧ pe˩ tɕin˥ ŋko˩ zə˥˧
我到北京去

§113 語序的移動
在强調主語時賓語可以提前

ŋɛ˧ kʻo˥˧ lɤ˩ ʂe˥˧ ziu˩ 我给他说了
主 宾 谓

kʻo˥ lɤ˩ ŋɛ˧ ʂe˥˧ ziu˩ 我给他说了
宾 主 谓

pi˧ kʻo˥ ri˧ 他是藏族
宾 主 谓

kʻo˥ pi˧ ri˧ 他是藏族
主 宾 谓

tʂA˥˩ ɯA˥ tiɯ˦ tʂə˥ ʈʂə˥ gɯ˧ se˦ ɣi˨

宾 主 谓

tʂə˥ ʈʂə˥ gɯ˩ tʂA˩ wA˥ tiɯ˦ se˦ ɣi˨

主 宾 谓

这土匪是扎喜杀死的，

这土匪是扎喜杀死的，

§114. 能作主語的有 1. 名詞 2. 指代詞, 3. 形容詞、4. 數詞、5. 名詞結構:
① 并列結構 ② 修飾結構,

1. 名詞:

pe˩˨ɕu˦ ŋə˩ tsʰe˦ dʑə˩ sʌ˥rɨː˨

北京是我們的首都

2. 指代詞

tɕy˥˧ ɕʌ˦uʌ˦ ɛu˨

你是牧民吗,

tiɯ˥˧ zə˩ ɯə˦ ŋay˦

那个很好,

3. 形容詞

mo˦mu˦ tɕy˦ gɯ˩ ŋan˨ re˨

紅的是顏色的名字

4. 數詞

so˦sɯy˦ gɯ˨ 三 n. 3九

5. 名詞結構

① 並列結構:

tso˦so˦ tay˩ yʌ˦ way˦ ue˩ ŋay˦

mə˦ ŋkuə˥

扎西和阿国一全去了,

⑵ 修飾結構：

ɯpe˩ du˧˥ mo˥ mu˥ fiɯ˧˥ ntɕi˥

pə˥ u̥ay˩

那朵漂亮的紅花

pə˥ mə˥ utɕi˥ pə˥ ʂuŋ˥ tiɯ˧˥ rɣ˦ nə˩

ɣkuə˥ te˥ ŋ̊ay˩

那三个漂亮的姑娘到街上去了

6，句子形式：

ŋɛ˦ ʂe˧˥ ii˩ tɕy˧˥ A˥ guə˧˥ ɕaŋ˩

我说的你听见了吗，

tɕɤ˧˥ ʂe˧˥ ii˥ hɛn˦˩

你说得对，

§ 115，宾語可以分为单宾語和双宾語

双宾語句中的间接宾語和直接宾語在句子中的次序是这样的：

主 → 间宾 → 直宾 → 谓语

一、单宾語：

ŋA˦ li˩ KA˥ ɯ˦ zə˥ ziu˩

我要工作，

ŋA˦ tA˥ tɕA˥ zɤ˥ ziu˩

我要骑马，

二、双宾語 一表间宾 一表直宾

ŋɛ˦ kuə˥ lə˦ ii˩ dzɤ˥ tɕi˧˥ te˧˥ ziu˩

我给了他一本书

ŋɛ˧ tɕy˥˧ lɤ˩ kɤ˥ tɕʰA˥ tɕi˥˧ ʂe˥˧ gue˧

我要給你說句話，

如果賓詞直接賓語就可以把直接賓語提到前面来。例：（可以提到間賓和主語之前）

ŋɛ˧ be˥ tɕʰA˥ tiɯ˥˧ kʰo˥ lɤ˩ te˥ zin˩

我給了他一本书

pe˥ tɕʰA˥ tiɯ˥˧ ŋɛ˧ gɯ˩ kʰo˥ lɤ˩ te˥˧ zin˩

我給了他一本书

如果賓詞間接賓語則可以把间賓提前

kʰo˥ lɤ˩ ŋɛ˧ pe˥ tɕʰA˥ tɕi˥˧ te˥˧ zin˩

我給了他一本书

§116. 能作直接宾语的有 ① 名词，② 指代词 ③ 结构，④ 句子形式.

一、名词：ŋA˧ sɛn˥ tʂ'A˥ zin˩
我吃饭了.

二、指代词：ji˩ dʑə˦ ntiɯ˦ ŋA˧ ŋo˧ mə˩
ɕi˦ nə˩：我不认识这字.

三、结构：tʂə˥ ʂə˥ çɯ˩ ke˥ ɣi˦ mə˩ ntʂ'A
wA˩ mo˩ mo˦ ɕi˦ nə˩
扎西懂了很多不同的语音.

四、句子形式：kue˥ gɯ˩ ɖA˥ sA˥ re˩ wo˩
nə˦ nə˩ ken˩ ŋuə˧ ɕi˥ nə˩
从拉萨来的人他都认识.

§117 在双宾语句子中能做间接宾语的有 ① 名词
② 指代词 ③ 结构 ④ 句子形式，他们、我.

一、名词 ŋɛ˧ pə˩ tʂɣ˥ ru˦ ji˩ dʑə˦
tɕi˥ k'o˥ zin˩
我给朋友寄去一封信.

二、指代词：ŋɛ˧ gɯ˩ k'o˥ lA˩ ji˩ dʑə˦
tɕi˥ mpi˥ wA˩ zin˧ (˩)
我给了他一封信.

三、结构：tʂə˥ ʂə˥ gɯ˩ sɛn˥ zuə˩ nə
tiɯ˥ lA˩ ɕy˥ re˥ te˥ re˧

扎西发填给那时收信的人.

四 句子形式：ŋɛ˧˥ gɯ˩ ɖA˥ sA˥ re˩ wu˩ nə˥ nə˥ tiɯ˥ tsʻə˥ lA˧ tʂə˥ zin˧˥

我们了从拉萨来的那些人.

§118 充当谓语的词：①系词 ②动词 ③不及物动词 ④及物动词

一、系词：re˧˥ zin˩，kʻi˥ pi˧˥ re˧ 他们藏族.

ŋA˥ dʑA˥ zin˩ 我们汉族.

二、表存的 ŋaŋ˩ iy˧ 动词

kʻo˥ lA˩ ŋi˥ nan˩ 他有银子

ŋA˧˥ ŋi˥ iy˧˥ 我有银子

三、不及物动词：ŋə˩ tsʻə˥ ɖA˥ sA˥ ŋko˩ zə˥ zʻin˩ 我们要去拉萨.

四、及物动词：gi˥ gen˥ gɯ˩ tsʻu˥ utʂuə˥ tʻu˩ ke˥ tʂʻA˥ ʂe˧˥˧ ri˧˥

老师在会上讲了话.

五、形容词：1. 去掉词尾加附加成分

A˥ liə˥ pe˩ tɕʻə˥ tʂʻə˥ ri˧˥ 狗比猫大.

tɕʻy˥ gɯ˩ pi˩ ke˧˥˧ zə˩ mo˥ naŋ˩

你的藏话真好啊！

2. ʂzuə˩ 通用

mpiə˩ du˥ ntiɯ˧˥˧ ndzi˥ bə˥ nə˩ 这花漂亮.

§120. 谓语中两动词相联 中间不用连接成分的有：

一、动词和主动词相联，前面的是任何动词，后面只是少数能够结合的助动词

gue˧ 要　　ɕi˥ 会

waŋ˧ 曾经　　ty˨ 能

1. ko˥ ʤA˥ sA˥ ŋko˥ maŋ˧ ri˩

他曾到过拉萨。

2. tɕə˥ ʑə˥ gɯə˩ ji˩ dʑə˥ ɕe˥ ɕi˥ uə˥

~~扎~~ 扎青会写字了。

3. kue˥ gɯ˩ le˩ kɕ˥ ie˥ ~~t...~~ tyu˧ uə˩

他能[illegible]

4. ŋA˧ mau˥ ~~t~~ tɕA˧ gue˩

我要吃药。

tɕu˧ wuŋ˧ 想起

dʑim˥ ŋko˧ 忘记

pi˥ ɕaŋ˩ 去场

se˧ ŋko˧ [illegible]掉

tɕy˥ tA˧ maŋ˩ waŋ˥ ʑə˥ ɕaŋ˩

你看，太阳出来了。

tɕy˥ tu ti muŋ˧ ji˥ ŋko˥ ri˧

这种颜色会退掉。

mA˧ ɸɤ˥ wuŋ˧　病就会好

四. 两动词连用，后面对前面有补充作用，

lay˥de˩ ljɤ˧，　站着

mpi˥ ɣA˩ ljɤ˧，　送。

§121 两动词连用中间用连接成分的情况有；

一 不用连接成分：

ŋA˧ sɛɯ˧ tʂA˥ ŋko˥ ʐɔ˥ ʐin˧

我吃饭去。

k'o˥ ɕe˥ ɯA˥ ʐo˧ tɛ˩

他去买东西去了。

二. 动词根加 riɯ˥ 表进行，后面动词相继表示着动，

sɛɯ˥ tʂA˩ riɯ˥ tʂ'A˩ rin˥ ʂɯ˧ sA˩ ʐiɯ˩

吃着东西说话。

ŋko˩ riɯ˥ ŋko˩ rin˥ mi˧ tsɯŋ˥ mɔ˩

他走着走着打瞌睡。

三. 动词词根加 tʂo˩ 和 tʂ'ɯ˧ 连用表示能动。

tʂA˥ tʂo˩ tʂ'ɯ˧ 能吃

ɯ˧ tʂo˩ tʂ'ɯ˧ 能写

tʂ'y˥ A˩ sɯn˧ tʂA˥ tʂo˩ tʂ'ɯ˧ miɯ˧

不很能吃饭。

tɕy˥ A˩ le˩ kA˥ ɯ˧ tʂo˩ tʂ'ɯ˧ miɯ˧

不很能写字

四. 自动词（或形容词）加 tɯ˩ 和 ko˥ 连接表示趋向。

ne˧ ɕy˥ tɯ˩ ŋko˥ nə˩
他的病好 了

dzə˩ dA˧˥ jA˥ tɯ˩ ŋko˥ nə˩
腿已 好了

§122 能作表语的有：1.名词，2.形容词，3.数词　现举例如下。

一、名词：

ŋA˧ dzA˥ ʐin˩ 我是汉族。

tA˩ riɯ˥ tɕ˧ tsuŋ˥ ri˩
今天是初三。

二、形容词

nə˥ tiɯ˧˥ zə˩ ɬɯŋ˥ ri˧
那人很好。

kʰue˥ duŋ˥ uA˩ pə˥ ri˩
他脸很黑

三、数词：

suŋ˥ tsuŋ˥ tə˩ gə˥ ri˩
三三得九

tɕə˥ gaŋ˥ lA˩ ŋA˥ ɕy˥ ue˩
tɕɛɯ˥ ŋA˥ ri˩
十加五是十五。

§123 判断句的结构

ʐiɯ˩, ri˧ 作谓语（动词）的
主要成分是主语，表语都是可用

-ɛɯ —— ɛk d

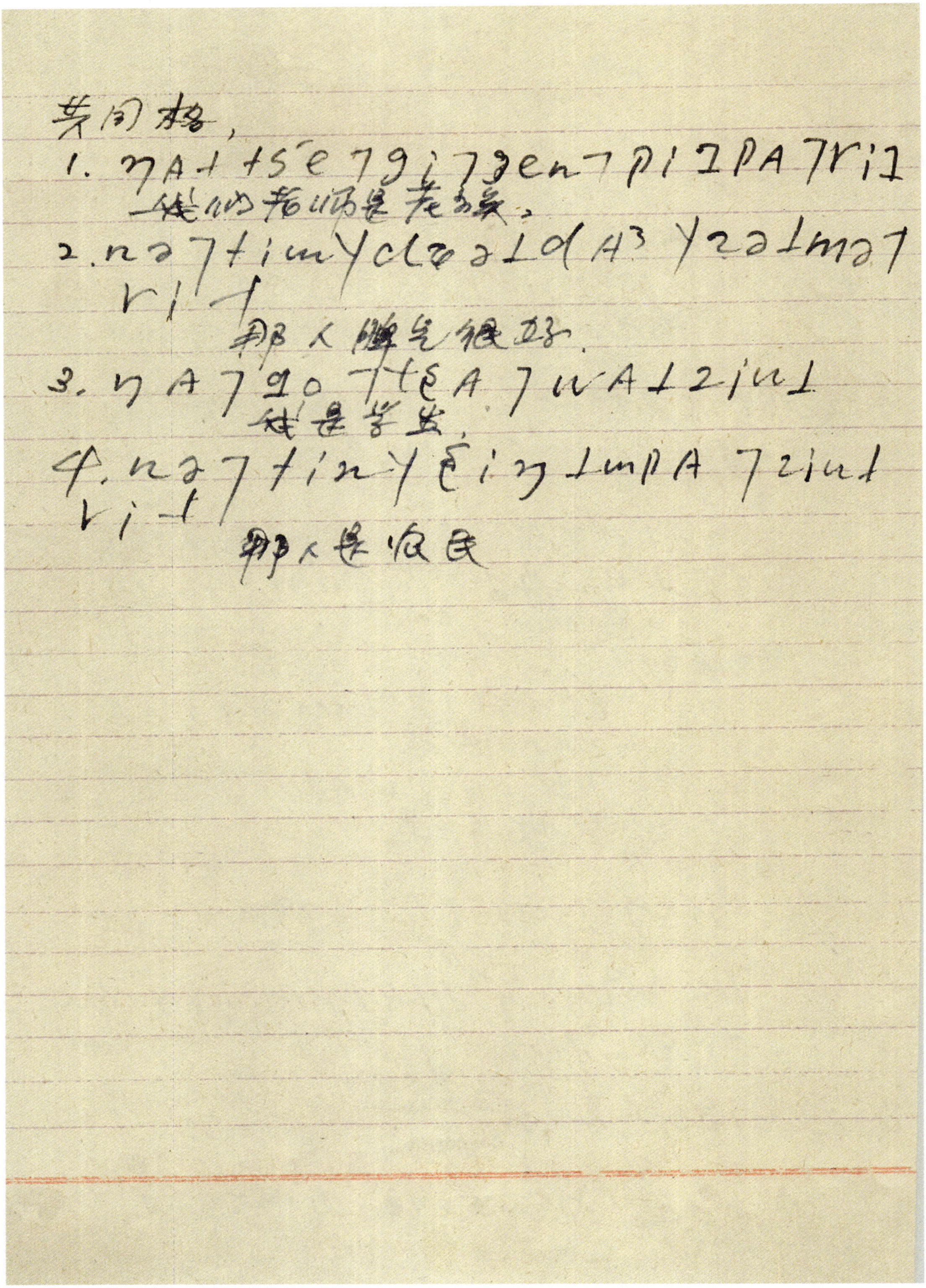

英同格，

1. ŋA˧ tse˥ gi˥ gen˥ pi˩ pA˥ ri˩
我们老师是老族。

2. nə˥ tiu˧ clɤ ə˩ dA³ ɣə˩ mə˥ ri˧
那人脾气很好。

3. ŋA˥ ɡo˥ tɕA˥ wA˩ ziu˩
我是学生

4. nə˥ tin˧ ɕi ŋ˩ mpA˥ ziu˩ ri˧
那人是农民

§124 描写句的结构怎样？表示什么？

一、结构形式有：

1. 表示对事物的描写。

tʂə˥ tA˥ u˧ iɯ˥˧ zə˩ ɯə˥ uə˩

这件东西很好。

ʂy˩ zɛn˥ u˧ ɯ˥˧ ʂuŋ˧ tʂA˥˧ nʰɨ˩

这件衣服太小了。

2. 形容词作谓语，对主语和宾语都要求用某格：

pe˩ tɕiɯ˥ ne˧ ʂA˥ sA˥ ji˧ zaŋ˥ zə˩ 藏天气比北京好。

或 ʂA˥ sA˥ ji˧ tɕiu˥ ɯpe˩ zaŋ˥ uə˩ ŋA˧ pʰe˧ tɕy˥˧ ji˩ pə˥˧ tuə˥ uə˩

你比我高

tɕy˥ ʂə˥˧ tʂə˩ pə˥ uə˩

你的力气真

§125 叙述句的结构怎样？表示什么？

叙述句动词作谓语，按动词性质不同和说话时所强调的成分不同，要求主语宾语用不同的格，叙述句表示对事物的叙述的。

① ŋe˧ ji˧ ɕə˥˧ ɕə˧ zə˩ zin˧

我写了信了。

② ŋe˧ gɯ˩ ji˩ ɕə˥ ɕə˧ uA˥

ziu˦ 我写了信了

③ kʻo˥ sʻan˧ ȵi˥ ry˦ nə˧ ɣko˥
zə˥ re˦ 他明天上午去

④ kʻe˧ +saŋ˥ ɯʌ˦ gɯ˧ ŋe˦
qaŋ˧ dzy˧ +ɕaŋ˥ mʌ˧ +ɕi˥
+aŋ˥ ɕaŋ˧
昨天我~~田~~被爹狠〃地教训了我。

问 126 命令句一表示命令的语气有哪几个，有什么不同。

1. tɕA˩ tʂuŋ˥ （原形字）
2. A˩ ntɕA˥ ne˧ ŋkuə˥ 我们俩走吧！
3. ɣu˩ ɣu˥ naŋ˧ 帮助。
4. ɦtʂo˩ ʑo˧ 请坐，
5. ŋe˩ ŋdʐə˩ tɕu˧ 我来买

可以。

命令句中一般用原形字，请求时用 naŋ˧ 和 ʑo˩ tɕu˧ 来表示。

问 127. 此外还有什么形式表示命令的形式。

1. ɕy˥ dzA˥ ʑi˧ 喝茶
2. le˧ kA˥ ntʰi˩ nkʰi˥ 做这工作

128. 表示疑问的语气有哪些，有什么不同。

1. tɕʰy˥ pi˧ pA˥ zi˩ ɬun˧?
你是藏族吗？
2. tɕʰy˥ ʈo˥ dzA˥ zi˩ mi˧ naŋ˧
你是不是学生？
3. 有 ɬun˩ 和 naŋ˩ 的语气词。

129 用疑问代词表示疑问的形式怎样，跟什么指在的语气词有什么不同.

① kʰo˥ kA˧ tʰi˩　　他那里去

② tɕʰy˥ ji˩ tɕʰə˥ kA˧ di˥ ɕə˧ zə˧ zin˧

你什么时候害怕

③ tɕʰy˥ kA˧ mə˧ zə˧ zin˧　你害了什么

一般都用 kA˧ 来表示

130 还有什么其他表示疑问的方式

1. tɕʰy˥ pi˩ ʂn˩ dzA˧ ɛn˧

你是苗人或是汉人

2. lo˧ ʂA˥ A˧ zaŋ˥ naŋ˧ pʰA˥

ʂA˥ A˧ zaŋ˥ naŋ˧ 羊肉好呢？还是猪肉好。

还有 ɛn˧ 和 A˧ 来表示疑问的形式

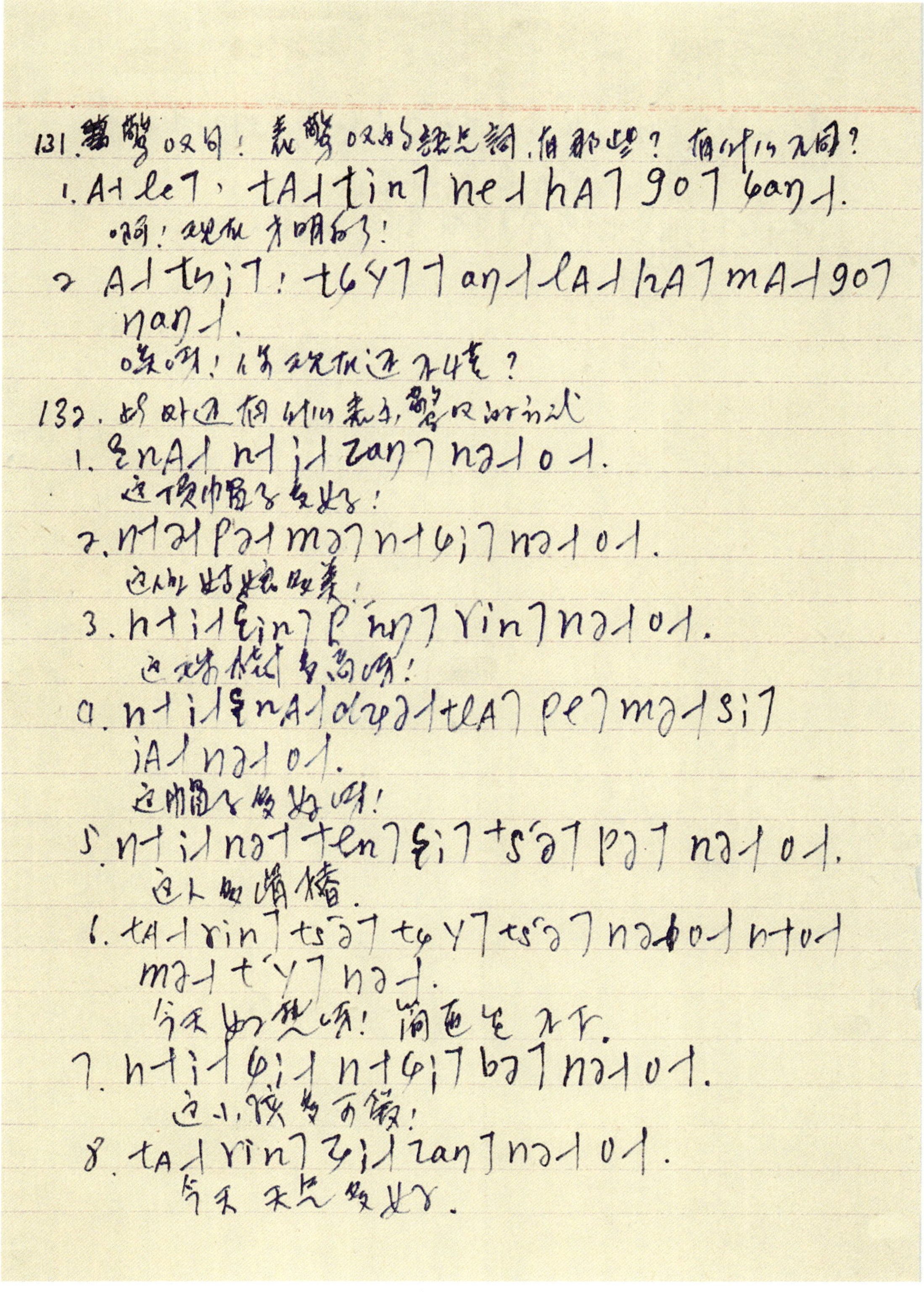

131. 惊叹句！表惊叹的语气词，有那些？有什么不同？

1. A˧ le˥，tA˧ tin˥ ne˧ hA˥ go˥ ɓaŋ˧.
啊！现在才明白了！

2. A˧ tɕi˥！tɕy˥˥ aŋ˧ lA˧ hA˥ mA˧ go˥ naŋ˧.
哎呀！你现在还不懂？

132. 如何通过什么表示惊叹的方式

1. ʂnA˧ n˧ i˧ ʐaŋ˥ nə˧ o˧.
这顶帽子真好！

2. n˧ ʑi˧ pə˧ mə˥ n˧ ɕi˥ nə˧ o˧.
这小姑娘好漂亮！

3. n˧ i˧ ʂin˥ pʰuŋ˥ ɣin˥ nə˧ o˧.
这棵树多高呀！

4. n˧ i˧ ʂnA˧ dʑə˧ tɕA˥ pe˥ mə˧ si˥ iA˧ nə˧ o˧.
这帽子多好呀！

5. n˧ i˧ nə˥ ten˥ ʂi˥ tsʰə˥ pə˥ nə˧ o˧.
这人好啰嗦.

6. tA˧ ɣin˥ tsʰə˥ tɕy˥ tsʰə˥ nə˧ o˧ n˧ o˧ mə˧ tʰy˥ nə˧.
今天好热呀！简直受不了.

7. n˧ i˧ ɕi˧ n˧ ɕi˥ bə˥ nə˧ o˧.
这小孩多可爱！

8. tA˧ ɣin˥ ʐi˧ ʐaŋ˥ nə˧ o˧.
今天天气真好.

9. n˧ i˧ ŋɤ˥ kʻA˥ tsʻɤ˥ ɕA˥ ŋɤ˧ u˧.

这人的嘴巴多厉害！

说明：代词都放在名词前面.

四、复合句

复合句有哪些类型.

一、并列复合句的类型

133、选择式复句(二者选择一)表达的意思如何?
用哪些连接词:

(1) mi˧ ne˧ do˧ dʑi˥ pĩ˥ kõ˧
mi˧ ne˧ swa˥ ɣa˥ dʑi˥ ɕõ˥ kõ˧
要我打伞,要我带草帽吧!

(2) mi˧ ne˧ tsə˧ ka˥ go˧ mi˧ ne˧ ɕã˧ sã˥ tɕəy
要不我对会儿,要不我唸吧!

(3) ɳə˧ ɕa˥ a˧ ga˧ na˧, ja˥ ɕa˥ a˧ ga˧ na˧.
鱼油好吃呢还是牛油好呢.

134、层进式复句表示什么意思 用哪些连词:

① kõ˥ ka˥ ɕin˥ ɕi˥ ma˧ tsɛ˥,
tan˧ ka˥ ne˧ ntsi˥ zə˧ na˧.
他不但犯了纪律,还说谎.

② kə˧ tsaŋ˥ kõ˥ ŋe˧ gaŋ˧ tɕi˥
tso˧ ji˧ ma˧ tsɛ˥ ŋe˧ ŋkao˥
gaŋ˧ lo˥ ɕaŋ˧.
昨天他不但管我 还 打我的认.

③ kõ˥ jy˧ tem˥ zə˧ ~~ma~~ ma˥ jy˧ ji˧

mɑ˧ tʂɛ̃˥ saŋ˥ pʌ˥ zə˥ mə̃˥ vɛ˧.

他的学问很大布品性情也很好.

⑤ 两个差别加以连时用什么连词—：

~~ɒʌ˧~~

① ɒʌ˧ tsɔ˥ dɯə˧ kɔ̃˥ ʂʌ˥ tɕʌ˥ lʌ˧

tʂɛ̃˧ jy˧ vɛ˧ nə˧ lʌ˧ mɔ˧ mɔ˥

ndɔ˧ vɛ˧.

我国的面积也很大、人口很多。

② tʌ̃˥ jaŋ˧ v˥ nə˧ tɕʌ̃˥ jaŋ˧

tɕʌ̃˥ nə˧

路又远 冷又冷.

3、135 普决式疑问句（二者中说明一个、或选择之一）

表示什么意思，用哪些连词。

① Kʻyr˥ mə˥ ŋko˩˧ ne˩ tʻA˥ rin˥ mə˥
jy˩˧ ne˩ te˩˧ ŋA˧ tsʻo˥ sʻA˥ taŋ˥
ŋko˩˧ zə˩˧. 我说咱们很热 还是到哪儿去吧

② tɕʻy˥ ɣy˩˧ nə˩ ŋko˥ mə˧ ŋko˥ zin˥
nə˩ mə˩˧ ŋko˧˥, te˩˧ naŋ˩˧ de˩˧
你们在前头到那儿去还是在这里坐的。

136 表示动作进行式的疑问句，用哪些连词：

① kʻo˥ ɡo˥ tɛA˥ tɕaŋ˩˧ tʻỹ˥ rẽ˩˧ zi˩˧
tɛʻaŋ˩˧ ŋko˩˧ tʻi˧

那些学生在 城市去玩了。

② tA˧ naŋ˥ ŋe˩˧ tɛA˥ ʑə˥ kə̄˥ tỹ˧ sen
kāŋ˥ nə˩ ŋko˩˧ zin˩˧.

刚才我你家扎西到你家去。

③ kʻə˥ tsʻɯ˥ ɡaŋ˧ nko˩˧ tỹ˧ lan˩˧
nA˥ mə˧ ko˥ tʻỹ˧ ŋko˩˧ kʻu˥ tɕə
re˩˧. 他晚上摸不清道路迷糊了。

141 表示前后两句有相反的意义（包括让步的和转折复句表示转折） 用什么连词

2 ŋe˧ k'o˥ la˧ ʔe˥ zo˧ ɬi˧ zi˧ u˨ dɔ˧ k'ɔ˥ mə˧ ne˧ na˧

我虽然对他说，但他不听。

2. tA˧ ɣA˥ sen˧ tʂA˥ tY˨ də˧ tA˧ VA˥ zA˧ po˥ tu˧ Y˧ bə˧ nə˧。

刚才吃饱 现在又饿了。

3. tɕY˥ lA˧ ŋei˥ mo˧ mo˥ jY˧ ne˧ ŋA˥ tɕə˥ tsə˥ mi˧

你虽然有许多钱 但是我不借你。

4 ŋA˧ nA˧ de˧ ren˥ k'o˥ tA˥ mA˧ zaŋ

我虽然病、但也不累着。

5. k'o˥ jaŋ˥ tɕA˥ ʃA˧ nə˧ li˧ pə˥ mA˧ iA˧ uə˧。

他学习好，但身体不好。

6. ŋA˧ k'o˥ tSA˥ tA˥ ŋko˧ zi˧ u˧ də˧ ko˥ [redacted] mə˧ de˧ nə˧

我去拜访他、可是他不在。

7. ŋe˧ kʻo˥ ʎʌ˧ mə˧ ɕi˥ ʂe˥ ʐin˧ ɲə˧ kʻo˥
ɯʌ˧ ɲe˥ ɲə˧

我虽然对他说，但他不听。

142，原因复句用哪些连词？前面分句表示动作的原因

① tsa˧ ɯA˥ tɕa˧ PA˥ PO˧ tɕi˥ ty˧ KO˥ ma˧
ʑaŋ˧
因为下雨他不来了。

② ŋe˥ KO˥ ŋoŋ˧ ɕaŋ˧ ʂA˥ fA˧ Ziu˧ tẽ˧
kõ˥ ɲi˥ K'A˥ ve˧
我给他起了外号，所以他生气了。

③ ŋe˥ ɕe˧ vin˧ na˧ tɕ'y˥ ɲa˧ tʂ'e˥ dʑo˧
ts'y˥ ɯ˧ te˧
钱快完了请你小购买。

④ k'a˥ tʂ'A˥ ʂe˥ ne˧ ʂe˨˥ ŋA˧ ma˧ ŋko˧
t'õ˥ ɲe˧
不论他说什么我不去不行。

143，无选择式复句表示什么意思，用哪些连词？

1、tɕ'y˥ KA˧ di˥ ŋko˧ tʂ'A˥ ɲi ʑi˧
你什么时候去都可以。

2、tɕy˥ to˥ ɕy˧ ne˧ ma˧ ɕy˥ ne˧ tɕ'y˧
k'aŋ˥ ɲe˧ naŋ˥
不管你想不想办法也没有结果。

3. tɕ'y˥ ʔy˧ tso˥ ɯ˧ ʂen˧ ʑA˧ lA˧ jA˧
po˥ ʔaŋ˧ ma˧ ve˥
那样做的话来不会有好的结果

4、ge˧ gen˥ lA˧ ʂe˥ ʂen˧ noŋ˧ mA˥ tɕy˧
tɕan˥ taŋ˥ Za˧ ve˧
要是报告老师，一定会责备你。

§144. 解说复句是表后句说明前句的原因.

1. kō˥ pa˧˩ mə˧ ɕa˥ tɕe˥ me˨˦ nə˩

ne˩ tsa˥ mə˧ tỹ˥ nə˧

不开窗子不闷，猫很闷。

2. ŋa˧˩ ky˧ zɛn˥ mə˧ dʑỹ˥ tɕe˥

me˨˦ ne˧ tɕa˥ zə˥ ne˧

不穿不行，很冷。

145. 复　复句（包括三个或三个以上的句子）有哪些用什么连词：

1. 并列联系的：

qo˥ ɸaŋ˥ le˧ ne˧ tɕA˧, le˨ k'A˥ le˧ ne˧ tɕA˧ kA˨˩ di˦ le˧ ne˨ tʂA˧ tʂen˥ mɯ˩ ɤə˧ ɣe˩

穷人也好，工农也好，无论什么人都不搞剥削。

2. 并列联系的，假设

tɕin˥ tʂy˥ taŋ˥ ts'ə˥ ne˨ mo˥ tʂn˥ ɕ'˧ gm˧ wei˩ ʒy˥ k'o˥ ɲi˥ laŋ˧ mpA˥ nə˧ ʂm˥ t'aŋ˥ rin˩（由于）, te˩（所以） k'o˥ ɲi˥ ts'o˥ wA˥ jA˧ pə˥ ve˩ nə˧。te˧ ʒaŋ˩（但是）.

苗族语言文字问题科学讨论会会议情况
民族语言调查通讯创刊号
1956年11月26日

苗族语言文字问题科学讨论会会议情况

苗族语言文字问题科学讨论会从10月31日至11月7日在贵阳举行。参加这次大会的代表和列席代表共有560人，代表们来自湖南、广西、云南、四川、贵州等省。他们中间有行政干部，也有中、小学的教师，有解放军战士，也有高级农业合作社社员，因此代表性是相当广泛的。少数民族语言调查第二和第一工作队贵州分队的全体同志都参加了这次会议，第三和第四工作队也有代表参加，贵州省有关各单位的负责同志也出席了会议。

在开幕式上，中共贵州省委第一书记、贵州省长周林同志致开幕词。他谈到这次大会的重要意义，并举例说明苗族人民迫切需要文字的情况，他对苏联顾问和中国专家表示感谢，他预祝大会能胜利地结束。

中央民族事务委员会文教司尹育然副司长作了《关于民族语言文字工作和苗族语言文字问题》的报告。他扼要介绍了国内少数民族语言文字工作的情况，他对苗族方言分歧的原因同意工作队的看法，认为目前给苗族创立一种文字是比较困难的。他指示今后帮助少数民族创造和改革文字工作应该是采取较过去更为积极但仍要慎重进行的方针，既要克服保守主义思想又要防止急躁冒进，而且要照顾到民族地区的特点处处从实际出发。最后他提出，苗族分布在几个省里，因此工作上更要加强联系，有问题互相商量解决。

第二工作队队长马学良教授作了《苗族方言的划分和创立苗文的问题》的报告。这个报告除了前言和结语外，包括5个主要部分，即苗语调查的情况、苗语方言情况、给苗族创立几种文字和如何改革滇东北文字、关于文字的基础和标准音问题以及我们的工作。根据调查材料，目前把苗语分成东部方言、中部方言、西部方言和滇东北方言，由于方言之间语音、词汇分歧很大，各方言区互相不能通话，依照实际情况，建议给苗语东、中、西三大方言各创立一种文字，给滇东北方言区改革文字。黔中南一带苗语比较复杂，文字问题争取在1957年夏提出解决办法，东部文字以东部方言的西部次方言作基础方言，以湖南花垣县吉卫乡的语音为标准音；中部文字以中部方言的北部次方言作基础方言，以贵州炉山县凯里区挂丁乡养蒿村的语音为标准音；西部文字以西部方言的第一次方言为基础方言，以贵州毕节县第七区先进乡的语音为标准音；滇东北文字以滇东北方言整个方言为基础方言，以贵州威宁县石门坎的语音为标准音。今后工作队的工作，最重要的有调查、编译、培干（协助地方）及研究等方面。在他的报告结束时，他说明在这样的新的工作上，工作队的经验还很少，有些看法也不一定成熟，他迫切地希望代表们在讨论中提出意见和批评。

大会第二天，贵州省欧百川副省长提出了《关于苗族文字的报告》。他首先说明拟订苗文方案的几个基本原则。这就是：在字母形式上尽可能与汉语拼音方案取得一致，以相同的字母表达相同相近的语音，这样以便苗族和汉族人民之间互相学习；苗语4种文字，在可能范围内字母形式取得一致，便于互相学习，也将为未来统一的民族语言和文字创造条件；采用音素化的音节结构，拉丁字母或汉语拼音方案中的字母都不够用时，可以采取双字母或俄文字母来补充；声调在苗语中很重要，一律采用声调字母来表示。他继续说明了4种文字的基础和标准音地点，还分别说明每一种文字将来通行在哪些地区以及学每一种文字的人数有多少。他还分别介绍了每一种方案中子音、母音及调号的数目。最后，他要求代表们本着“百家争鸣”的精神展开热烈的讨论，以便提出意见，把苗文方案修改得更好、更完善。

大会进行期间，苏联顾问格·谢尔久琴柯教授做了重要的报告，报告题目是《论苗族的语言文字》。他首先列举了中国共产党长期以来关怀和重视发展少数民族语言文字工作的例证。他以为苗族是中国最古老的民族之一，在长期对苗族不利的条件下，苗族不但没有失掉独特性和独立性，而且还创造了平行存在的富有十足表现力的方言。苗语这些方言反映了苗族许多世代的精神创造，并且从语音、语法、词汇形式的丰富方面说，不但不亚于一般公认的那些独立的语言，而且有些地方还超过了它们。

顾问扼要而概括地谈了4个方言之间一些重要的语言和词汇差别，并分别举出了例子。他认为，苗语划分为4个方言是有根据的，而且根据方言情况给苗族创立3种文字和改革1种文字也是适当的。

他认为，和苗语接近的一些语言还应当深入研究。他认为苗族语言放在汉藏语系中是正确的，但要求中国科学家多写文章发表一下自己的论点。他建议有必要认真研究苗族各地的自称，以及研究苗语方言区的汉语。这些建议都是十分宝贵的。

中国科学院少数民族语言研究所筹备处副主任傅懋勣教授作了《民族文字创制和改革研究工作中的几个问题》的报告。他首先说明了创制文字和改革文字的性质，对选择基础方言和标准音的条件提出了自己的看法。他认为，一般选择基础方言可以根据两个条件：第一，语言的普遍性大；第二，方言区在政治、经济和文化上较为发达，人口也比较聚居。选择标准音的条件，一般说也有两个：第一，语音的普遍性大；第二，政治、经济和文化比较发达的地方。他认为苗文基础方言的选择和标准音的确定是考虑到这些条件的。

最后，他对文字分合问题举例做了详细的说明。他认为，不同的民族只要语言相同或很相近，就可能使用一种文字，如苏联的塔吉克族、舒格南族都使用塔吉克文，我国的汉族、回族和绝大多数的满族都使用汉文。同一个民族因语言相差很大，也有使用不同文字的，如苏联马里族、科米族和摩尔多瓦族都各自使用着两种不同的文字；我国云南的景颇族当中，说景颇话的使用一种文字，说载瓦话的却使用另一种文字。他认为，苗语方言分歧，目前在苗族中建立4种文字是恰当的，而且经过相当长的时期，还会过渡为一种统一的文字和统一的标准语。

这次会议期间，讨论是十分热烈的。最后两天是大会发言，各地代表都说出了自己要说的话，一致同意会议期间的每一个报告，认为：只有在中国共产党领导下，苗族才有可能得到自己的文字，许多代表对苗文诞生后的远景做了生动的叙述。如60多岁的苗族代表王丕承老先生说："过去尽管天上的太阳多么光明，月亮怎样明亮，地上的山河怎样秀丽，但苗族一直是瞎子。虽然传教士曾经为滇东北苗族创制了一套文字，但是缺点很多，并且还不能普遍应用，这只等于瞎子的竹竿，在自己脚下敲敲打打，摸个黑路罢了。现在共产党和毛主席给我们苗家创制文字，从今天起我们的眼睛明亮了，从此我们可以看到社会主义光辉灿烂的前景，可以大踏步走进社会主义社会了。"这一段话充分说出了苗族人民有了自己文字的喜悦心情。

大会在11月7日上午通过了《苗族语言文字问题科学讨论会的决议》，接着，贵州省欧百川副省长致闭幕词，他感谢全体到会同志对这次大会所做的努力，他希望每个同志信心百倍地为实现大会的决议而贡献自己的力量。至此，举行了8天的苗族语言文字科学讨论会在掌声雷动的气氛里宣告胜利结束。

这次大会期间，第二工作队还举办了一个有关苗族语言文字的展览会。这个展览会的内容，是从苗族过去没有文字的痛苦事例说到解放后党和人民政府对发展少数民族语言文字的政策，以及这次第二工作队帮助苗族创制文字的过程，都用实物和图片形象地、通俗地表现出来，并且还说明了苗族为什么不能创制一种文字的理由，接着就展出了苗族的文字方案。很多苗族代表看到了自己的文字，要求解说员一次又一次地念给他们听，都表现出满意的笑容。有的代表说："常听人讲苗语的语音难学，我们一直担心字母不好学，今天亲眼看到、听到，我们才放心了。"有的代表说："这种文字比汉文好学多了！"

这个展览会贵州省的党政领导同志都很重视，在预展期间，他们都在百忙中亲自来指示。开幕后，有的苗族代表前后看了好几次，各机关、学校、团体也都前来参观，他们说：苗文的诞生，不但是苗族兄弟的大喜事，也是各民族共同的大喜事！苏联顾问格·谢尔久琴柯教授参观了这个展览，他留下了这样的题词："我满意地极感兴趣地参观了苗族文字展览会。展览会规模虽不大，但准备得很好，并且是带着热爱来准备的。希望这个展览会能成为贵州各民族语言、文字问题经常性的展览会——博物馆的基础。祝展览会的同志们——它的组织者获得成就。"贵州省方已接受顾问的意见，准备把这部分展览品在贵州民族学校经常地陈列着，让更多的人从这里受到有关发展少数民族语言文字的实际教育。

为了欢迎各省的代表和苏联顾问，第一、二工作队和贵州民族学院还联合举办了一次晚会，演出了许多节目。这些节目都是在百忙当中排练的，代表们知道了这种情况都很感动。

这次大会是在团结、友爱和紧张愉快的气氛里进行的，这次会议开得是很成功的。

苗族语言文字问题科学讨论会的决议
民族语言调查通讯创刊号
1956年11月26日

苗族语言文字问题科学讨论会的决议

苗族语言文字问题科学讨论会已于10月31日到11月7日在贵阳举行，到会的有贵州、湖南、广西、云南、四川等省的285名代表。大会由中共贵州省委第一书记、贵州省长周林同志致开幕词，代表们听取了中央民族事务委员会文教司副司长、中国科学院少数民族语言研究所筹备处主任尹育然同志《关于民族语言文字工作和苗族语言文字问题》的报告，以及中国科学院少数民族语言调查第二工作队队长马学良教授关于《苗语方言的划分和创立苗文的问题》的报告、贵州省欧百川副省长《关于苗族文字问题》的报告、中国科学院少数民族语言研究所筹备处副主任傅懋勣教授关于《民族文字创制和改革研究工作中的几个问题》的报告和中国科学院、中央民族学院语言学顾问格·谢尔久琴柯教授的《论苗族语言文字》的报告，经过了学习这些文件之后，在“发扬民主”“百家争鸣”的精神下，展开了热烈的讨论，我们认为现在把苗语分为东、中、西和滇东北4个方言是正确的，是符合苗语的实际情况的。

会议认为，由于苗语方言复杂，虽然在语法上基本是一致的，但各个方言之间在语音、词汇上有很大的差异，要给全国苗族创立一种文字是不可能的，因此，决定东、中、西3个方言各创立一种文字；滇东北方言原有的文字有其缺点，同时为了与新创立的几种文字的字母形式取得一致，以便于民族内部的文化交流，按照滇东北方言区人民的要求，决定进行文字改革的工作。

黔中南一带的苗语，根据目前调查的材料进行讨论的结果，认为现在还不能提出划分方言和解决文字问题的意见。我们希望工作队今后能加强对黔中南一带苗语的调查研究工作，明年提出划分方言的意见和解决文字的具体办法，以满足这一带苗族人民的愿望。

关于基础方言和标准音的选择，同意东部方言以它的西部次方言为基础方言，以湖南花垣县吉卫乡的语音为标准音；中部方言以它的北部次方言为基础方言，以贵州炉山县凯里区挂丁乡养蒿村的语音为标准音；西部方言以它的第一次方言为基础方言，以贵州毕节县第七区先进乡的语音为标准音；滇东北方言整个方言就是基础方言，以贵州威宁县石门坎的语音为标准音。

我们同意欧百川副省长在《关于苗族文字问题》的报告中所提出的苗文方案在字母形式上以拉丁字母为基础与汉语拼音方案尽可能取得一致、苗语4个方言的文字应尽可能在字母形式上取得一致的原则，并同意根据这个原则所制订的4个文字方案（草案）。

1956年11月7日　贵阳

彝语调查汇报（上册）

中国科学院少数民族语言调查第四工作队

彝语语言文字科学讨论会

1956年12月　成都

彝语调查汇报（上册）

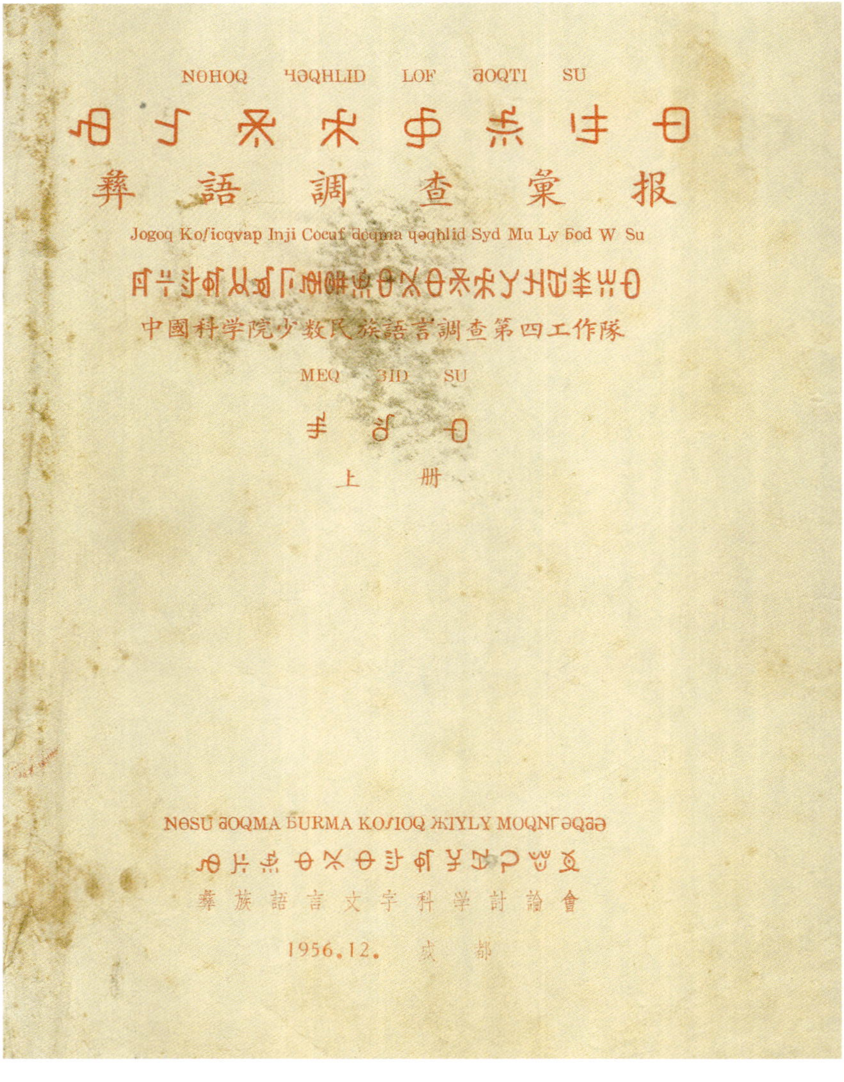

彝語調查彙報

目錄

彝語調查彙報

緒言

彝族是祖國大家庭裡面勤劳、智慧的民族之一，人口約有三百二十餘萬。他们主要分佈在四川、雲南、貴州、廣西四省，以雲南人以為最多，約有一百八十三萬。最大的聚居区在四川省涼山彝族自治州，聚居的人口約有八十三萬人。他們的方言較多，雖然有一种文字，但因其本身具有許多弱点，遠遠不能適应当前和今后彝族廣大人民在經濟發展和文化生活上的迫切需要与要求。

中國共產党和人民政府对民族語文工作十分重視和关懷。早在一九五零年九月，涼山剛解放不久，中國科學院語言研究所前川康工作隊便在西昌專区開始了彝語的調查研究工作。到一九五五年底止，川康工作隊調查了彝語北部方言区的聖乍、義諾、田壩等土語和南部次方言（所地話），調查点達九十餘点，並以聖乍土語為調查研究的重点，对音位系統、詞法和句法等都作了研究。此外還搜集了一萬多個彝語詞彙，記錄了約五十萬個音節的長篇彝語材料。

此外中央民族学院從一九五二年起就開始為少數民族語文工

作有計劃地培养幹部。去年末，在該院的語文系內建立了漢藏語系、藏緬語族彝語支語言的教研組，並為國家培養了數十名彝語文專業幹部。中央民族学院曾兩次派出学习彝語的学生到四川涼山地区進行彝語調查实习，他們除去學会了彝族語言，而且還搜集了彝語材料。

西南民族學院和西昌、樂山的民族幹部學校在這方面也作了許多工作，如培养彝語文幹部，在調查研究彝語的基礎上也初步編譯了某些彝語文教材等都取得了良好的成績。

此外在雲、貴、四川三省還有一些語文机構（如貴州畢節專署彝語文編譯组）和個别人士也作了一些調查工作，這裡不一一介紹了。總的說来，以上各单位的彝語調研工作，雖然都取得了一些成績，但是都還遠遠落后於形势發展的需要。

一九五五年十二月，中國科學院和中央民族学院在北京召開了一次"民族語文科学討論会"。会上總結了解放以来的民族語文工作，並着重研討了今后工作的規划。会議的一致意見：要在今后兩三年內（1956—1958）集中力量，对少数民族語言進行普遍調查，帮助没有文学或没有通用文字的民族創立文字。這次会議以后，中央有关方面動員全國各方面的力量，組成了七個少数民族語言調查工作隊，從今年五月起，分別到全國各少數民族地区進行普遍調查的工作。

根据這次会議的精神及民族語文十二年規劃，領導上交給本隊的總任務是負責調查研究各省彝語及湖南湖北等省語言系屬尚未明確的土家語，並為彝語解決文字問題。今年的工作指標是：普查各省彝語方言，並進行初步的比較研究。

為了積極完成這個光榮的任務，本隊在四川省領導下，於今年二月在成都完成了建隊的工作，共調集幹部九十六人。三月至五月，在隊部培養調查研究彝語和土家語的幹部。在隊部組成以前，本隊從今年一月一日起就先后展開了工作。現將十一個月來調查研究彝語的情況簡要地分述如下：

本年一月至三月，本隊派出兩個工作組到雲南境內調查了昭通，武定、峨山、巍山等四個重点，普查和初步了解了大理、玉溪、昭通、曲靖、麗江、楚雄等六个專區、40个縣，及昆明市，共計46個点。

本年四月至五月，本隊在成都隊部重点調查了雲南省的祿劝，宜良、峨山，麗江等16個縣及貴州省的盤縣、威寧，大定等3

個縣、共22個点的彝語。

本年五月底起至十月底止，本隊先后派出54人，分成第一、第二兩個工作組，首先調查雲南，然后調查貴州和廣西。第一、二工作組到達工地以后，又分成若干調查小組深入各專区、縣、市進行工作。計調查了雲南省的楚雄、大理、麗江、昭通、曲靖、思茅、蒙自、文山、玉溪等九個專區和昆明、箇舊二市以及紅河哈尼族、西双版納傣族、德宏傣族、景頗族三個自治州，共九十六個縣、兩個市；后来又調查了貴州省的畢節、安順兩個專区，共15个縣；廣西省百色專区的隆林各族自治縣。三省共調查了25個重点、78個正点和92個副点。

本年六月份起為了爭取在今年內進一步明確四川境內彝語方言土語分佈情況及完成涼山彝文方案定案的準備工作，因此在六月至十月這五個月內，通过派幹部進行田野調查和請發音人到隊部調查這兩种方式对四川涼山彝族自治州、甘孜藏族自治州及西昌、雅安等專区內的26個縣共54個点的彝語進行了補充調查。

為了明確雲、貴、廣西三省彝語方言之間的規律性关係、求出四川境內彝語各土語的界限和探討大小涼山彝語与雲南、貴州各地彝語之間的关係，本隊從八月份起抽調一部份幹部在隊部進行比較研究。十一月份起，從雲、貴回來的人員也全部參加這項比較研究工作。到十一月底、雲、貴比較工作共完成了34比次、四川比較部份共完成了25比次。

十一個月來，本隊共調查了四個省125個縣市、記錄了254个点的彝語材料（其中重点28個，正点109個，副点117個）。根据這些調查材料和比較研究的結果、我們把各省彝語初步劃分為六個方言，即北部方言、東部方言、南部方言、東南部方言、西部方言、中部方言。我們人少力弱，又缺乏經驗，調查的地方还不够普遍、研究工作也还不够深入，上述的方言劃分以及下述各個方言的情況都不一定適当，可能有許多錯誤，希望代表們多提意見，以憑修正。

省	専区、市 自治州	縣名	調查点数			備註
			重点	正点	副点	
四川	凉山彝族自治州	昭覺，喜德、普雄，越嶲、布拖、普格、馬边、峩边、雷波、呷洛、美姑	2	13	13	
	西昌専區	西昌、鹽源、木理、金礦、冕宁、鹽边、德昌、会理、米易、宁南、会東		14	6	
	雅安専区	漢源、石棉	1	2	5	
	甘孜藏族自治州	九龍，泸定		2	1	
雲南	楚雄専区	富民、武定、羅次、祿劝、元謀、鹽兴、安宁、祿丰、姚安、大姚、鹽丰、牟定、楚雄、双柏	3	11	12	另外还普查过十一个縣
	大理専區	漾濞，风庆，祥云，巍山、永平、云龍、雲縣、宾川、弥渡、洱源	1	11	11	另外还普查过巍山縣
	麗江専區	鶴庆、華坪		1	2	另外还普查过六个縣
	昭通専区	盐津，永善、昭通、鎮雄、巧家、会澤、魯甸		6	4	另外还普查过六縣
	曲靖専区	羅平、霑益、泸西、師宗、路南、宜良、陸良、富源、嵩明、尋甸、馬龍	2	8	8	另外还普查过十八个縣。
	思茅専区	鎮沅、普洱、景東、思茅、景谷、墨江、江城自治縣。	2	3	4	
	蒙自専區	石屏、弥勒、建水、就武、蒙自、開远、屏边、	4	7	11	
	文山専区	邱北、砚山、廣南、麻栗坡、馬关、富宁、文山	2	4	16	
	玉溪専区	新平、江川、易门、元江、通海、峨山	5	5	1	另外还普查过十一个縣
	昆明市			1	2	
	箇舊市			1	1	
	西双版纳傣族自治州	勐养		1		
	红河哈尼族彝族自治州	红河、元陽、金平		2	2	
	德宏傣族景颇族自治州			4	3	
貴州	畢節専区	畢节、水城、大定、納雍、赫章、黔西、織金、威宁	4	9	12	
	安順専区	兴仁、盤縣、郎岱，关嶺、清鎮	2	3	3	
廣西	百色専区	隆林各族自治縣		1		
合計			28	109	117	

Ⅰ.北部方言:

說北部方言的彝族居民自称 ȵɔ˧ sʮ˧ 或 ȵɛ˧ sʮ˧。他们主要居住在四川省涼山彝族自治州的昭覺、喜德、普雄、越巂、布拖、金陽、普格、美姑、呷洛、瓦崗、雷波、馬边、峨边、洪溪等十四縣。(包括樂山專区乐山、沐川、屏山三縣的彝民在内)西昌專区的西昌、德昌、会理、会東、鹽源、鹽边、木里、冕宁、米易、宁南、金礦等十八縣,雅安專区的漢源、石綿二縣,甘孜藏族自治州的九龍、泸定二縣,以及云南境内麗江專区的丽江、永胜、华坪、宁蒗、中甸、蘭坪、劍川等縣,昭通專区巧家、永善的一部份,楚雄專区永仁、元謀、禄劝的一部份地区。說北部方言的總人口約有1,208,604人、最大的聚居区為四川省涼山彝族自治州,聚居的彝族人口約有850,438人。本隊今年一月至三月曾至云南省的丽江、楚雄、昭通三个專区初步調查(已詳上文"緒言"),五月份開始至十月中旬止,又調查了四川省涼山彝族自治州的昭覺、喜德、普雄、越巂、布拖、普格、馬边、峨边、呷落、美姑、瓦崗等縣,西昌專区的西昌、德昌、会東、会理、鹽源、鹽边、木里、冕宁、米易、宁南、金礦等縣,雅安專区的漢源、石綿二縣,甘孜藏族自治州的九龍、泸定二縣,以及云南省丽江專区的永胜彝族自治縣,總共記錄了六十八個点（包括兩個重点、三十六個正点、二十六个副点）的彝語材料。我們根據比較研究的結果和通話的情況，初步將北部方言劃分如下表：

- 北部方言
  - 北部次方言
    - 聖乍土語
    - 義諾土語
    - 田壩土語
  - 南部次方言
    - 東部土語
    - 西部土語

如上表所示，北部方言分為兩個次方言，即北部次方言和南部次方言，兹分述如下：

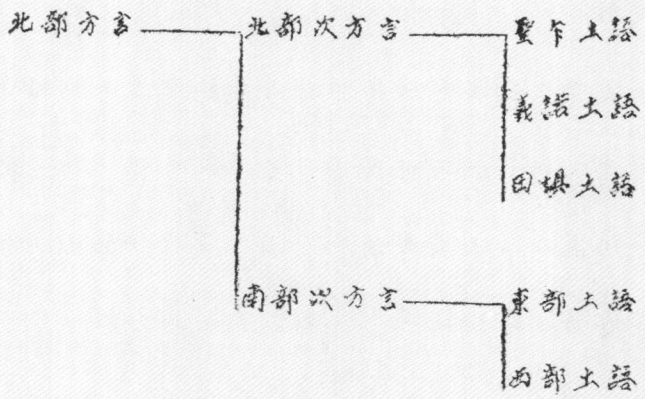

一、北部次方言：這個次方言包括彝族自稱的聖乍話、義諾話和田壩話，分佈於涼山彝族自治州的昭覺、喜德、普雄、越嶲、美姑、瓦嵩、呷洛、雷波、馬边（包括屏山的彝民）、峨边（包括屏山沐川、乐山的彝民）、洪溪、金陽、普格、西昌專区的西昌、鹽源、鹽边、木里、冕宁、金礦、德昌（部份地区），雅安專区的漢源、石錦，甘孜藏族自治州的九龍、泸定，以及云南省麗江專区的麗江、永胜、华坪、宁蒗

、中甸、蘭坪、劍川，昭通專区的巧家，永善（一部份）。

說这個次方言的彝民約有949,803人（佔北部方言總人口的78.6%），这個次方言又分三個土語：即聖乍土語、義諾土語、田壩土語。

(一)聖乍土語：这个土語主要分佈於涼山彝族自治州的昭覺、喜德、普雄、越嶲、呷洛（部份地区）、金陽、普格（部份地区）、瓦崗（部份地区），西昌專区的西昌、冕寧、鹽源、鹽边、木里、金礦、德昌（部份地区），雅安專区的石綿，甘孜藏族自治州的九龍、瀘定，以及云南丽江專区的丽江、永勝、华坪、宁蒗、中甸、蘭坪、劍川。昭通專区的永善、巧家的部份地区。說這個土語的人約有598,396人（佔北部方言總人数的49.5%）这個土語区的中心在四川喜德，除羅洪、八旗、瓦渣、糯米、果基等支頭的話，可以代表这个土語。

這个土語內部，在語法、詞彙方面基本上是一致的，在語音方面特別是韵母以及声韵調配合关系上，各地頗有差异。

(二)義諾土語：这个土語通行於涼山彝族自治州的美姑、馬边、洪溪、雷波以及峨边、昭覺、普雄、呷洛、瓦崗、金陽的部份地区。說這個土語的人口約有294,990人（佔北部方言總人口的24.4%）

其中心在四川美姑。像阿候、烏抛等支頭的話，可以作為这个土語的代表。

這個土語区内部在語法、詞彙、語音各方面基本上是一致的。

(三)田壩土語：这個土語分佈于涼山彝族自治州呷洛縣以及越嶲、普雄、峨边靠近呷洛地区，雅安專区漢源縣的大部份地区。說这個土語的彝族居民約有56,417人(佔北部方言總人口的4.7%)，其中心在呷洛縣的田壩地区。

這個土語区内部各地在語音上差别較大，但語法、詞彙基本上是一致的。

二、南部次方言：即彝族所称的所地話。這個次方言分佈于涼山彝族自治州的布拖、普格及昭覺、金陽的部份地区，西昌專区的会理、会東、米易、寧南、德昌。說这個次方言的人口約有254,250人(佔北部方言總人口的21%強)。其中心在四川布拖。像詰底、必步等支頭的話，可以作為这个次方言的代表。這個次方言又分為東部西部兩個土語：

(一)東部土語：這個土語分佈於涼山彝族自治州的布拖及普格的部分地区，西昌專区的寧南、会東及会理的部份地区，說這个土語的彝族居民約有143,942人，就人口集中与語言的代表性来看、这个土語的中心在布拖。

(二)西部土語：這個土語分佈于西昌專区的德昌、米易、会理及涼山彝族自治州的普格。說這個土語的彝民約有110,508人，其中心在会理。

甲、北部方言內部語音情况：

一、北部次方言內部語音情况：在这个次方言区中，聖乍土語通行區域較廣，使用的人也較多。聖乍土語內部各地在声母与声調上基本一致，在韵母与声韵調配合关係上則有些差别。義諾土語內部各地在声韵調三方面都比較一致。田壩土語內部各地在語音上差别較大，如有的地区有清擦鼻音〔m̥〕〔n̥〕〔ȵ̥〕，有的地区則沒有這些音，有的地区除無上述的清擦鼻音外，还沒有清擦边音〔ɬ〕和舌尖后〔tʂ〕、〔tʂʰ〕、〔dʐ〕、〔ʂ〕、〔ʐ〕一套音。下面先以喜德縣紅瑪区李子溝为聖乍土語代表，以馬边五区为義諾土語代表，以甘洛縣蘇雄区为田壩土語代表，分別叙述語音情况，然后拿这三点比較，以見三者之間的親疏关係

(一)聖乍土語的語音情况、

聖乍土語在語音上的一般特点是在声母上比田壩土語多出六個帶鼻冠音的濁声母 mb、nd、ndz、ndʐ、ndʑ、ŋg，在韻

以上除個别地区有展唇、舒唇、圓唇三套对立韻母外，一般地区都没有这种现象。在声調上有四个基本調类（義諾土語与田坝土語一般只有三个基本調類。）除第二調（44）中雜有由第四調与第三調变来的变調外，没有像義諾土語（田坝土語也是這樣）那样复雜的变調系統。

1. 聖乍土語区喜德縣紅瑪区李子鄉音位系統：

（1）声母：　　43个

喜德紅瑪区彝語声母表（共43个）

发音方法＼发音部位		双唇	唇齿	舌尖前	舌尖中	舌尖后	舌面	舌根	喉
塞音	全清	p			t			k	
	次清	p'			t'			k'	
	濁	b			d			g	
鼻冠濁塞音		mb			nd			ŋg	
塞擦音	全清			ts		tʂ	tɕ		
	次清			ts'		tʂ'	tɕ'		
	濁			dz		dʐ	dʑ		
鼻冠濁塞擦音				ndz		ndʐ	ndʑ		
鼻音		m̥ m			n̥ n		(ȵ̊) ȵ	ŋ	
边音					ɬ l				
擦音	清		f	s		ʂ	ɕ	x	h
	濁		v	z		ʐ	ʑ	ɣ	

声母表的说明

①双唇部位的塞音p pʻ, b mb在元音u、u̱之前時，双唇有輕微顫动。

②舌尖中塞音t tʻ d nd在元音u、u̱之前時，双唇有剧烈顫动，它们的实际音值為[tʙ][tʻʙ][dʙ][ndʙ]。

③双唇鼻音m̥, m在与元音ɿ(ɿ̱)、u(u̱)相拼時，它们的实际音值是[m̥͡m̩][m̩][m̥͡ŋ̍][m͡ŋ̍]。

④舌尖边音l在与元音u、u̱相拼時，其实际音值為圆唇舌尖后边音[ɭ̩][ɭ̩̱]。

⑤舌面前塞擦音tɕ, tɕʻ, dʑ, ndʑ及擦音ɕ, ʑ与元音ɿ ɿ̱相拼時，其实际音值為混合舌葉音[tʃ][tʃʻ][dʒ][ndʒ][ʃ][ʒ]。

⑥鼻冠音的鼻音成份与其后的濁塞音和濁塞擦音同部位。

⑦舌面前清擦鼻音[ȵ̊]本与ȵ对立，但他出現的頻率低到只有一次，而且在其他地方又多变成ȵ，故把ȵ̊併入ȵ音位。

声母例字

声母	音位标音	实际音值	漢義
p	pa³ pu̱³	pA˧ pʙu̱˧	交换 [illegible]
pʻ	a² pʻa³ pʻu̱³	A˩ pʻA˧ pʻʙu̱˧	[illegible] 刮（风）

b	[illegible] bu̱^{3}	[illegible] bɤu̱˧	[illegible] 写(字)
mb	mba^{3} mbu̱^{3}	mbA˧ mbɤu̱˧	挡(風) 飽
m̥	m̥a^{1} a^{3} m̥u^{3}	m̥A˥ A˧ m̥ʊ̂˧	教育 高
m	ma^{3} mu^{3}	mA˧ mʊ̂˧	竹子 馬
f	fu̱^{1}	fu̱˥	六
v	va^{3}	vA˧	鸡
t	a^{2} ta^{3} tu̱^{3}	A˩ tA˧ tɤu̱˧	父親 千
t'	t'a^{1} t'u^{3}	t'A˥ t'ɤu˧	不要(来) 銀子
d	da^{3} du̱^{3}	dA˧ dɤu̱˧	可以 出来
nd	sɿ^{4} nda^{1} ndu^{3}	sɿ˩ ndA˥ ndɤu˧	梨子 爬行(小孩)
ɬ	ɬi^{1} mu^{3} ɬɿ^{3} ɬu^{3} ndʑɿ^{3}	ɬI˥ mʊ̂˧ ɬɿ˧ ɬʊ˧ ndʑi˧	晒(人) 風 熟皮(子)
l	la^{3} lɿ^{3} lu^{3} li^{3}	lA˧ lɿ˧ lʊ˧ lI˧	来 四 龍 去(向上去)
ts	tsɿ^{3}	tsɿ˧	栽(树)
ts'	ts'ɿ^{3}	ts'ɿ˧	洗
dz	dzɿ^{3}	dzɿ˧	騎(馬)
ndz	ndzɿ^{3}	ndzɿ˧	[illegible]
s	sɿ^{3}	sɿ˧	血
z	zɿ^{3}	zɿ˧	硬

tʂ	tʂʅ³	tʂʅ˧	拔(草)
tʂʻ	tʂʻʅ³	tʂʻʅ˧	瘋(鬼)
dʐ	dʐʅ³	dʐʅ˧	手镯
ndʐ	ndʐʅ³	ndʐʅ˧	润
ʂ	ʂʅ³	ʂʅ˧	黄金
ʐ	ʐʅ³	ʐʅ˧	草
tɕ	mu³ tɕi³ tɕi³	mu˧ tɕi˧ tɕi˧	[illegible] 条(木)
tɕʻ	tɕʻi³	tɕʻi˧	願意
dʑ	dʑi³ dʑi³	dʒi˧ dʑi˧	铜 知道
ndʑ	ndʑi³ ndʑi³	ndʒi˧ ndʑi˧	皮 穩(穗)
ȵ	ȵi³	ȵi˧	尖
ɕ	ɕi³ ɕi³	ʃi˧ ɕi˧	肥料 到達
ʑ	ʑi³ ʑi³	ʒi˧ ʑi˧	冰 燥
k	ku³	kɯ˧	咬(人)
kʻ	kʻu³	kʻɯ˧	偷
g	gu³	gɯ˧	九
ŋg	ŋgu³	ŋgɯ˧	要 想念
ŋ	ŋɯ³	ŋɯ˧	哭·五
x	xɯ³	xɯ˧	篩子
ɣ	ɣɯ³	ɣɯ˧	力量
h	hɯ³	hɯ˧	備(物)

(2) 韵母　　　韵母11个。

喜德元音图

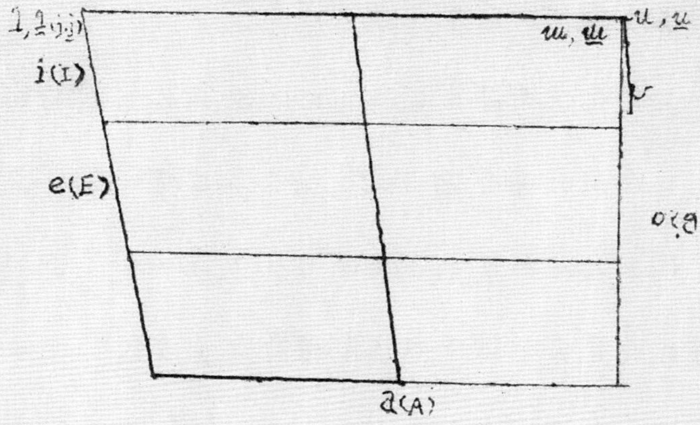

关于元音图的説明：

① 喜德的舌尖前元音 ɿ ɿ̱ 在 [illegible] 之后出现時，其實际音值為[ɿ]或[ɿ̱]，在唇音及舌面前塞擦音、擦音 [illegible] 之后出现時，其實際音值爲混合舌葉輔音后之自然元音。

② 喜德的元音 i，实际音值爲[I]。

③ 喜德的元音 e，实际音值爲[E]，与声母相拼時，它前边出现一个很短的[I̯]过渡音

④ 喜德的 a 元音，实际音值为紧的央元音[A]。

⑤ 喜德的 o 元音較[o]稍開，它和元音 e、a 一樣，讀時很紧

b 当它在〔ʅ〕后時，口腔開口度稍大，实际音值為〔ʅ〕

⑥元音ɿ与ʅ在ts tsʻ dz ndz s z后時实际音值為有舌根作用的舌尖前圓唇元音〔ɿ〕及带紧喉的〔ɿ̰〕，在tʂ tʂʻ dʐ ndʐ ʂ ʐ后時，实际音值為有舌根作用的、带齿化的舌尖后圓唇元音〔ʅ〕及〔ʅ̰〕，在舌面前鼻音〔ȵ〕與邊擦音ɬ后時，实際音值為齿化的〔y〕及〔y̰〕（在ȵ之后的甚至常有半鼻音），与双唇鼻音m相拼時成為m̩和m̩̰的自成音節，讀時双唇紧閉突前，舌根抬起，与舌尖前边音ɬ、l相拼時，使音節成為l̩ l̩̰和ɬ̩ ɬ̩̰，与双唇清擦鼻音m̥及舌根鼻音ŋ相拼時，使音節成為ŋ̍、ŋ̰̍和ŋ̍ ŋ̰̍。

⑦元音ɿ与ʅ的另一对变体〔ɿ〕与〔ʅ〕在喜德縣红莫区李子鄉語音中，不与舌面前的tɕ tɕʻ dʑ ndʑ相拼，但在喜德縣的大部份地区及圣乍土語区的其他地方，这一对元音是与tɕ tɕʻ dʑ ndʑ相拼的。

韵母例字

韵母	音位標音	实際音值	漢義
ɿ	tsɿ⁴	tsɿ˩	咳嗽
	tʂʅ⁴	tʂʅ˩	说(布)
	tɕʻɿ⁴	tɕʻi˩	放置
	dɿ⁴	dɿ˩	探不到
	tɕʻɿ⁴	[illegible]	薄退

ɿ	tsɿ¹	tsɿ˥	罵(人)
	sɿ³	sɿ˧	紫
	ndʐɿ¹	ndʐɿ˥	撕(羊毛)
	tʂʻɿ¹	tʂʻɿ˥	捆(行李)
	ʑe⁴ ʐɿ¹	ʑe˩ ʐɿ˥	羊皮口袋
	ɭɿ³	ɭɿ˧	扔(抛)
i	mbi³	mbi˧	分配
	i¹	i˥	睡觉
e	pe³	pe˧	踢(踢人)
	he³ ŋa¹	he˧ ŋa˥	漢族
	kʻe³	kʻe˧	咬(人的)
	e³	e˧	鴨子
a	kʻa³	kʻa˧	爱(爱惜)
	a³ ma¹	a˧ ma˥	祖母
o	to³	to˧	抱
	ho³	hɔ˧	滑(道路滑)
ʊ	kʊ³	kʊ˧	烤(火)
	ʊ⁴	ʊ˩	鵝
ɯ	kɯ³	kɯ˧	烫伤
	tɯ⁴	tɯ˩	起来
ɯ̱	kʻɯ̱¹ mʊ⁴	kʻɯ̱˥ mʊ˩	晚上
	kɯ̱¹ mʊ⁴	kɯ̱˥ mʊ˩	核桃
u	pʻu³	pʻu˧	價值
	tsʻu³	tsʻu˧	肥(胖)
	tʂʻu³	tʂʻu˧	跨越
	ʑu³	ʑy˧	拿、抓(来)
	ŋgu³	ŋgu˧	香草
	ɭu⁴	ɭu˩	抢(来)
u̱	bu̱¹	bu̱˥	(一)張(紙)
	su̱³	sy̱˧	还(钱)
	dʐu̱³	dʐu̱˧	在(大的東西)
	ʂu̱¹	ʂu̱˥	記憶
	ŋgu̱³	ŋgu̱˧	吹号
	ɭu̱³	ɭu̱˧	石头
	ɭu̱¹ ŋu̱⁴ dʐi²	ɭu̱˥ ŋu̱˩ dʐi˦	一样的

喜德縣紅瑪区李子溝元音特点：

①鬆緊元音对立的很多，有的紧元音甚至变成紧喉音。一般的说，紧喉元音只在中平調(˧33)时出现。在高平調˥55時除個别外，都是紧喉元音，如"拆""塗"讀作[sɿ˧ tɕɿ˩ pɿ˥]，"姐"讀作vɿ˥ ndʐɿ˩，"我"助動詞讀作pɿ˥。而在低調時一般都不紧喉。

②舌尖前元音ɿ及带紧喉(中間)的ɿ(包括混合舌葉后的自然元音ʅ与ʅ)除与舌尖音ts ts' dz ndz s z混合舌葉音[tʃ] [tʃ'] [dʒ] [ndʒ] [ʃ] [ʒ]相拼外，还要与唇音p p' b mb m̥ m f v及舌尖边音声母ɬ l相拼。

③与義諾土語相比，聖乍土語除個别地区有展唇、圆唇、紧唇三套元音对立而外，一般地区無這种现象。

3) 声調

声調四个

声調代号	調值	例字		
		音位標音	實際讀法	漢義
1	˥55	ɕi¹	ɕɪ˥	咬
2	˧˦34	ɕi²	ɕɪ˧˦	什么
3	˧33	ɕi³	ɕɪ˧	到達
4	˨˩21	ɕi⁴	ɕɪ˨˩	劃開

关于声調表的説明：

①聖乍土語有四个基本調類，而北部次方言的其他土語只有三个調類。聖乍土語的調值和変調系統也和北部次方言的其他土語不同。

②第一調˥55的絶对調值比北京的陰平調還要高一些。

③第二調（˧33）的変調及第四調（˩）的一部份変調与第三条調值相同。

喜德縣紅嗎尾李子鄉　發音人：沈士明　聲韻調配合表　（喜1）

音位	輔音	音級和意义類 / 元音 音位	ɿ	ɿ̱	u	u̱	ɿ	ɿ̱	u	u̱	ɿ	ɿ̱	u	u̱	i	e	a	o	o	v	ɯ	ɯ̱	u	u̱	u	u̱	(m)ɿ	(m)ɿ̱	(m)u	(m)u̱	(n)u	(l)ɿ	(l)ɿ̱	(l)u	(l)u̱	(ŋ)u	u̱
		元音	ɿ	ɿ̱	ɥ	ɥ̱	ʅ	ʅ	ʮ	ʮ̱	i	i̱	ɣ	ɣ̱	I	Ė	A	ɔ	o	v	ɯ	ɯ̱	u	u̱	ʮ	ʮ̱	m̩	m̩̱	m̩ʮ	m̩ʮ̱	n̩ʮ	l̩	l̩̱	l̩ʮ	l̩ʮ̱	ŋ̍ʮ	ŋ̍ʮ̱
p	p	˥													弩		公的			争				勇敢													
		˦													(牲畜)					(由来)																	
		˧									(疔)				(巫師)	踢	(白楊)		灿阑	(強壯)			(啄木鳥)	借													
		˩															(泥)			使着			(尖)														
pʻ	pʻ	˥										吐(水)			吐		生			隻(手)																	
		˦															(一条床布口袋)						(癖)														
		˧									痛	帽(衣)			放	出	(蚊帳)		(三隻)	逃			開	奴隸													
		˩									(屁股)				(木板)		(半年)			開			(尾)														
b	b	˥										衣胞			蹄					群				野草													
		˦									(丘祖						(扁)		(本)	(山神)				(東)													
		˧									(眼淚				步	男殖生器	(蚁窩)			扶	(嘿)		浮	(蛆虫)													
		˩									(尖)					(喉結)	(膝蓋)			亮			(醒)														
mb	mb	˥													蜻蜓					躲藏																	
		˦																		(头巾)																	
		˧													分配	(讀朗)	遮			裙子			吼(牛)	飽													
		˩																		好子																	
m̥	m̥	˥													(剛才)		(教師)			(韭菜)																	
		˦														(取名字)																				(沙)	
		˧													名子					吹(火)							(布)	(关闭)								(灰塵)	
		˩													熟	(鬍子)	(細軟)			吹							(末尾)										
m	m	˥													餓		(中午)			軍人																	
		˦													(苗疏)		(果实)			前																	
		˧													(尖)		個		手	響																	
		˩													(尖)	(前)				(伯母)																	

喜德縣紅媽區李子鄉　發音人：迪士明　聲韻調配合表　（表二）

音位	輔音	調類和意義	ɿ	ɿ̱	ʮ	ʮ̱	ʅ	ʅ̱	ʯ	ʯ̱	i	i̱	Y/n	Y̱/n	I	É	Λ	ɔ	o	U	ɯ	ɯ̱	u	u̱	ʯ	ʯ̱	m	m̱	mŋ	mŋ̱	mŋ̣	ɨ	ɨ̱	[illegible]	[illegible]	ŋ	ŋ̱
f	f	˥																						(胡琴)													
		˦																						(螫人)													
		˧													分								燒	倒水													
		˩																					(鉏子)	(喉子哽)													
v	v	˥		(兄)											搓	(穿服)	女子		(猪槽)	猪				磨													
		˦														(花)							(跪在)	大腸													
		˧	稗子	抓											(斧)	(花)	鸡			煳(布)			(兄)	(腎)													
		˩													([illegible]人)					(菜乾)			(隣居)														
t	t	˥													掛		(大路)																				
		˦													白	(砧板)																					
		˧													雲	(后頸)	着		抱	支撐																	
		˩													蚕	(杵)				使唱	起																
tʻ	tʻ	˥													(突然出來)		莫			上																	
		˦													([illegible])																						
		˧													意思	重叠			([illegible])		(時候)																
		˩													被(褥)						(書)																
d	d	˥															(尾)																				
		˦													(那)	(改)			(初十)	(刀)																	
		˧													壞	(拿給)			(初二)		(常常)																
		˩													推		嗎			話	(外)																
nd	nd	˥													([illegible])		(梨)																				
		˦																																			
		˧													一件事	([illegible])	(蕨菜)			唱																	
		˩													(旱地)						(火麻)																

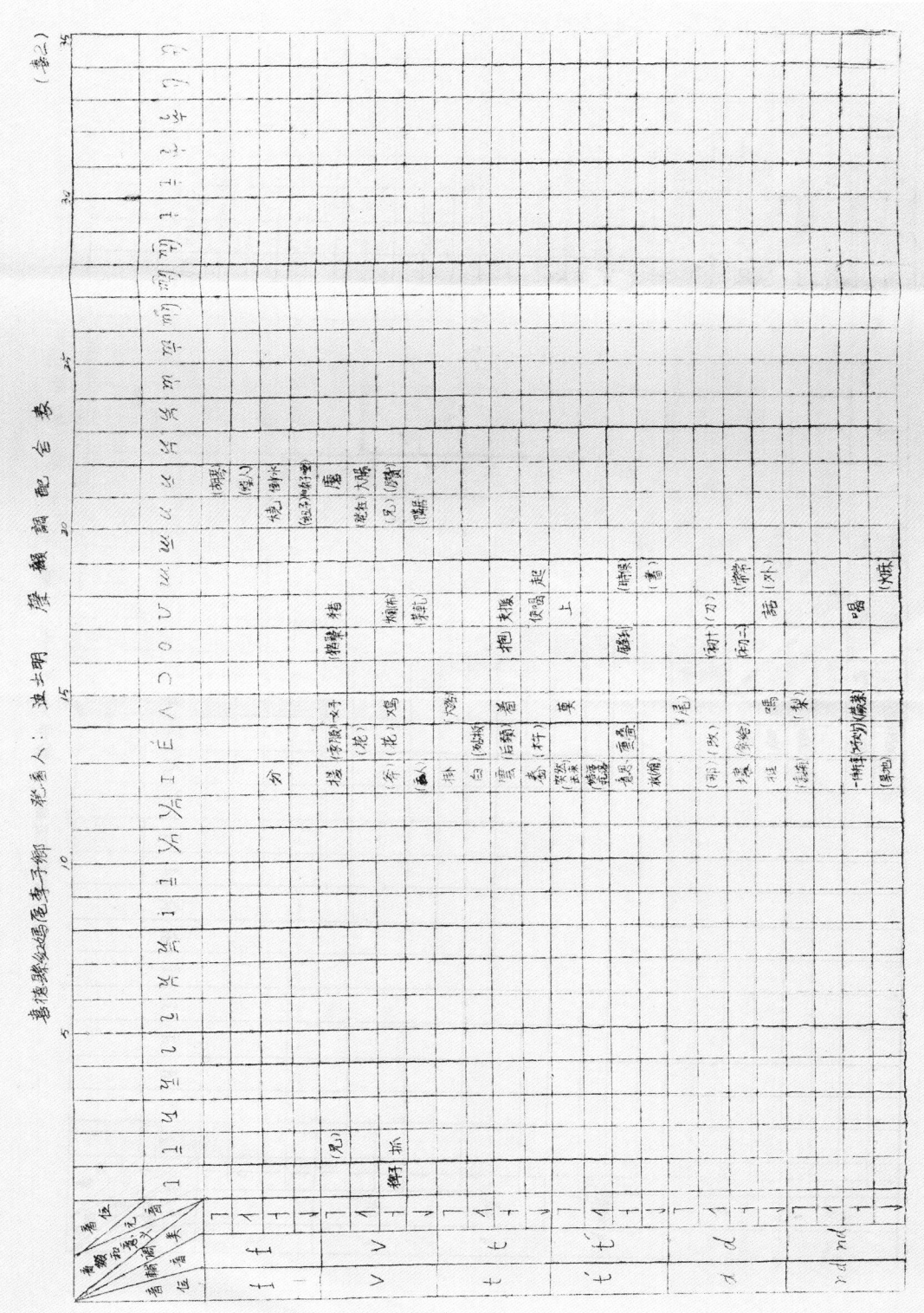

喜德縣紅媽尼李子鄉　發音人：迈士明　聲韻調配合表　（表3）

音位	輔音	調类	1	1̱	ɥ	ɥ̱	ɿ	ɿ̱	ɥn	ɥ̱n	i	i̱	Yn	Y̱n	I	É	A	ɔ	o	ʊ	ɯ	ɯ̱	u	u̱	un	u̱n	m̩	m̩̱	m̩ŋ	m̩̱ŋ	n̩ŋ	ɬ	ɬ̱	ɿɯ	ɿɯ̱	ŋ)	ŋ̱
t	tɬ	˥																						(烧布)													
		˦																																			
		˧																					统治	千													
		˩																					缩														
t'	tɬ'	˥																					(家)														
		˦																					[illegible]														
		˧																					白	啄													
		˩																					看守														
d	dɬ	˥																						(腰)													
		˦																																			
		˧																					家	生													
		˩																					(笛)														
nd	ndɬ	˥																																			
		˦																																			
		˧																					爬行														
		˩																					(牲口)														
n̥	n̥	˥														吠																					
		˦														(门闩)			(一直)																		
		˧												(脸)		(缺)																					
		˩												(外甥)	(癣)	(鼻涕)			(赶牛)	(耳環)																	
n	n	˥												你的					肉																		
		˦														(呻吟)																					
		˧												生	(乳)	痛		偷看		停止					(黄豆)											
		˩												(奶汁)	(泥)				你们	(残疾)																

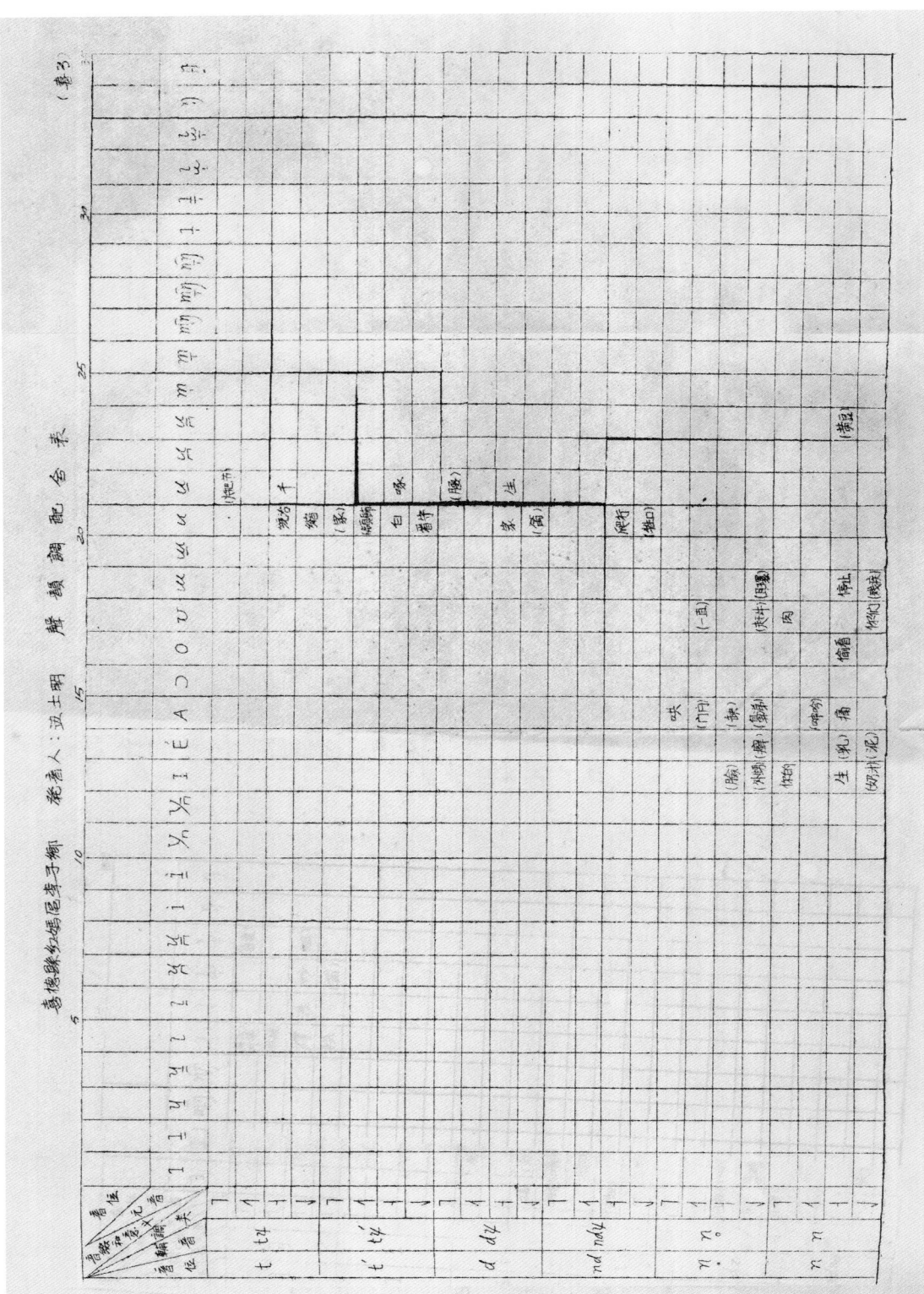

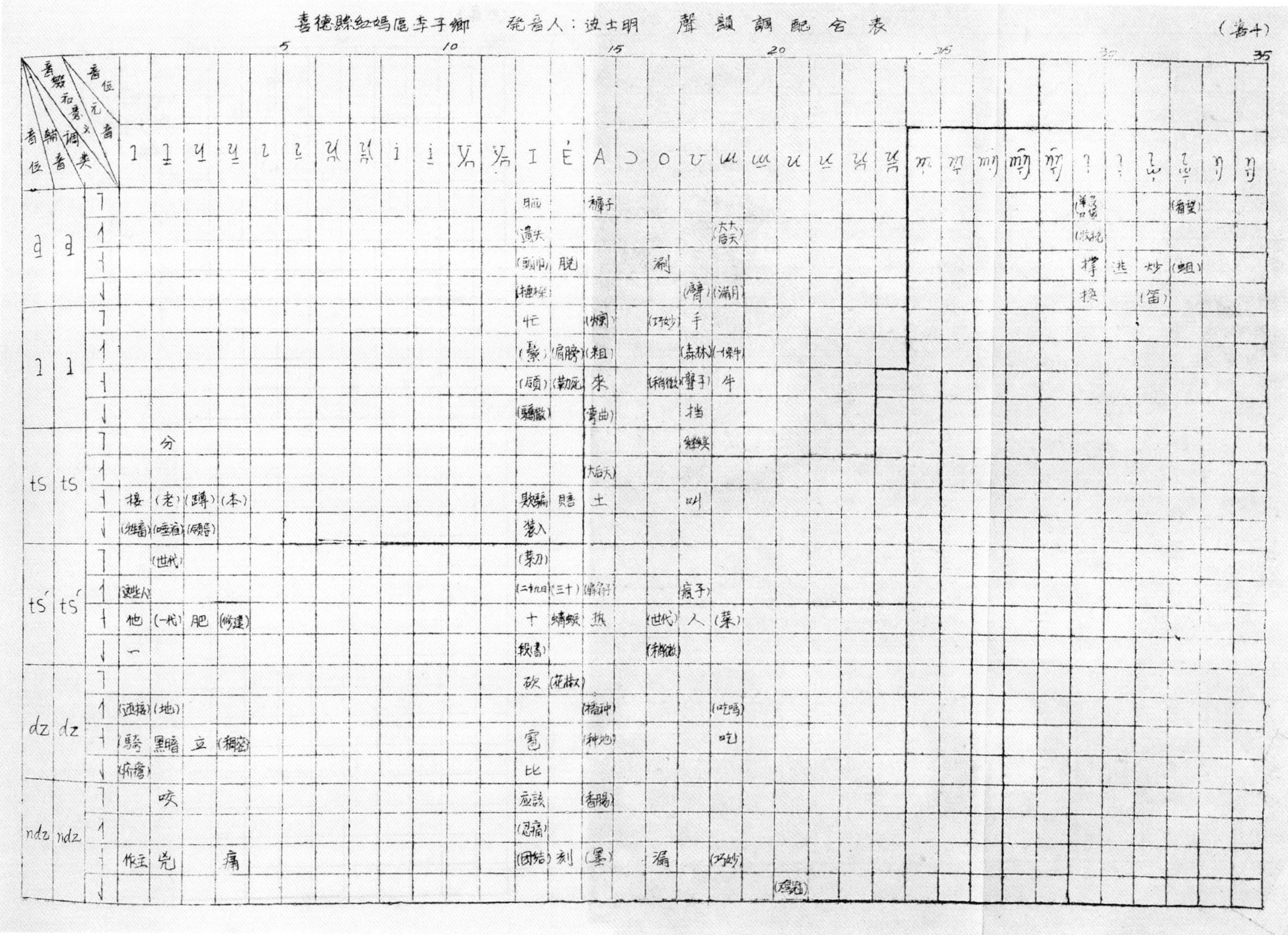

喜德縣紅瑪區李子鄉　發音人：迭士明　聲韻調配合表　（卷十）

音位	输音	调类	ɿ	ɿ̱	ʮ	ʮ̱	ʅ	ʅ̱	ʯ	ʯ̱	i	i̱	y	y̱	ɪ	ė	A	ɔ	o	ʊ	ɯ	ɯ̱	u	u̱	ʉ	ʉ̱	m̩	m̩̱	mŋ̍	m̱ŋ̍	ŋ̍	ʔ	ʔ̱	ʔw	ʔw̱	ŋ	ŋ̱
ɬ	ɬ	˥													腼		穰子															(单口袋)			(看望)		
		˦													遗失						(大大后天)											(收枕)					
		˧													(头巾)	脱			涮													撑	进	炒	(蛆)		
		˩													(檀梁)					(臂)	(满月)											换		(笛)			
l	l	˥													忙		(懒)		(巧妙)	手																	
		˦													(鬃)	(肩膀)	(粗)			(森林)	(一条牛)																
		˧													(后颈)	(勤劳)	来		(稍微)	(聋子)	牛																
		˩													(骄傲)		(弯曲)			挡																	
ts	ts	˥		分																蚂蚁																	
		˦															(大后天)																				
		˧	接	(老)	(蹲)	(本)									欺骗	赔	土			叫																	
		˩	(牲畜)	(哑疤)	(硬音)										装入																						
tsʻ	tsʻ	˥		(世代)											(菜刀)																						
		˦	(这些人)												(二十九日)	(三十)	(麻雀)			(疯子)																	
		˧	他	(一代)	肥	(修建)									十	蜻蜓	热		(世代)	人	(菜)																
		˩	一												钱(书)				(稍微)																		
dz	dz	˥													砍	(花椒)																					
		˦	(通摇)	(地)													(播种)				(吃喝)																
		˧	骑	黑暗	立	(稠密)									窝		(种地)				吃																
		˩	(疥疮)												比																						
ndz	ndz	˥		咬											应该		(香肠)																				
		˦													(忍痛)																						
		˧	作主	光		痛									(团结)	刻	(墨)		漏		(巧妙)																
		˩																					(鸡冠)														

喜德縣紅瑪區李子鄉　　發音人：迪士明　　聲韻調配合表　　（喜5）

音位	輔音	詞类	ɿ	ɿ̱	ʮ	ʮ̱	ʅ	ʅ̱	ʯ	ʯ̱	i	i̱	yn	y̱n	I	E	A	ɔ	O	U	ɯ	ɯ̱	ɤ	ɤ̱	ɤn	ɤ̱n	m̩	m̩̱	m̩ɯ	m̩ɯ̱	ŋ̍ɯ̱	l	ḻ	ʅw	ʅ̱w	ŋ̍	ŋ̱̍
s	s	˥		(2作)											殺		(树藤)	(吸氣)	(吸氣)																		
		˦	(蕉)	(一把柴)	(大人)	(窮苦)									啦	(窗)	(棉花)																				
		˧	死	树	(瑞公)	(富)									选择				三																		
		˩	知	(剩)	像										(官)		(哨呐)																				
z	z	˥		豹		雜														招待																	
		˦																		必須																	
		˧	小便	扎											亮					學習	兔子																
		˩	咒罵		大麦															必須																	
tʂ	tʂ	˥								(绵着)							(任咖呢)		賺		压																
		˦																																			
		˧						拔									(蚂蚱)				割																
		˩					(丢掉)		(链子)												碗																
tʂ'	tʂ'	˥						山羊									(馬刀)			槍																	
		˦																		(过橋)	(風櫃)																
		˧						叫	刺								揷			(灰色)	米																
		˩					(瘸)												嗨	(遵從)	嗨																
dʐ	dʐ	˥																																			
		˦					角													(代替)																	
		˧					牙	爛	(像俱)	有							(麻雀)			(直)	(錢)																
		˩					(牙缺)		筷子											直	(灶口)																
ndʐ	ndʐ	˥						斜視		(漿)							美丽																				
		˦					(一罈酒)	叫																													
		˧					酒	撕羊毛		鎖							試			楔子	(还債)																
		˩															(好好的)				退																

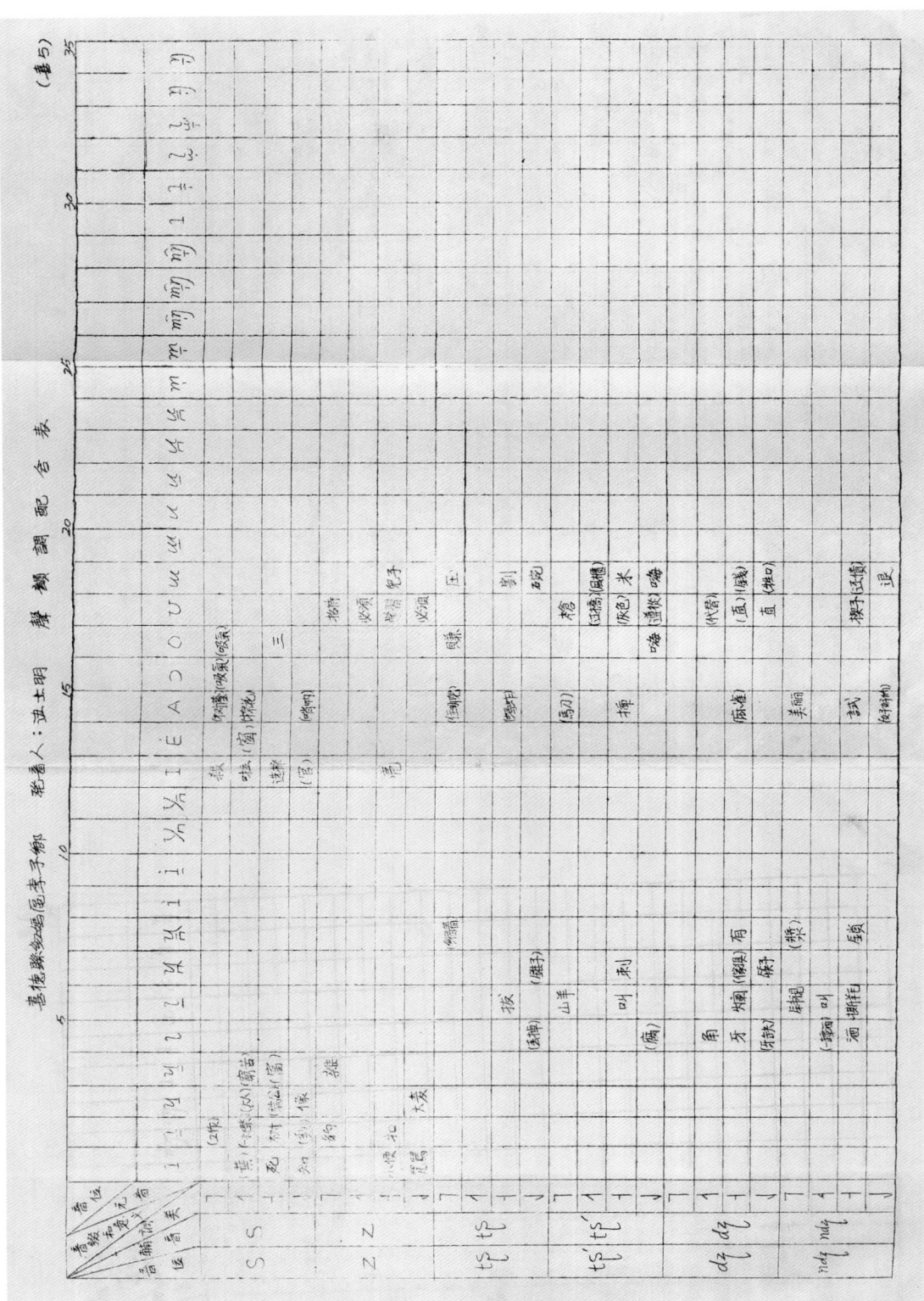

喜德縣紅媽區李子鄉　發音人：迭士明　聲韻調配合表　（喜6）

音位	輔音	音級和意义 调类 \ 元音	ɿ	ɿ̠	ʮ	ʮ̠	ʅ	ʅ̠	ʯ	ʯ̠	i	i̠	y	y̠	ɪ	É	A	ɔ	o	ʊ	ɯ	ɯ̠	ɤ	ɤ̠	ɚ	ɚ̠	m̩	m̩̠	m̩ŋ	m̩̠ŋ	n̩ŋ	ɹ	ɹ̠	ɹ̩w	ɹ̩̠w	ŋ̍	ŋ̠
ʂ	ʂ	˥						蟀		(孔雀)							捆			(害羞)	(發汗)																
		˦															(子彈)			(水獺)	(獵狗)																
		˧					(淺黄)	爛	野鴨	(浴)							送			(前晚)	肉																
		˨˩					生													比	(蟲儿)																
ʐ	ʐ	˥					(水)										讓																				
		˦																		(節省)																	
		˧					旱			砍							吵鬧																				
		˨˩					(污)														集中																
tɕ	tʃ	˥																																			
		˦																																			
		˧									(使螞蚱)	(怯懦)																									
		˨˩									(螢火蟲)																										
tɕʻ	tʃʻ	˥										捆																									
		˦																																			
		˧									甜	燒																									
		˨˩									放置																										
dʑ	dʒ	˥																																			
		˦																																			
		˧									[illegible]																										
		˨˩									(下边)																										
ndʑ	ndʒ	˥																																			
		˦										(皮膚)																									
		˧									皮																										
		˨˩									相信																										

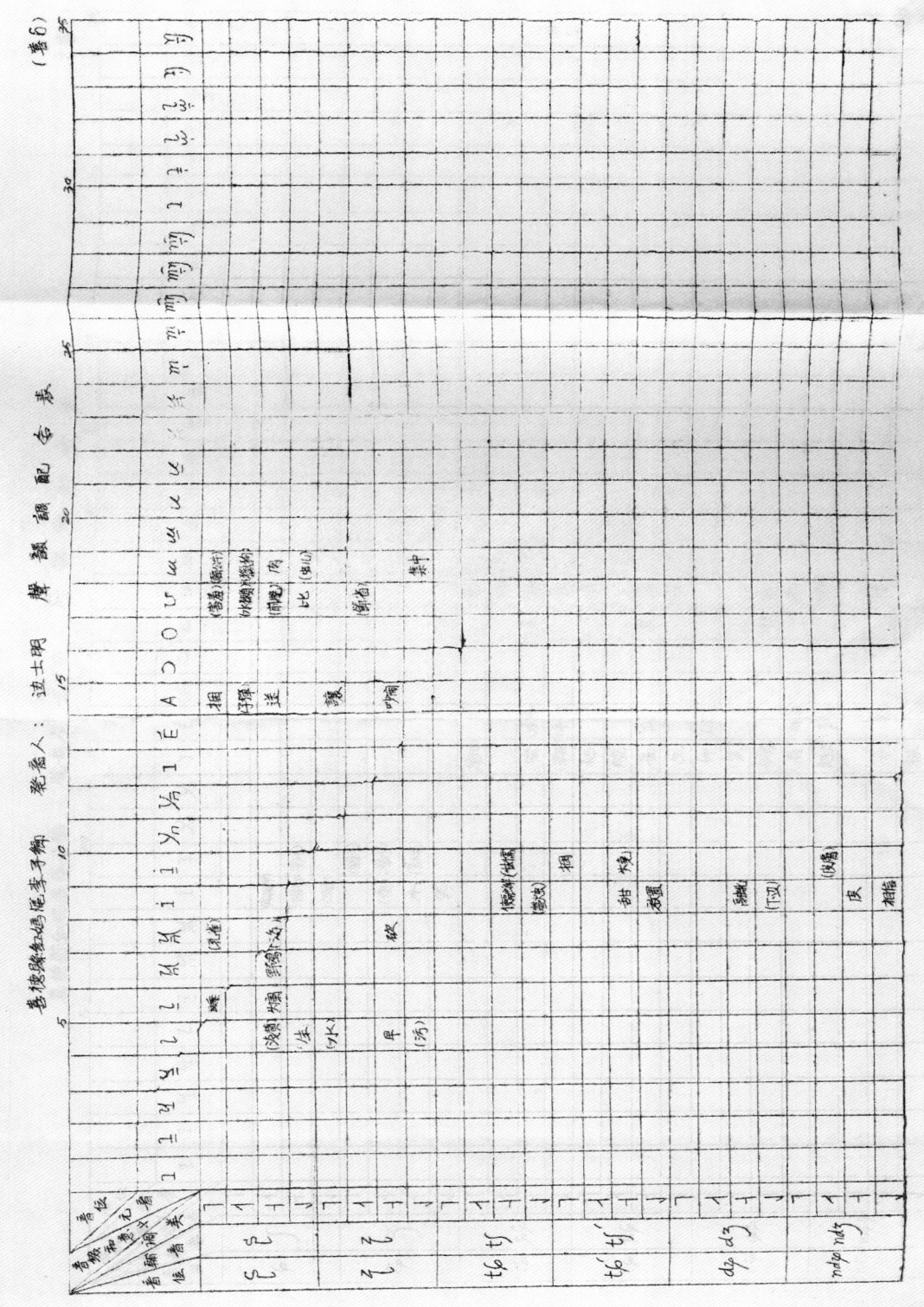

喜德縣紅媽區李子鄉　發音人：边士明　聲韻調配合表　（喜7）

音位	辅音	调类 \ 元音（音缀和意义）	ɿ	ɿ̱	ʮ	ʮ̱	l	ḻ	ɹ	ɹ̱	i	i̱	y	y̱	I	É	a	ɔ	o	ʊ	ɯ	ɯ̱	ʌ	ʌ̱	ɤ	ɤ̱	m̩	m̩̱	ɱ	ɱ̱	ŋ̩	ɹ	ɹ̱	z̩	z̩̱	ŋ	ŋ̱
ɕ	ʃ	˥																																			
		˦									(脚趾甲)																										
		˧									(阻挡)	(影子)																									
		˩									(女婿)																										
ʑ	ʒ	˥										(鞋子)																									
		˦									(南)	(淋水)																									
		˧									水	(灵魂)																									
		˩									笑																										
tɕ	tʃ	˥													磨(刀)					煮																	
		˦																		方向																	
		˧													馀	(法律)			(扁)	旋转																	
		˩													(草鞋)	(半斤)				数																	
tɕʻ	tʃʻ	˥													把					吹																	
		˦													腿																						
		˧													墓	跳			栽	跟																	
		˩													生					(什么)																	
dʑ	dʒ	˥													件	(病)																					
		˦													(果)																						
		˧													奴隶	分			砍	在																	
		˩													有	绕山				砍																	
ndʑ	ndʒ	˥													越过	(勤快)				凝结																	
		˦																																			
		˧													矛	(小偷)				平																	
		˩													根																						

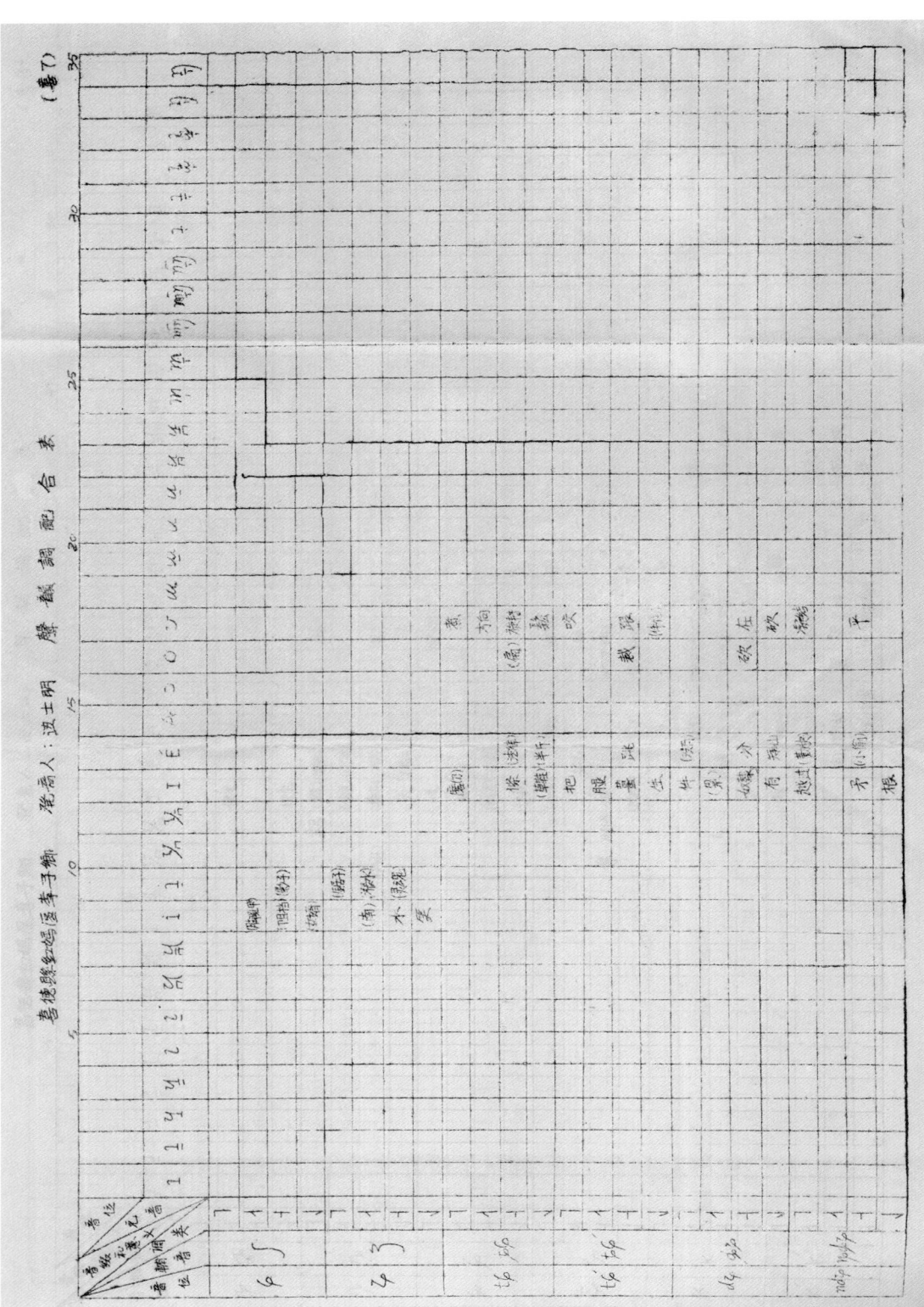

喜德縣紅瑪區李子鄉　發音人：边士明　聲韻調配合表　（喜8）

音位	辅音	调类	ɿ	ɿ̠	ʮ	ʮ̠	ʅ	ʅ̠	ʯ	ʯ̠	i	i̠	y	y̠	I	É	A	ɔ	o	ʊ	ɯ	ɯ̠	u	u̠	ʉ	ʉ̠	m̩	m̩̠	m̩ŋ̂	m̩̠ŋ̂	n̩̠ŋ̂	ɹ̩	ɹ̩̠	ɹ̩ʷ	ɹ̩̠ʷ	ŋ̍	ŋ̠̍
ȵ̥	ȵ̥	˥																																		
		˦													使坐																					
		˧																																		
		˩													使坐																					
ȵ	ȵ	˥												三月	(額)	(蝙蝠)				黏																
		˦													(食道)	(水碾)																				
		˧											(八月)		(柿子)	碾				(糯米)																
		˩													天	(第二)				淹																
ɕ	ɕ	˥													咬					(蟋蟀)																
		˦													線																					
		˧													(到达)	摘																				
		˩													这樣																					
ʨ	ʨ	˥													(分家)		(唱歌)			(踏錯)																
		˦														掃帚				(輕)																
		˧											拿	(生小孩)	小团	(羊皮口袋)			(公綿羊)	綿羊																
		˩													(能问)		(洋芋)		(單人)	(母綿羊)																
k	k	˥															中					倉														
		˦															(橘子)		(向曉)	(詢问)	(小群)	(會嗎)			騾											
		˧														猜	(恭)		(十七)	(鼓)	告訴				(脫)	恐嚇										
		˩																		(身体)	把				汗	(把)										
kʻ	kʻ	˥													鍛		(哪兒)					(晚上)				年										
		˦															(謝謝)			(領子)					(進來)											
		˧														南	蹄(馬)		筐	垫	口				(裡面)	咬										
		˩															(缺)	(嘴)		(至少)	(公狗)				垫											

喜德縣紅媽區李子鄉　發音人：迭士明　聲韻調配合表　(喜9)

音位	輔音	調類	ɿ	ɿ̱	ʮ	ʮ̱	ʅ	ʅ̱	ɤ	ɤ̱	i	i̱	yn	y̱n	I	É	A	ɔ	o	U	ɯ	ɯ̱	u	u̱	ɤn	ɤ̱n	m̩	m̩̱	m̩ŋ	m̩ŋ̱	m̩ŋ̱	ɿ	ɿ̱	ɿ̱	ɿ̱	ŋ	ŋ̱
g	g	˥													绝种		穿			关闭						退换											
		˦															(小路)				(瘦)	(灰色)			(坚固)	(结实)											
		˧														停止	(远)		(冻)		听见				九	一半											
		˩															(路)		(钉耙)	空	(裤)				渡	(秋)											
ŋg	ŋg	˥															(有盖)			(捕鱼)						戳											
		˦																	(凉快)	(灰尘)					(親愛)	(泥)											
		˧														(假話)	(蕎粑粑)			袖	蕎子				凸	拾起											
		˩															(苦蕎)			(冷)	(甜蕎)																
ŋ	ŋ	˥															我的																				
		˦															(跟我来)			[illegible]																	
		˧															我		(胸膛)	叫	五																
		˩															(我俩)			我们																	
x	x	˥													害羞		盖			弓																	
		˦															(杉)				(好遠)																
		˧															劝阻			園	(好吗)			火葬場													
		˩															(痰)																				
ɣ	ɣ	˥															(憂愁)																				
		˦																		(胖)																	
		˧															後			切	功勞																
		˩															(肘)				獲得																
h	h	˥													立	(镰刀)	(上边)			熟的																	
		˦													(回家)		[illegible]			[illegible]	(等候)																
		˧													(回來)	(喜欢)	百	滑		氣	魚																
		˩													說		(石灰)	(后年)		柴	(鱔魚)																

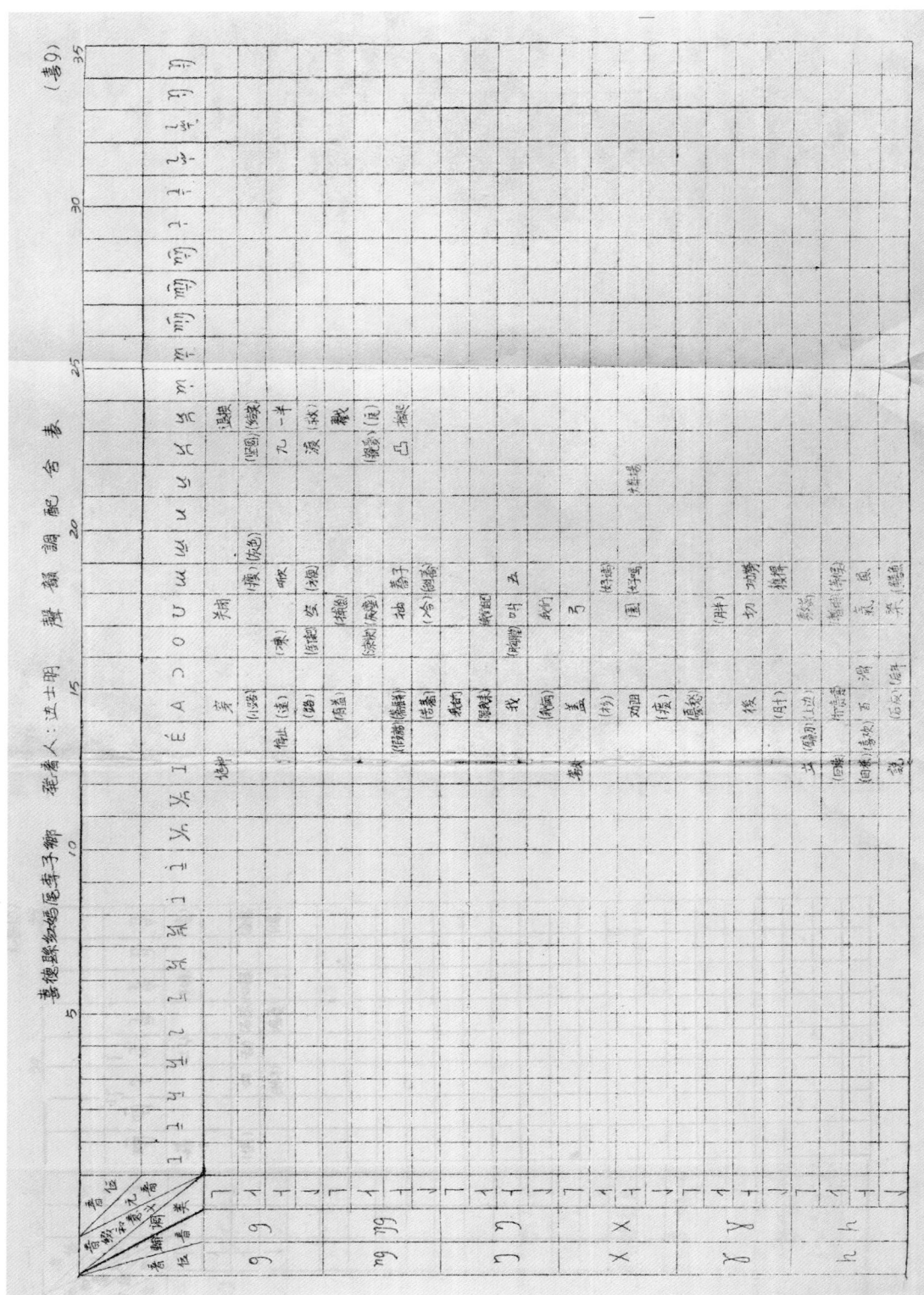

喜德縣紅瑪尼李子鄉　發音人：边士明　聲韻調配合表　（喜10）

音位	輔音	調類	ɿ	ɿ̱	ʮ	ʮ̱	l	ḽ	ʯ	ʯ̱	i	i̱	y	y̱	I	É	A	ɔ	O	ɤ	ɯ	ɯ̱	u	u̱	ɥ	ɥ̱	ɚ	ɚ̱	m̩	m̩̱	m̩	ɪ	ɪ̱	ʑ	ʑ̱	ŋ	ŋ̱
		˥													(瞎)	(睡)	(老)			(下面)								(竹笋)		彝			(工人)		(兄嫂)		(像)
○	○	˦													(蚵)	(慢)	(像)		(青蛙)	了									(地下)								
		˧													(頭)	(水)	(灰)		(頸脖)	(聰明)							(女兒)		(光)	(倒)		四	舌力	(石滚)	(奴隸)		(全体)
		˩													(门)		(公[illegible])		(帽子)	(尖)									(女)			(扯手)		(鸡蛋)			(像)

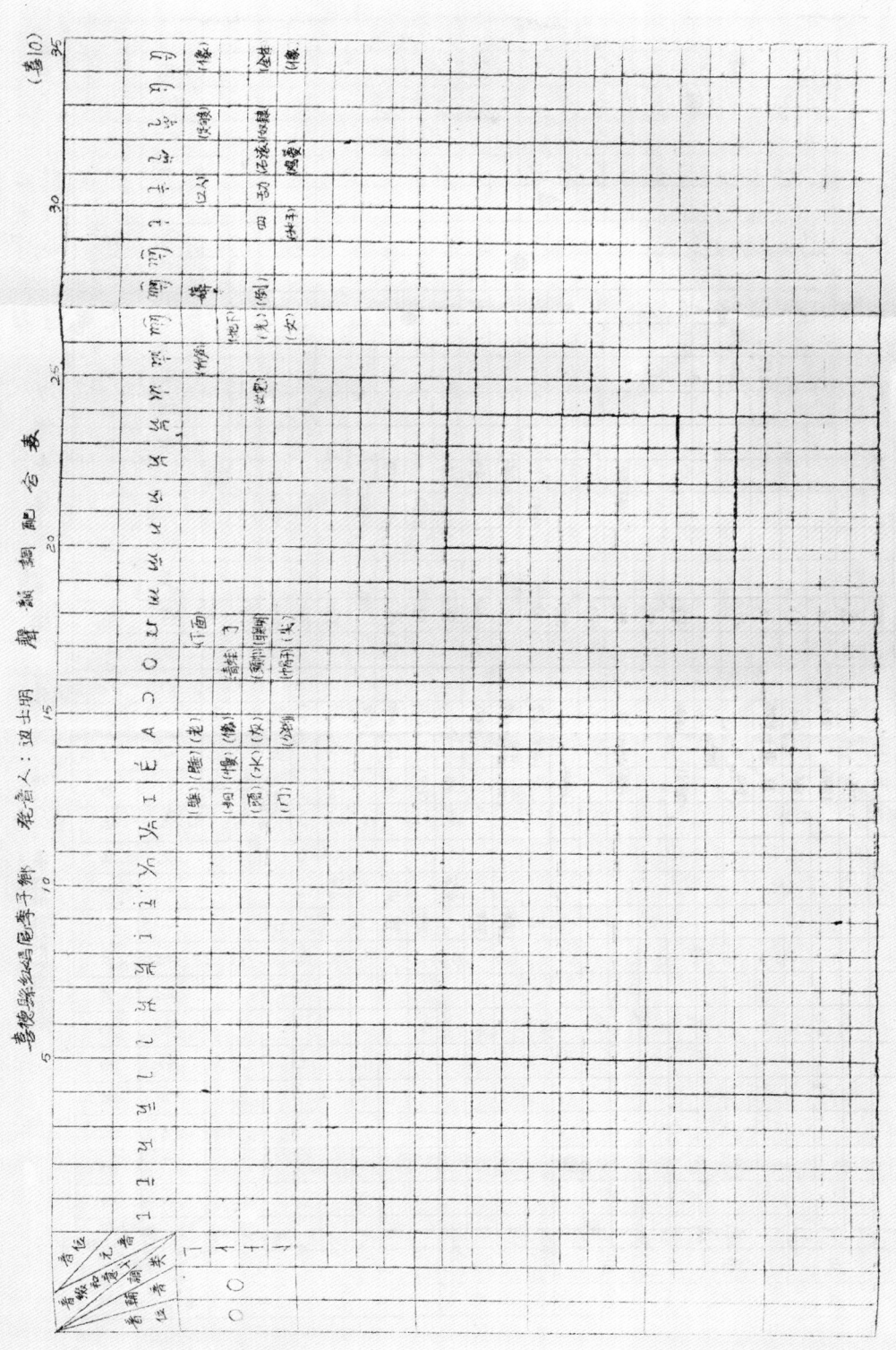

2. 聖乍土語羣中其它次土語的語音情況：

從語音、詞彙的差异看，在聖乍土語之下，又分五個次土語。第一次土語以喜德县紅嫣區李子鄉語音為代表；第二次土語以冕宁县第一區惠安联合鄉語音為代表；第三次土語以普雄县阿米武區拉補格节鄉語音為代表；第四次土語以昭覺县附城區城南鄉語音為代表；第五次土語以瓦崗县米古區巴古鄉語音為代表。下面我們就分別叙述第二至第五等次土語的語音情況：

(1) 第二次土語區冕宁县第一區惠安联合鄉的音位系統：

① 声母：

a、声母43個，与紅嫣區李子鄉完全相同。

b. 有[[illegible]]声母，但因它只出现一次（"坐"的使动式）故把它併入[illegible]音位中。

c. 舌根塞音、k[illegible]的[illegible]x、ɣ在元音i、e前時，舌位偏前，在元音o前時，舌位偏後。

② 韻母：

a、韻母為 18個。

b. 有圓唇元音五個：[illegible]、[illegible]、[illegible]、[illegible]、[illegible]，有鼻化元音

二個：ɿ̃、ɿ̱̃。較紅光區李子鄉多七個韻母。

c、舌尖元音ɿ、ɿ̱、ʅ与ʅ̱在tʂ、tʂ'、dʐ、ndʐ、ʂ、ʐ、之后為[ʅ][ʅ̱][ʅ][ʅ̱]。在tɕ、tɕ'、dʑ、ndʑ、ɕ、ʑ后為混合舌葉音后的自然元音。我們用：[ɿ ɿ̱ ʅ ʅ̱]来代表。它們与舌尖边音ɬ、l、結合時，為自成音節的[ɬ̩ l̩ ɬ̱̩ ḻ̩]。与双唇音m̥、m結合時，為自成音節的[m̩、m̱̩](m̩没有舒唇的)。

d、元音e、a，讀時很緊，其实际音值為：[E]与[A]。元音e在与声母相拼時，其前有很短的過渡音[i̯]。

e、元音o讀時也很緊，它在h后時為[ɔ]，在tʂ、tʂ'、dʐ、ndʐ、ʂ、ʐ后，带齒化為[ɔ̪]。在k、k'、g、ŋg、ŋ、x、ɣ后時，其前有很短的过渡音[u̯]。

f、元音ʊ在tʂ、tʂ'、dʐ、ndʐ、ʂ、ʐ后带齒化為[ʊ̪]。

g、元音ɯ与ɯ̱在晃宁語音中的实际音值為[ɤ]与[ɤ̱]。

h、元音u与u̱在tɕ、tɕ'、dʑ、ndʑ、ȵ、ɕ、ʑ后带齒化為[u̪]与[u̪̱]。在舌根音k、k'、g、ŋg后時带齒化為[u̪]与[u̪̱]。

i、舒唇的ɯ与ɯ̱在晃宁語音中的实际音值為[ɤ̃]与[ɤ̱̃]。

7、鼻化元音õ只与h相拼，其实际音值为[ɔ̃]。

冕宁县第一区惠安联合乡韵母例字

韵母	例字		
	標音	实际读法	漢義
ɿ	sɿ^{3}	sɿ˧	死
ɿ̱	ndzɿ̱^{3}	ndzɿ̱˧	辣
ɿ̱̭	tɕʻɿ̱̭^{4}dʑi^{4}	tɕʻɿ̱̭˩dʑɪ˩	腐烂
ɿ̳	tsʻɿ̳^{3}	tsʻɿ̳˧	捏
i	si^{1}	sɪ˥	殺
i̱̭	di̱̭^{3}	dɪ̱̭˧	坏
e	tɕʻe^{3}	tɕʻE˧	跨
a	tsʻa^{3}	tsʻA˧	热
o	ho^{3}	hɔ˧	滑(路)
õ	a^{3}hõ^{3}	A˧hɔ̃˧	高(声音高)
ɯ	lɯ^{3}	lɤ˧	牛
ɯ̱	hi^{4}kɯ̱^{1}	hi˩kɤ̱˥	会説
ɯ̯	ŋa^{3}kɯ̯^{2}	ŋA˧kɤ̯̆˦	訪問

ɯ̱	xɯ̱³	xɣ̌ ˧	潑（水）
ʋ	p'ʋ¹	p'ʋ ˥	隻（手）
u	bu³	bu ˧	浮
u̱	mbu̱³	mbu̱ ˧	飽
ʋ̂	hʋ̃⁴	hʋ̃ ˨˩	染

③ 声調　　声調四个

調類	調值	例詞		
		標音	实际讀法	漢義
1	˥ 55	si¹	sɪ ˥	殺
2	˧˦ 34	si²	sɪ ˧˦	過（拿过来）
3	˧ 33	si³	sɪ ˧	选择
4	˨˩ 21	si⁴	sɪ ˨˩	拿

説明声調系統和各地每个土語一样。

(3) 第三次土語區普雄县阿來武區拉補格节鄉的音位系統：

① 声母：

a、声母43個，与紅媽區李子鄉完全相同。

b、舌根音k、k'、g、ŋg在元音i、e、ɯ、ɯ̱前時，舌位偏前，其实际音值為：[c]〔c'〕〔ɟ〕[ŋɟ]。

c、六個濁声母前所附的鼻音成份，為与其同部位的鼻音。但該時鼻音成份非常短促，有時覺似有似無，這一点与喜德略有不同。

② 韻母：　共12個。

a、有鼻化元音ɤ̃。此音為喜德紅毛區李子鄉所無。（註）

b、元音o讀時很紧，它在tɕ、tɕ'、dʑ、ndʑ、ɕ、ʑ后時，帶齒化為[ʐo]。

c、元音ɤ在tɕ、tɕ'、dʑ、ndʑ、ɕ、ʑ后時，也帶齒化為〔ʐɤ〕。

d、元音ɯ与ɯ̱，在普雄語音中的实际音值為：〔ɤ〕[ɤ̱]。

e、元音u与u̱，在tɕ、tɕ'、dʑ、ndʑ、ȵ、ɕ、ʑ后時，讀為齒化的〔ʐu〕与〔ʐu̱〕。在k、k'、g、ŋg后帶齒化為[vu]与[vu̱]。在h后時，讀為帶半鼻音的〔ṽu〕。（在普雄的其它地区，以及這個次土語区的大部份地区都沒有帶半鼻音的〔ṽu〕，而是帶半鼻音的〔õ〕）。

註：

這个次土語的一般狀況，除有ʋ而外，还有一個ʋ音位.

③ 声調：

有四个声調，調值与喜德相同.

(4) 第四次土語区昭覺县附城区城南鄉老城村的音位系統：

① 声母：共44个（有ʔ声母）

a. p、p'、b、mb在元音u与ɯ前双唇颤动.

b. 有[ʔ]声母，如ʔe ma' 心.

c. 舌根音k、k'、g、ŋg在元音ɿ与ɿ̱前為舌面与舌葉部位的塞擦音[c͡ʒ][c͡ʒ'][ɟ͡ʒ][nɟ͡ʒ].

② 韻母：共10个：（無ɯ）

a. 舌尖元音ɿ ɿ̱在ts、ts'、dz、ndz、s、z及舌根音k、k'、g、ŋg之后時為混合舌葉音后的自然元音，讀時舌位偏中，有央元音色彩.

b. 元音o讀時很緊，在舌尖后tʂ、tʂ'、dʐ、ndʐ、ʂ、ʐ等声母后帶齿化為[o̪].

c. 元音ɤ在舌尖后tʂ、tʂ'、dʐ、ndʐ、ʂ、ʐ等声母后帶齿化為[ɤ̪].

d. 元音u与ɯ舌位偏中，与t、t'、d、nd等相拼時

引起双唇颤动。在舌根音k、k'、g、ŋg后带齿化為[illegible]与[illegible]

昭覺县附城區城南鄉韻母特点：

① 舌尖元音ɿ、ʅ出现的頻率比喜德还要大，除与双唇音、唇齿音、舌尖前、舌尖后以及舌面前塞擦音及擦音相拼外，还与舌根音相拼。

② 从元音系統、元音的实际音值、元音与輔音的配合关係上，可以看出，昭覺县附城區城南鄉，在語音上受了南部次方言的影响。

③ 声調：有四個声調，調值与喜德紅瑪區相同。

(5) 第五次土語區瓦崗县米古區四吉鄉的音位系統：

① 声母：声母41个。（没有m̥、n̥、ȵ̊）

a、没有清擦鼻音m̥、n̥、ȵ̊，与南部次方言同。

b、舌面音tɕ、tɕ'、dʑ、ndʑ、ɕ、ʑ一套不論和什么韻母相拼，全為混合舌叶音，這個特点也与南部次方言一部份地區同。

② 韻母：韻母11个。

a、舌尖元音ɿ、ʅ在双唇鼻音m后為帶央元音色彩的舌葉自然元音。

b、元音i、e、a、ɯ、ш的实际音值為[I][E][A]

[ɣ̱]

c、元音e、a、o在瓦岗米古區語音中讀時很緊。

d、元音o、u在舌尖后tʂ、tʂʻ、dʐ、ndʐ、ʂ、ʐ后帶齒化為[ʮ]与[ʮ̱]。

e、元音u与u̱在tɕ、tɕʻ、dʑ、ndʑ、ȵ、ɕ、ʑ后為[y]与[y̱]，在舌尖边音ɬ、l与舌根音k、kʻ、g、ŋ后帶齒化為[ʮ]与[ʮ̱]。

瓦岗县米古區古巴鄉韻母特点：

从音位上看，瓦岗米古區的韵母与喜德县是一样的。但就实际音值及其与声母的配合关係来看，双方有些差别：

① 喜德舌尖元音ɿ与ɿ̱、u与u̱与双唇鼻音m相拼時，实际音值為自成音节的[m̩][m̩̱]与圆唇兼舌根抬起的[m̫][m̫̱]。但在瓦岗米古區，則是帶尖元音色彩的舌葉自然元音[ɨ][ɨ̱]与真正的后高元唇元音[u][u̱]。

② 喜德后高圆唇元音[u][u̱]与舌尖边音ɬ、l相拼時，实际音值是圆唇自成音节的舌尖后边音[ɭ̩][ɭ̩̱]，但在瓦岗米古區語音中則是帶齒化的后高圆唇元音[ʮ][ʮ̱]。

③ 声调：声调四个，与喜德一致。

3. 聖乍土語内部語音比較：

現在我們拿上述喜德（紅嫣區李千鄉），昭觉、冕宁、普雄、

的关係。

(1) 声母比較：

① 圣乍土語區各地声母对照表之一（不代表对应关係）

發音部位 / 音位 地名 / 發音方法		双唇					唇齿					舌尖			
		喜德	昭觉	冕宁	普雄	瓦岗	喜德	昭觉	冕宁	普雄	瓦岗	喜德	昭觉	冕宁	普雄
塞音	全清	p	p	p	p	p									
	次清	pʻ	pʻ	pʻ	pʻ	pʻ									
	濁	b	b	b	b	b									
鼻冠塞音		mb	mb	mb	mb	mb									
塞擦音	全清											ts	ts	ts	ts
	次清											tsʻ	tsʻ	tsʻ	t
	濁											dz	dz	dz	d
鼻冠塞擦音												ndz	ndz	ndz	nd
鼻音	清擦	m̥	m̥	m̥	m̥										
	濁	m	m	m	m	m									
边音															
擦音	清						f	f	f	f	f	s	s	s	s
	濁						v	v	v	v	v	z	z	z	z

们五个要作為五个次土語的代表來进行語音比較，以見其規律性

中	舌尖后					舌面					舌根					喉				
瓦岗	喜德	昭觉	冕宁	普雄	瓦岗	喜德	昭觉	冕宁	普雄	瓦岗	喜德	昭觉	冕宁	普雄	瓦岗	喜德	昭觉	冕宁	普雄	瓦岗
t											k	k	k	k	k					
tʻ											kʻ	kʻ	kʻ	kʻ	kʻ					
d											g	g	g	g	g					
nd											ŋg	ŋg	ŋg	ŋg	ŋg					
	tʂ	tʂ	tʂ	tʂ	tʂ	tɕ	tɕ	tɕ	tɕ	tɕ										
	tʂʻ	tʂʻ	tʂʻ	tʂʻ	tʂʻ	tɕʻ	tɕʻ	tɕʻ	tɕʻ	tɕʻ										
	dʐ	dʐ	dʐ	dʐ	dʐ	dʑ	dʑ	dʑ	dʑ	dʑ										
	ndʐ	ndʐ	ndʐ	ndʐ	ndʐ	ndʑ	ndʑ	ndʑ	ndʑ	ndʑ										
l̥							ȵ̊													
n						ȵ	ȵ	ȵ	ȵ	ȵ	ŋ	ŋ	ŋ	ŋ	ŋ					
ɬ l																				
	ʂ	ʂ	ʂ	ʂ	ʂ	ɕ	ɕ	ɕ	ɕ	ɕ	x	x	x	x	x	h	h	h	h	h
	ʐ	ʐ	ʐ	ʐ	ʐ	ʑ	ʑ	ʑ	ʑ	ʑ	ɣ	ɣ	ɣ	ɣ	ɣ					

說明：

① 由上面五个点的声母对照表来看，在数目上以喜德、昭觉為最多（43个），以瓦岗县為最少（41个）.

② 昭觉有舌面前清擦鼻音ȵ̥一个，其它各点都没有。（喜德的ȵ̥，併入n̥）

③ 瓦岗没有清擦鼻音m̥、n̥、ȵ̥。

② 聖乍土語區各地声母对照表之二（代表对应关係）

下面的四分对照表代表聖乍土語區的第二、第三、第四、第五等四个次土語与第一次土語區喜德县紅莫区李子鄉的声母对应关係。在表格中，我们只填列兩地有对应关係的声母，其他完全相同的就给省略了.

a. 第二次土語區晃宁县第一區惠安联合鄉与第一次土語區喜德县紅馬區李子鄉的声母对照表.

声母		例詞		
第二次土語(晃宁)	第一次土語(喜德)	第二次土語(晃宁)	第一次土語(喜德)	漢義
tɕ	tɕ	tɕi^{3}	tɕi^{3}	条(牛)
	t	tɕu^{3}	tu^{3}	統治
tɕʻ	tɕʻ	tɕʻe^{3}	tɕʻe	跳
	tʻ	tɕʻu^{3}	tʻu^{3}	銀子
dʑ	dʑ	dʑi^{3}	dʑi^{3}	知道
	d	dʑu^{3}	du^{3}	燕麦
ndʑ	ndʑ	ndʑe^{3}	ndʑe^{3}	嘔吐
	nd	ndʑu^{3}	ndu^{3}	爬行
x	x	xɯ^{3}	xɯ^{3}	能幹
	f	a^{3}xɯ̠^{3}	a^{3}fu^{3}	粗(樹粗)
ɣ	ɣ	ɣɯ^{3}	ɣɯ^{3}	力量
	v	ɣɯ̠^{1}	vu̠^{1}	磨(動詞)
h	h	hɯ^{4}	hɯ^{4}	看
	m̥	hô^{4} lu̠^{3}	m̥u^{4} lu̠^{3}	鸡蘆葦

說明:

除上面列出的声母外，其它声母一般都是相同的.

b、第三次土語區普雄县阿來伍區与第一次土語區喜德县紅媽區李子鄉声母对照表：

声母		例字		
第一次土語(喜德)	第三次土語(普雄)	第一次土語(喜德)	第三次土語(普雄)	漢·義
f	f	fu^{3}	fu^{3}	烤
	x	fu̱^{3}	xo^{3}	倒(水)
v	v	vʋ^{1}	vʋ^{1}	猪
	ɣ	vu̱^{1}	ɣo^{1}	磨(动詞)
t	t	tɯ^{4}	tɯ^{4}	起來
	tɕ	tu^{3}	tɕu^{3}	統治
tʻ	tʻ	tʻɯ^{4}ʑɿ^{3}	tʻɯ^{4}ʑɿ^{3}	書
	tɕʻ	tʻu^{3}	tɕʻu^{3}	眼子
d	d	di^{3}	di^{3}	坏
	dʑ	du̱^{1}sɿ^{4}	dʑu̱^{1}sɿ^{4}	腰
nd	nd	ndʋ^{3}	ndʋ^{3}	唱
	ndʑ	ndu^{3}	ndʑu^{3}	爬行

說明：

除表上所列声母外，其它声母兩地基本上一致。

c、第四次土語區昭覺县附城區城南鄉与第二次土語喜德县紅嫣區李子鄉声母对照表：

声母		例字		
第二次土語(喜德)	第四次土語(昭觉)	第二次土語(喜德)	第四次土語(昭觉)	漢義
pʻ	pʻ	pʻu^{3}	pʻu^{3}	価値
	kʻ	pʻe^{3}	kʻe^{3}	瘧疾.
b	b	bu^{3}	bu^{3}	虫
	g	bv^{1}	gi^{1}	群(人)
mb	mb	mbv^{4}	mbv^{4}	好
	ŋg	mbe^{3}	ŋge^{3}	鬥(牛白羊)
m	m	ma^{3}	ma^{3}	竹子
	ŋ	mv^{3}	ŋu^{3}	耕(田)
v	v	va^{1}	va^{1}	好
	ɣ	vu^{3}	ɣu^{3}	腸子
tɕ	tɕ	tɕv^{1}	tɕv^{1}	鷹
	k	tɕi^{3}	ki^{3}	茶(半)
ʑ	h	ʑi^{3}	hi^{3}	房子
	ʑ	ʑv^{1}	ʑv^{1}	舔(用舌头)
h	h	hi^{4}	hi^{4}	說
	ŋ̊	he^{3}ma^{1}	ŋ̊e^{3}ma^{1}	心

說明：表上没有填的声母，在两地都是基本上一致的。

d、第五次土語區瓦崗县米古區八古鄉与第一次土語喜德县紅媽區李子鄉声母对照表：

声母		例字		
第五次土語(瓦崗)	第一次土語(喜德)	第五次土語(瓦崗)	第一次土語(喜德)	漢義
m	m	ma^{3}	ma^{3}	竹子
	m̥	mi^{3}	m̥i^{3}	名字
n	n	na^{3}	na^{3}	病
	n̥	na^{3}	n̥a^{3}	問
tɕ	tɕ	tɕi^{3}	tɕi^{3}	剤
	t	tɕu^{3}	tu^{3}	統治
	p	tɕi̱^{1}	pu̱^{1}	敢(去)
	k	tɕe^{3}	ke^{3}	頒飾
tɕʻ	tɕʻ	tɕʻi̱^{3}	tɕʻi^{3}	甜
	tʻ	tɕʻu^{3}	tʻu^{3}	銀子
	pʻ	tɕʻe^{3}	pʻe^{3}	瘧疾
	kʻ	tɕʻe^{3}	kʻe	砍(柴)

dʑ	dʑ	dʑi^{3}	dʑi^{3}	知道
	d	dʑu^{3}	du^{3}	燕麦
	b	ʂɯ^{3}dʑɿ^{3}	ʂv^{3}bv^{3}	蓑衣
	g	dʑi^{1}	gi^{1}	絶种
ndʑ	ndʑ	ndʑe^{3}	ndʑe^{3}	嘔吐
	nd	ndʑu^{3}	ndu	爬行
	mb	ndʑe^{3}	mbe^{3}	鬥(牛自斗)
	ŋg	ndʑe^{3}	ŋge^{3}	說謊
ȵ	ȵ	ȵi^{3}	ȵi^{3}	坐
	m	ȵi^{1}	mi^{1}	餓
	h	lɿ^{3}ȵi^{1}sɿ^{3}	le^{3}he^{1}sɿ^{3}	勒死
ŋ	ŋ	ŋa^{3}	ŋa^{3}	我
	m	ŋɯ^{3}	mv^{3}	耕
ɣ	ɣ	ɣɯ^{3}	ɣɯ^{3}	勝利
	v	ɣv^{1}	vv^{1}	猪

（2） 韵母比較：

① 韵母对照表之一（不代表对应关係）

韵母种类性质 / 韵母 / 地名	舌面、舌根元音韵				舌尖元音韵	舒唇元音韵	鼻化元音韵
	前		后				
	不圆唇	圆唇	不圆唇	圆唇			
喜德	i e a		ɯ ɯ̱	o v u u̱	ɿ ɿ̱		
昭觉	i e a		ɯ	o v u u̱	ɿ ɿ̱		
冕宁	i e a		ɯ ɯ̱	o v u u̱	ɿ ɿ̱	ɿ̭ ɿ̱̭ i̭ ɯ̭ ɯ̱̭	ṽ õ
普雄	i e a		ɯ ɯ̱	o v u u̱	ɿ ɿ̱		ṽ
瓦崗	i e a		ɯ ɯ̱	o v u u̱	ɿ ɿ̱		

（註：元音下的“—”表示紧喉，“^”表示舒唇）

說明：

由上面五个点的韵母对照表来看，喜德和瓦崗是相同的，都是11个，昭觉则只有10个，普雄有12个，冕宁最多有18个。兹将这五个点在韵母上的具体差别分述如下

① 昭觉較喜德少一个ɯ̱。

② 普雄比喜德多出一个带半鼻音的ṽ

⑶ 昆宁較喜德多出五个舒春元音ㄨ、ㄓ、ㄓ̇、ㄓ、ㄓ及两个带半鼻音的ㄛ̃、ㄛ̃。

註：

在第三次土語區其他地方，一般还要比喜德多出一个带半鼻音的ㄛ̃，但在第三次土語區的普雄阿来武區語音中，带半音的ㄛ̃，变成了[ㄩ̃]，而[ㄩ̃]与[ㄩ]不对立，故用ㄩ為音位代表。

⑵ 韻母对照表之二（代表对應关係）

下面四份对照表代表第一次土語區喜德县紅媽區李子鄉与第二、第三、第四、第五等四个次土語韻母的对應关係。表中只填列两地有对應关係的韻，完全一致的從畧。

a、第二次土語區晃宁县第一區惠安联合鄉与第一土語區喜德县紅媽區李子鄉韵母对照表：

韵母		例字		
第二次土語(晃宁)	第一次土語(喜德)	第二次土語(晃宁)	第一次土語(喜德)	漢義
ɿ	ɿ	sɿ^{3}	sɿ^{3}	死
	v	ȵv^{3} m̥ɿ^{3}	ȵo^{3} m̥v^{3}	眉毛
ɿ̬	ɿ	sɿ̬^{3}	sɿ^{3}	血
ɿ̱̬	ɿ̱	sɿ̱̬^{3}	sɿ̱^{3}	梯(砍)
i̬	i	di̬^{3}	di	坏
	v	si̬^{1}	sv^{1}	討秫
a	a	a^{2} ta^{3}	a^{2} ta^{3}	父親
	e	ȵa^{1}	ȵe^{1}	遲(到)
õ	o	hõ^{3}	ho^{3}	(一)夜
	u	a^{3} hŏ^{3}	a^{3} m̥u^{3}	高
v	v	a^{2} mv^{3}	a^{2} mv^{3}	母親
	o	ȵv^{3} tsɿ̬^{3}	ȵo^{3} tsɿ^{3}	睫毛

ṽ	v	hṽ^{4}	hv^{4}	染
	u	hṽ^{3}	m̥u^{3}	蕈子
ɯ	ɯ	tɯ^{4}	tɯ^{4}	起来
	v	bɯ^{3}	bv^{3}	去
ɯ̭	ɯ	hɯ̭^{3}	hɯ^{3}	煮
	u	kɯ̭^{4}	ku^{4}	汗
	v	kɯ̭^{3}	ku^{3}	句(話)
ɯ̭	u̱	gɯ̭^{1}	gu̱^{1}	縫(衣)

b. 第三次土語區普雄县阿來任區与第一次土語區喜德县紅瑪區李子鄉韵母对照表：

韵母		例字		
第一次土語(喜德)	第三次土語(普雄)	第一次土語(喜德)	第三次土語(普雄)	漢義
ɿ̱	ɿ̱	sɿ̱^{3}	sɿ̱^{3}	掃(地)
	u̱	vɿ̱^{1} vu^{3}	vu̱^{1} vu^{3}	兄
e	e	e^{3}	e^{3}	鴨
	a	tʋ^{4} tɕe^{1}	tʋ^{4} tɕa^{1}	準備
a	a	a^{2} ta^{3}	a^{2} ta^{3}	父親
	o	le^{2} va^{3}	le^{2} vo^{3}	摟抱
	e	la^{4} gu̱^{1}	le^{4} gu̱^{1}	弯
o	o	to^{3}	to^{3}	抱
	ʋ	ɲo^{3} tsi^{3}	ɲʋ^{3} tsi^{3}	睫毛
ʋ	ʋ	kʋ^{3}	kʋ^{3}	烤(火)
	ɯ	pʋ^{1}	pɯ^{1}	跑
u	u	pʻu^{3}	pʻu^{3}	價值
	ɿ	mu^{3}	mɿ^{3}	馬
	ʋ	ku^{4}	kʋ^{4}	汗
u̱	u̱	bu̱^{3}	bu̱^{3}	寫(字)
	ɿ̱	mu̱^{1}	mɿ̱^{1}	怒
	o	ŋgu̱^{1}	ŋgo^{1}	戳穿

c、第四次土語區昭觉附城區~~城~~南鄉与第一次土語區喜德县紅瑪區李子鄉韵母对照表：

韵母		例字		
第一次土語(喜德)	第四次土語(昭覺)	第一次土語(喜德)	第四次土語(昭覺)	漢義
e	e	mbe^{3}	mbe^{3}	射(箭)
	a	tɕe^{1} ʂɿ^{3}	tɕa^{1} ʂɿ^{3}	披毡
a	u̱	ba^{4} tsɿ^{3}	bu^{4} tsɿ̱^{3}	膝蓋
	e	la^{4} gu̱^{1}	le^{4} gv^{1}	弯曲
	ɑ	m̥ a^{1}	m̥ a^{1}	教
o	o	tʻo^{3}	tʻo^{3}	锋利(刀口)
	v	ŋo^{3}tsi^{3}	ŋv^{3} tsi^{3}	睫毛
ɯ	ɯ	ŋgɯ^{3}	ŋgɯ^{3}	荞麦
	v	ʂɯ^{3}kʻi^{3}	ʂv^{3} kʻi^{3}	跌断
	ɿ	kʻɯ^{3}	kʻɿ^{3}	狗
ɯ̱	ɿ̱	kʻɯ̱^{1} mv^{4}	kʻɿ̱^{1} tʻɯ^{3} mv^{4}	晚上
u	u	bu^{3}	bu^{3}	虫
	v	ʑu^{3}	ʑv^{3}	捉
	ɿ	mu^{3}	mɿ^{3}	馬
u̱	u̱	ɬu̱^{3}	ɬu̱^{3}	潑(水)
	o	ʑu̱^{3}	ʑo^{3}	生(小孩)
	v	tu̱^{1}	tv^{1}	踩
	ɿ̱	mu̱^{1}	mɿ̱^{1}	怒

d. 第五次土語區瓦崗县米古區八古鄉与第一次土語区喜德县紅嫣區李子鄉韵母对照表.

韻母		例字		
第五次土語(瓦崗)	第一次土語(喜德)	第五次土語(瓦崗)	第一次土語(喜德)	漢義
ɿ	ɿ	$sɿ^{4}$	$sɿ^{4}$	認識
	ɯ	$tɕɿ^{3}$	$kɯ^{3}$	旋紋(头上的)
	u	$tɕʻɿ^{4}$	$pʻu^{4}$	拴(牲口)
	v	$ndʑɿ^{3}$	$ndʑv^{3}$	楔子(屋助夫的)
ɿ̱	ɿ̱	$sɿ̱^{3}$	$sɿ̱^{3}$	柴
	ɯ̱	$mu^{3}tɕʻɿ̱^{1}$	$mu^{3}kʻɯ̱^{1}$	天黑(了)
	u̱	$tɕɿ̱^{1}nde^{1}$	$pu̱^{1}ndi^{1}$	勇敢
i	i	si^{4}	si^{4}	拿(来)
	v	$tɕʻi^{1}$	$tɕʻv^{1}$	狡猾
	u̱	$ȵi^{1}$	$mu̱^{1}$	怒
e	e	$ha^{3}ne^{3}$	$ha^{3}ne^{3}$	舌头
	i	e^{1}	i^{1}	睡
	a	$le^{4}gu̱^{1}$	$la^{4}gu̱^{1}$	弯曲

a	a	a^{4}	a^{4}	不
	v	pʻa^{1}	pʻv^{1}	只(手)
	o	tʻo^{3}	tʻo^{3}	锋利
o	i	o^{1} tʂʻɿ^{1}	i^{1} tʂʻɿ^{4}	匙
	a	ɣo^{3}	va^{3}	鸡
	v	tʻo^{1}	tʻv^{1}	上面
	u̲	lo^{3} ma^{1}	lu̲^{3} ma^{1}	石头
	v	ʑv^{2} sv^{3}	ʑv^{2} sv^{3}	輕
v	i	ʑɿ^{2} ȵv^{3}	ʑɿ^{2} ȵi^{3}	水牛
	o	ȵv^{3} bi^{1}	ȵo^{3} bi^{1}	瞎子
	ɯ	tɯ^{4}	tɯ^{4}	起来
ɯ	a	gɯ^{4} mɯ^{4}	ga^{4} mv^{4}	道路
	v	mbɯ^{4}	mbv̩^{4}	好
u	u	ʑu^{3}	ʑu^{3}	提
	v	li^{2} mu^{3}	li^{2} m̥v^{3}	鬃

（3）声調比較：

声調对照表

調值 地名 調类	喜德	昭覺	冕宁	普雄	瓦崗
1	˥55	˥55	˥55	˥55	˥55
2	˧˦34	˧˦34	˧˦34	˧˦34	˧˦34
3	˧33	˧33	˧33	˧33	˧33
4	˨˩21	˨˩21	˨˩21	˨˩21	˨˩21

說明：

由上面五个点的声調对照表来看，喜德、昭觉、冕宁、普雄、瓦崗在調类，調值上都是一致的.

（二）義諾土語的語音情况：

義諾土語的一般特点是在声母上同聖乍土語一樣，比田壩土語多出六个鼻冠音声母：mb、nd、ndz、ndʐ、ndʑ、ŋg. 在韵母上与田壩土語及一部份聖乍土語不同的是各地都有展唇、舒唇、圓唇三套对立的元音. 在声調上只有三个基本調类、調值与其他兩个土語全不同，尤其特殊的是在連讀時調子变化得很複雜，以致使其他土語區的人不容易听懂. 现在我们以馬边县五區語音為代表分述其声韻調的情况如下：

義諾土語區馬边县第五區石銅壩音位系統：

(1) 声母43个。

馬边五區石銅壩彝語声母表（[illegible]个）

發音部位 音位 發音方法		双唇	唇齿	舌尖前	舌尖中	舌尖后	舌面	舌根	喉
塞音	全清	p			t			k	
	次清	pʻ			tʻ			kʻ	
	濁	b			d			g	
前附鼻音的濁塞音		mb			nd			ŋg	
塞擦音	全清			ts		tʂ	tɕ		
	次清			tsʻ		tʂʻ	tɕʻ		
	濁			dz		dʐ	dʑ		
前附鼻音的濁塞擦音				ndz		ndʐ	ndʑ		
鼻音		m̥ m			n̥ n		ȵ	ŋ	
边音					ɬ l				
擦音	清		f	s		ʂ	ɕ	x	
	濁		v	z		ʐ	ʑ	ɣ	ɦ

說明：

① p、p'、b、mb与元音ɯ、ʮ相拼時引起双唇顫动。

② 舌尖中塞音t、t'、d、nd与元音ɯ、ʮ相拼時，双唇劇烈顫动。

③ 舌尖边音l和元音ɿ、ɿ̱、ʅ、ʅ̱、ɯ、ʮ相拼時，它們的实际音值是自成音节的舌尖边音[l̩]、[l̩̱]、[l̩]、[l̩̱]和带[ʮ]前流的[ʮl̩]与[ʮl̩̱]。

④ 元音ɿ、ɿ̱、ʅ、ʅ̱、ɯ、ʮ等在l后時，其实际音值為自成音節的[l̩]、[l̩]、[l̩̱]、[l̩̱]以及带[ʮ]前流的[ʮl̩]、[ʮl̩̱]。

⑤ 声母在連讀時会丟失，如"鸡"讀作[vɐ˧]，"母鸡"讀作[ɐ̃ɔ˧ mɐ˥]，"公鸡"讀作[ɐ̃ɔ˧ pɐɯ˧]。

声母例字

声母	例字		
	標音	实际讀法	漢義
p	pa^{2}	pɐ˧	交换
pʻ	pʻɯ^{2}	pʻɤ˧	扇
b	bɯ^{2}	bɤ˧	山
mb	mbe^{2}	mbᴇ˧	射
m̥	m̥i^{2}	m̥ɪ˧	名
m	mu^{3}	mu̺˨˩	蒜
f	fu^{2}dzi̯^{2}	fu˧dzɪ̯˧	声音
v	ve^{2}	vᴇ˧	开花
t	tʋ^{3}	tʋ˨˩	指
tʻ	tʻo^{2}	tʻŭɔ˧	鋒利
d	dʋ^{3}	dʋ˨˩	話
nd	ndʋ^{2}	ndʋ˧	喝(水)
n̥	n̥a^{2}	n̥ɐ˧	问
n	nɐ^{2}	nɐ˧	病

ɬ	ɬʋ̰^{3} bʋ̰^{3}	ɬʋ̰˩ bʋ̰˩	臂
l	le̱^{2}	lɛ˧	烫
ts	tsɿ̰^{3}	tsɿ̰˩	装入
tsʻ	tsʻɿ^2	tsʻɿ˧	洗
dz	dzɯ^2	dzɤ˧	吃
s	si^2	sɪ˧	选
z	zʋ^2	zʋ˧	做单
tʂ	tʂɿ̱^{2}	tʂɿ̱˧	拔
tʂʻ	tʂʻɯ^2	tʂʻɤ˧	谷子
dʐ	dʐɯ^3	dʐɤ˩	拳(手)
ʂ	ʂu̱^{1}	ʂu̱˥	杉
ʐ	ʐa^2	ʐɐ˧	闹
tɕ	tɕi^2	tɕɪ˧	条
tɕʻ	tɕʻe^2	tɕʻɛ˧	跳
dʑ	dʑi^2	dʑɪ˧	飞

(2) 韻母：韻母16個

馬边五匯石鋼塡彝語元音图

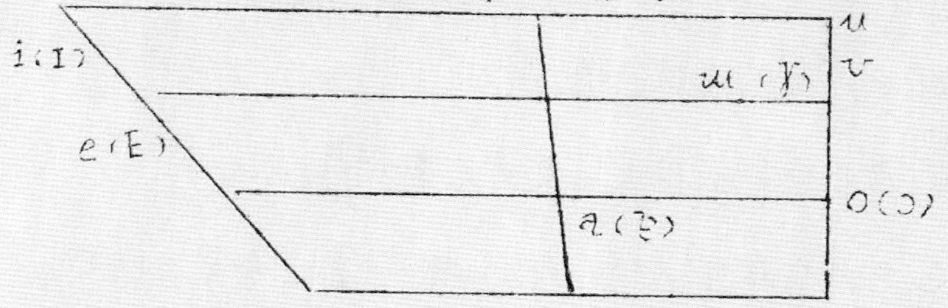

另有舌尖元音二個：ɿ ɿ̱。舐唇元音五個：ʮ，ʮ̱，ʉ̱，ɯ̯，ɯ̯̱。

紧喉元音二個：ɯ̱，v̱。

說明：

①舌尖前自然元音ɿ ɿ̱在ʦ，ʦʻ，ʣ，nʣ，s，z之后時，其实际音值為舌尖后自然元音[ʅ][ʅ̱]。在tɕ，tɕʻ，dʑ，ndʑ，ɕ，ʑ，之后時，其实际音值為混合舌葉音后的自然元音。在双唇鼻音m̥，m之后時，其实际音值為央元音[ɨ][ɨ̱]，与舌尖边音ɬ，l相拼時，其实际音值為自成音節的混合舌葉边音。

②舌尖前舐唇的自然元音ʮ ʮ̱在ʦ，ʦʻ，ʣ，nʣ，s，z之后時為舌尖后舐唇的自然元音[ʯ][ʯ̱]。在tɕ，tɕʻ，dʑ，ndʑ，ɕ，ʑ之后時，其实际音值為混合舌葉音后的舐唇自然元音。与舌尖边音ɬ，l相拼時，其实际音值為自成音節

的舒唇舌尖边音。

③ i元音与ɿ元音的实际音值是[ɪ][ɿ]。

④ e元音的实际音值是[E]。

⑤ ɑ元音的实际音值是央元音[ɐ]。

⑥ o元音在ʈʂ、ʈʂʻ、ɖʐ、nɖʐ、ʂ、ʐ之后时带齿化，其前有很短促的ɯ介音。它在其它声母后，及单独出现时，前面有短促的前流[ɯ̆]，同时开口度也较[o]大，实际音值为[ɯ̆ɔ]。

⑦ ʊ元音在ʈʂ，ʈʂʻ、ɖʐ，nɖʐ、ʂ、ʐ之后时，前面有短促的[ɯ̆]介音，同时带齿化为[ɯ̆ʊ̪]。

⑧ 元音ɯ与ɯ̱的实际音值为：[ɤ]与[ɤ̱]。

⑨ 舒唇元音ɯ与ɯ̱发音时开口度大于[ɯ]，同时其后有很短促的[ʊ̆]、[ɔ̆]音，它们的实際音值為[ɤ̪ʊ̆]与[ɤ̱ɔ̆]。

⑩ 元音ɯ与ɯ̱在tɕ、tɕʻ、dʑ、ndʑ、ɕ、ʑ之后时，实际音值為[ɤ][ɤ̱]。在鼻音ŋ、m、n及舌根塞音k、kʻ、g、ŋg之后時带齿化為[ɯ̪]和[ɯ̪̱]。與舌尖边音ɬ、l相拼時，為带短促[ɯ̆]前流的[ɯ̆ɬ]与[ɯ̆ɬ̱]。

義諾土語區馬边縣第五區石圓堡鄉元音特点：

① 義諾土語的元音在~~連讀~~時有变化。一般是因調子的~~高低~~而变成

相对的紧元音或松元音，如：

“睡”单读為：[E˦]，“他睡的还”则读成[tsɿ˧ ɿ˧ kʰɤ̠ ɛ˦]。
（他）（睡）（还）

“是”中的[ʔ]本無紧喉，但因在高調前而帶紧喉，读作：

[E˧ tʂʅ̰˦]。有些元音有時也因前一音節的元音而变化，如：

“去”单读為[ʔI˧]，但“把牲口趕到那边去”则读成[dʑɿ˧

kʰɯ̠˦ ŋu̠ɔ˨ ɛ˧ ŋɯ̠˦ ʂɛ˧ lE˧。]

②在義諾土語中，展唇元音，舒唇元音，和相对的圆唇元音是对立的，如[ɿ]、[ɿ̠]、[ʮ]（u的变体）三者对立。[i]、[i̠]、[y]（u的变体）三者对立。ɯ，ɯ̠，u三者对立。這与聖乍土語比較起来是一个重要特点（聖乍土語除個别地区外，一般無這种現象）。

韻母例字

韻母	例字		
	标音	实际读音	汉义
ɿ	sɿ^{2}	sɿ˧	死
	dʑɿ^{2}	dʑɿ˧	牙齿
	tɕʰɿ^{2}	tʃʰi˧	大便
	a^{3} mɿ^{2}	ɛ˨ mɿ̠˧	女兒
	mɿ^{2} dɿ^{2}	mɿ˧ dɿ̠˧	風
	ɬɿ^{2}	ɬ˧	四

韵母	例字		
	标音	实际读音	汉义
ɿ̱	sɿ̱^{2}	sɿ̱˨	柴
	tʂɿ̱^{2}	tʂɿ̱˨	拔
	tɕɿ̱^{2}	tʃɿ̱˨	酸
	ma^{2} mɿ̱^{1}	mɐ˨ mɿ̱˥	竹筒
	lɿ̱^{1}	lɿ̱˥	小孩哭上沒完
ɿ̭	sɿ̭^{2}	sɿ̭˨	血
	dʐɿ̭^{2}	dʐɿ̭˨	角（墙角）
	tɕɿ̭^{2}	tʃɿ̭˨	甜
	na^{2} lɿ̭^{2}	nɐ˨ lɿ̭˨	病中呻吟
ɿ̭̱	sɿ̭̱^{2}	sɿ̭̱˨	擦，掃
	le^{2} dʐɿ̭̱^{1}	lɛ˨ dʐɿ̭̱˥	歪斜
	tɕɿ̭̱^{1}	tʃɿ̭̱˥	抄（示）捆
	lɿ̭̱^{1}	lɿ̭̱˥	脱（衣服）
i	si^{2}	sɪ˨	选择
i̭	si̭^{2}	sɪ̱˨	木炭
e	pe^{2}	pɛ˨	踢（馬踢人）
a	pa^{2}	pɐ˨	交换
o	mo^{1}	mŭɔ˥	军队
	mu^{2} tʂo^{2}	mu˨ tʂŭɔ˨	馬籠头
ʋ	kʋ^{2}	kʋ˨	烤（火）
	dʐʋ^{3}	dʐŭʋ˨	直

韻母	例字		
	標音	实际読音	汉义
ɯ	bɯ²	bɤ̆˨	去
ɯ̱	pʰɯ̱²	pʰɤ̱˨	砍（柴）
ɯ̭	kɯ̭²	kɤ̭̆˨	句（話）
ɯ̳	ɣɯ̳¹	ɣɤ̳̆˥	磨（动詞）
u	mbu²	mbʐu˨	叫（牛叫）
	tsʰu²	tsʰʮ˨	肥
	tʂʰu²	tʂʰʯ˨	刺（植物的）
	tɕʰu²	tɕʰɣu˨	銀子
	mu²	mʮ˨	馬
	I²nu²	I˨ nʮ˨	軟
	ku²	kʮ˨	喚（人）
	lu²	ʮ̆l̩˨	龍
u̱	mbu̱²	mbʐu̱˨	飽
	tsʰu̱²	tsʰʮ̱˨	建造
	mu²tʂʰu̱²	mʮ˨ tʂʰʯ̱˨	冷季（冬天）
	tɕʰu̱²	tɕʰɣu̱˨	刮（臉）
	mu̱¹	mʮ̱˥	怒
	nu̱² ma²	nʮ̱˨ mɐ˨	黄豆
	ŋgu̱²	ŋgʮ̱˨	拾（起）
	lu̱²	ʮ̱̆l̩˨	城

（3）声調：声調三個

調类	調值	例字		
		标音	实际读法	汉义
1	˨˦24	la^1	lɐ˨˦	茶
2	˨22	la^2	lɐ˨	来
3	˦˨42	la^3 $dʑɿ^1$	$lɐ^3$˦˨ dʑɿ˨˦	弯曲

說明：

①義諾土語只有三個基本調類，比聖乍土語及南部次方言少一個調类。同時，調值也与北部方言的其它土語及次方言不同。

②義諾土語中除上面三個基本調類外，还有两個变調即˥^{55}，˨˦^{24}。一般地說˥55 和 ˨˦24 都是由第二調（˨22）变来的。

如："着"讀作[tɐ˨]，而"盖着"讀作xɐ˨˦ tɐ˥。

"鸡"讀作[vʉɔ˨22]，"蛋"讀作[tɕ'˦˨42]，但"鸡蛋"則讀作[vʉɔ˨˦24 tɕ'˥˦˨42]。

③義諾土語中的調子在連讀時，变化得很利害，這是義諾土語最大的特点。現举1200多義諾詞　彙中所見变調規律如下：

基本調	單讀時	漢義	基本調	單讀時	汉義	連讀時	汉义
˧˥$_{25}$	vũɔ˧˥$_{25}$	猪	˧˥$_{25}$	sɛ˧˥$_{25}$	殺	vũɔ˧˥˧ sɛ˧˥	殺猪
˧˥$_{25}$	hɛ˧˥$_{25}$	站	˨$_{22}$	tɐ˨$_{22}$	着	kũɔ˨ hɛ˧˥ tɐ˨	站着
˧˥$_{25}$	tɕʻũɔ˧˥$_{25}$	上(面)	˦˨$_{42}$	tɕʻʊ˦˨$_{42}$	面(方向)	tɕʻʊ˧˥˧ tɕʻũɔ˧˥	上面
˨$_{22}$	mɪ˨	地	˧˥$_{25}$	tsɿ˧˥$_{25}$	犁動(动)	mɪ˨ tsɿ˧˥	耘地(犁地)
˨$_{22}$	dzɐ˨	飯	˨$_{22}$	dzɤ˨$_{22}$	吃	dzɐ˨ dzɤ˨	吃飯
˨$_{22}$	vũɔ˨$_{22}$	鸡	˦˨$_{42}$	tɕʻɪ˦˨$_{42}$	蛋	vũɔ˧˧ tɕʻɪ˦˨	鸡蛋
˦˨$_{42}$	tsʻɿ˦˨$_{42}$	一	˧˥$_{25}$	vɐ˧˥$_{25}$	萬	tsʻɿ˦˨ vɐ˧˥˧	一萬
˦˨$_{42}$	tsʻɿ˦˨$_{42}$	一	˨$_{22}$	mɐ˨$_{22}$	個	tsʻɿ˨˩ mɐ˨	一個
˦˨$_{42}$	tsʻɿ˦˨$_{42}$	一	˦˨$_{42}$	ȵɪ˦˨$_{42}$	天	tsʻɿ˨˩ ȵɪ˧˧	一天

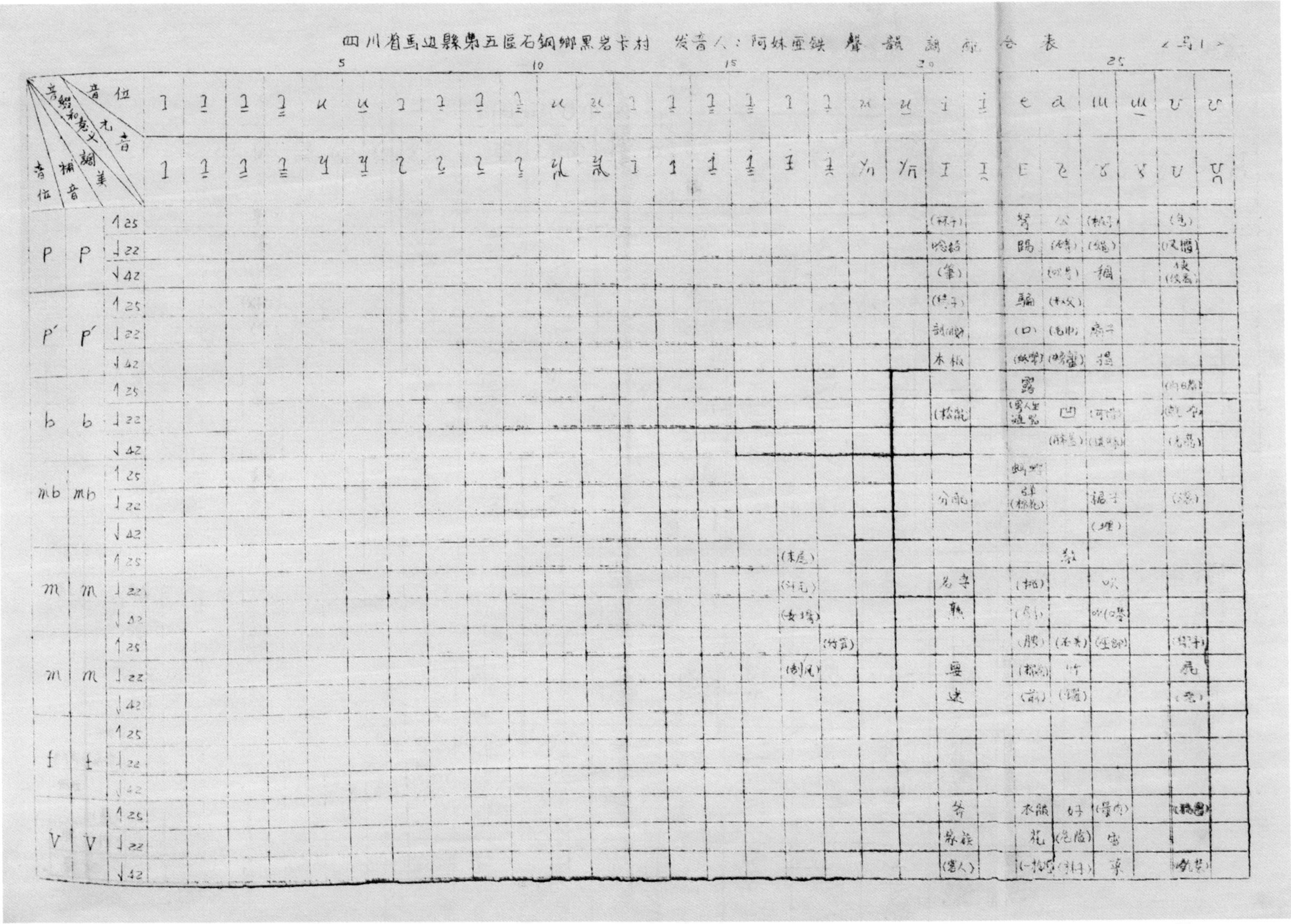

四川省馬边縣第五區石鋼鄉黑岩卡村 发音人：阿妹亜鉄 聲 韻 調 配 合 表

音位	補音	調			i	i̠	e	a	ɯ	ɯ̠	υ	υ̠
P	P	25			(稀子)		努	公	(蚊子)		(龟)	
		22			哈粘		踢	[illegible]	(蝇)		(风箱)	
		42			(筆)			(吹号)	桶		快 (快高)	
p'	p'	25			(辫子)		騙	(叔父)				
		22			刮[illegible]		(口)	(毛巾)	瘸子			
		42			木板		(蝴蝶)	(螃蟹)	提			
b	b	25					露				[illegible]	
		22			(松乱)		(男人生殖器)	凹	(可怜)		[illegible]	
		42						(麻蓋)	[illegible]		(光亮)	
mb	mb	25					蚂蚱					
		22			分配		弹(棉花)		锯子		[illegible]	
		42							(埋)			
m	m	25	(木底)					教				
		22	(汗毛)		名字		(抬)		吹			
		42	(女婿)		熟		[illegible]		吹(口哨)			
m̥	m̥	25		(竹笛)			(腮)	(不来)	(坐卧)		[illegible]	
		22	(割风)		要		[illegible]	竹			飛	
		42			迷		[illegible]	(罐)			[illegible]	
f	f	25										
		22										
		42										
v	v	25			爷		衣服	好	(鼻肉)		[illegible]	
		22			家族		花	(危险)	雪			
		42			(客人)		(一块)	[illegible]	苹		[illegible]	

四川省峨边县第五區石钢乡黑岩卡村 发音人：阿妹垂銥 声韻調配合表 （丙2）

音位	補音	調类	ɿ	ɿ̱	ɿ̭	ɿ̭̱	ɥ	ɥ̳	ʅ	ʅ̱	ʅ̱	ʅ̭	ʮ	ʮ̱	i	i̱	i̭	i̭̱	ɨ	ɨ̭	y	y̱	I	I̭	E	e	ɤ	ɤ̱	ʊ	ʊ̭
p	pч	↑25																												
		⊣22																												
		↓42																												
p'	p'ч	↑25																												
		⊣22																												
		↓42																												
b	bч	↑25																												
		⊣22																												
		↓42																												
[illegible]	mbч	↑25																												
		⊣22																												
		↓42																												
t	t	↑25																							(揖)	(大路)				
		⊣22																					云	指	卦	(拴)			剃	
		↓42																					蚕	[illegible]	(杆)	(強)	[illegible]		指	
t'	t'	↑25																							(捧)	[illegible]				
		⊣22																						桃		(熟)				
		↓42																									[illegible]		[illegible]	
d	d	↑25																					[illegible]			(盆)			[illegible]	
		⊣22																					(昨天)	醒	(吹)	[illegible]	(撞)		(诉)	
		↓42																					客人	(近)			(凳子)		話	
nd	nd	↑25																							[illegible]	贼				
		⊣22																					(行李)		(肩)	[illegible]			[illegible]	
		↓42																					争	特			(火箭)			

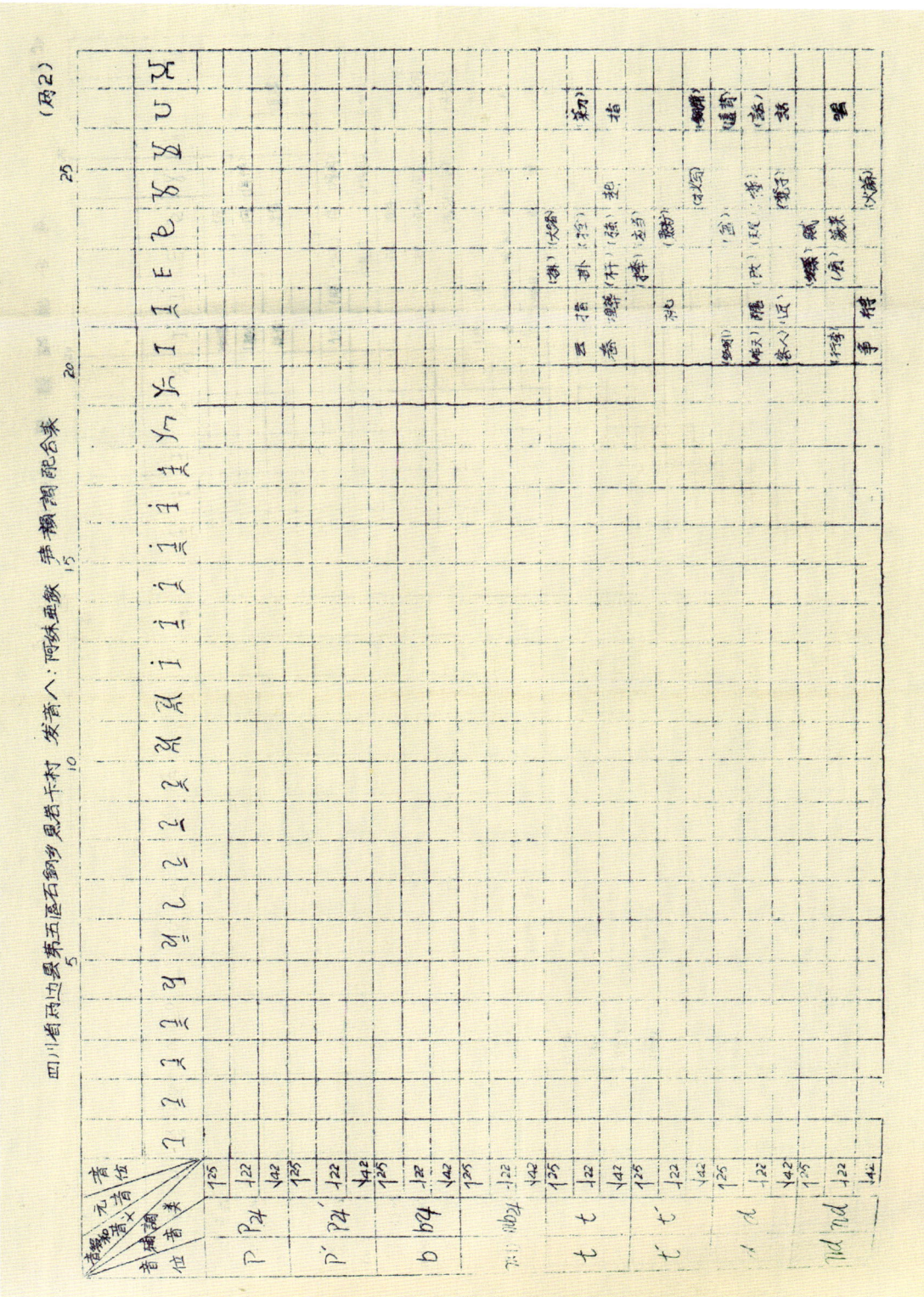

序表

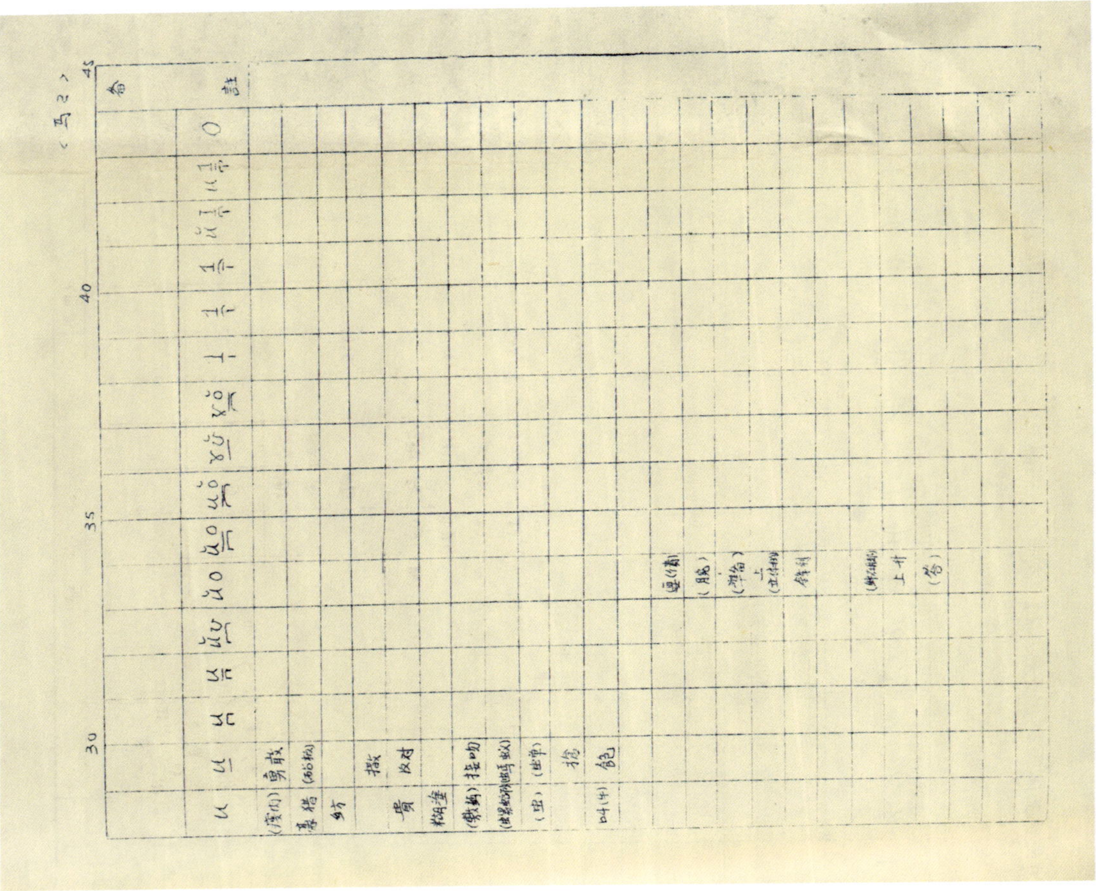

四川省马边縣第五區石腳鄉黑岩卡村 發音人：阿妹亚欧 聲韻調配合表 〈马3〉

音位	音值	音類	ɿ	ɿ̱	ɿ̯	ɿ̯̱	ɥ	ɥ̱	ʅ	ʅ̱	ʅ̯	ʅ̯̱	ɥ̯	ɥ̯̱	i	i̱	i̯	i̯̱	ɨ	ɨ̯	y̯	y̯̱	I	I̱	E	ɐ	ɤ	ɤ̱	ʊ	ʊ̯
n̥	n̥	25																					(如遒劍)			誆				
		22																					(肋骨)			向	(耳根)			
		42																					侏儒			違背			(耳環)	
n	n	25																												
		22																					你	(腥)	(奶)	病	(瘦肉)			
		42																							(乳房)		(残疾)		你們	
ɬ	ɬ	25																							晒	梯子				
		22																							脱	(哨吶)	(家兔)		(誠實)	
		42																								(櫥架)	(满月)		(月蝕)	
l	l	25																					(榔)	(圓)	間				(袖子)	
		22																					去	(紐子)	嗆(水)	来	牛	(放牛)	船	
		42																						(喉嚨)		(彎曲)	磨		两	
t	tɕ	25																												
		22																												
		42																												
tʻ	tɕʻ	25																												
		22																												
		42																												
d	dʑ	25																												
		22																												
		42																												
nd	ndʑ	25																												
		22																												
		42																												

四川省马边縣第五區石鋼鄉黑岩卡村 發音人：阿妹亞鉄 聲 韻 調 配 合 表 〈马 4〉

音位	辅音	调类 \ 元音	ɿ	ɿ̱	ɿ̱	ɿ̳	ɥ	ɥ̱	ʅ	ʅ̱	ʅ̱	ʅ̳	ɚ	ɚ̱	i	i̱	i̱	i̳	ɨ	ɨ̱	ɣn	ɣṉ	I	I̱	E	ɐ	ɣ	ɣ̱	ʊ	ʊ̱
ts	ts	↑25		减少		(翻鼓石)		挑撥																						
		┤22	(蓄)	(楔子)	栽(树)		蹲	(食道)																(埋)	賠償	(蚯蚓)		(遇见)		
		↓42	接近	(铜子)	咳嗽		掩蓋																	填				抖		
ts'	ts'	↑25	运	损	(跌)	瞎取																	(尖刀)							
		┤22	洗	眨眼	(火炭)	挖	(肥肉)	棒															落	(篾夫)	十	熱	鹽		人	
		↓42	一	(一[illegible])	塞		窩(草)																	(盤香)						
dz	dz	↑25				骑																		(賽跑)	辣椒	斜視				
		┤22	(鉄匠)		(遠揚)	(平安)	(笑族)	(討厭)															剣	鼓		飯	吃			
		↓42			跑		(瓶)																	双数						
ndz	ndz	↑25		咲																					应該	(香腸)				
		┤22	戳子	忘恩	(土司)			可恨															(鐵釘)	(团结)	擧	(雲)				
		↓42	鋪平				(鸡冠)																(恩情)							
s	s	↑25	(熟人)	渴		(寂寞)	(小偷)																		敎	(旗手)				
		┤22	死	柴	血	掃	(端公)	(窮苦)															選擇	虹	摩擦	(扇子)			母子仁	
		↓42	訓誡	(李子)	薫		一样的																掌			(嘴内)	(打傘)			
z	z	↑25		分		揉		(攪雜)																		(聘金)			打持	
		┤22	(男人生殖器)	(分)	燙	發冷	搖																	使用		(勤快)	兒子		做掌	
		↓42			咒罵		柏																	捉		(男子)			打中	
tʂ	tʂ	↑25								(露)			(鐮刀)	缩												(牽齒)		压(着)		
		┤22								拔根			(秋[illegible])													快吃	(碗)			
		↓42																												
tʂ'	tʂ'	↑25								(岩羊)		(羊圈)															送			
		┤22									(孤包)		[illegible]	[illegible]													谷			
		↓42									[illegible]																	[illegible]		

序表

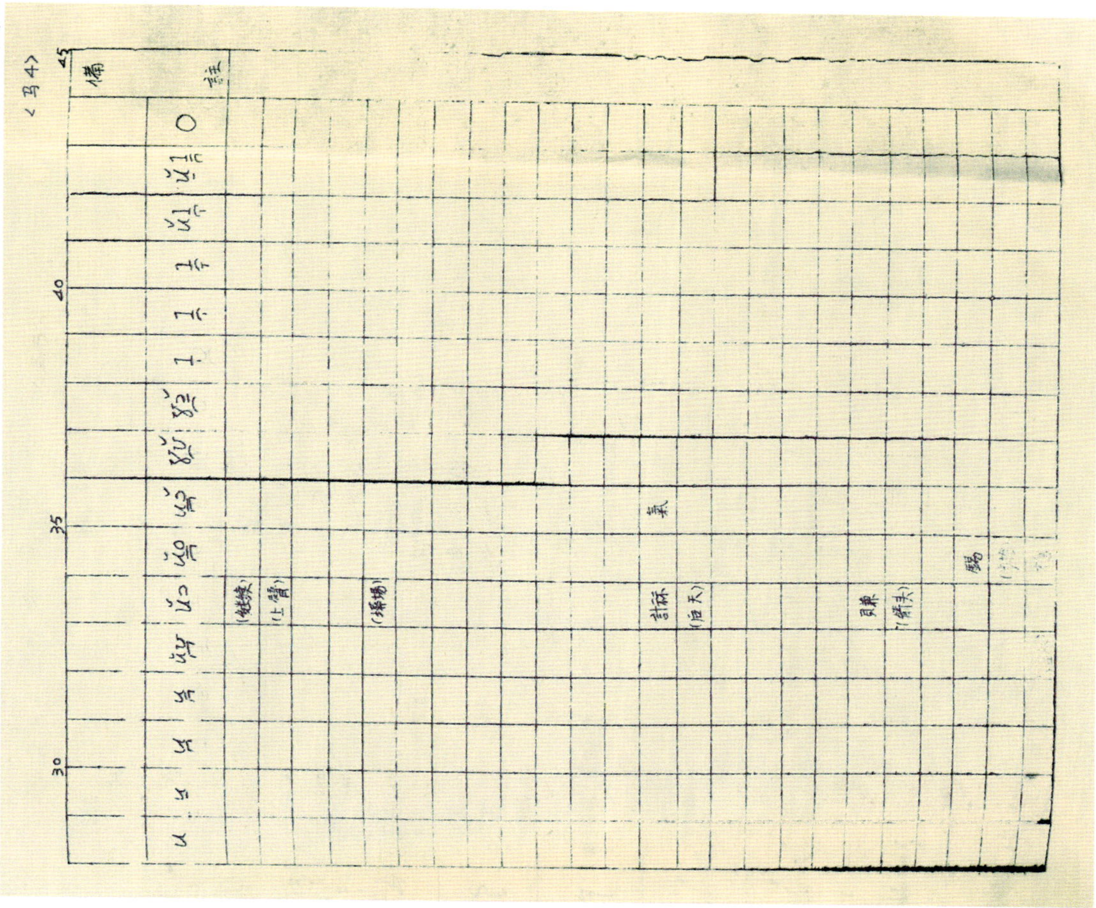

四川省马边縣第五區石纲鄉黑岩卡村 發音人：阿妹亚脥 聲韻調配合表 〈马5〉

音位	辅音	調类	ɿ	ɿ̠	ɿ̯	ɿ̳	ʮ	ʮ̠	ʅ	ʅ̠	ʅ̯	ʅ̳	ʯ	ʯ̠	i	i̠	i̯	i̳	i̟	i̟̠	ʏ	ʏ̠	I	I̯	E	ɘ	ɤ	ɤ̠	ʊ	ʊ̯
dʑ	dʐ	25									(四方)	(斜视)																		
		22							牙		角(编)	破														(麻雀)	(增加)			
		42									懸		筷子														举			
ndʑ	ndʐ	25								(撕粑)		撕羊毛		生锈												美丽	(还账)	(尺子)		
		22							(酒醉)			(必須)	(碗口)	鑰匙													搬运			
		42																								簸箕				
ʂ	ʂ	25								(青)		拉		杉												小麦	肉	(毛)		
		22						(还物)	黄金	叫(貓)	(料)		幹	(湖)												(住哪里)	(肉汤)			
		42									(送)		(浅绿)	(海)												謊				
ʐ	ʐ	25							担保																	吵闹				
		22							早		(過戳)																			
		42							蒜																					
tɕʻ	tʃ	25													(嫁女)			吸							(硯台)					
		22													漆(刻)梯子	(醃)	(游水)	削												
		42													(笛)	(萤火虫)	扔													
tɕʻ	tʃʻ	25														(憂愁)		捆(人)												
		22													尿		甜	火葬												
		42													提															
dʑ	dʒ	25													(覺)															
		22													銅															
		42													(下边)															
ndʑ	ndʒ	25																脱(衣)												
		22													生皮	剥掉	鑽													
		42													(多写)															

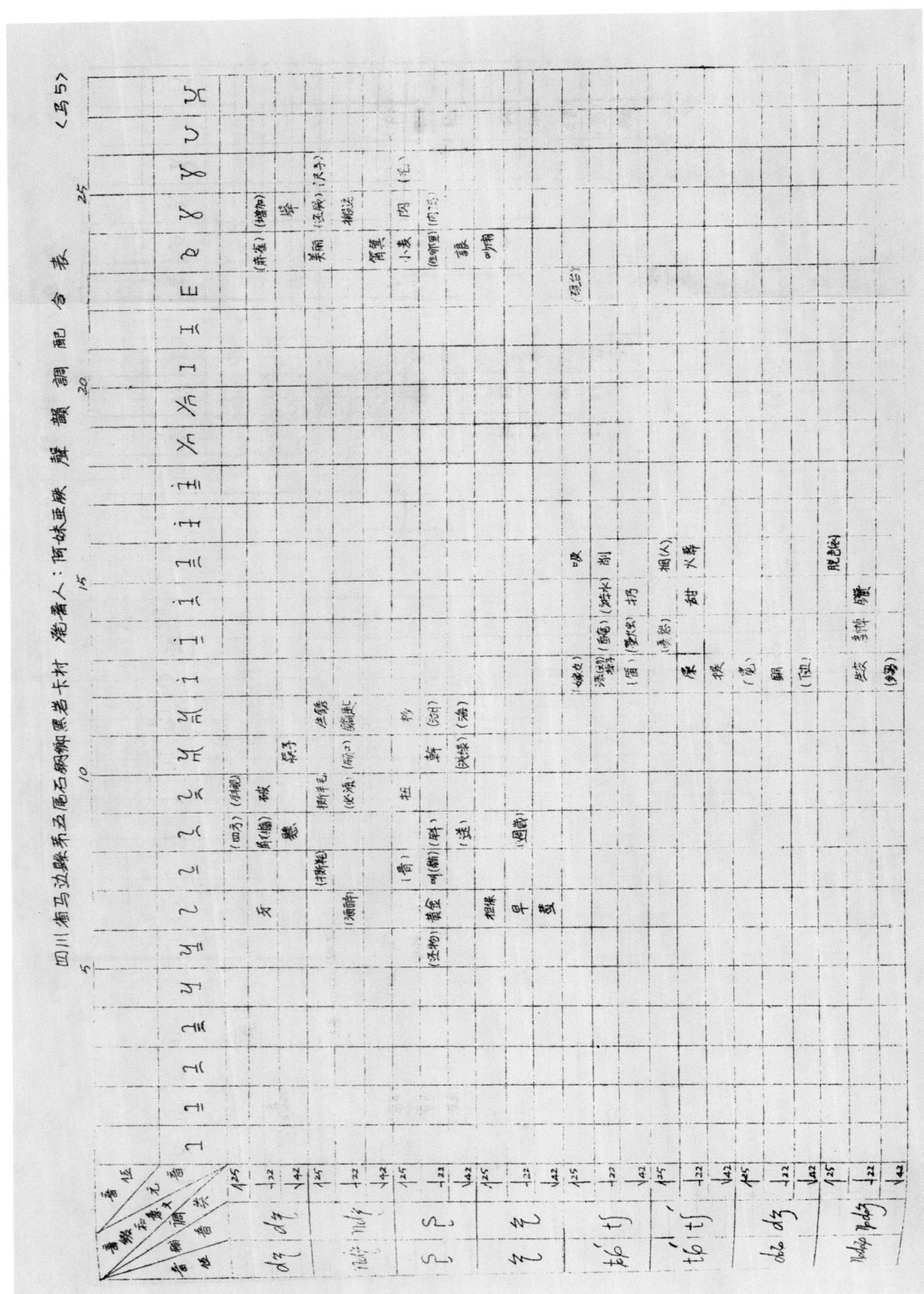

序表

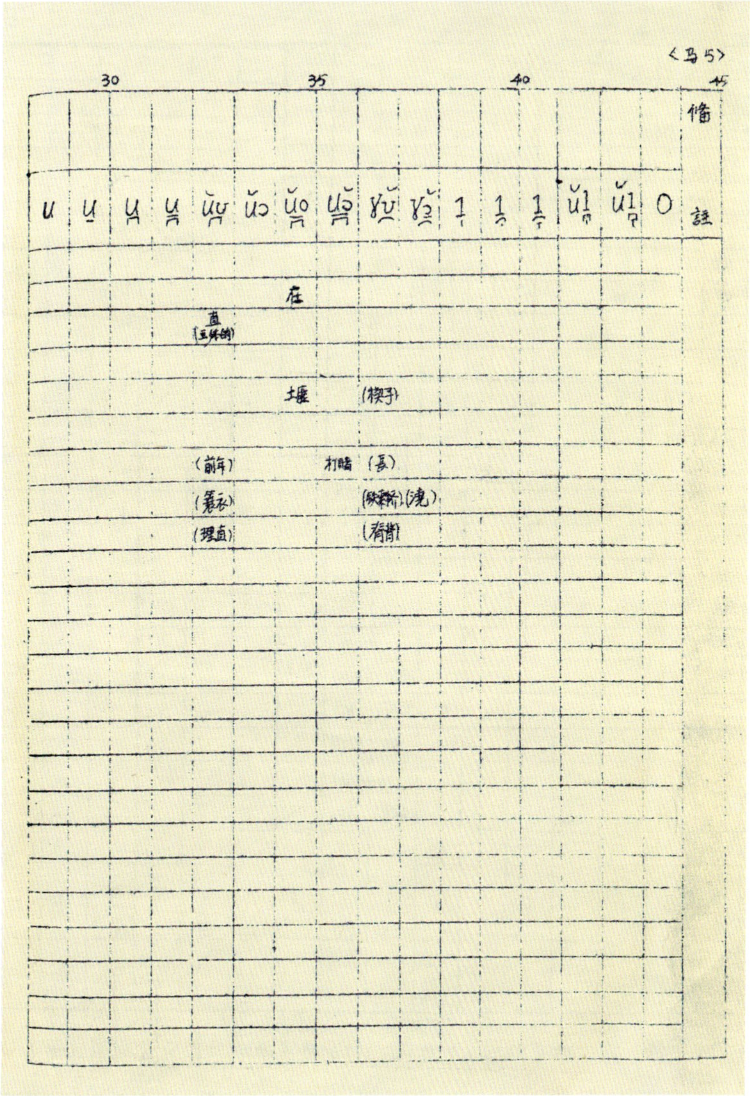

四川省马边县第五区石钢乡黑岩卡村　发音人：阿妹亚铁　声韵调配合表　<马6>

辅音音位	辅音音值	调类	ɿ	ɿ̳	ɿ̰	ɿ̳̰	ɥ	ɥ̳	ʅ	ʅ̱	ʅ̰	ʅ̳̰	ʮ	ʮ̱	i	i̳	i̱	i̳̰	ɨ	ɨ̱	ɥ/	ɥ/	I	I̱	E	ɞ	ɤ	ɤ̱	ʊ	ʏ̱
ɕ	ʃ	25																												
		22													戗	(裹腿)														
		42													(结嗜)															
ʑ	ʒ	25													(蝦)	驢														
		22													湯	(靈魂)	漏													
		42													(可笑)	(風箱)														
tɕ	tɕ	25																					上边		磨(刀)	訂			(下)	
		22																			鋭治	骨髓	禁止	(歪斜)	(亦行)	(遗背)			颤动	
		42																					(親戚)						黏	
tɕʻ	tɕʻ	25																					(虫乙)							
		22																			银	剑	(腰)	想	跨	(偷懒)			同	
		42																			看守		蛋						(腿肢)	
dʑ	dʑ	25																				腰	(流塞)		步槍				(氣管)	
		22																			燕麦	(鼻孔)	飛		件				(弱)	
		42																			(松鼠)		落(窗)						截断	
ndʑ	ndʑ	25																							泅渔					
		22																			爬行		吊		嘔吐				平	
		42																					根							
ɲ	ɲ	25																												
		22																												
		42																					侯坐							
ŋ	ŋ	25																					(蒸籠)	(丝巾)	(害羞)	退			(鬼)	
		22																					蒸	漆	米石				(眉毛)	
		42																					二	(燕)		(稻)			(檄)	

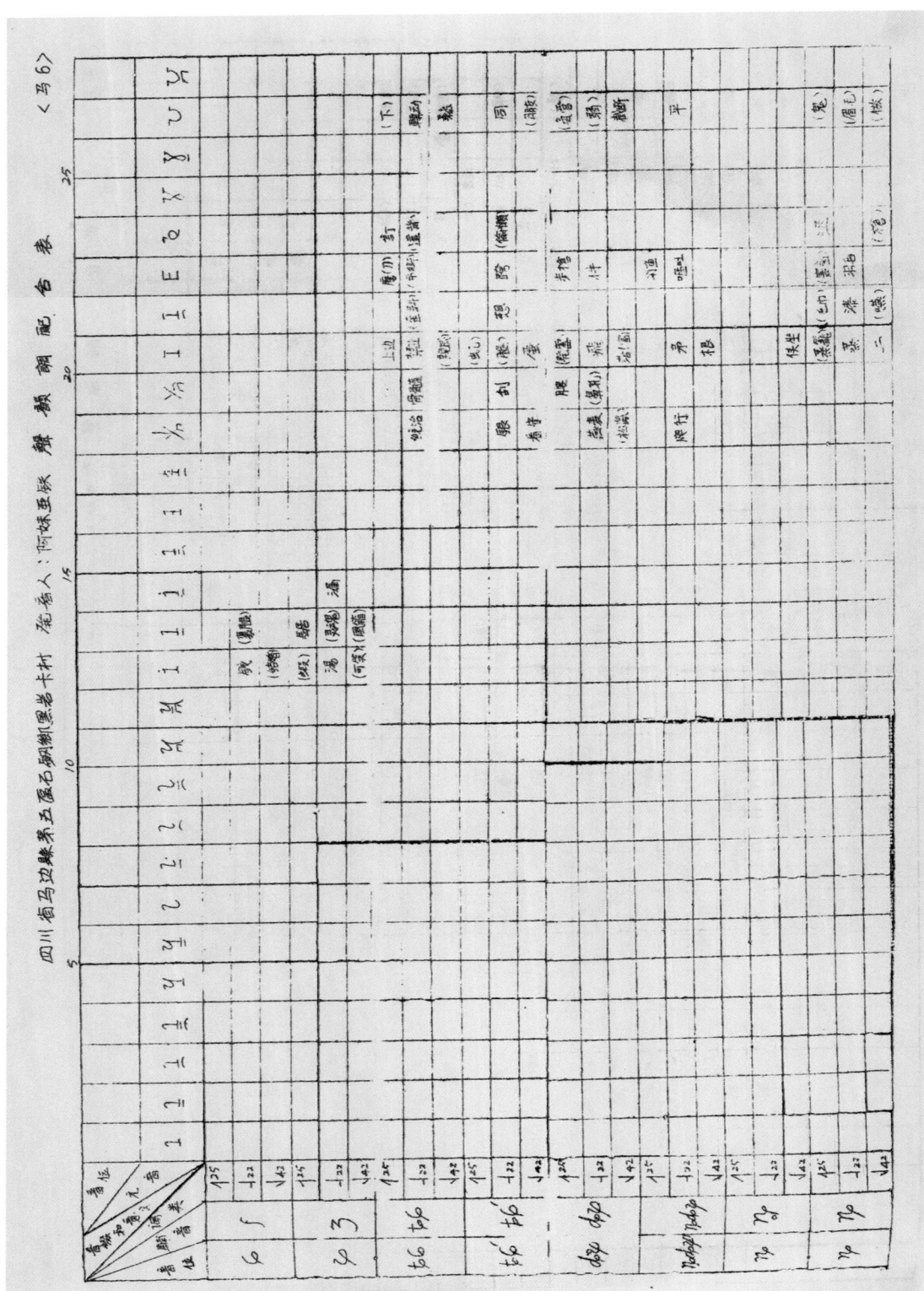

序表

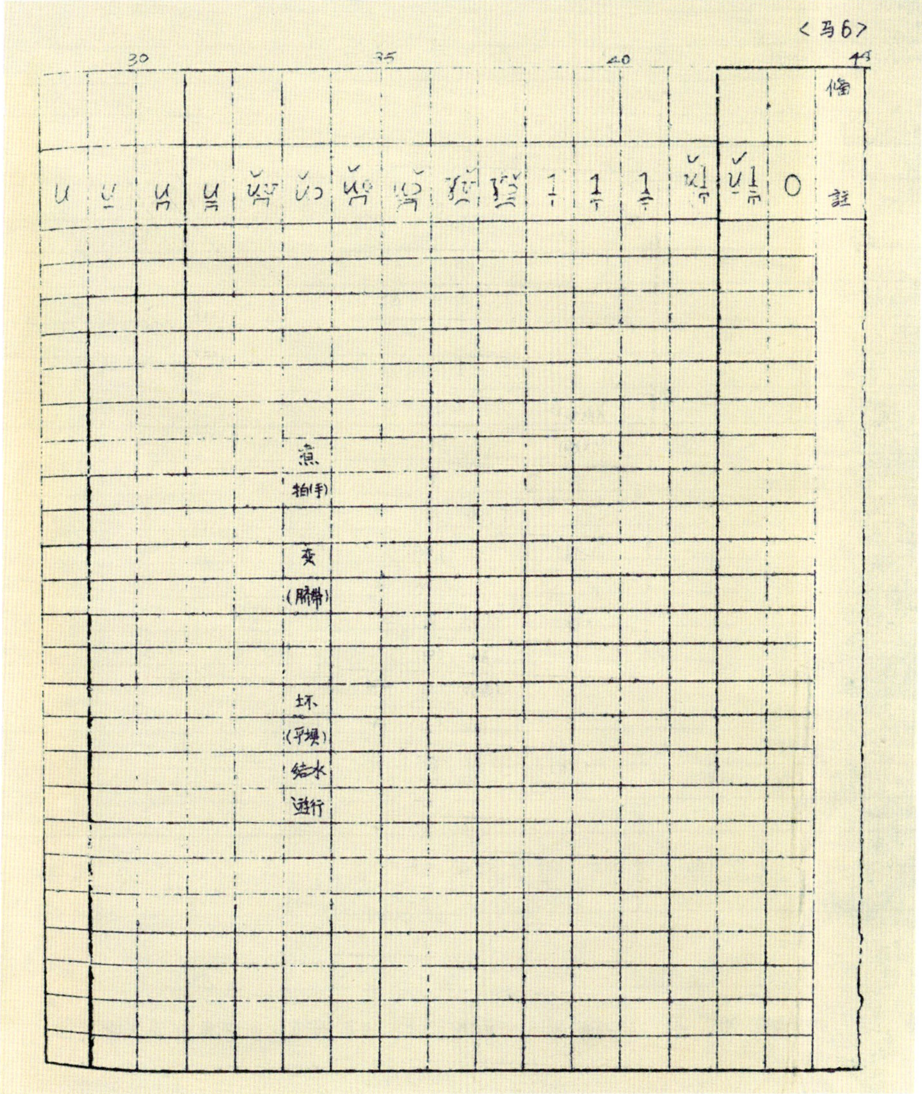

四川省马边县第五区石朋乡黑岩卡村 发音人：阿妹亚联 声韵调配合表 〈马7〉

音位	辨音	调类	ɿ	ɿ̱	ɿ̯	ɿ̳	ɥ	ɥ̱	ʅ	ʅ̤	ʅ̯	ʅ̳	ʮ	ʮ̱	i	i̱	i̯	i̳	i	i̯	ʏ	ʏ̱	I	I̯	E	ɤ	ɣ	ɣ	ʊ	ʊ̯
ɕ	ɕ	˦25																							咬					
		˨22																					[illegible]		摘					
		˥42																					剥							
ʑ	ʑ	˦25																					(分家)		住					
		˨22																					石		(村址)	(柱子)			(西南)	
		˥42																					(不够)			(浮竿)			(眼花)	
k	k	˦25																								筆		會	(燈)	
		˨22																								(灶)	告訴			
		˥42																								(揍揉)	加		(身体)	
kʻ	kʻ	˦25																							鐵	喜欢				
		˨22																							(村址)	要	苦(味)		(塑)	
		˥42																								(口)	(吸食)			
g	g	˦25																							超种	穿	(赌钱)			
		˨22																							断	(走)	闘		量	
		˥42																								(小路)	搞		(路)	
ŋg	ŋg	˦25																								利益				
		˨22																								过	嚼		冷	
		˥42																								(苦荞)	(甜荞)			
ŋ	ŋ	˦25																								(我本人)				
		˨22																								我				
		˥42																								(我们)				
x	x	˦25																								[illegible]				
		˨22																					好(痛)			[illegible]	粗造		(隔开)	
		˥42																								[illegible]				

序表

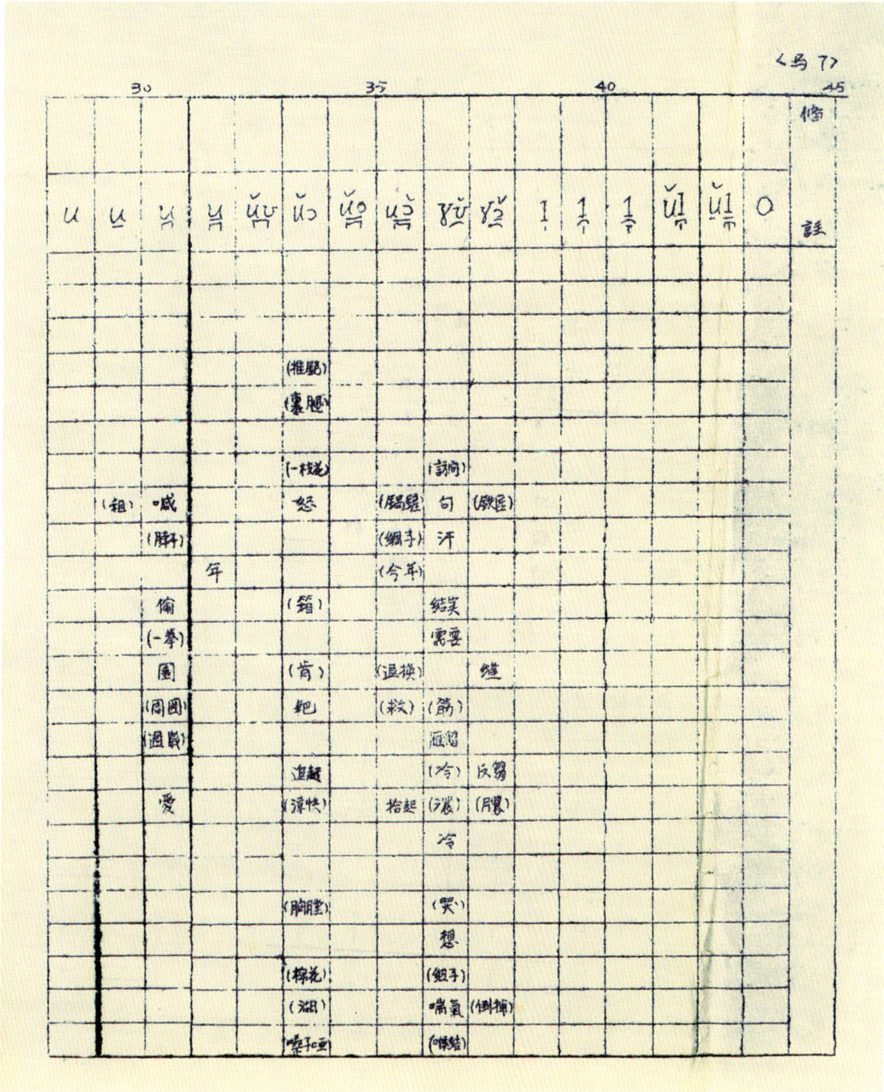

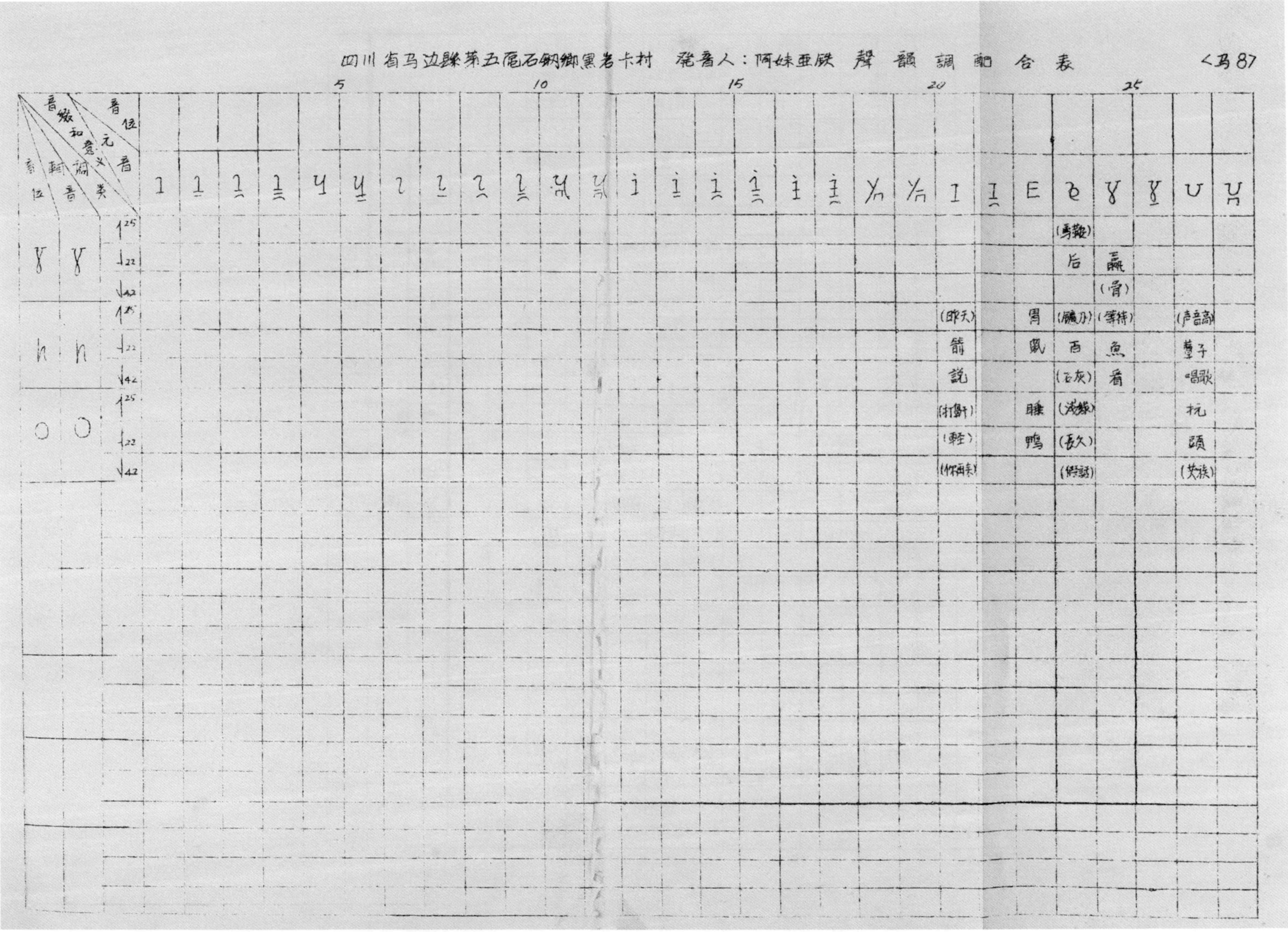

四川省马边縣第五區石钢鄉黑老卡村　發音人：阿妹亚欧　聲韻調配合表　<马87

輔音音位	音位	音级	ɿ	ɿ̠	ɿ̰	ɿ̳	ʮ	ʮ̠	ʅ	ʅ̠	ʅ̰	ʅ̳	ɥ̰	ɥ̳	i	i̠	ḭ	i̳	ɨ	ɨ̠	y̰	y̳	ɪ	ɪ̰	E	ə	ɤ	ɤ̠	ʊ	ʊ̰
ɣ	ɣ	˦˥25																								(马鞍)				
		˨22																								后	贏			
		˦˨42																									(骨)			
h	h	˦˥25																					(昨天)		胃	(膩乃)	(等待)		(声音高)	
		˨22																					箭		風	西	魚		蔓子	
		˦˨42																					說			(石灰)	看		唱歌	
○	○	˦˥25																					(打鼾)		睡	(泼辣)			抗	
		˨22																					(輕)		鴨	(長久)			頭	
		˦˨42																					(作画未)			(説話)			(笑孩)	

序表

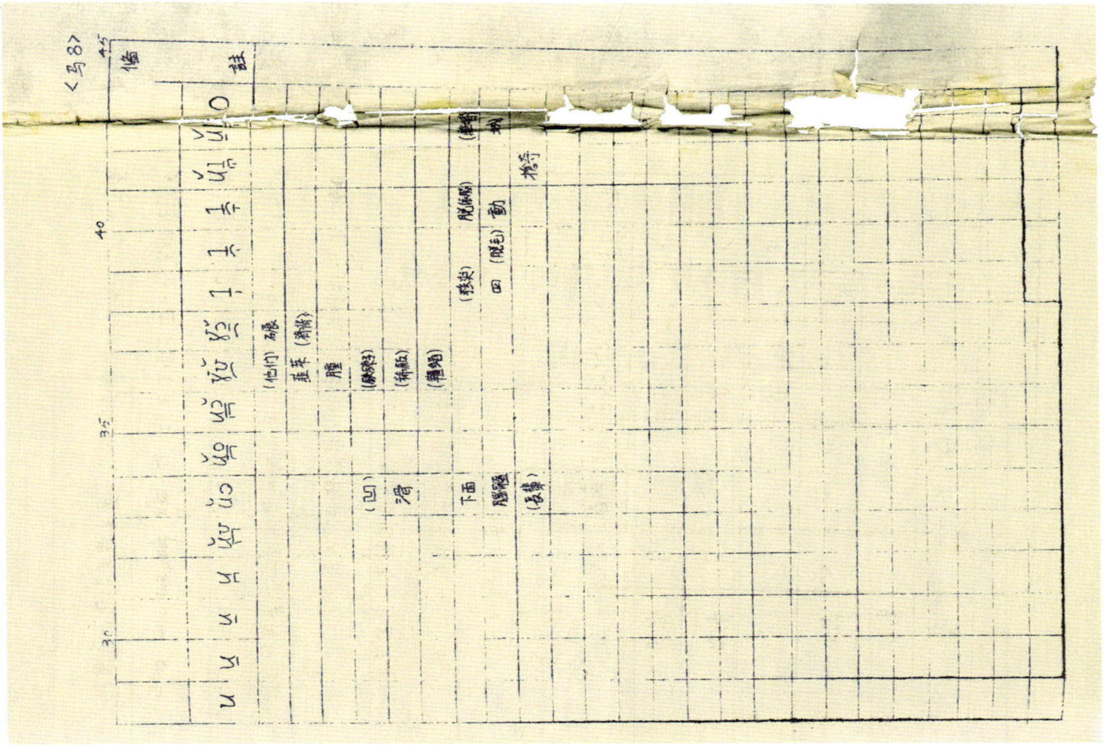

(三)田坝土語的語音情況：

田坝土語的語音特点是：声母方面比其他兩個土語少六個鼻冠音声母mb，nd，ndz，ndʐ，ndʑ，ŋg。韻母方面多出一個紧喉音i̠（实际音值為[ɪ̠]），少一個紧喉的ɯ̠。声調方面只有三個基本調类，調值分別與聖乍土語的第一調、第三調、第四調相同，連讀時变調的情況，沒有義諾土語那样複雜，但比聖乍語複雜一些。現在先以呷洛縣苏雄区的声韻調為代表分述其語音情況如下：

1. 田坝土語區，呷洛縣苏雄區的音位系統。

(甲)声母：声母37個。

發音方法	發音部位	双唇	唇齒	舌尖前	舌尖中	舌尖后	舌面	舌根	喉
塞音	全清	p			t			k	
	次清	p'			t'			k'	
	濁	b			d			g	
塞擦音	全清			ts		tʂ	tɕ		
	次清			ts'		tʂ'	tɕ'		
	濁			dz		dʐ	dʑ		

鼻音	清擦	m̥			n̥				
	濁	m			n		ȵ	ŋ	
边音					ɬ l				
擦音	清		f	s		ʂ	ɕ	x	h
	濁		v	z		ʐ	ʑ	ɣ	

説明：

①舌尖中塞音t、t'、d、與元音u、u̠相拼時，引起双唇顫動。

②舌尖前塞擦音與擦音ts、ts'、dz、s、z讀時，舌尖抵齒縫，其实际音值為[tθ][tθ'][dð][θ][ð]，我們用⌞ts̪⌝、⌞ts̪'⌝、⌞dz̪⌝、⌞s̪⌝、⌞z̪⌝来表達。

③田壩土語有⌞ŋ̊⌝声母，但閃它出現一次，而且在田壩土語區中，有些地方变成ŋ或n̥、n，因此我們把[ŋ̊]併入n̥音位中。

④舌根音k、k'、g、x、ɣ，在元音i(ɪ)、e(E)之前時，舌位靠前，讀作[c][c'][ɟ][ç][ʝ]，而在元音o前時，舌位靠后（x、ɣ除外），讀作[q][q'][ɢ]。

⑤h在元音u與u̠之前，為口鼻兼音，一部份氣流由鼻腔洩出，讀作[h̃]，在听感上近似舌根清擦鼻音[ŋ̊]。

声母例字

聲母	例字		
	標音	實際讀法	漢義
p	pɛ² tɕ'ɛ²	pɛ˧ tɕ'ɛ˧	跳舞
p'	p'u³ n̥v²	p'u˩ n̥v˧	地(財產)
b	bo¹	bo˥	藏
m̥	m̥a³ tsɿ̱¹	m̥a̱˩ tsɿ̱˥	鬍子
m	ma² dza²	ma̱˧ dza̱˧	墨
f	fu̱¹ ha²	fu̱˥ ha̱˧	六百
v	vu² tɕi²	vu̱˧ tɕi˧	一条蛇
t	to² ta²	to˧ ta̱˧	托着
t'	t'i³ kv¹ pa²	t'i˩ kv˥ pa̱˧	放掉
d	do³ ma²	do˩ ma̱˧	話
n̥	n̥a² ta²	n̥a˧ ta̱˧	听着
n	a¹ no²	a̱˥ no˧	黑
đ	đa¹ ga¹	đa̱˥.ga̱˥	穿裤子
l	lo¹ p'a¹	lo˥ p'a̱˥	一隻手
ts	tsɿ³ ku̱¹	tsɿ̱˩ ku̱˥	一年

—— 声母例字

声母	例字		
	标音	实际读法	漢義
tsʻ	tsʻa^{2}ko^{2}	ts̺ʻa̱˧ ko˧	太熱
dz	dza^{1}dzɯ^{2}	dz̺a̱˧ dz̺ʌ˧	吃飯
s	so^{2}kʻu̱^{1}	s̺o˧ kʻu̱˥	三年
z	zi^{2}bɯ^{2}	z̺ɪ˧ bʌ˧	树
tʂ	mɿ^{2} tʂo^{2}	mɿ˧ tʂo˧	馬籠頭
tʂʻ	tʂʻɿ̱^{1} za^{2}	tʂʻɿ̱˥ z̺a̱˧	山羊兒
dʐ	dʐɿ^{2} dʋ^{2}	dʐɿ˧ dʋ˧	喝酒
ʂ	a^{2} ʂɿ̱^{1}	a̱˧ ʂɿ̱˥	新
ʐ	tɯ^{3} ʐɿ^{2}	tʌ˩ ʐɿ˧	早
tɕ	tɕo^{1}ma̱^{2}	tɕo˥ ma̱˧	一個老鷹
tɕʻ	tɕʻʋ^{3} pʻɯ^{3}	tɕʻʋ˩ pʻʌ˩	朋友
dʑ	dɯ^{2}dʑi^{2}	dʌ˧ dʑɪ˧	知道
ɕ	ɕi^{2} tɕʻi^{2}	ɕɪ˧ tɕʻɪ˧	一条缐
ʑ	ʑe^{2} dʋ^{2}	ʑɛ˧ dʋ˧	吸烟
ȵ	ȵe^{3} vu̱^{2}	ȵɛ˩ vu̱˧	飼料

声母例字

声母	例字		
	标音	实际讀法	漢義
K	Ka^{2} dza̠^{2}	Ka˧ dza̠˧	吃掉
K'	K'ɯ^{2} tɕʋ^{1}	K'ɯ˧ tɕʋ˥	内部
g	gɯ^{3} mɯ^{3}	gʌ˩ mʌ˩	道路
x	xo^{1} do^{3}	xo˥ do˩	射箭
ɣ	ɣi^{3} ɣi^{2}	ɣɪ˩ ɣɪ˧	笑
h	dʋ^{3} hi^{3}	dʋ˩ hɪ˩	説話

(2) 韻母： 韻母11個

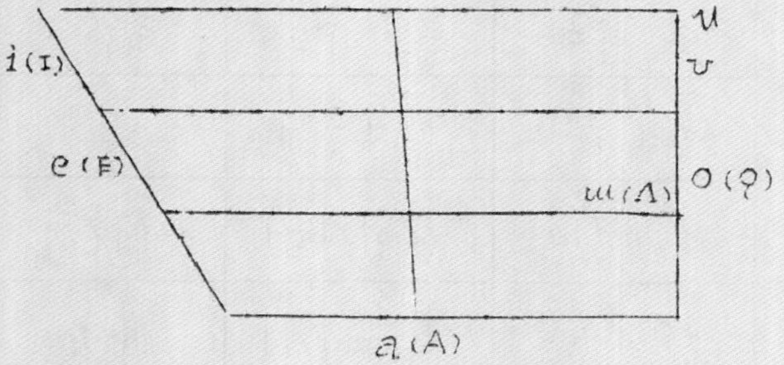

另有： 舌尖前自然元音二個：ɿ ɿ̠

紧喉元音二個：i̠、u̠.

説明：

① 舌尖前自然元音ɿ、ɿ̠在舌面前塞擦音及擦音之后時，為

混合舌葉音的自然元音（用ɿ及ɿ̱代表）。其他条件变体典型下同。

② 元音ɿ，ɿ̱，在因填土語中实际音值為[ɪ]和[ɪ̱]。

③ 元音e在因填土語中的实际音值為[E]，讀時很紧。

④ 元音ɑ，讀時舌位稍靠后，但不到央元音[A]的部位。

⑤ 元音o，讀時很紧，它在[ɦ]后時為[ɔ]。

⑥ ɯ元音的实际音值為[ʌ]。

⑦ 元音u，u̱，在舌面前塞擦音及擦音后時為：[y]及[y̱]，在舌根音后時带齿化為[ʮ]、[ʮ̱]，其余条件变体同型下。

因填土語区，呷洛縣苏雄区元音特点：

① 没有ɯ。

② 有ɿ̱。

韻母例字

韻母	例字		
	标音	实际讀法	漢義
ɿ	tʂʻɯ²tsɿ²	tʂʻʌ˧ tsɿ˧	栽秧
ɿ̱	mɿ²tsɿ̱¹	mɪ˧ tsɪ̱˥	犁地
i	zi³tɯ²	zɪ˩ tʌ˧	[illegible]着

韻母例字

韻母	例字		
	標音	实际讀法	漢義
i̠	lɛ^2 ki̠^{2}	lɛ˧ ki̠˧	自縊
e	pe^2 tɕʻe^2	pɛ˧ tɕʻɛ˧	跳舞
a	su̠^{1} ʂa^2	sɿ̠˥ ʂa˧	穿
o	a^1 ko^2	a˥ ko˧	硬
ʋ	tsʻʋ^1 kʻu^2	tsʻʋ˥ kʻu˧	賊
ɯ	zɯ^2 kɯ^2	zʌ˧ kʌ˧	笨人
u	ɣʋ^2 pu^2	ɣʋ˧ pu˧	公鸡
u̠	bu̠^{2}ma^{2}bu̠^{2}	bu̠˧ma˧bu̠˧	寫字

（3）声調

調類	調值	例字		
		標音	实际讀法	漢義
1	˥ 55	ma^1	ma˥	餓
2	˧ 33	ma^2	ma˧	個
3	˥˩ 51	ma^3	ma˥˩	嘛

因得土語除三個基本調類而外，还有一個˥˩ 51變調，一般出

總在一個詞較長重音時。

2. 田埧土語區內部各地語音情況：

田埧土語區內各地語音差别較大，就在同一縣的兩個區，甚至在同一個區的兩個鄉里，語音都有較大的差别。其主要的差别表現在声母以及声韵配合关係上。下面我們只提出較特殊的几個地方的音位系統以及它們與甘洛縣苏雄區初步比較的結果。今后我們得到較多的材料時，擬再在田埧土語區內划分次土語區。

(1) 峩边縣冷竹坪彝語音位系統：

① 声母：声母29個。

峩边冷竹坪彝語声母表（共29個）

發音部位 / 音位 / 發音方法		双唇	唇齿	舌尖前	舌尖中	舌面	舌根	喉
塞音	全清	p			t		k	
	次清	pʻ			tʻ		kʻ	
	濁	b			d		g	
塞擦音	全清			ts		tɕ		
	次清			tsʻ		tɕʻ		
	濁			dz		dʑ		

鼻音		m			n	ȵ	ŋ	
边音					l			
擦音	清		f	s		ɕ	x	h
	濁		v	z		ʑ	ɣ	

說明：

①V在元音 a o ʊ 前時，為双脣濁擦音[w]。

②唸舌尖边音l時，舌根抬起。

③k k' g在元音i ɪ e前時，舌位偏前，讀為[c][c'][ɟ]。

④較聖乍土語少14個声母，較田壩土語呷洛縣苏雄區少8个声母。（無鼻冠濁声母，也沒有清擦鼻音和清擦边音[ɬ]）。

⑤無舌尖后tʂ、tʂ'、dʐ、ʂ、ʐ一套，是它最大的特点。

声母例字

声母	例字		
	標音	实际讀法	漢義
p	pe^{2}	pe˧	陽
p'	$p'e^{2}$	p'e˧	剖
b	be^{1}	be˥	山
m	ma^{2}	mA˧	竹

声母例字

声母	例字		
	标音	实际读法	漢義
ɬ	ɬu̠^{1}	ɬu̠˥	犬
v	ve^{2}	ve˧	闹
t	ta^{2}	tA˧	着
tʻ	tʻi^{2}	tʻɪ˩	放
d	da^{1}	dA˥	接
n	na^{2}	nA˧	病
l	lɯ^{2}	lɯ˧	牛
ts	tṣ^{2}	tsɿ˧	栽
tsʻ	tsʻʋ^{2}	tsʻʋ˧	人
dz	dza^{2}	dzA˧	粮
s	su̠^{2}	su̠˧	还物
z	zɿ̠^{1}	zɿ̠˥	豹
tɕ	tɕo^{1}	tɕo˥	煮
tɕʻ	tɕʻe^{3}	tɕʻe˩	蛋
dʑ	dʑi^{2}	dʑɪ˩	落

声母例字

声母	例字		
	标音	实际读法	漢義
ʔɸ	ʔɸo^{1}	ʔɸɒ˥	舔（用舌头）
ɕ	ɕe^{2}	ɕe˧	摘
ʑ	ʑe^{2}	ʑɛ˧	煙
k	ku^{2}	kṳ˧	喊
k'	k'ʋ^{2}	k'ʋ˧	接
g	gu^{2}	gṳ˧	九
ŋ	ŋa^{2}	ŋA˧	我
x	xo^{1}	xɔ˥	弓
h	he^{2}ga^{1}	hɛ˧ gA˥	漢人
ɣ	ɣʋ^{3}	ɣʋ˩	腫

②韻母：韻母11個。

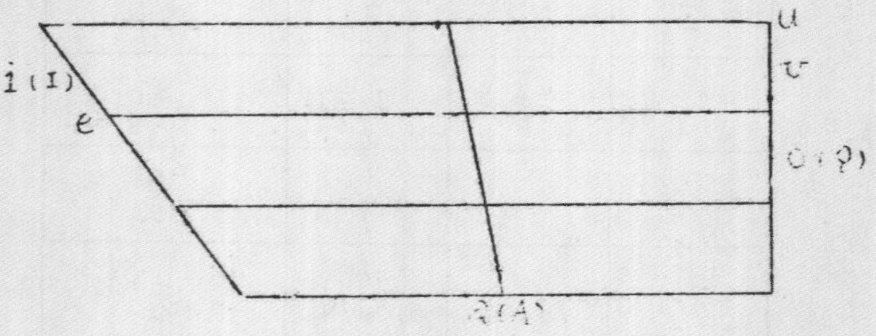

另有舌尖元音二个：ɿ　ɿ̱

紧喉元音二个：i̱、u̱

说明：

①元音 i 与 i̱ 的实际音值为[ɪ]与[ɪ̱]。

②元音 ɑ 在双唇音、舌尖音、舌面音后时舌位较央元音[A]稍前，在唇齿音 v、舌根音及喉擦音三套声母后时，舌位较央元音[A]稍后。

③元音 o 除在 n 后为[ɔ]外，在其它情况下为[o̞]。

④元音 ɯ 在双唇音、舌根音和喉擦音后时为[ɤ]，在其它情况下仍为[ɯ]。

⑤元音 u、u̱ 在舌尖音、舌根音后带齿化为[u̪][u̪̱]，在舌面音后为[y][y̱]，在双唇鼻音 m 及舌根鼻音 ŋ 后时为自成音节的唇齿鼻音[ɱ̩]，和 m、ŋ 结合时的实际音值为[m͡ɱ̩]与[ŋ͡ɱ̩]。

⑥凡元音与舌面鼻音 ȵ 拼时都带有半鼻音，

⑦元音 i̱ 在连读时，如果后一音节为[ɤ̱]，则[i̱]和[ɤ̱]就会结合起来，变成近似北京儿韵的[ɚ]。如‘晚上’读成[c'ɚ˥˩ ku˩]，实际上是由[c'i̱˥ ɤ̱˥ ku˩]三个音节变

来的。

韵母例字

韻母	例字		
	标音	実际読法	漢義
ɿ	zɿ³	zɿ˩	遮蔽
ɿ̱	sɿ̱³	sɿ˩	懂
i	ȵi²	ȵi˧	坐
e	hɛ²tɕi¹	hɛ˧tɕɪ˥	蜥蜴
a	a¹dzi²	a˥dzɪ˧	瘦(瘦肉)
o	ȵo¹	ȵo˥	舔(用舌头)
ɯ	zɯ²	zɯ˧	兒子
ʋ	fʋ²mʋ³	fʋ˧mʋ˩	斧子
u	ʑɿ²ŋu¹	ʑɿ˧ŋu˥	哭
u̱	p'u̱²	p'u̱˧	刮(風)

⑶声调：声调三个。

調類	調值	例詞		
		标音	实际读音	漢義
1	˥55	ma¹	mA˦˥	餓
2	˧33	ma²	mA˧	匹(馬)
3	˨˩21	ma³ mɯ³	mA˨˩ mɯ˨˩	鈕子

說明：另有一个高降的变調 ˥˩51，是在連讀時由第一調 ˥55 变来的。

(2) 越嶲縣第二區彝語音位系統：

①声母、声母37個

越嶲二區彝語声母表（共37個）

發音方法 \ 音位 \ 發音部位		双唇	唇齒	舌尖前	舌尖中	舌尖后	舌面	舌根	喉
塞音	全清	p			t			k	
	次清	p'			t'			k'	
	濁	b			d			g	
塞擦音	全清			ts		tʂ	tɕ		
	次清			ts'		tʂ'	tɕ'		
	濁			dz		dʐ	dʑ		
鼻音		m̥ m			n̥ n		ȵ	ŋ	

边音					l				
擦音	清		ɬ	s		ʂ	ɕ	x	h
	濁		v	z		ʐ	ʑ	ɣ	

說明：

① v在u前為双唇濁擦音[w]

② t、t'、d在元音u与ʉ前双唇顫動。

③ 舌根音k、k'、g、x、ɣ与元音i、e相拼時，部位稍靠前，[ɣ]与元音o相拼時，部位稍靠后。

声母例字

声母	例字		
	标音	实际读法	漢義
p	pv^{3}	pv˧	色
p'	p'a^{1} vu^{3}	p'A˥ vu˧	伯父
b	bu^{3} ʂɿ^{3}	bu˧ ʂɿ˧	蛇
m	ma^{3} di^{1}	mA˧ di˥	结（结菓）
m̥	m̥a^{1}mv˩	m̥A˥mv˩	教师
ɬ	ɬu^{1} ma^{3}	ɬu˥ma˧	六個

声母例字

声母	例字		
	标音	实际读法	漢義
v	vu̱^{1}	vu̱˥	碾（碾米）
t	ta^{1}	tA˥	去粗
t'	t'e^{3}	t'E˧	色
d	de^{3} pu̱^{3}	dE˧ pu̱˧	蔑肘
n	no^{3} ɕu̱^{3}	nɔ˧ ʃu̱˧	彝族
ŋ̊	ŋ̊a^{3} kʋ^{2}	ŋ̊A˧ kʋ˦	訪问
ɖ	ɖʋ^{4} vu̱^{1}	ɖʋ˩ vu̱˥	深绿
l	lʋ^{1}	lʋ˥	下（立体的）
ts	tsɿ̱^{4} vɿ̱^{1}	tsɿ̱˩ vɿ̱˥	唾液（口水）
ts	ts'ɿ^{4} mʋ^{4}	ts'ɿ˩ mʋ˩	肺
dz	dzɿ̱^{3}	dzɿ̱˧	辣
s	sʋ^{1}	sʋ˥	討麻
z	zɿ^{3}	zɿ˧	燙
tʂ	tʂa^{3} ku̱^{3}	tʂA˧ ku̱˧	蟋蟀
tʂ'	tʂ'a^{3} k'u̱^{1}	tʂ'A˧ k'u̱˥	今年

声母例字

声母	例字		
	标音	实际读法	漢義
dʑ	dʑɯ^{3} gu^{3}	dʑɯ˧ gu˧	東西(物)
ʂ	ʂɿ^{3}	ʂɿ˧	叫(貓;青蛙)
ʑ	ʑɿ^{4} mi^{1}	ʑɿ˩ mɪ˥	汚穢(髒)
tɕ	tɕi^{3}bu^{3}	tɕɪ˧ bu˧	旁边
tɕʻ	tɕʻu̱^{3}	tʃʻɿ̱˧	造(橋)
dʑ	dʑi^{3}	dʑɪ˧	飛
ɕ	ɕe^{3}	ɕE˧	厩
ʑ	ʑɿ^{3}	ʑi˧	漏(器物漏水)
ʔʑ	ʔʑv^{3}ʑi^{3}	ʔʑv˧ ʑɪ˧	瓶
K	Ka^{3}	KA˧	搖动
Kʻ	Kʻi^{1}	Kʻɪ˥	簸(簸糠)
g	gv^{3}mi^{1}	gv˧mɪ˥	濃(濃茶)
ŋ	ŋa^{3}	ŋA˧	我
x	xɔ^{3}ʑi^{1}mv^{4}	xɔ˧ʑɪ˥mv˩	岳母
ɣ	ɣv^{2} pu^{3}	ɣv˧ pu˧	胖(人胖)

声母例字

声母	例字		
	标音	实际读法	漢義
h	hu˥	hṵ˩	詁

② 韻母：韻母10個

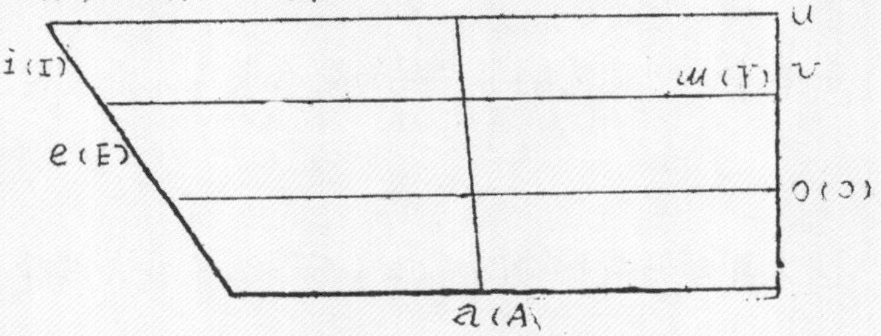

另有舌尖元音二个：ɿ ɿ̱

紧喉元音一个：u̱

說明：

① 舌尖元音ɿ ɿ̱在舌面前，tɕ、tɕʻ、dʑ、ɕ、ʑ 后為混合舌葉音后自然元音。

② 元音i、e、a、o的实际音值為[ɪ]、[E]、[ɔ]、[A]。e、a、o讀時都很紧。

③ 元音ɯ的实际音值為[ɤ]，在苐一調時帶紧喉為[ɤ̱]。

④ 元音u、u̱在p、pʻ、b、m后，帶齒化為[ʋ̩]与[ʋ̩̱]。

在tɕ、tɕʻ、dʑ、ɕ、ʑ后帶齒化為[ɯ̪]及[ɯ̪̱]。在双唇鼻音m及舌根音ŋ后為自成音節的[m͡ɯ][m͡ɯ̱]及[ŋ̍]。在h后為[ɯ̃]及[ɯ̱̃]。

越嶲二區韻母特点：

從韻母的数目、种类来看，与田坝土語区其他次土語無多大区别，只是少了一个ɿ̱。但就它们与声母的配合关係来看，特点就很顯著了。

①元音ɯ、ɯ̱不与舌尖前ts、tsʻ、dz、s、z，舌尖后tʂ、tʂʻ、dʐ、ʂ、ʐ以及舌尖边音ɬ、l等相拼。

②元音ɯ、ɯ̱可以和h相拼，拼合時还帶半鼻音。

韻母例字

韻母	例字		
	标音	实际讀法	漢義
ɿ	vɿ^{3}	vɿ˧	稗子
ɿ̱	tsɿ̱^{4}vɿ̱^{1}	tsɿ̱˩vɿ̱˥	唾液(口水)
i	dʑi^{3}	dʑɪ˧	矛
e	tʻe^{3}	tʻE˧	色
a	ka^{3}	KA˧	摇动

韻母例字

韻母	例字		
	标音	实际讀法	漢義
o	no^{3}ɕu̱^{3}	no˧ʃɿ˧	彝族
ɯ	dʑɯ^{4}	dʑɯ˨˩	退却
ʋ	pʋ^{3}	pʋ˧	色
ụ	ɕu^{3}	ʃɿ˧	幹
u̱	ɕu̱^{1}	ʃɿ˥	别人

③ 声調：声調4個。

調類	調值	例字		
		标音	实际讀音	漢義
1	˥55	si^{1}	sɪ˥	殺
2	˧˦34	si^{2}	sɪ˧˦	(拿)过(来)
3	˧33	si^{3}	sɪ˧	选择
4	˨˩21	si^{4}	sɪ˨˩	拿

説明：

越嶲縣第二區有四個調类，比田垻土語區呷洛縣苏雄區多一個調類。

呷洛县苏雄區声韻調配合表

(呷1)

音位 / 音标和意义 / 元音			ɿ	ɿ̱.	ɯ	ɯ̱	ɿ	ɿ̱	ɤ	ɤ̱	1	1̱	ɤ	ɤ̱	i	i̱	e	a·	o	o	v	ɯ	ɤ	ɤ̱	ɤ	ɤ̱	(ɯ ɿ) ɿ	(ɯ ɿ̱) ɿ̱	(ʅ ɿ) ɿ	(ʅ ɿ̱) ɿ̱	备注
音位	辅音	调类	ɿ	ɿ̱	ɣ	ɣ̱	ɩ	ɩ̱	[illegible]	[illegible]	i	i̱	y	ɣ	ı	ı̱	E	ɑ	o	ɔ	v	ʌ	ɯ	ɤ̱	[illegible]	[illegible]	ɯ	[illegible]	ʅ	ʅ̱	
p	p	˥55	+	+											+		+	+	+			+	+	+							
		˧33		+											+		+	+	+			+	+	+							
		˩21	+												+		+	+				+	+								
p'	p'	˥55	+	+													+	+						+							
		˧33	+	+											+		+	+				+	+	+							
		˩21													+							+	+								
b	b	˥55		+											+		+	+	+			+	+	+							
		˧33	+	+											+		+	+				+	+	+							
		˩21	+												+		+	+				+	+	+							
m̥	m̥	˥55													+		+	+													
		˧33													+		+	+				+									
		˩21													+		+	+				+									
m	m	˥55													+			+	+												
		˧33															+	+													
		˩21															+	+													
f	f	˥55																					+	+							
		˧33																				+	+	+							
		˩21																				+	+								
v	v	˥55													+		+	+						+							
		˧33													+		+	+	+			+	+	+							
		˩21													+								+	+							
t	t	˥55															+					+									
		˧33													+		+	+	+		+										
		˩21													+			+	+		+	+									

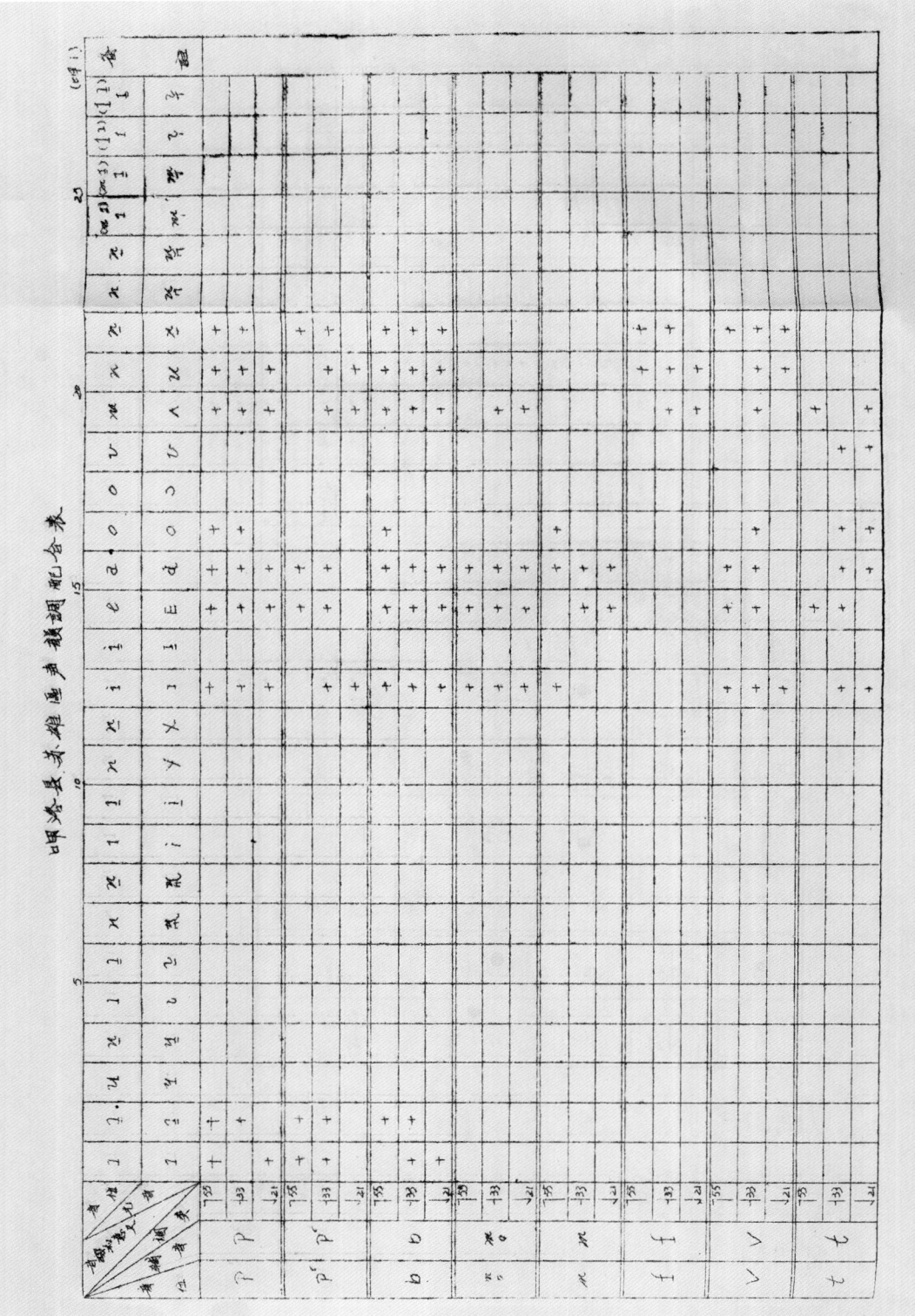

呷洛县彝雄语声韵调配合表

（呷 2）

辅音音位	辅音音值	调类	ɿ	ɿ̠	ɯ	ɯ̠	ʅ	ʅ̠	ɤ	ɤ̠	ɿ	ɿ̠	ɤ	ɤ̠	i	i̠	e	a	o	o	ʊ	ɯ	ɤ	ɤ̠	ɤ	ɤ̠	(ɯ ɿ) ɿ	(ɯ ɿ̠) ɿ̠	(ɿ ɿ) ɿ	(ɿ ɿ̠) ɿ̠	备注
			ɿ	ɿ̠	ɯ	ɯ̠	ʅ	ʅ̠	ɚ	ɚ̠	i	i̠	y	y̠	ɪ	ɪ̠	E	ɑ	o	ɔ	ʊ	ʌ	ɤ	ɤ̠	ɤ̃	ɤ̠̃	ɯ̩	ɯ̩̠	ɿ̩	ɿ̩̠	
t'	t'	˥55																+				+									
		˧33													+				+			+									
		˨˩21													+		+		+		+	+									
d	d	˥55															+	+	+												
		˧33													+		+	+	+			+									
		˨˩21													+				+		+	+									
t	tɹ	˥55																						+							
		˧33																					+	+							
		˨˩21																					+								
d'	dɹ'	˥55																					+	+							
		˧33																					+	+							
		˨˩21																					+								
d	dɹ	˥55																					+	+							
		˧33																					+	+							
		˨˩21																					+								
n̥	n̥	˥55															+	+				+									
		˧33													+			+				+									
		˨˩21													+																
n	n	˥55													+		+														
		˧33													+																
		˨˩21													+		+														
ɬ	ɬ	˥55													+		+	+											+	+	
		˧33															+	+	+										+	+	
		˨˩21																+	+		+	+							+		

呷洛县苏雄区声韵配合表 (呷3)

音位	辅音	声调	ɿ	ɿ̱	ɚ	ɚ̱	ɿ	ɿ̱	ɚ	ɚ̱	ɿ	ɿ̱	ɚ	ɚ̱	i	i̱	e	a	o	o	υ	ɯ	ɚ	ɚ̱	ɚ	ɚ̱	(ɚ1) 1	(ɚ1̱) 1̱	(11) 1	(11̱) 1̱	备注
			ɿ	ɿ̱	ɿ˞	ɿ̱˞	ʅ	ʅ̱	ʅ˞	ʅ̱˞	i	i̱	y	y̱	I	I̱	E	a	o	ɔ	υ	ʌ	ɚ	ɚ̱	[illegible]	[illegible]	[illegible]	[illegible]	[illegible]	[illegible]	
l	l	˥55													+		+	+	+		+	+									
		˧33													+		+		+		+	+									
		˨˩21													+		+	+				+									
ts	ts	˥55	+	+		+													+												
		˧33	+	+	+	+									+		+	+													
		˨˩21	+		+	+							+		+						+										
tsʻ	tsʻ	˥55	+	+											+		+		+			+	+								
		˧33	+			+									+		+	+	+			+	+								
		˨˩21	+		+										+																
dz	dz	˥55		+													+	+													
		˧33	+	+	+	+									+		+	+	+			+									
		˨˩21		+											+		+														
s	s	˥55	+	+	+	+									+		+	+	+		+										
		˧33	+	+	+	+									+				+												
		˨˩21	+	+	+										+		+	+	+												
z	z	˥55		+		+										–					+										
		˧33		+	+										+			+			+	+									
		˨˩21			+																	+									
tʂ	tʂ	˥55					+			+								+													
		˧33					+	+	+	+								+				+									
		˨˩21					+	+	+									+				+									
tʂʻ	tʂʻ	˥55															+	+	+			+									
		˧33					+		+									+	+			+									
		˨˩21					+		+									+				+									

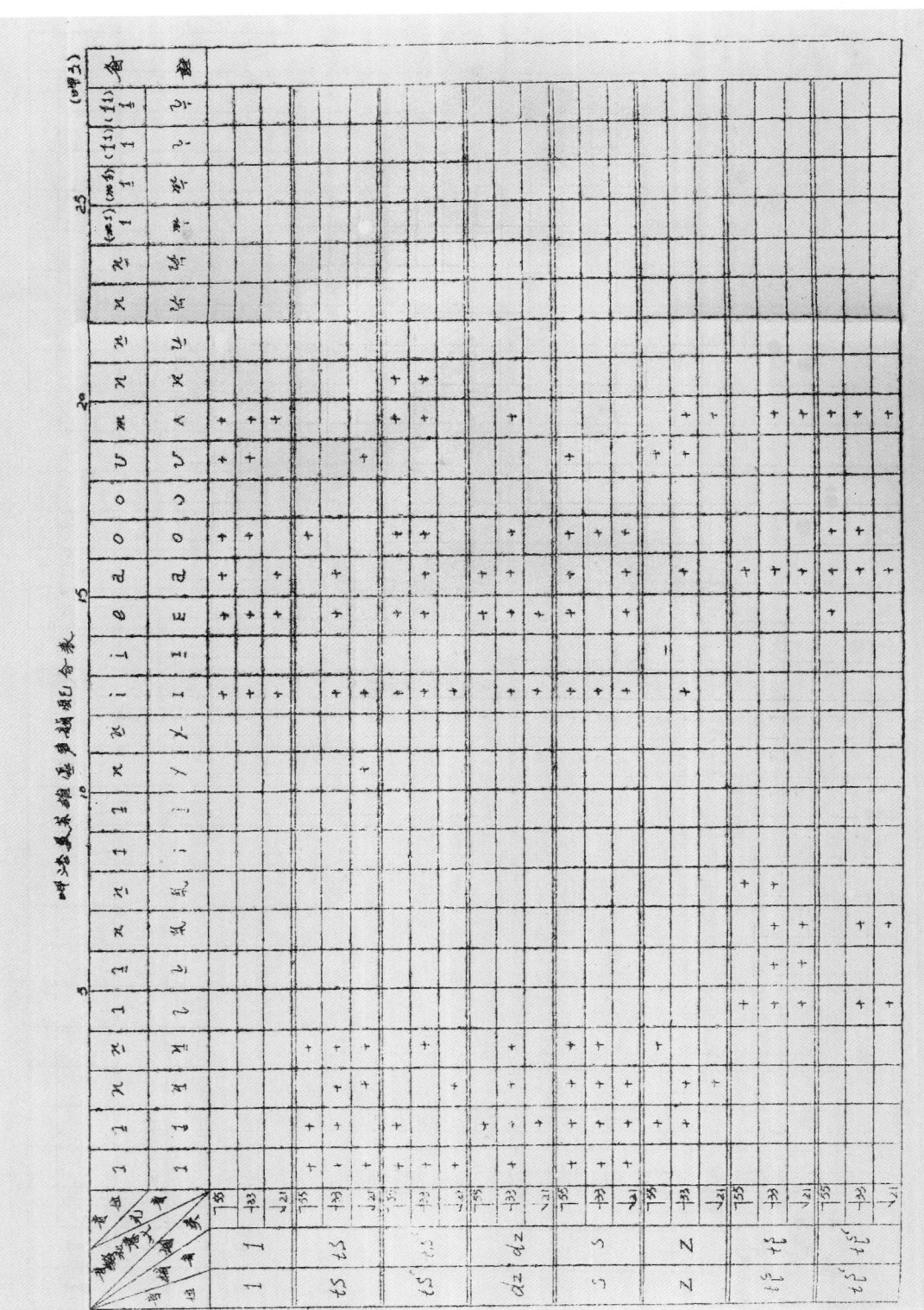

呷洛县苏雄区声韵调配合表

（呷4）

音位	辅音	调类	ɿ	ɿ̱	ʅ	ʅ̱	ɿ	ɿ̱	u	u̱	ɿ	ɿ̱	ʅ	ʅ̱	i	i̱	e	a	o	o̱	υ	ɯ	u	u̱	u	u̱	(ɯɿ) ɿ	(ɯɿ̱) ɿ̱	(ɿɿ) ɿ	(ɿɿ̱) ɿ̱	备注
			ɿ	ɿ̱	ʐ̩	ʐ̩̱	ʅ	ʅ̱	[illegible]	[illegible]	i	i̱	y	ʏ	I	I̱	E	ɑ	O	ɔ	[illegible]	Λ	u	[illegible]	[illegible]	[illegible]	ɯ	ɯ̱	ɿ	ɿ̱	
dʐ	dʐ	˥55					+											+													
		˧33					+	+	+	+								+													
		˩21					+		+									+													
ʂ	ʂ	˥55					+	+		+								+			+										
		˧33					+	+	+	+								+													
		˩21					+		+												+										
ʐ	ʐ	˥55						+		+								+													
		˧33					+	+	+	+								+													
		˩21					+		+																						
tɕ	tʃ	˥55									+			+																	
		˧33									+	+	+	+																	
		˩21									+		+																		
tɕʻ	tʃʻ	˥55										+		+																	
		˧33									+	+	+																		
		˩21									+																				
dʑ	dʒ	˥55										+	+	+																	
		˧33									+	+	+	+																	
		˩21									+		+																		
ɕ	ʃ	˥55											+	+																	
		˧33									+	+	+	+																	
		˩21									+	+	+	+																	
ʑ	ʒ	˥55											+																		
		˧33									+																				
		˩21									+																				

甘洛县苏雄區声韻调配合表

音位	輔音	調類	1	2	3	4	5	6	7	8	9	10	11	12	13	14	15	16	17	18	19	20	21	22	23	24	25	26	27	28 (共5)	备注
音位		元音音位	ɿ	ɿ̱	ɯ	ɯ̱	ɿ	ɿ̱	ɯ	ɯ̱	ɿ	ɿ̱	ɤ	ɤ̱	i	i̱	e	ɑ	o	o	v	m	ɯ	ɯ̱	ɯ	ɯ̱	(m ɿ) ɿ	(m ɿ̱) ɿ̱	(ɿ ɿ) ɿ	(ɿ ɿ̱) ɿ̱	备注
		元音变体	ɿ	ɿ̱	ẓ	ẓ̱	ʅ	ʅ̱	ẓɯ	ẓɯ̱	i	i̱	y	y̱	ɪ	ɪ̱	E	ɑ	o	ɔ	v	ʌ	ɯ	ɯ̱	[illegible]	[illegible]	m̩	m̩̱	ʔ	ʔ̱	
tɕ	tɕ	˥55													+		+		+												
		˧33													+		+		+		+										
		˩21													+		+		+		+										
tɕʻ	tɕʻ	˥55															+		+												
		˧33													+		+		+		+										
		˩21													+		+		+		+										
dʑ	dʑ	˥55													+		+		+		+										
		˧33													+		+		+		+										
		˩21													+		+		+		+										
ȵ	ȵ	˥55																													
		˧33																													
		˩21													+																
ɕ	ɕ	˥55												+	+		+		+		+										
		˧33											+		+		+		+		+										
		˩21													+						+										
ɕ	ɕ	˥55																													
		˧33													+		+		+		+										
		˩21													+		+		+		+										
ʑ	ʑ	˥55													+		+		+		+										
		˧33											+	+	+		+		+		+										
		˩21											+		+																
k	c	˥55																													
		˧33													+	+															
		˩21																													

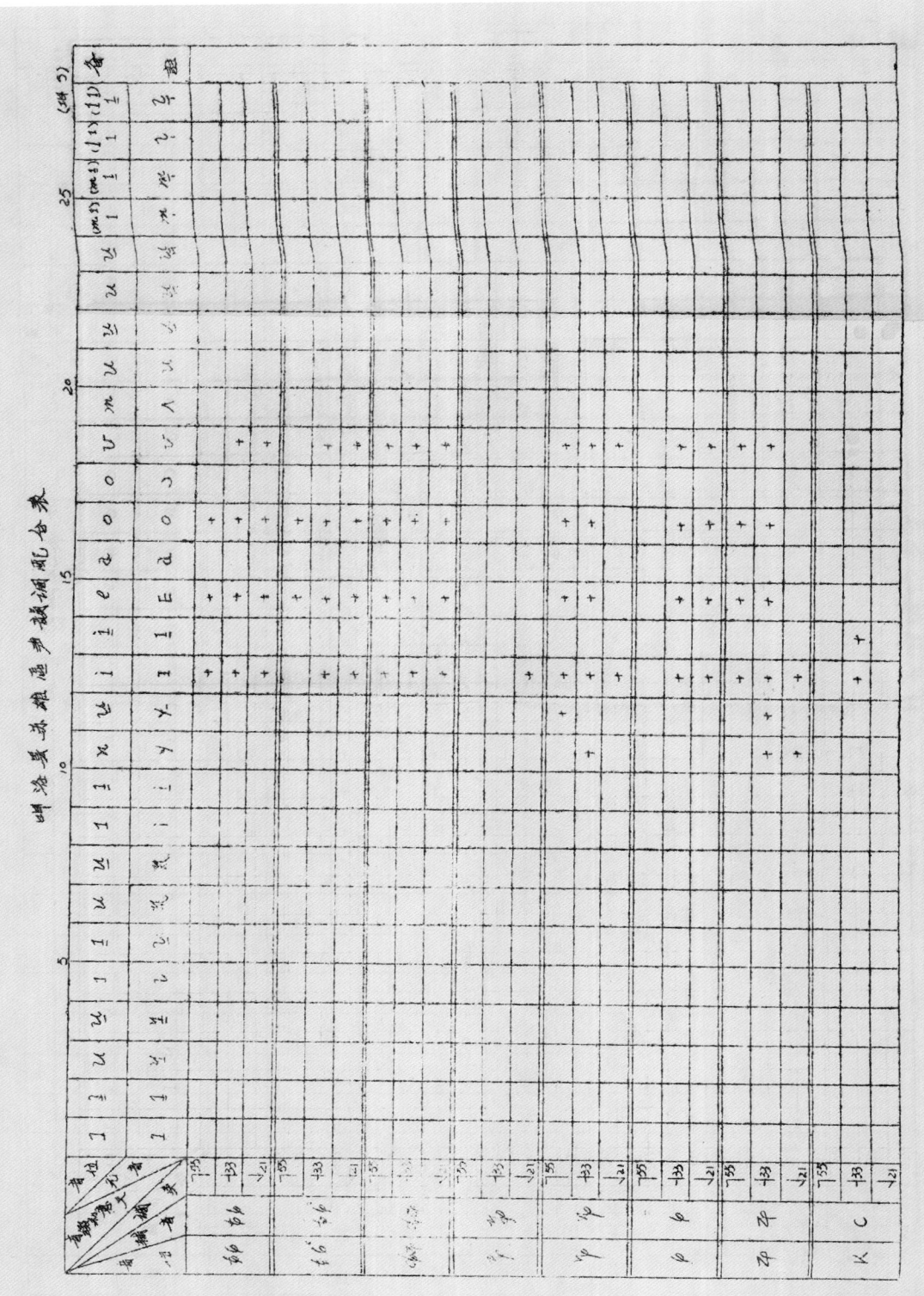

明路县苏雄区声韵调配合表

(叶6)

音位 辅音	辅音	调类	ɿ / ɿ	ɿ̠ / ɿ̠	ɯ / ɥ	ɯ̠ / ɥ̠	ɿ / ʅ	ɿ̠ / ʅ̠	ɯ / ʮ	ɯ̠ / ʮ̠	ɿ / i	ɿ̠ / i̠	ɯ / y	ɯ̠ / y̠	i / ɪ	i̠ / ɪ̠	e / E	a / a	o / o	o / ɔ	v / ʋ	m / ʌ	ɯ / u	ɯ̠ / u̠	ɯ / ɣ	ɯ̠ / ɣ̠	(m1) ɿ / m̩	(m1̠) ɿ̠ / m̩̠	(l1) ɿ / l̩	(l1̠) ɿ̠ / l̩̠	备註
kʻ	cʻ	˥55																													
		˧33													+																
		˨˩21													+																
g	ɟ	˥55																													
		˧33																													
		˨˩21													+																
x	ç	˥55													+																
		˧33													+																
		˨˩21													+																
ɣ	j	˥55																													
		˧33													+	+															
		˨˩21													+																
k	k	˥55																+			+	+			+	+					
		˧33																+			+	+			+	+					
		˨˩21																+			+	+			+	+					
kʻ	kʻ	˥55																			+	+				+					
		˧33																+			+	+			+	+					
		˨˩21																+			+	+			+						
g	g	˥55																+				+				+					
		˧33																+			+	+			+	+					
		˨˩21																+			+	+			+						
h	ŋ	˥55																							+						
		˧33																							+						
		˨˩21																							+						

呼洛县恭雄区声韵调配合表

(续下)

声韵调							5					10					15					20					25				
音位			1	1̱	u	u̱	1	1̱	u	u̱	1	1̱	u	u̱	i	i̱	e	a	o	o	v	m	u	u̱	u	u̱	(m 1) 1	(m 1) 1̱	(1 1) 1	(1 1) 1̱	备注
音标	拼音文字	调	ɿ	ɿ̱	ų	ų̱	l	ḻ	ʮ	ʮ̱	i	i̱	y	y̱	I.	I̱	E	a	o	ɔ	v	ʌ	u	u̱	uɿ	uɿ̱	m̩	m̩̱	ɿ̩	ɿ̩̱	
ŋ	ŋ	˥55																			+										
		˧33																	+		+				+						
		˩21																+	+		+				+						
x	x	˥55																+	+												
		˧33																+	+		+										
		˩21																	+		+										
ɣ	ɣ	˥55																+	+		+										
		˧33																+	+		+	+									
		˩21																			+	+									
k	q	˥55																	+												
		˧33																	+												
		˩21																													
kʻ	qʻ	˥55																													
		˧33																	+												
		˩21																	+												
g	ɢ	˥55																	+												
		˧33																	+												
		˩21																	+												
h	h	˥55															+	+				+									
		˧33													+		+	+		+		+									
		˩21													+							+									
o	o	˥55													+		+	+	+		+	+								+	
		˧33													+		+	+	+		+	+					+	+	+	+	
		˩21													+			+	+		+	+							+	+	

3. 田垻土語内部語音比較：

現在我們就田垻土語区各地語音进行比較，以明其[illegible]关係。

(1) 声母比較：

① 田垻土語区各地声母对照表之一（不代表对应关係）

發音方法 \ 發音部位 / 地名		双唇 呷洛	双唇 越嶲	双唇 峩边	唇齒 呷洛	唇齒 越嶲	唇齒 峩边	舌尖前 呷洛	舌尖前 越嶲	舌尖前 峩边	舌尖中 呷洛	舌尖中 越嶲	舌尖中 峩边	舌尖后 呷洛	舌尖后 越嶲	舌尖后 峩边	舌面 呷洛	舌面 越嶲	舌面 峩边	舌根 呷洛	舌根 越嶲	舌根 峩边	喉 呷洛	喉 越嶲	喉 峩边
塞音	全清	p	p	p							t	t	t							k	k	k			
	次清	pʻ	pʻ	pʻ							tʻ	tʻ	tʻ							kʻ	kʻ	kʻ			
	濁	b	b	b							d	d	d							g	g	g			
塞擦音	全清							ts	ts	ts				tʂ	tʂ		tɕ	tɕ	tɕ						
	次清							tsʻ	tsʻ	tsʻ				tʂʻ	tʂʻ		tɕʻ	tɕʻ	tɕʻ						
	濁							dz	dz	dz				dʐ	dʐ		dʑ	dʑ	dʑ						
鼻音		m̥ m	m̥ m	m							n̥ n	n̥ n	n												
边音											ɬ l	ɬ l	l				ȵ	ȵ	ȵ	ŋ	ŋ	ŋ			
擦音	清				f	f	f	s	s	s				ʂ	ʂ		ɕ	ɕ	ɕ	x	x	x	h	h	h
	濁				v	v	v	z	z	z				ʐ	ʐ		ʑ	ʑ	ʑ	ɣ	ɣ	ɣ	[illegible]		

說明：

從上面的声母对照表看来，峩边縣冷竹坪声母最少，僅29個。呷洛縣苏雄区和越嶲第二区一样，都是37個，現将其具体差别分述于下：

①峩边縣冷竹坪少五個舌尖后的ʈʂ、ʈʂʻ、ɖʐ、ʂ、ʐ，又少三個清擦音m̥，n̥，ɬ。

②越嶲縣第二區声母雖与呷洛縣苏雄区一致，但在声母与韻母的配合关係上則有差别。

② 声母对照表之二（代表对应关係）

a. 越嶲、呷洛声母对照表

声母		例字		
越嶲	呷洛	越嶲	呷洛	汉義
v	v	vu³	vu²	腸子
	ɣ	va³	ɣo²	鸦
tɕ	tɕ	tɕi̱³	tɕi²	条(牛)
	ts	tɕu̱¹	tsu̱¹	挑擔
	tʂ	tɕu̱¹	tʂu̱¹	缩(着)
	k	le²tɕi̱³	le¹ki̱²	自缢

声母		例字		
越嶲	呷洛	越嶲	呷洛	漢義
tɕʻ	tɕʻ	tɕʻe^{3}	tɕʻe^{2}	跳
	tsʻ	tɕʻu̱^{3}	tsʻu̱^{2}	修建
	tʂʻ	tɕʻu^{3}	tʂʻu^{2}	刺（植物的）
dʑ	dʑ	dʑi^{3}	dʑi^{2}	知道
	dz	ʋ^{4}dʑu^{4}	ʋ^{3}dzu^{3}	艺族
	dʐ	dʑu̱^{3}ma^{3}	dʐu̱^{2}ma^{2}	鎖
	ɡ	dʑɿ^{3}	ɡi^{2}	銅
ɕ	ɕ	ɕe^{3}	ɕe^{2}	摘
	s	no^{3}ɕu̱^{3}	no^{2}su̱^{2}	彝族
	ʂ	ɕu̱^{1}	ʂu̱^{1}	記憶
	x	ɕɿ^{3}	xi^{2}	肥料
ʑ	ʑ	ʑʋ^{3}	ʑʋ^{2}	綿羊
	z	zu̱^{1}	zu̱^{1}	攙雜
	ȵ	dʐɿ^{3}ʑɿ^{1}	dʐɿ^{2}ȵe^{1}	酒醉
	ʐ	ʑɿ^{3}	ʐi^{2}	水
x	x	xa^{1}	xa^{1}	蓋
	ɬ	xo^{3}	ɬu̱^{2}	摩擦

b　呷洛、嶻边声母对照表：

声母		例字		
呷洛	嶻边	呷洛	嶻边	汉義
m̥	m	m̥i^{2} si^{2}	mi^{2} si^{2}	卯
n̥	n	n̥a^{2}	na^{2}	听
ɖ	l	ɖe^{1}	le^{1}	晒
tʂ	ts	tʂʅ̱^{2}	tsɿ̱^{2}	拔
tʂʻ	tsʻ	tʂʻʅ^{3} dʑi^{3}	tsʻɿ^{3} dʑi^{3}	腐 爛
dʐ	dz	dʐʅ^{2}	dzɿ^{2}	酒
ʂ	s	ʂɯ^{2}	sɯ^{2}	肉
ʐ	z	ʐʅ^{2}	zɿ^{2}	草
ȵ	ȵ	ȵo^{1}	ȵo^{1}	黏
	n	ȵi^{2}	ni^{2}	你
	ʑ	i^{1} ȵi^{2}	i^{1} ʑi^{2}	弟弟
k	k	kɯ^{2}	kɯ^{2}	使听
	tɕ	va^{2} ki̱^{2}	va^{2} tɕi̱^{2}	篩子
g	g	gɯ^{2}	gɯ^{2}	蕎子
	dʑ	gi^{2}	dʑi^{2}	銅
x	x	xɔ^{1}	xo^{1}	敷(药)
	ɕ	xi^{3} mɯ^{3}	ɕi^{3} mʋ^{3}	妻子
ɣ	ɣ	ɣɯ^{2}	ɣɯ^{2}	勝利
	ʑ	ɣi^{2}	ʑi^{2}	水
	v	ɣo^{1}	va^{1}	猪

声母		例字		
呷洛	嵗边	呷洛	嵗边	漢義
h	h	hɯ^{2}	hɯ^{2}	魚
	ɕ	hɛ^{1}	ɕɛ^{1}	八
	x	hɯ^{3}	x̀ɯ^{3}	看
	m	hu^{1}ʂɿ^{2}	mɿ^{1}sɿ^{2}	沙

(2) 韻母比較：

① 田壩土語區各地韻母对照表之一（不代表对应关係）

韻母的种類及特点 韻母 地名	舌面、舌根 元音韻				舌尖元音韻
	前		后		
	不圓唇	圓唇	不圓唇	圓唇	
呷洛	i, i̠, e, a		ɯ	o, ʋ, u, u̠	ɿ ɿ̠
越嶲	i e a		ɯ	o, ʋ, u, u̠	ɿ ɿ̠
嵗边	i, e, a		ɯ	o, ʋ, u, u̠	ɿ ɿ̠

説明：

從上面的对照表看来，呷洛比越嶲、嵗边多一个i̠，其它全部一致。

② 韵母对照表之二（代表对应关係）

a.越嶲、呷洛韵母对照表：

韵母		例字		
越嶲	呷洛	越嶲	呷洛	汉义
ɿ	ɿ	tsɿ^{3}	tsɿ^{2}	栽(树)
	i	dʑɿ^{4}	gi^{3}	下面
	u	tɕ'ɿ^{3}	tɕ'u^{2}	甜
ɿ̱	ɿ̱	tsɿ̱^{1}	tsɿ̱^{1}	劚(地)
	u̱	sɿ̱^{3}	su̱^{2}	掃
i	i	hi^{4}	hi^{3}	説
	e	i^{1}	e^{1}	睡
	ɿ̱	bi^{3}	bɿ̱^{2}	步
	v	a^{2} ȵi^{3}	a^{1} ȵv^{2}	多
e	e	e^{3}	e^{2}	鴨
	a	he^{3} tɕ'ɿ̱^{3}	ha^{2} tɕ'ɿ̱^{2}	蒜
a	a	a^{4}	a^{3}	不
	e	ȵa^{1}	ȵe^{1}	迟(到)
	ɯ	a^{4} bv^{3}	ɯ^{3} bɯ^{2}	父親
o	o	ko^{3}	ko^{2}	太(好)
	a	ʂo^{3}	ʂa^{2}	澆(水)

韻母		例字		
越嶲	吚洛	越嶲	吚洛	漢義
	ʋ	tsʻʋ^{3}	tsʻʋ^{2}	人
	i	a^{3} hʋ^{2}	a^{2} hi^{1}	長久
	a	kʻo^{3} bʋ^{4}	kʻo^{2} ba^{3}	箱子
ʋ	o	ʑʋ^{1}	ʑo^{1}	错誤
	ɯ	bʋ^{3}	bɯ^{2}	滚
	u	gʋ^{3}	gu^{2}	凸
	u	pʻu^{3}	pʻu^{2}	价值
u	ɯ	mu^{3} ɖɿ^{3}	mɯ^{2} ɖɿ^{2}	風
	e	da^{1} m̥u^{4}	da^{1} m̥e^{3}	末尾
u̠	u̠	bu̠^{3}	bu̠^{2}	写(字)
	o	o^{3} nu̠^{1}	o^{3} no^{1}	脑髓
	ɯ	tɯ^{4}	tɯ^{3}	麸来
ɯ	i	kʻɯ^{3}	kʻi^{2}	狗
	ʋ	a^{4} ɖɯ^{4}	ɯ^{3} ɖʋ^{3}	兔子

b　呷洛、峩边韻母对照表：

韻母		例詞		
呷洛	峩边	呷洛	峩边	汉义
ɿ	ɿ	sɿ²	sɿ²	死
	i	tʂ'ɯ² mɿ²	ts'ɯ² mi²	田
	u	mɿ² tʂɔ²	mu² tso²	籠头
i	i	hi²	hi²	箭
	ɿ	ɣi bu²	ʑɿ¹ bu²	水桶
	ʋ	i³	ʋ³	鵝
e	e	he¹	he	站立
	i	ga¹ se²	ga¹ si²	小路
a	a	xa¹	xa¹	压盖
	e	ga²	ge²	說謊
	ʋ	dʐu̱² p'a³	dzu̱² p'ʋ³	锁(名詞)
o	o	go²	go²	耙子
	a	ɣo¹	va¹	猪
	ɿ̱	lo¹ gu̱²	lɿ̱¹ gu̱³	手镯
ʋ	ʋ	k'ʋ²	k'ʋ³	坚固
	i	ɯ¹ ȵʋ²	a¹ ni²	多
	u	ɯ¹ no² sʋ²	a¹ no² su²	黑的
u	u	gu²	gu²	九
	ʋ	hu³	xʋ³	話
u̱	u̱	bu̱²	bu̱²	寫
	ɿ̱	hu̱³ lɿ̱²	mɿ̱³ lɿ̱²	馬[illegible]蕈
ɯ	ɯ	gɯ³	gɯ³	[illegible]
	i	zɯ² kɯ²	zi² ki²	笨
	a	ɯ³ mɿ²	a³ me¹	現在
	ʋ	bɯ²	bʋ²	山

(3) 声調比較.

田壩土語區各地声調对照表

呷洛		越嶲		彝边	
調類	調值	調類	調值	調類	調值
1	˥55	1	˥55	1	˥55
	˥55	2	˧˦34		˥55
2	˧33	3	˧33	2	˧33
3	˨˩21	4	˨˩21	3	˨˩21

例詞：

越嶲：tsʻɿ̱^{1} 代（世代） tsʻɿ^{2} 這個 tsʻɿ^{3} 他 tsʻɿ^{4} 一

呷洛：tsʻɿ̱^{1} 代（世代） tsʻɿ^{1} 這個 tsʻɿ^{2} 他 tsʻɿ^{3} 一

彝边：tsʻɿ̱^{1} 代（世代） tsʻɿ^{1} （這個） tsʻɿ^{2} 他 tsʻɿ^{3} 一

二、北部次方言区内部語音比較：

我们以聖乍土語区喜德縣、紅媽区李子鄉語音与義諾土語区馬边縣第五区的石崗鄉、田壩土語区呷洛縣苏雄区語音進行比較，以見其規律性关係。

㈠、声母比較

1. 声母对照表之一（不代表对应关係）

发音部位 地名 发音方法		双唇	唇齿	舌尖前	舌尖中	舌尖後	舌面	舌根	喉
		喜德 呷洛 馬边	喜德 呷洛 馬边	喜德 呷洛 馬边	喜德 呷洛 馬边	喜德 呷洛 馬边	喜德 呷洛 馬边	喜德 呷洛 馬边	喜德 呷洛 馬边
塞音	全清	p p p			t t t			k k k	
	次清	p' p' p'			t' t' t'			k' k' k'	
	濁	b b b			d d d			g g g	
鼻冠濁塞音		mb mb			nd nd			ŋg ŋg	
塞擦音	全清			ts ts ts		tʂ tʂ tʂ	tɕ tɕ tɕ		
	次清			ts' ts' ts'		tʂ' tʂ' tʂ'	tɕ' tɕ' tɕ'		
	濁			dz dz dz		dʐ dʐ dʐ	dʑ dʑ dʑ		
鼻冠濁塞擦音				ndz ndz		ndʐ ndʐ	ndʑ ndʑ		
鼻音		m̥ m̥ m̥ m m m			n̥ n̥ n̥ n n n		ȵ ȵ ȵ	ŋ ŋ ŋ	
边音					ɬ ɬ ɬ l l l				
擦音	清		f f f	s s s		ʂ ʂ ʂ	ɕ ɕ ɕ	x x x	h h h
	濁		v v v	z z z		ʐ ʐ ʐ	ʑ ʑ ʑ	ɣ ɣ ɣ	

說明：從声母对照表看来，聖乍土語和義諾土語的声母都是41個，而田壩土語只有37个，少 mb nd ndz ndʐ ndʑ 等六个鼻冠音聲母。

2　声母对照表之二（代表对应关系）

声母			例字			
義諾土語	聖乍土語	田壩土語	義諾土語（美姑）	聖乍土語（喜德）	田壩土語（甘洛）	漢義
p	p	p	pu̠^{1}	pu̠^{1}	pu̠^{1}	敲
pʻ	pʻ	pʻ	pʻu^{3}	pʻu^{4}	pʻu^{3}	捡(粮食)
b	b	b	bu̠^{1}	bu̠^{1}	bu̠^{1}	接吻
mb	mb	b	mbu̠^{2}	mbu̠^{3}	bu̠^{2}	飽
m̥	m̥	m	m̥a^{1}	m̥a^{1}	m̥a^{1}	教
h		h	hʋ^{2}	m̥u^{3}	hu^{2}	對
m	m	m	ma^{2}	ma^{3}	ma^{2}	竹
f	f	f	fu^{2}	fu^{3}	fu^{2}	燒
x			xu̯^{3}li̥^{3}be^{2}tsɿ̠^{1}	fu^{4}li^{4}bi^{3}tsɿ̠^{1}	fu^{3}li^{3}be^{2}tsɿ̠^{1}	蝴蝶
ɣ	V	V	ɣu^{3}du^{2}	Vu^{4}du^{3}	Vu^{3}du^{2}	骨头
V			Vu^{3}	Vu^{4}	Vu^{3}	卖
		ɣ	Vo^{2}	Va^{3}	ɣo^{2}	寫
t	t	t	ti^{3}	ti^{4}	ti^{3}	春
tɕ		tɕ	tɕu^{2}	tu^{3}	tɕu^{2}	統治
tʻ	t	tʻ	tʻo^{1}	tʻo^{1}	tʻo^{1}	上(交体的)
tɕʻ		tɕʻ	tɕʻu^{3}	tʻu^{4}	tɕʻu^{3}	看守
d	d	d	du̠^{1}	du̠^{1}	du̠^{1}	蓋
dʑ		dʑ	ʑɿ^{3}dʑu^{2}	ʑɿ^{4}du^{3}	ʑɿ^{3}dʑu^{2}	變
nd	nd	d	ndʋ^{2}	ndʋ^{3}	dʋ^{2}	喝(水)
ndʑ		dʑ	ndʑu^{2}	ndu^{3}	dʑu^{2}	[illegible]
n̥	n̥	n̥	n̥a^{2}	n̥a^{3}	n̥a^{2}	問
n	n	n	na^{2}	na^{3}	na^{2}	病
ɬ	ɬ	ɬ	ɬe^{2}	ɬe^{3}	ɬe^{2}	[illegible]
l	l	l	lo^{1}	lʋ^{1}	lo^{1}	手
ts	ts	ts	tsɿ̠^{1}	tsɿ̠^{1}	tsɿ̠^{1}	骨節

ts'	ts'	ts'	ts'a^{2}	ts'a^{3}	ts'a^{2}	熱
dz	dz	dz	dza^{2}	dza^{3}	dza^{2}	飯
ndz	ndz	dz	ndzɿ^{2}	ndzɿ^{3}	dzɿ^{2}	兇惡
s	s	s	sɿ^{3}	sɿ^{4}	sɿ^{3}	認識
z	z	z	zɯ^{2}	zɯ^{3}	zɯ^{2}	兒子
tʂ	tʂ	tʂ	tʂa^{2}	tʂa^{3}	tʂa^{2}	給吃(使动)
tʂ'	tʂ'	tʂ'	tʂ'ɯ^{2}	tʂ'ɯ^{3}	tʂ'ɯ^{2}	秘
dʐ	dʐ	dʐ	dʐɿ^{2}	dʐɿ^{3}	dʐɿ^{2}	牙齒
ndʐ	ndʐ	dʐ	ndʐɿ^{2}	ndʐɿ^{3}	dʐɿ^{2}	酒
ʂ	ʂ	ʂ	ʂa^{2}	ʂa^{3}	ʂa^{2}	小麥
ʐ	ʐ	ʐ	ʐa^{1}	ʐa^{1}	ʐa^{1}	讓
tɕ	tɕ	tɕ	tɕi^{2}	tɕi^{3}	tɕi^{2}	条
		k	le^{1}tɕɿ^{2}	le^{2}tɕɿ^{3}	le^{1}kɿ^{2}	自縊
tɕ'	tɕ'	tɕ'	tɕ'e^{2}	tɕ'e^{3}	tɕ'e^{2}	跳
dʑ	dʑ	dʑ	dʑi^{2}	dʑi^{3}	dʑi^{2}	知道
		g	dʑɿ^{2}	dʑɿ^{3}	gɿ^{2}	銅
ndʑ	ndʑ	dʑ	ndʑe^{2}	ndʑe^{3}	dʑe^{2}	嗟叹
		g	ndʑɿ^{2}	ndʑɿ^{3}	gɿ^{2}	皮子
ɕ	ɕ	ɕ	t'a^{1}ɕi^{2}	t'a^{1}ɕi^{3}	t'a^{1}ɕi^{2}	应当
		x	ɕɿ^{3}mɯ^{3}	ɕɿ^{4}mɯ^{4}	xi^{3}mɯ^{3}	妻子
ʑ	ʑ	ʑ	ʑʋ^{2}	ʑʋ^{3}	ʑʋ^{2}	綿羊
		ɣ	ʑɿ^{2}	ʑɿ^{3}	ɣi^{2}	水
		ȵ	ndʐɿ^{2}ʑe^{1}	ndʐɿ^{3}ʑi^{1}	dʐɿ^{2}ȵe^{1}	酒醉
ȵ	ȵ	ȵ	ȵi^{3}	ȵi^{4}	ȵi^{3}	二
k	k	k	kɯ^{3}	kɯ^{4}	kɯ^{3}	根
k'	k'	k'	k'ɯ^{2}	k'ɯ^{3}	k'ɯ^{2}	苦(味)
g	g	g	ga^{1}	ga^{1}	ga^{1}	穿(衣)
ŋg	ŋg	g	ŋgɯ^{2}	ŋgɯ^{3}	gɯ^{2}	蕎麥
ŋ	ŋ	ŋ	ŋa^{2}	ŋa^{3}	ŋa^{2}	五
x	x	x	xa^{1}	xa^{1}	xa^{1}	羡(看)
ɣ	ɣ	ɣ	ɣɯ^{2}	ɣɯ^{3}	ɣɯ^{2}	力
h	h	h	hɯ^{3}	hɯ^{4}	hɯ^{3}	香
		ŋ̊	le^{2}he^{1}sɿ^{2}	le^{2}he^{1}sɿ^{3}	le^{2}ŋ̊e^{1}sɿ^{2}	勒死
		x	ho^{1}	hʋ^{1}	xo^{1}	搽(药)

(二)、韵母比较

1.韵母对照表之一（不代表对应关系）

韵母和其发性质 / 韵母 / 地名	舌面、舌根元音韵				舌尖元音韵	舒展元音韵
	前		后			
	不圆唇	圆唇	不圆唇	圆唇		
圣乍土语(喜德)	i e a		ɯ ɯ̱	o ʋ u u̱	ɿ ɿ̱	
义诺土语(马边)	i e a		ɯ ɯ̱	o ʋ u u̱	ɿ ɿ̱	ɿ̭ i̭ ɿ̱̭ ɯ̭ ɯ̱̭
田坝土语(甘洛)	i i̱ e a		ɯ	o ʋ u u̱	ɿ ɿ̱	

（注：韵母下面的"—"表紧喉，"⌒"表舒展）

说明

由韵母对照表看来，圣乍土语和田坝土语韵母的数目是一样的，都是11个，而义诺土语多出五个，共16个。兹将三处韵母的具体差异说明如下

①田坝土语比圣乍、义诺二土语少一个ɯ̱，但多一个i̱。

②义诺土语比圣乍、田坝二土语多出ɿ̭ i̭ ɿ̱̭ ɯ̭ ɯ̱̭五个舒展韵母。

2、声母对照表之二（代表对应关係）

韵母			例字			
義諾土語（馬边）	聖乍土語（喜德）	田俱土語（呷洛）	義諾土語（馬边）	聖乍土語（喜德）	田俱土語（呷洛）	漢義
ɿ	ɿ	e	da1 m̥ɿ3	da1 m̥ɿ4	da1 me3	末尾
		ɿ	sɿ3	sɿ4	sɿ3	認識
ɿ̭			tsɿ̭2	tsɿ3	tsɿ2	栽(树)
		u	tɕʻɿ̱2	tɕʻɿ3	tɕʻu2	甜
—		i		tɕʻɿ̱3	ki2	漆
ɿ̱	ɿ̱	e	ma2 mɿ̱1	ma3 mɿ̱1	ma2 me	竹笋
		i̱	ndʑɿ̱2	ndʑɿ̱3	gɿ̱2	劇(摔)
		ɿ̱	sɿ̱2	sɿ̱3	sɿ̱2	柴
ɿ̱̭			tsʻɿ̱̭2	tsʻɿ̱3	tsʻɿ̱2	摇
		u̱	tɕʻɿ̱̭1	tɕʻɿ̱1	tɕʻu̱1	掴
i̱	i	i	ʑi2	ʑi3	ʑi2	坐
i̱̭			zi̱̭	zi̱3	zi2	使用
		ʋ	tɕʻi̱̭2	tɕʻi̱3	tɕʻʋ2	願意(做)
ɛ		e	nde1	ndi1	de1	戴(帽子)
		ɑ	gɛ1	gi1	gɑ1	绝种
ɯ̱			mɯ̱1	mi̱1	mɑ1	餓
ɿ̱		—	tɕɿ̱2	tɕi̱3		削(用刀)
—		ɯ		hi3	hɯ2	揮(手)
e	e	ɛ	ve2	ve3	vɛ2	开(花)
		ɑ	he2 dʑu3 bi3	he3 du4 bi4	hɑ2 dʑu3 bi3	松鼠
ɯ̱			pʻɯ2	pʻe3	pʻɑ2	瘧疾
ɑ	ɑ	ɯ	ɑ3 mɿ2	ɑ4 mɿ3	ɯ3 mɿ2	女儿
		ɑ	kʻɑ1	kʻɑ1	kʻɑ1	高兴
ɯ̱			ʂɯ̱2	ʂɑ3	ʂɑ2	羊毛
o		o	vo2	vɑ	ɣo2	摟抱
o	ɔ	o	to2	to3	tɔ2	抱(小孩)
		ɑ	mo2	mɔ3	mɑ2	(三)斗
		u̱	zɑ2 ho2	zɑ2 ho3	zɑ2 hu̱2	勇敢
ɯ		ɑ	pʻɯ1	pʻʋ1	pʻɑ1	隻(手)
		ɯ	vɯ2	vʋ3	vɯ2	飛

			kɯ̭^{3}	kʋ	kɿ^{2}	[illegible]
ɯ̭	ʋ	i	a^{2}hɯ̭^{1}	a^{3}hʋ^{2}	a^{2}hi^{1}	長久
ʋ		ʋ	dʋ^{3}hi^{3}	dʋ^{4}hi^{4}	dʋhi^{3}	説話
		u	hʋ^{3}	hʋ^{4}	hu^{3}	漆
o		o	lo^{1}	lʋ^{1}	lo^{1}	手
ɯ	ɯ	ɯ	tɯ^{3}	tɯ^{4}	tɯ^{3}	起来
		i	k'ɯ^{2}	k'ɯ^{3}	k'i^{2}	狗
		a	he^{2}nɯ^{3}nde^{1}	he^{3}nɯ^{4}ndi^{1}	he^{2}na^{3}de^{1}	后悔
—		ʋ		a^{4}ɬɯ^{4}	mɯ^{3}ɬʋ	兎子
ɯ̭		—	lɯ^{2}ʂɯ̭^{1}	lɯ^{2}ʂɯ^{1}		騸过的公牛
ɯ̱	ɯ̱	i̱	k'ɯ̱^{1}mɯ^{3}	kɯ̱^{1}mʋ^{4}	k'i̱^{1}ɬɿ̱^{2}ma^{3}	晚上
u	u	u	ku^{2}	ku^{3}	ku^{2}	招換
ɯ̭			ŋgɯ̭^{2}me^{1}	ŋgu^{3}mi^{1}	gu^{2}me^{1}	濃(茶)
		ʋ	ɣɯ̭^{3}	vu^{4}	ɣʋ^{3}	腫
u		ɯ	mu^{3}ɬɿ^{2}	mu^{3}ɬɿ^{3}	mɯ^{2}ɬɿ^{2}	風
ɯ̭	u̱	u̱	gɯ̭^{1}	gu̱^{1}	gu̱^{1}	縫(衣)
u̱			vu̱^{2}	vu̱^{3}	vu̱^{2}	進
		o	a^{2}ʐu̱^{1}	a^{3}ʐu̱^{1}	a^{2}ʐo^{1}	猴子

（三）声調比較：

1.声調对照表之一（不代表对应关係）

聖乍土語（喜德）		義諾土語（馬边）		田壩土語（甲洛）	
調類	調值	調類	調值	調類	調值
1	˥^{55}	1	˨˥^{25}	1	˥^{55}
2	˧˦^{34}				
3	˧^{33}	2	˨^{22}	2	˧^{33}
4	˨˩^{21}	3	˦˨^{42}	3	˨˩^{21}

說明：

由声調对照表看来，聖乍土語比義諾、田垻二土語多一个調類；从調值来看，聖乍田垻二土語相同而義諾則与他们不同。兹述其具体差别如下：

①聖乍有次高調（聖乍的第二調），而義諾、田垻都没有。

②三者的变調情况各不相同。

2、声調对照表之二（代表对应关係）

声調						例字						
聖乍		義諾		田垻		聖乍		義諾		田垻		漢義
調類	調值	調類	調值	調類	調值	标音	实读际音	标音	实读际音	标音	实读际音	
1	˥	1	˧˥	1	˥	tsʻɿ^{1}	tsʻɿ˥	tsʻɿ^{1}	tsʻɿ˧˥	tsʻɿ^{1}	tsʻɿ˥	代（世代）
2	˧˥	1	˧˥	1	˥	tsʻɿ^{2}	tsʻɿ˧˥	tsʻɿ^{1}	tsʻɿ˧˥	tsʻɿ^{1}	tsʻɿ˥	這（个）
3	˧	2	˩	2	˧	tsʻɿ^{3}	tsʻɿ˧	tsʻɿ^{2}	tsʻɿ˩	tsʻɿ^{2}	tsʻɿ˩	他
4	˨˩	3	˧˩	3	˨˩	tsʻɿ^{4}	tsʻɿ˨˩	tsʻɿ^{3}	tsʻɿ˧˩	tsʻɿ^{3}	tsʻɿ˨˩	人

說明：

聖乍土語的第二調無論在单音節或双音節的詞中出現時，一般都变成田垻土語的第一調，但在義諾土語中，則不一定都变成第一調。一般地説，在单音節的詞中出現時，差不多都变成義諾土語的第一調，但在双音節或多音節詞中出現時，則分別变成第一調或第二調。大抵聖乍土語第二調出現在前一音節時，在義諾土語則变為它的第二調。如"家"聖乍讀[ɪ˧ kʊ˧]，義諾讀[ɪ˧ kʊ˧]。聖乍第二調出現在后一音節時，在義諾土語中則变成第八調。如"長久"聖乍讀作[A˧ hʊ˦]，義諾讀作[ʔe˧ kʊ̃˥]。

二、南部次方言的語音情況：

南部次方言包括東部、西部二土語、西部土語一般地有舌根與双唇同時起作用的〔k͡p〕〔k͡pʻ〕〔g͡b〕〔ŋg͡b〕〔ŋ͡m〕等声母（它與元音u相拼時引起双唇顫动）。而東部土語中除個别縣外、一般地没有这种声母、但却有舌面和混合舌叶（或和舌尖）同時起作用的〔c͡ʃ〕〔c͡ʃʻ〕〔ɟ͡ʒ〕〔ɲɟ͡ʒ〕〔x͡s〕（或〔x͡ʃ〕）、〔ɣ͡z〕（或〔ɣ͡ʒ〕）。東部、西部二土語在韻母上的差别比声母更大一些。西部土語一般地区比東部土語多出一個圆唇的y音位、（实际音值為〔Y〕），有的地区甚至多出四個圆唇或有圆唇介音的音位（如会理比布拖多出y、ye、ɿ̣、ʅ̣四個音位）。從我们的材料中还可以發現西部土語的圆唇音，到東部土語一般地区多变成相对的展唇音。如"坏"在西部土語区的会理讀作〔dY˧〕. byc 在東部土語区的布拖則讀作〔dɪ˧〕（dic）。"肥"在西部土語区的会理、讀作〔tsʻʮ˧〕，在東部土語区的布拖則讀作〔tsʻɿ˧〕。"甜"在西部土語的会理讀作〔tʂʻʯ˧〕（Chu），在東部土語区的布拖則讀作〔tʂʻʅ˧〕（Chu）。这是東西二土語在語音上的主要差别。現以西部土語區的会理縣第二区語音為南部次方言区的代表。先介紹一下南部次方言區的語音情况，再

分别叙述東西二土語區以及各次土語的語音情況、最后以西部土語區的会理縣第二區為代表與東部土語區的布拖縣則隘鄉進行語音比
、这样就可以了解南部次方言區的一般語音情況了。

（一）西部土語區会理縣第二區音位系統。

1 声母：声母41個。

發音方法 \ 發音部位		双唇	唇齿	舌尖前	舌尖中	舌尖后	舌面	舌根	喉
塞音	全清	p			t			k	
	次清	pʻ			tʻ			kʻ	
	濁	b			d			g	
前附鼻音的濁塞音		mb			nd			ŋg	
塞擦音	全清			ts		tʂ	tɕ		
	次清			tsʻ		tʂʻ	tɕʻ		
	濁			dz		dʐ	dʑ		
前附鼻音的濁塞音				ndz		ndʐ	ndʑ		
鼻音		m			n		ȵ	ŋ	
邊音					ɬ l				
擦音	清		f	s		ʂ	ɕ	x	h
	濁		v	z		ʐ	ʑ	ɣ	

說明：

①ȶ、ȡ、nȡ與元音u相拼時，引起双唇顫動。ȶ'在元音u前為舌面前塞音，同時双唇顫動，讀作〔ȶ'ʋ〕。

②舌面前边音ȴ、l在開口度較小的元音：i、e、ʊ、ɯ之前帶閃音性質。而在元音u與ɯ前時，則完全变成閃音。

③舌根音k、k'、g、ŋg、ŋ與元音i、e、ya拼合時，双唇同時起作用，讀作〔k͡p〕、〔k͡p'〕、〔g͡b〕、〔ŋg͡b〕、〔ŋ͡m〕與元音u與ɯ拼合時，引起双唇顫動。

④清擦音ɬ、s、ȴ̥、ʂ、ɕ、x并全有輕微吐氣、喉擦音h濁化，並吐氣。

会理二區声母特点：

①與北部次方言比較起来看，会理有舌根和双唇同時破裂的声母，是一個很大的特点。

②與北部次方言比較起来看，清擦音吐氣也是一個重要的特点。

③舌尖边音l在開口度小的元音前帶閃音性質。

④沒有清擦鼻音m̥、n̥、ŋ̊。

声母例字

聲母	例	字	
	音标	实际读音	汉義
p	pi^{3}	pɪ˧	唸经
p'	p'i^{3}	p'ɪ˧	隻(手)
b	bu^{3}	bʉ˧	浮
mb	mbo^{3}	mbo˧	飽
m	mi^{3}	mɪ˧	名字
f	fi^{3}	f'ɪ˧	掷
v	vi^{1}	vɪ˥	猪
t	ty^{3}	ty˧	摺疊
t'	t'y^{4}	t'Y˩	結(疙瘩)
d	dy^{3}	dY˧	坏
nd	ndʋ^{3}	ndʋ˧	唱
n	ne^{3} lɯ^{3}	nĭE˧ lɤ˧	黄牛
ɬ	ɬu^{3} ndzɿ^{3}	ɬʉ˧ ndzɿ˧	熟皮
l	li^{1}	lɪ˥	手
ts	tsy^{4}	tsY˩	裝(入)
ts'	ts'o^{3}	ts'o˧	造
dz	dzi^{3}	dzɪ˧	剩
ndz	ndzo^{3}	ndzo˧	恨
s	sɿ^{3}	s'ɿ˧	树
z	zy^{3}	ZY˧	使用
tʂ	tʂɯ^{3}	tʂɤ˧	给吃
tʂ'	tʂ'e^{3}	tʂ'E˧	插
dʐ	dʐʮ^{1}	dʐʮ˥	斜視
ndʐ	ndʐe^{3}	ndʐE˧	量(动)
ʂ	ʂa^{2} no^{3}	ʂ'A˦ no˧	豌豆
ʐ	ʐa^{3}	ʐA˧	吵闹
tɕ	tɕʋ^{3}	tɕʋ˧	持
tɕ'	tɕ'i^{1}	tɕ'ɪ˥	变
dʑ	dʑi^{3}	dʑɪ˧	知道
ndʑ	ndʑʋ^{3}	ndʑʋ˧	平
ɕ	ɕe^{3} p'a^{3}	ɕ'E˧ p'A˧	羊毛布

(結下頁)

ʐ	ʐʋ^{3}	ʐʋ˧	綿羊
k	kʋ^{4} pʋ^{3}	kʋ˩ pʋ˧	身体
k'	k'ɯ^{3}	k'ɤ˧	苦
g	gɯ^{4}	gɤ˩	坑
ŋg	ŋgɯ^{3}	ŋgɤ˧	蕎子
ŋ	ŋa^{3}	ŋA˧	我
ȵ	ȵi^{3}	ȵI˧	坐
x	xa^{1}	xA˥	盖
ɣ	ɣʋ^{4}	ɣʋ˩	腫
h	hi^{4}	hI˩	說

（承上頁）

六、韻母：韻母15個

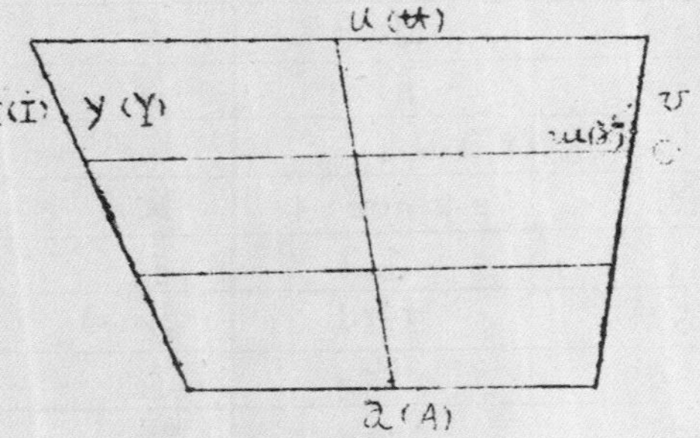

另有舌尖元音二個ɿ、ʅ

紧喉元音一個：ɯ̱

複合元音二個ye、ya

元音化的輔音二個：[illegible]、[illegible]

关於韻母表的說明：

①元音：i和y在会理語音中实际音值為：〔I〕和〔Y〕。

②元音e和a、讀時狠紧、其实际音值為：〔E〕和〔A〕。

③元音 i、e 與舌根音 k、kʻ、g、ŋg、ŋ 相拼時，其前有 u 介音，讀成[ŭɪ][ŭE]。元音 e 與其它声母相拼時，其前有[ɪ]音，讀成[ɪ̆E]。

④元音 o 讀時很緊。

⑤元音 ɯ 的實際音值為[ɣ]。

⑥元音 u 與 u̱ 舌位偏中，相當於央元音[ʉ]與[ʉ̱]。它在 ts、tsʻ、dz、ndz、s、z 后時為[ɿ]與[ɿ̱]，在 tʂ、tʂʻ、dʐ、ndʐ、ʂ、ʐ 后時為不帶齒化的[ʅ]與[ʅ̱]，在 tɕ、tɕʻ、dʑ、ndʑ、ɕ、ʑ 后時，為[y]（無緊喉的 y̱），在舌根鼻音 ŋ 后時，u、u̱ 本身不明顯，形成自成音節的[ŋ̍m̍]與[ŋ̍m̱]。在舌尖邊音 ɬ、l 之后時帶齒化為[ʉ]與[ʉ̱]。

⑦複元音 ye、ya 的實際音值為[øE]與[ŭA]，前者只出現在舌面前鼻音 ȵ 及 t 之后，如"毛"讀作[ȵøE˧]。后者只出現在[k͡p]、[k͡pʻ]、[g͡b]、[ŋg͡b]、[ŋ͡m]之后，如"高興"讀作[k͡pʻŭA]，"是"讀作[ŋ͡mŭA˧]。

會理二区元音特点：

①緊喉元音出現的頻率較低，一般地說，緊喉元音出現於第一調˥55。

②圆唇元音出現的頻率較高，比北部次方言多出y、ye、ya、ɿ̫、ʮ五個圆唇元音（包括有y介音的）。北部次方言區、聖乍土語及田垻土語的一部份展唇元音和義諾土語的圆舒唇元音，在会理二區都变成相对的圆唇元音。如“掃”聖乍讀作〔sɿ̱˧〕，義諾讀作〔sɿ̱̭˧〕，会理讀作〔sʮ̱˧〕。“甜”聖乍讀作〔tɕ'ɿ̱˧〕，義諾讀作〔tɕ'ɿ̱̭˧〕，会理讀作〔tʂ'ʮ˧〕。“坏”聖乍讀作〔dɪ˧〕，義諾讀作〔dɪ̱̭˧〕，会理讀作〔dʏ˧〕。

韻母例字：

韻母	例		字
	标音	实际讀法	汉義
ɿ	p'ɿ^{3}	p'ɿ˧	辣
ɿ̱	zɿ̱^{1}	zɿ̱˥	豹
i	li^{1}	lɪ˥	手
e	e^{3}	E˧	鴨子
a	k'a^{3}	k'A˧	要
o	go^{3}	go˧	寫
ɯ	ŋgɯ^{3}	ŋgɤ˧	憂
ʊ	xʊ^{3}	x'ʊ˧	鉄
u	p'u^{3}	p'ʉ˧	價

u̠	ɬe^{4}p'u̠^{2}	ɬE˨˩p'u̠˥	領飾
y	tsy^{4}	tsʏ˨˩	裳
ye	ȵye^{3}	ȵøE˧	毛

3 声調：声調四個

調類	調值	例		字
		标音	实际讀法	汉義
1	˥55	ɕi^{1}	ɕ'ɪ˥	咬
2	˧˦34	ɕi^{2}	ɕ'ɪ˧˦	过(拿过来)
3	˧33	ɕi^{3}	ɕ'ɪ˧	到达
4	˨˩21	ɕi^{4}	ɕ'ɪ˨˩	餅(来)

說明：

①在第二調中有少数由第三調及第四調变来的变調。

②会理二區声調無論從調類或調值上看，與北部次方言中的聖乍土語都是一個系統、同時在連讀時声調上一般没有什麽变化。

(二)南部次方言區東部土語和西部土語語音情況：

南部次方言分東部、西部二土語、東部土語又分北部南部二次土語。下面先以東部土語的北部次土語區~~林~~布拖縣則骆鄉為代表介紹一下東部土語區的語音情況、再以会東縣彝族自治區為代表介紹一下西部次土語區的語音情况、最后介紹東部、西部二次土語的語音差異。

四川省西昌专区会理县第二区自治乡大龙村彝语声韵调配合表 （会1）

音位	音值	调类	ɿ	ɿ̱	ʋ	ʋ̱	ʅ	ʅ̱	u	u̱	ɯ	i	y	e	a	ɯ	o	v	ʋ	ʋ̱	u	u̱	e	ye	i	ɛ	ya	(m)ɿ	(m)ɿ̱	(m)u	mu	ɿɿ		ɿ̰	ɿ̰̱
			ɿ	ɿ̱	ɥ	ɥ̱	ʅ	ʅ̱	ʮ	ʮ̱	y	I	Y	E	A	ɤ	o	v	ʉ	ʉ̱	ʉ	ʉ̱	ɪE	φE	ʉɪ	ʉE	ʉA	m	m̱	ŋm	ŋm̱	ɿ̣		ɿ̰	ɿ̰̱
p	p	˥										快乐			(父子三)			挑拨																	
		˦																(赛跑)	一枝花																
		˧										嘘哩			交换		换	身体	秃头				(乱跳)												
		˩										剖					(绳)	抹洞	捎				(大铲)												
p'	p'	˥	吐(水)									欺骗			(伯父)																				
		˦																	(癣)																
		˧	辣	摆								剖			(毛巾)		反对	捅					(牛拂)												
		˩										(棕榈)						(斗笠)	揭				嗳												
b	b	˥										蹄						接吻																	
		˦															(簸箕)						(肩膀)												
		˧										(喂!)					鸟	山	蚕	(猴)			男人生殖器												
		˩	给									(水獭)					(村庄)	(臭)	(蚂蚁)	(蟑)															
mb	mb	˥																躲藏																	
		˦																																	
		˧										分配					饱	滚					射												
		˩																埋																	
m	m	˥										兵			教			(锄)																	
		˦																(玉米)																	
		˧										名字			竹子			吹																	
		˩										熟						光																	
f	f	˥										(岩羊)			(兄妹)						(蛹)														
		˦																																	
		˧										摔		老鼠							(蜘)	摩擦(胡)													
		˩	飘																		(声音)														

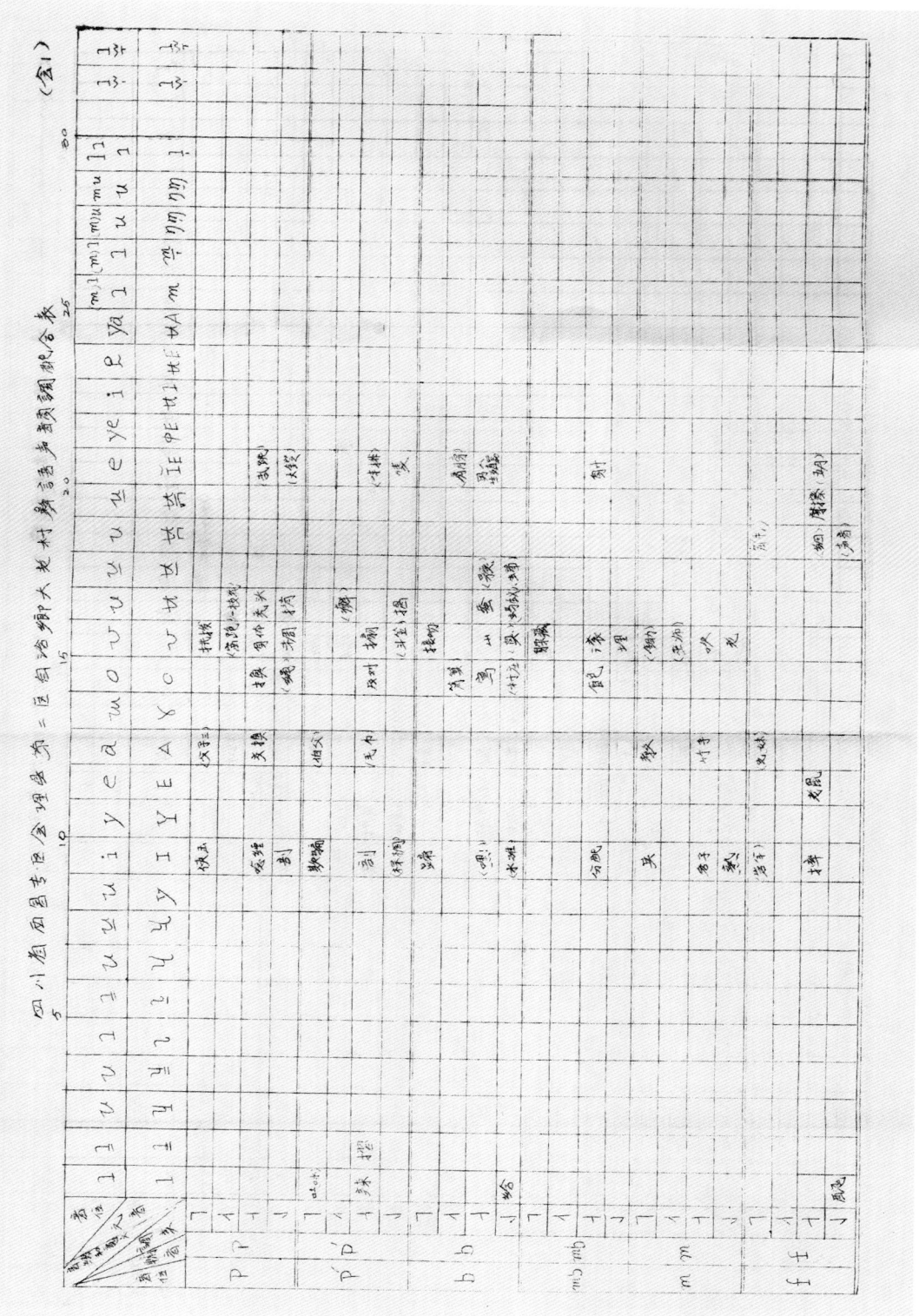

四川省西昌专区会理县第二区自治乡大龙村彝语声韵调配合表　（全2）

音位	辅音	调类 \ 元音	ɿ	ɿ̱	ʮ	ʮ̱	ʅ	ʅ̱	ʯ	ʯ̱	y	I	Y	E	A	ɤ	o	ʋ	v̩	v̩̱	iv̩	iv̩̱	ĭE	φ̆E	v̩ɪ	v̩E	v̩A	m̩	m̩̱	ŋ̍	ŋ̱̍	[illegible]	[illegible]	[illegible]	[illegible]
v	v	˥	(兄)	(姐)								猪			(伯父)			(天)		控	(发霉)	(蚂蚁)													
		˦													(专心)				肠																
		˧	买									(找的)		(美丽)			(雹)	(皇帝)	鑽		乾		(花)												
		˩	(底)									(腰)						(冰)	賣																
t	t	˥										(石头板)			(大路)			(火)																	
		˦											(凹)					(赵)						(雲)											
		˧										(凳子)	摺叠		(好听)	火了	(拖扯)	(斗笠)					端												
		˩										卤	(鬍鬚)			站		(快速)																	
tʻ	tʻ	˥										桃			(不要)			这																	
		˦																																	
		˧											(鑿子)	锋利	罐	(询问)																			
		˩										(冰)	(坟墓)		不要	(抵)																			
d	d	˥										(胖)						毒																	
		˦																																	
		˧											坏	(东南)	横頭	地	压							(跌)	上升										
		˩										(客人)			喝			(言语)																	
nd	nd	˥										(拨开)	(客气)																						
		˦													(蕨菜)			倒了																	
		˧											(熏火)					喝						膝肘											
		˩														(火麻)		(赌钱)																	
t	tɣ	˥																																	
		˦																	(竖)																
		˧																	牛																
		˩																																	

四川省西昌专区会理县第二区自治乡大龙村彝语声韵调配合表 （全3）

音位	辅音	词类 / 音缀和意义 / 音位元音	ɿ	ɿ̱	ʮ	ʮ̱	ʅ	ʅ̱	ɥ	ɥ̱	y	ɪ	Y	E	A	ɣ	O	ʊ	ʉ	ʉ̱	[illegible]	[illegible]	IE	ɸE	ʉI	ʉE	ʉɹ	m̩	m̱	ɱ	ɱ̱	[illegible]	[illegible]	[illegible]	[illegible]
t'	t'y	˥																																	
		˦									〈锅烟〉																								
		˧									〈上衣〉								鑽																
		˩									〈门槛〉								地																
d	dy	˥																																	
		˦																																	
		˧																	〈生铁〉																
		˩																																	
nd	ndy	˥																																	
		˦																	〈打架〉																
		˧																	〈侄女〉																
		˩																	打																
n	n	˥										〈浅〉				〈火大〉																			
		˦																																	
		˧											〈谷穗〉	黑	病	〈火〉	〈核算〉	〈骑〉																	
		˩										〈鬼〉			〈鼻子〉	〈提〉		〈休〉																	
		˥																																	
		˦																																	
		˧																																	
		˩																																	
		˥																																	
		˦																																	
		˧																																	
		˩																																	

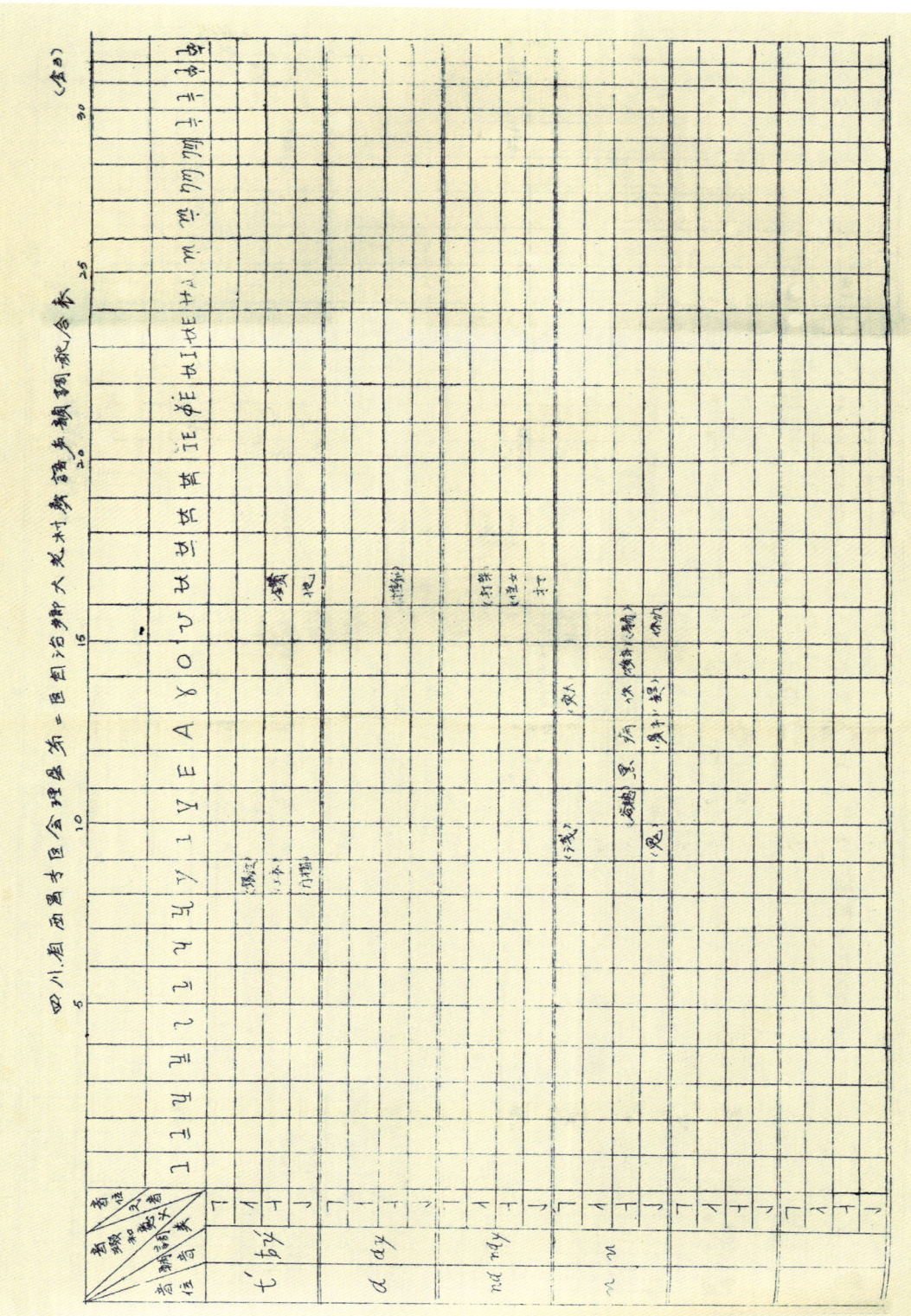

四川省西昌专区会理县第二区自治乡大老村彝语声韵调配合表 〈全4〉

音位	辅音	调类＼音缀和意义＼元音音位	ɿ	ɿ̱	ɥ	ɥ̱	ʅ	ʅ̱	ʮ	ʮ̱	Y	I	Y̱	E	A	ɤ	O	ʋ	ɯ	ɯ̄	ɯ̱	ɯ̱̄	ĭE	ΦE	ɯI	ɯE	ɯA	m̩	m̱	ŋm	ŋm̱	ɿ̣	ɿ̱̣	ɿ̤	ɿ̱̤
							5					10					15					20					25					30			
1	1	˥										手			白楊			(邻居)																	折掉
		˦											(气管)					(森林)					(肩膀)											商量	
		˧										五	酱		来	牛	(石头)	船			叫(狗)		燙									(孫女)		郭公鸟	乞
		˩										[illegible]	嗓子	(牛)		繁		阻挡					(弯曲)												
1̱	1̱	˥																		角落															
		˦																																	
		˧																	城墙		猫														
		˩																	拉伞		(周围)														
ɬ	ɬ	˥										同面						秋																[illegible]	
		˦																			勤快														
		˧		(溜掉)								门		(动物)	舌头	(猴月)					[illegible]		[illegible]									(鸽子)		(風)	
		˩													一。(竹名词)	满月	(斗笠)	月																	
ts	ts	˥		骂								接连			扇子			挑拨																	
		˦	(旋纹)									(蚯蚓)																							
		˧	怯懦	小	栽							(铃子)	集	赔偿				棕榈																	
		˩			烦								锁上																						
tsʻ	tsʻ	˥		晚上		眨眼						(菜刀)																							
		˦	这									(十一)	(菜)				修造	(斧)																	
		˧	地	長第								十	(水碓)	鹿	热	盐	(取名字)	人																	
		˩	一		肺							[illegible]																							
dz	dz	˥										辣椒			(赶牛)																				
		˦	(沙)										(富跑)		(捕捉)	(吃?)																			
		˧	骑									剁	杯		(靠食)	吃																			
		˩	(下边)			(藏族)						[illegible]																							

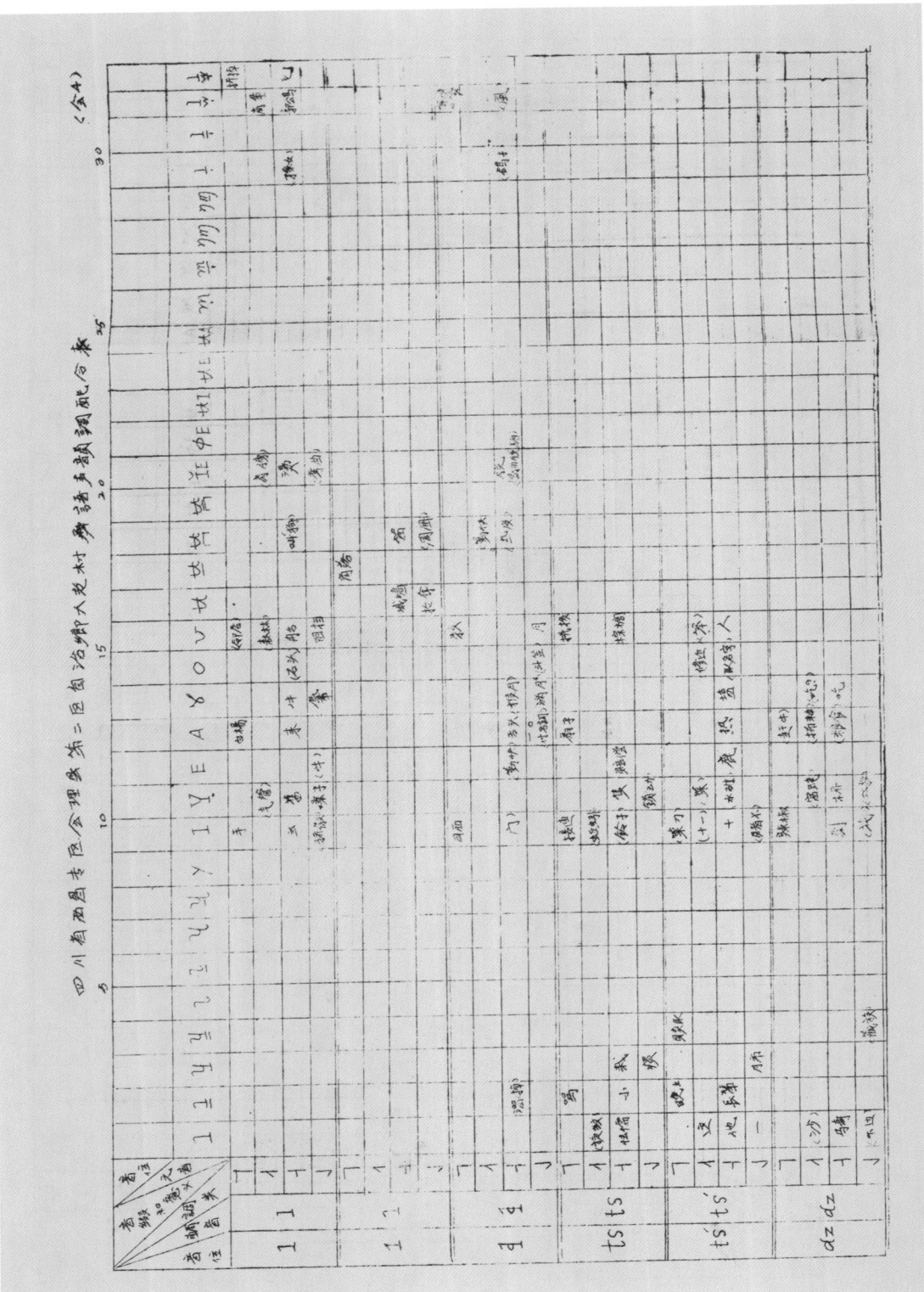

四川省西昌专区会理县第二区自治乡大龙村彝语声韵调配合表 （之5）

音位 / 元音 / 音缀和意义 / 声调 / 辅音			I	I̠	ʮ	ʮ̠	ʅ	ʅ̠	ʯ	ʯ̠	Y	I	Y̠	E	A	ɣ	O	U	ɯ	ɯ̠	ɤ	ɤ̠	ɪE	ɤE	ɯI	ɯE	ɯA	m	m̠	ŋm̠	ŋm	l	l̠		lw
[illegible]	[illegible]	˥													(逢迎)																				
		˦	皮膚															(学习)																	
		˧	(生皮)	咒恶	土司	門						(昨天)	团结		大麦		恨	学习																	
		˩	(新疮)																																
s	s	˥				(寂寞)						叙			(女婿)			計算																	
		˦			(驮人)							[illegible]			(棉花)			(三斗)																	
		˧	死	柴	(端公)	掃						虫工	木炭		(印谷)		三						(摩擦)												
		˩	懂		(像)							傘		哨吶																					
z	z	˥				揉																													
		˦																																	
		˧	(开水)	一方									使用		(慢)	兒子																			
		˩			(柏)																														
tɕ	tɕ	˥						对		(锥子)								貝東																	
		˦							(蟋蟀)								(称谷)																		
		˧						拔	(手指)					(笼头)	蚂蚱	蛤吃																			
		˩														(露水)																			
tɕ'	tɕ'	˥						捆		(匙)					喝			錫																	
		˦														(籼米)		(吃飯)																	
		˧					兔子		(劍)	(燒坊)					插	米	(秋天)	飯					(胸部)												
		˩							(腐烂)							(酒)		(半早上)																	
dʑ	dʑ	˥					相爱			斜视																									
		˦			(四方)		互相											(代替)																	
		˧	銅					在								東西		東西																	
		˩						(蚂蟥)	筷子									直																	

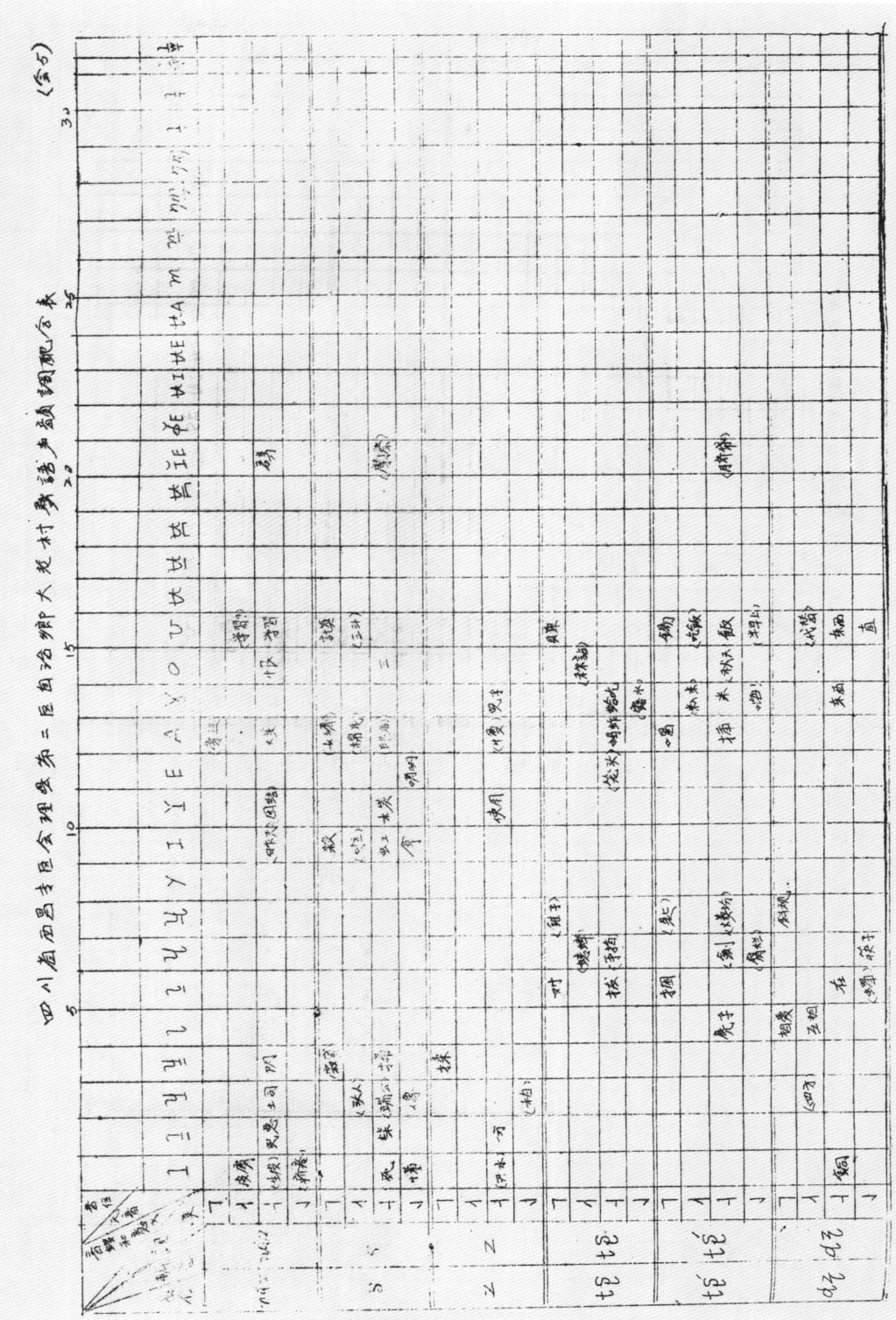

四川省西昌专区会理县第二区团结乡大龙村彝语声韵调配合表　　（全6）

音位	辅音	声调	ɿ	ɿ̱	ʮ	ʮ̱	ʅ	ʅ̱	ʯ	ʯ̱	y	i	Y	E	A	ɤ	o	ʊ	ɯ	ɯ̱	ɯ̆	ɯ̱̆	ĭE	ɸE	ɯI	ɯE	ɯA	m̩	m̩̱	ŋ̍	ŋ̱̍	ɹ	ɹ̱	ɹʷ	ɹ̱ʷ
ndʐ	ndʐ	˥													好			(生锈)																	
		˦					酒肉																												
		˧					[illegible]地							识-识		债	(钥匙)	楔子																	
		˩														退																			
ʂ	ʂ	˥							孔雀	择		(害羞)			狮[illegible]			说札																	
		˦					一所房子	刷子	水獭						(熟炒)			(撒[illegible])																	
		˧					黄金	吃荤菜)	幹					漢人	小麦	長	左	(分集)																	
		˩							伏																										
ʐ	ʐ	˥													誏																				
		˦																																	
		˧					羊		漏						吵闹																				
		˩					减少	(风箱)																											
tʂ	tʂ	˥						(梳子)																											
		˦																																	
		˧					(星	(母猪)																											
		˩																																	
tʂʻ	tʂʻ	˥																																	
		˦																																	
		˧					拘																												
		˩																																	
dʐ	dʐ	˥																																	
		˦																																	
		˧					扇出代																												
		˩																																	

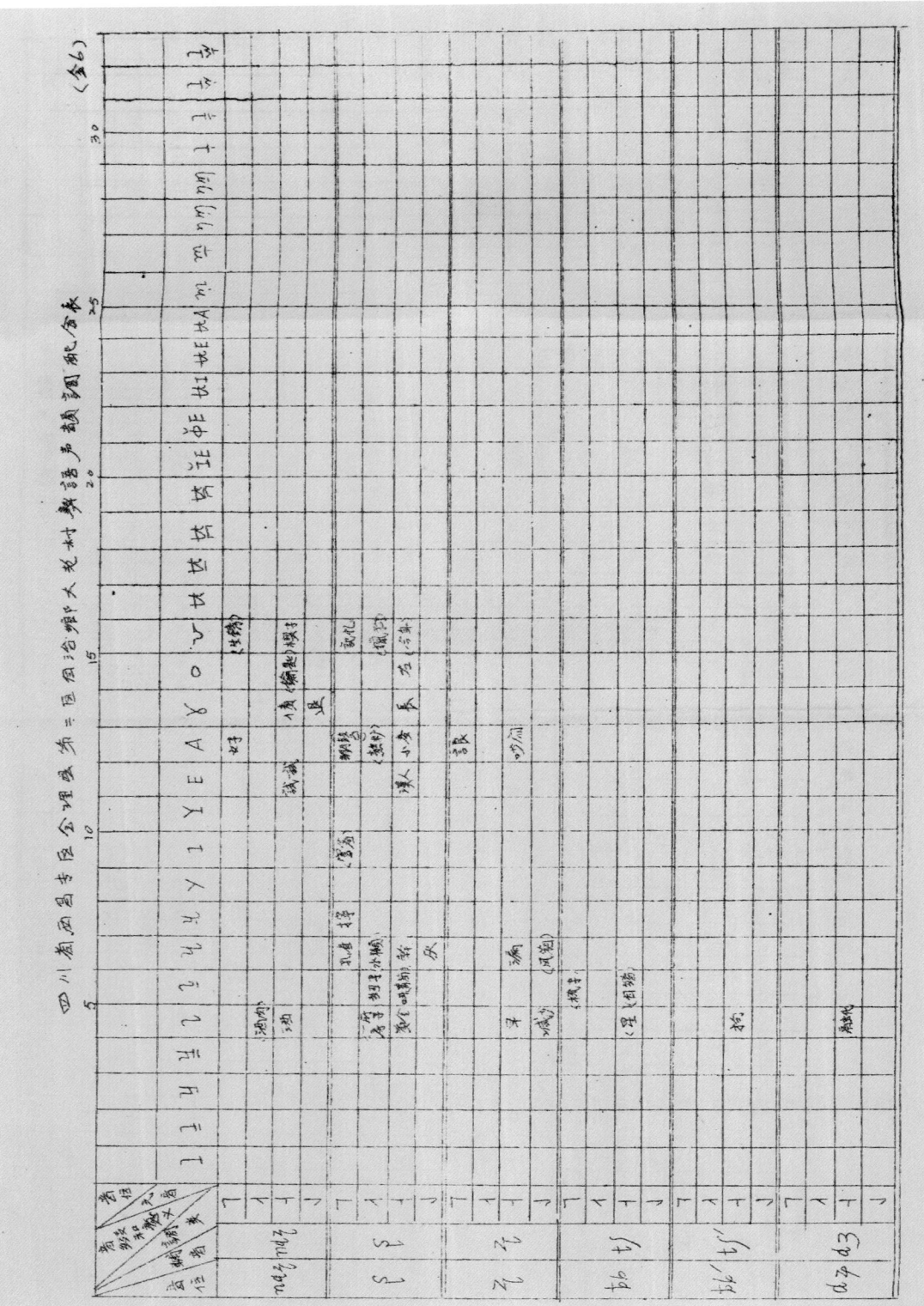

四川省西昌专区会理县第二区侗洽乡大老村彝语声韵调配合表 （全7）

音位	辅音	调类	ɿ	ɿ̱	ʮ	ʮ̱	ʅ	ʅ̱	ʯ	ʯ̱	y	ɪ	ʏ	E	A	ɤ	o	ʊ	ɯ̣	ɯ̱	ɯ̩	ɯ̩̱	IE	ɥ̌E	ɯI	ɯE	ɯA	ŋ̣	ɱ̱̣	ŋɱ̣	ŋɱ̣̱	ɪ̣	ɪ̣̱	ɚ̣	ɪ̱
nʤ	nʤ	˥																																	
		˦																																	
		˧																																	
		˨˩																																	
ʃ	ʃ	˥						（新）																											
		˦					[illegible]腿																												
		˧					肥料																												
		˨˩					（妻）																												
ʒ	ʒ	˥						鸽子																											
		˦					北）																												
		˧					笑	（灵魂）																											
		˨˩					可笑																												
ʨ	ʨ	˥										煮							（下面）																
		˦										（骰子）		（离婚）																					
		˧									削	件		（钩子）	（回转）		（断）		放牧																
		˨˩										（半斤）		（矛）					骚																
ʨʻ	ʨʻ	˥										箭																							
		˦										（饥）																							
		˧										（到达）		硬			割		跟																
		˨˩										咒骂																							
ʥ	ʥ	˥																	（腰）																
		˦										燕子																							
		˧									倒了	知道		（冻）	冷																				
		˨˩										路							截断																

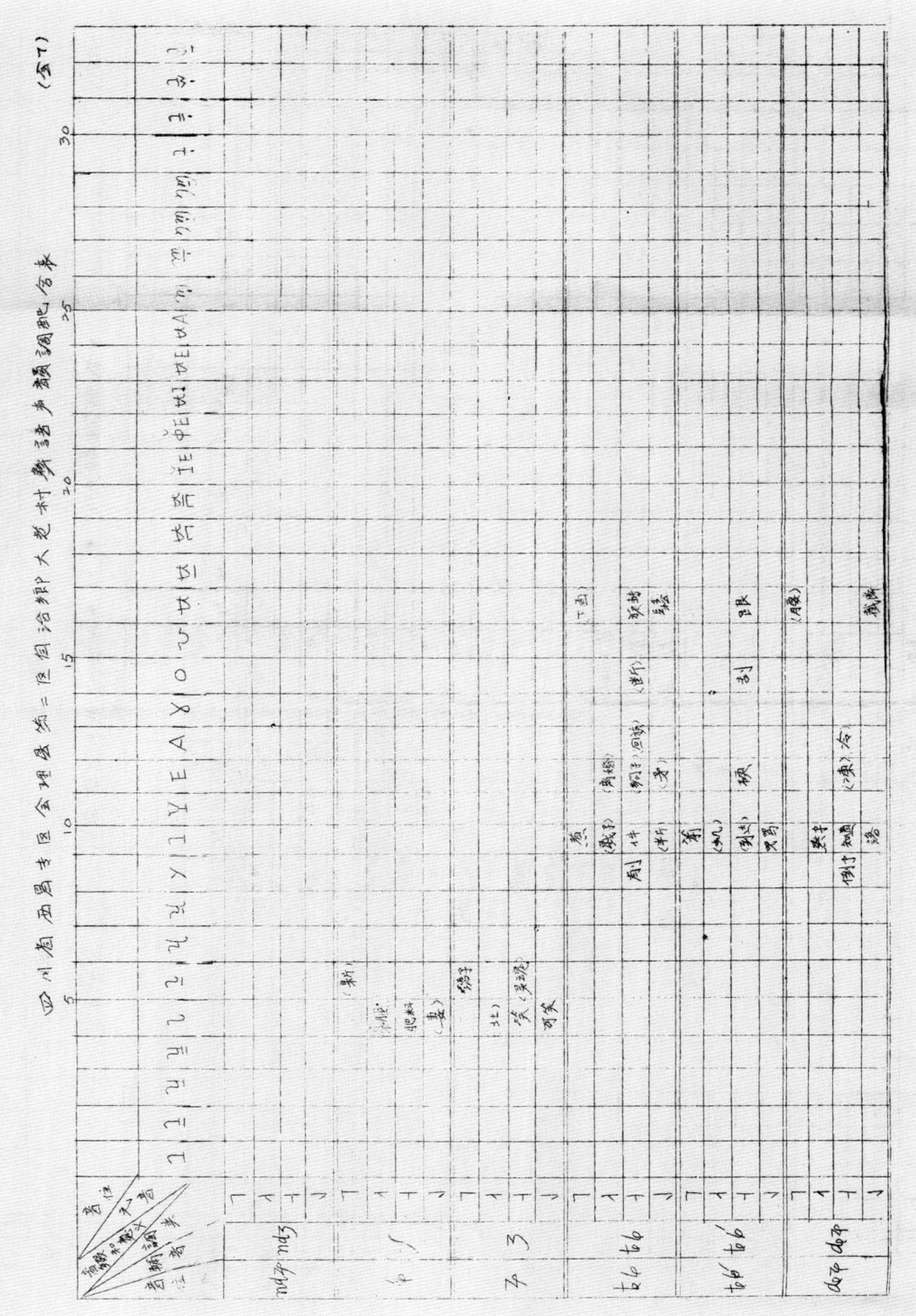

四川省西昌专区会理县第二区自治乡大光村彝语声韵调配合表 （全8）

音位	辅音	调类＼元音	ɿ	ɿ̱	ʮ	ʮ̱	ʅ	ʅ̱	ɥ	ɥ̱	y	I	Y	E	A	ɤ	O	ʊ	ɯ	ɯ̱	ɯ̃	ɯ̱̃	iE	ɸE	ɯI	ɯE	ɯA	m̩	m̩̱	ŋ̍	ŋ̱̍	I̩	=	[illegible]	[illegible]
ndʑ	ɲdʑ	˥										逃走			偷懒																				
		˦																																	
		˧										腰		呕吐			踢	伞																	
		˩										根																							
ɲ	ɲ	˥										(明年)						猴子																	
		˦										(染)																							
		˧									奶	(心)		(太阳)				步						毛											
		˩									(奶汁)	二						洗																	
ɕ	ɕ	˥										咳																							
		˦										(棉线)																							
		˧										(毛线)		浅																					
		˩																																	
ʑ	ʑ	˥										弯刀			歌			(洋芋)																	
		˦																驴																	
		˧									抓	(小孩)		公鸡			(公绵羊)	提																	
		˩										隔开			(荞子)																				
K	K	˥													使穿			(布谷)																	
		˦																(束核)																	
		˧													(森)	使听		烤																	
		˩														加	合	(身体)																	
K′	K′	˥																[illegible]																	
		˦																																	
		˧													要	苦	(树)																		
		˩													(多远?)			需要																	

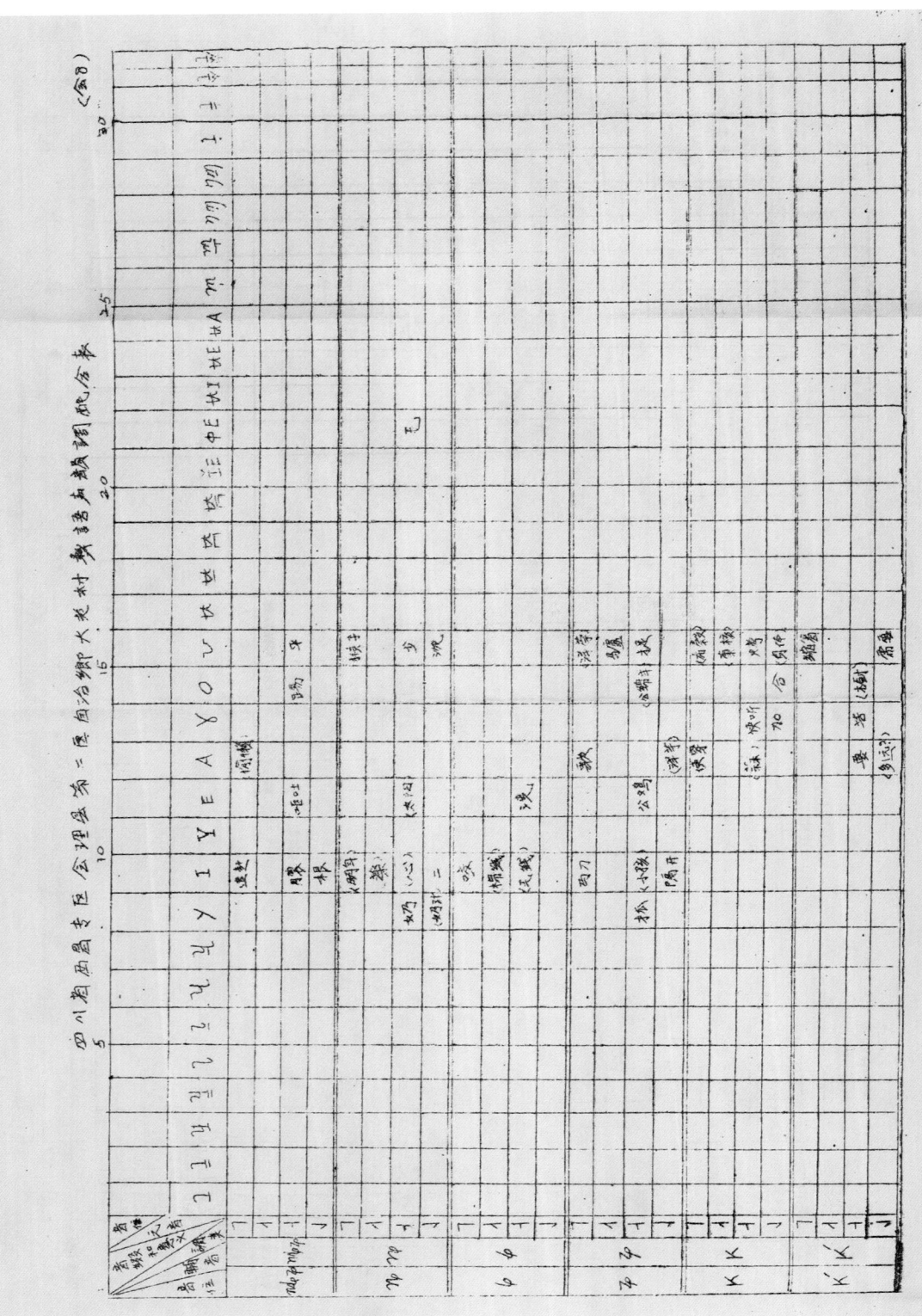

四川省西昌专区会理县第二区自治乡大光村彝语声韵调配合表 （会1）

音位	音缀和意义 词类 辅音 ＼ 元音 音位	ɿ	ɿ̱	ʮ	ʮ̱	ʅ	ʅ̱	ʯ	ʯ̱	Y	I	Y	E	A	ɤ	O	U	ʉ	ʉ̱	ɯ	ɯ̱	ĬE	ΦE	ɯI	ɯE	ɯA	m	m̱	ɱ	ɱ̱	ɿ	ɿ̱	ɿ̱̃	ɿ̱
g	g													穿			家																	
														（小路）			疲倦																	
														捞		瓦																		
														（容易）	玩		空																	
ŋg	ŋg														親爱		凉快																	
														过	荞子	拾起	拖																	
															（甜荞）																			
K	Kɣ																叫																	
																	汗																	
K′	K′ɣ																																	
g	gɣ																偷																	
																	蠢																	
																	颠簸	蛉																
																	浪	（蛄哭）																
																	嗦																	
																	雁鹅																	
ŋg	ŋgɣ																	双男																
																	汲桑（茎）																	

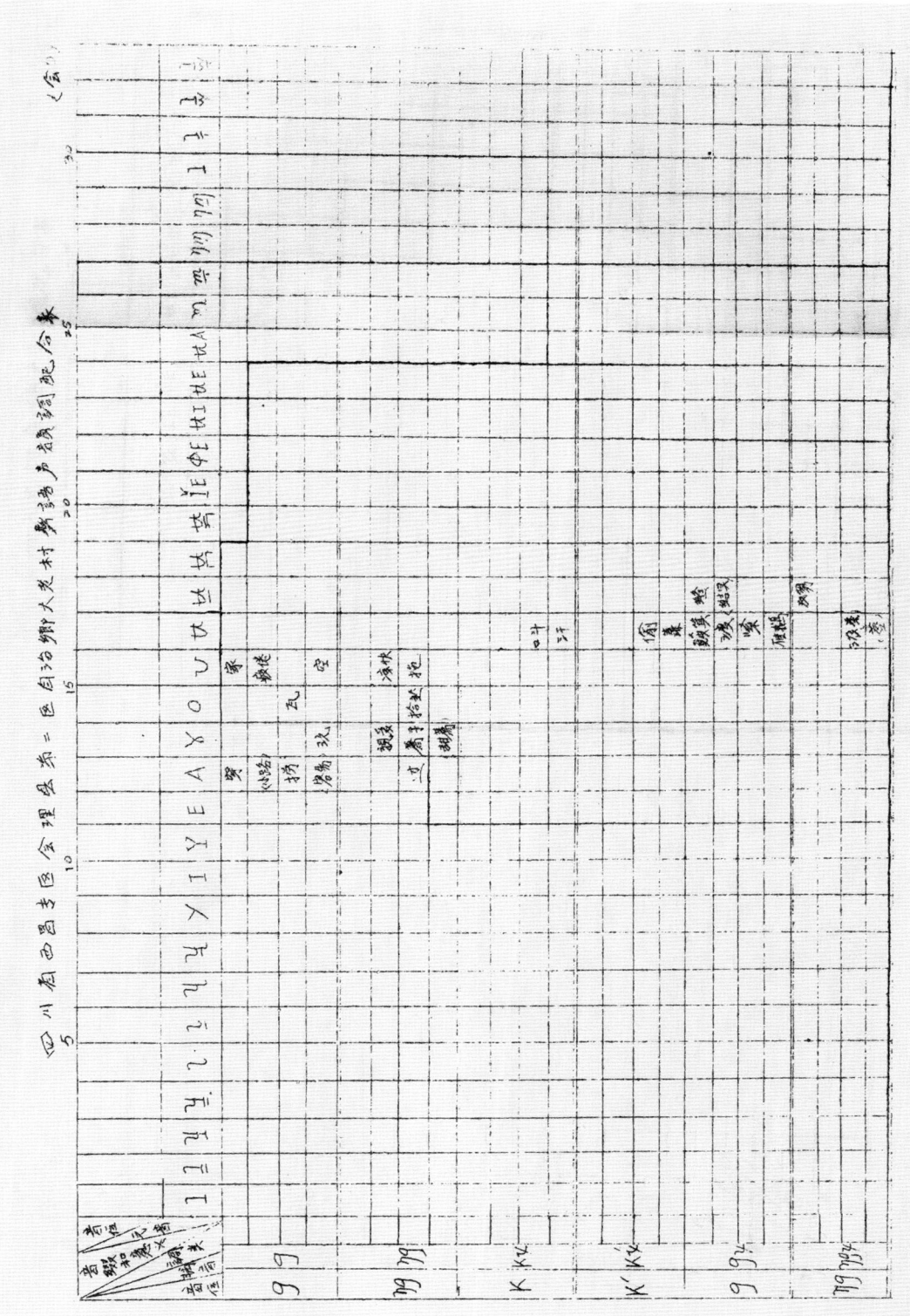

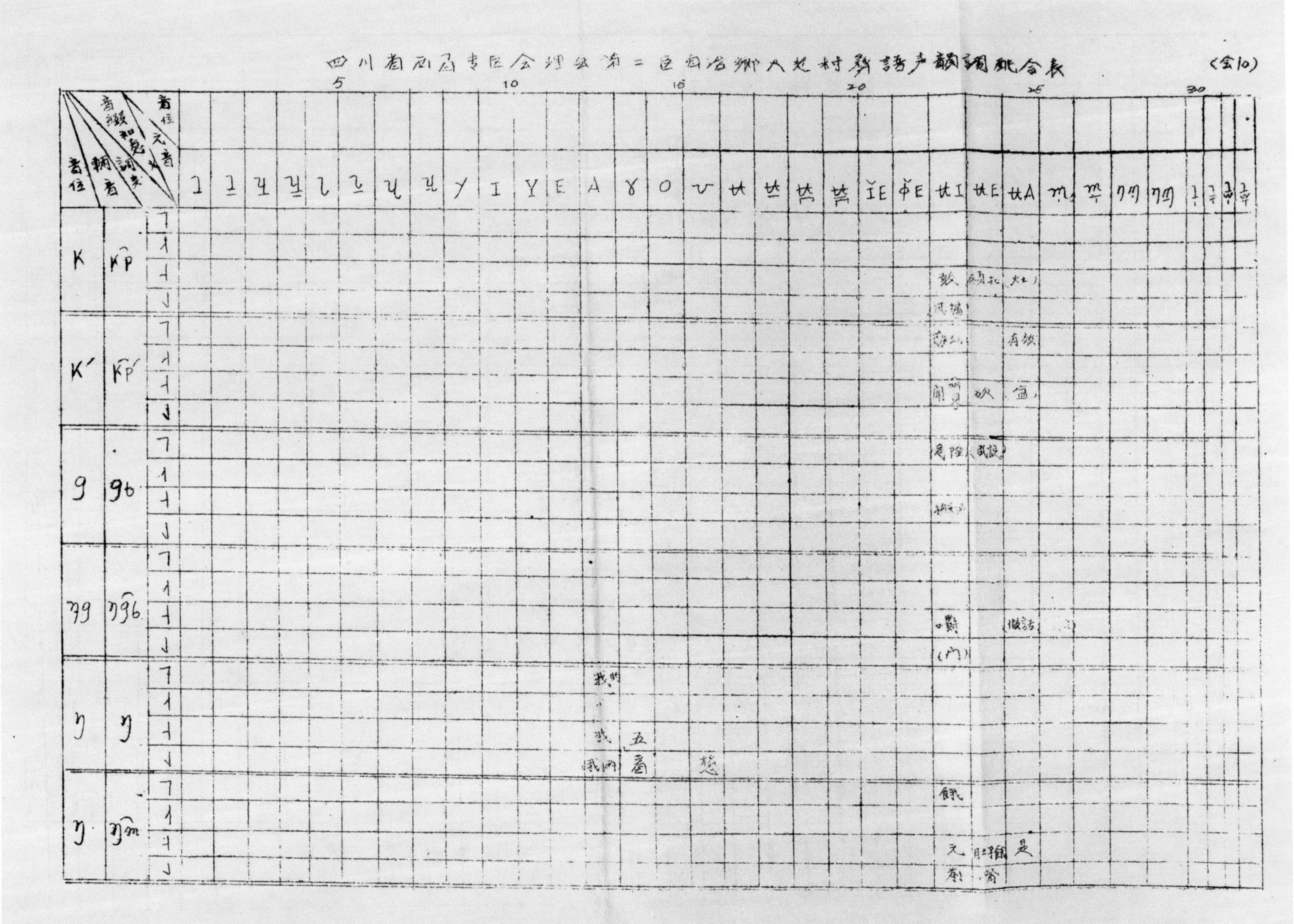

四川省西昌专区会理县第二区自治乡大龙村彝语声韵调配合表 (全10)

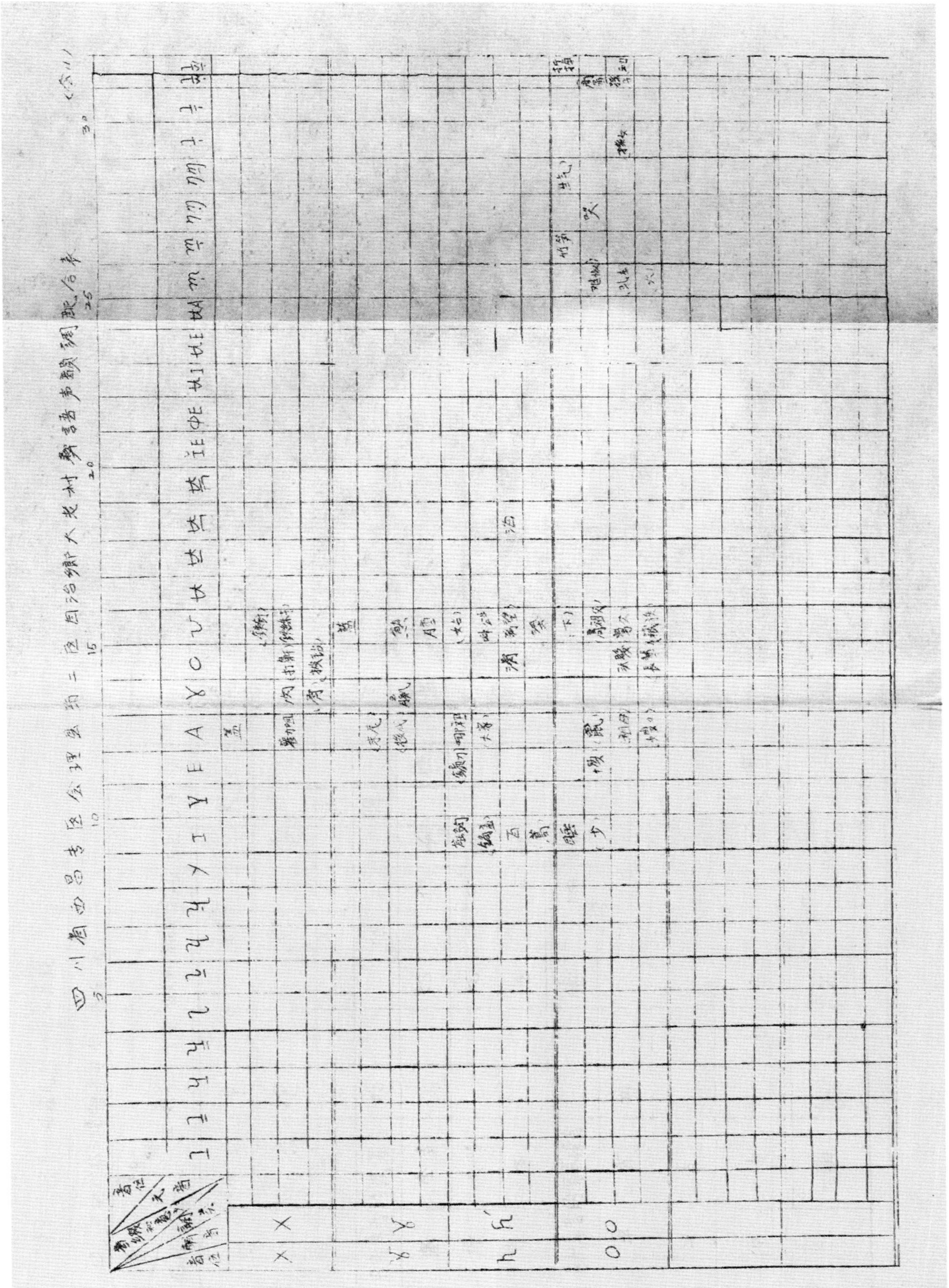
四川省西昌专区会理县第二区周治乡大光村彝语声韵调配合表 （公11）

1. 東部土語區布拖縣則駱鄉音位系統

① 布拖則駱鄉彝語声母表（共41個）

音位 發音方法 ＼ 發音部位		双唇	唇齒	舌尖前	舌尖中	舌尖后	舌面	舌根	喉
塞音	全清	p			t			k	
	次清	p'			t'			k'	
	濁	b			d			g	
前附鼻音的濁塞音		mb			nd			ŋg	
塞擦音	全清			ts		tʂ	tɕ		
	次清			ts'		tʂ'	tɕ'		
	濁			dz		dʐ	dʑ		
前附鼻音的濁塞擦音				ndz		ndʐ	ndʑ		
鼻音		m			n		ȵ	ŋ	
边音					ɬ l				
擦音	清		f	s		ʂ	ɕ	x	h
	濁		v	z		ʐ	ʑ	ɣ	

説明：

①t tʻ d nd 与元音u和u̠相拼時，引起双唇顫动。

②舌根音k kʻ g ŋg x ɣ在元音i、i̠前時読成[c͡ʃ][c͡ʃʻ][ɟ͡ʒ][ŋɟ͡ʒ][x͡s][ɣ͡z]。

布拖縣則骆鄉声母特桌：

①布拖 則骆鄉 tʂ tʂʻ dʐ ndʐ ʂ ʐ 没有[tʃ][tʃʻ][dʒ][ndʒ][ʃ][ʒ]這样的变体，而舌根音都有舌面前舌叶(或舌尖)部位的变体[c͡ʃ][k͡ʃʻ][ɟ͡ʒ][ŋɟ͡ʒ][x͡s][ɣ͡z]。

②在布拖語音中，没有像会理[k͡p][k͡pʻ][g͡b][ŋg͡b]那样一套音。

③清擦音全不吐氣。

声母例字：

声母	例字		
	标音	实际読法	汉义
p	pi^{3}	pɪ˧	唸经
pʻ	pʻo^{3}	pʻɔ˧	反对
b	bo^{3} ma^{3}	bɔ˧ mA˧	字
mb	mbo^{3}	mbo˧	饱
m	ma^{1} mʊ^{4}	mA˥ mʊ˩	先生
ɬ	ɬi^{3}	ɬɪ˧	撕

声母例字

声母	例字		
	标音	实际读法	汉义
v	vi̠^{1}	vɪ˥	猪
t	ti^{3}	tɪ˧	獨凳
t'	t'o^{3}	t'o˧	啄
d	di^{3}	dɪ˧	坏
nd	ndʋ^{3}	ndʋ˧	唱
n	ni^{3}	nɪ˧	便闻
đ	đo^{4} bʋ^{1}	đɔ˩ bʋ˥	斗笠
l	la^{3}	lA˧	来
ts	tsi^{4}	tsɪ˩	装
ts'	ts'a^{3}	ts'A˧	热
dz	dzɯ^{3}	dzɤ˧	吃
ndz	ndzo^{3}	ndzo˧	恨
s	si̠^{3}	si̠˧	树
z	zi^{3}	zɪ˧	使用
tʂ	tʂa^{3}	tʂA˧	给吃
tʂ'	tʂ'e^{3}	tʂ'E˧	插
dʐ	dʐi̠^{1}	dʐi̠˥	斜視
ndʐ	ndʐʅ^{3}	ndʐʅ˧	酒
ʂ	ʂʋ^{1}	ʂʋ˥	記憶
ʐ	ʐa^{3}	ʐA˧	吵鬧
tɸ	tɸʋ^{3}	tɸʋ˧	轉

声母	例字		
	标音	實际讀法	汉義
tɕʻ	tɕʻi^{1}	tɕʻI˥	变
dʑ	dʑi^{3}	dʑI˧	通知
ndʑ	ndʑʋ^{3}	ndʑʋ˧	平
ȵ	ȵe^{3}	ȵE˧	毛
ɕ	ɕe^{3} pʻa^{3}	ɕE˧ pʻA˧	羊毛布
ʑ	ʑʋ^{3}	ʑʋ˧	绵羊
k	ka^{1}	kA˥	给穿
kʻ	kʻa^{3}	kʻA˧	要
g	ga^{1}	gA˥	穿
ŋg	ŋgɯ^{3}	ŋgƗ˧	荞子
ŋ	ŋa^{3}	ŋA˧	我
x	xa^{1}	xA˥	盖
ɣ	ɣʋ^{4}	ɣʋ˩	腫
h	ha^{3}	hA˧	百

(2) 韻母：韻母11個。

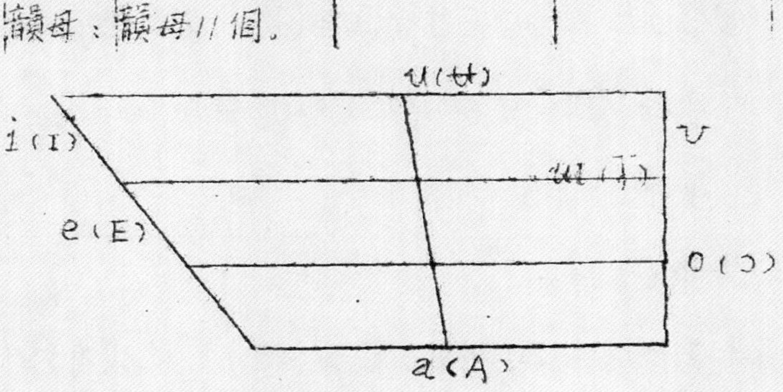

另有舌尖元音二個：ɿ ɿ̱，紧喉元音一个：u̱，

複合元音一个：ya。

說明：①舌尖元音 ɿ ɿ̱ 与舌尖边音 ɬ l 相拼時為自成音節的 l̩，l̩̱。

②元音 i 的实际讀音為[ɪ]。

③元音 e ɑ 讀時都很紧，其实际音值為[A]与[E]。

④元音 i，e 与舌根音相拼時，其前有齒化的[ʮ̆]介音。e 与其它声母相拼時，前有[ɪ̆]介音，讀為[ɪ̆E]。

⑤元音 o 在布拖語音中相当于[ɔ]，讀時很紧。

⑥元音 ɯ 在布拖語音中相当于[ɤ]。

⑦元音 u 与 u̱ 在布拖語音中，舌位偏中，相当于央元音[ʉ]与[ʉ̱]。在 K，K'，g，ŋ 之后時带齒化。在舌根鼻音 ŋ 后時，為自成音節的唇齒鼻音[ɱ̩]。

⑧複合韻 ya 的实际音值為[ʮ̆A]，它只出現在舌根声母之后，与 ɑ 对立，如"摆动"讀作[KA˧]，"灶堂"讀作[Kʮ̆A˧ dɪ˧]。

布拖縣則骼鄉元音特点：

①圆唇元音出現的頻率很低，没有[ʯ]，也没有[y]。[ʮ]

也只出現一次，如"手"讀作[ʂʔɿ˧]，但也可讀作[ʂɿ˧]。

②緊喉元音出現的頻率尤其低，而且一般只出現在第一調˥55。

韻母例字：

韻母	例字		
	标音	实际讀法	漢義
ɿ	sɿ^{4}	sɿ˨˩	知道
ɿ̱	zɿ̱^{4}	zɿ̱˥	豹
i	li^{1}	lɪ˥	手
e	e^{3}	E˧	鴨子
a	k'a^{3}	k'A˧	要
o	to^{3}	to˧	抵抗
v	hv^{4}	hv˨˩	染
ɯ	lɯ^{3}	lɤ˧	牛
u	p'u^{3}	p'ʉ˧	價
u̱	bu̱^{3} hi^{3}	bʉ̱˧ hɪ˧	廟
ya	k'ya^{1}	k'ɥA˥	高奥

(3)声調：声調4個

調類	調值	例詞		
		标音	实际讀法	汉义
1	˥$_{55}$	ɕi^{1}	ɕɪ˥	咬
2	˧˦$_{34}$	ɕi^{2}	ɕɪ˧˦	过（拿过来）
3	˧$_{33}$	ɕi^{3}	ɕɪ˧	到達
4	˨˩$_{21}$	ɕi^{4}	ɕɪ˨˩	牵

説明：第二調中有一部份是来自第三調和第四調的变調。

布拖县则另各乡声韵调配合表 (布)

元音音位			ɿ	ɿ̱	ʅ	ʅ̱	i	e	a	ɯ	o	ʋ	u	u̱	u	u̱	e	i	e	ya	(n.)ŋ ɿ	(m)u u	(l.) ɿ	ɭ ɭ̱ ɿ̱	备
辅音音位	构音	调类 \ 元音构音	ɿ	ɿ̱	ʅ	ʅ̱	I	E	A	ɤ	ɔ	ʋ	ʉ	ʉ̱	ɪ̆ʉ	ɪ̆ʉ̱	ɪ̆e	ɪ̆ɪ	ɪ̆E	ɪ̆A	m̩	ŋm̩	ɭ	ɭ̱	注
p	p	˥					+		+			+													
		˧˦																							
		˧					+		+		+	+	+				+								
		˨˩					+		+		+	+	+				+								
p'	p'	˥		+			+																		
		˧˦											+												
		˧	+	+			+		+		+	+	+				+								
		˨˩					+						+				+								
b	b	˥		+			+				+	+													
		˧˦	+								+	+	+												
		˧					+				+	+	+	+			+								
		˨˩	+				+				+	+	+	+											
mb	mb	˥					+					+													
		˧˦																							
		˧					+				+	+					+								
		˨˩										+													
m	m	˥					+		+			+													
		˧˦					+																		
		˧					+		+			+													
		˨˩							+			+													
f	f	˥					+																		
		˧˦											+												
		˧	+				+						+	+			+								
		˨˩											+												

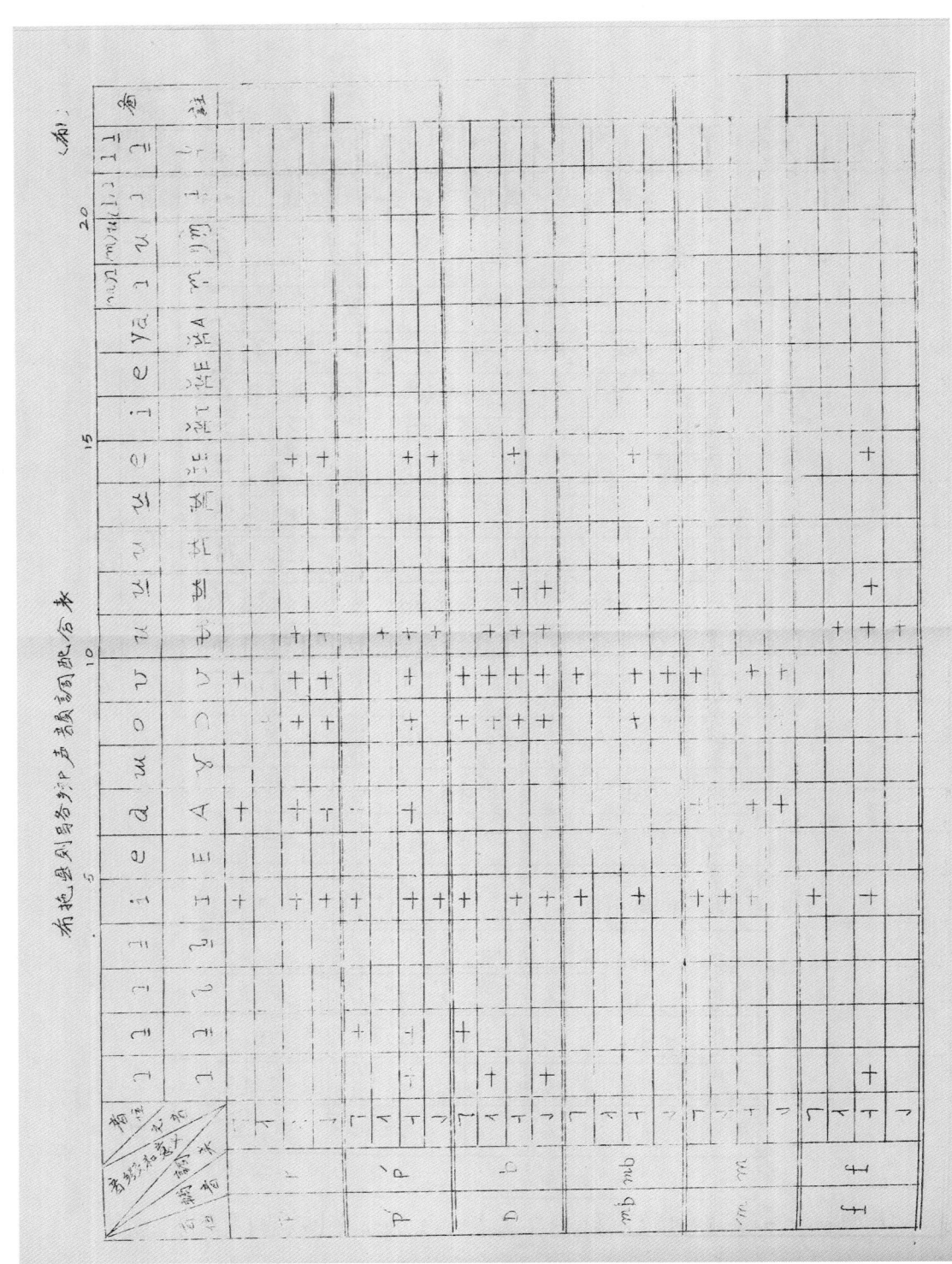

布·拖县則骆鄉声韻調配合表 〈布2〉

音位	音綴	調類	ɿ	ɿ̱	ʅ	ʅ̱	I	E	A	ɣ	ɔ	ʊ	[illegible]	[illegible]	[illegible]	[illegible]	IE	ȵI	ȵE	ȵA	ɱ	ŋɱ	[illegible]	[illegible]	备註
V	V	˥		+			+		+			+		+											
		˦										+	+				+								
		˧	+				+					+	+				+								
		˩					+					+	+												
t	t	˥					+		+			+													
		˦					+					+					+								
		˧					+		+	+	+	+					+								
		˩					+			+		+					+								
t'	t'	˥					+		+			+													
		˦					+			+															
		˧					+		+	+	+						+								
		˩					+		+	+		+													
d	d	˥							+			+													
		˦					+																		
		˧					+		+	+	+						+								
		˩					+		+			+					+								
nd	nd	˥					+																		
		˦							+			+													
		˧										+					+								
		˩								+		+													
t	tx	˥																							
		˦											+												
		˧											+												
		˩																							

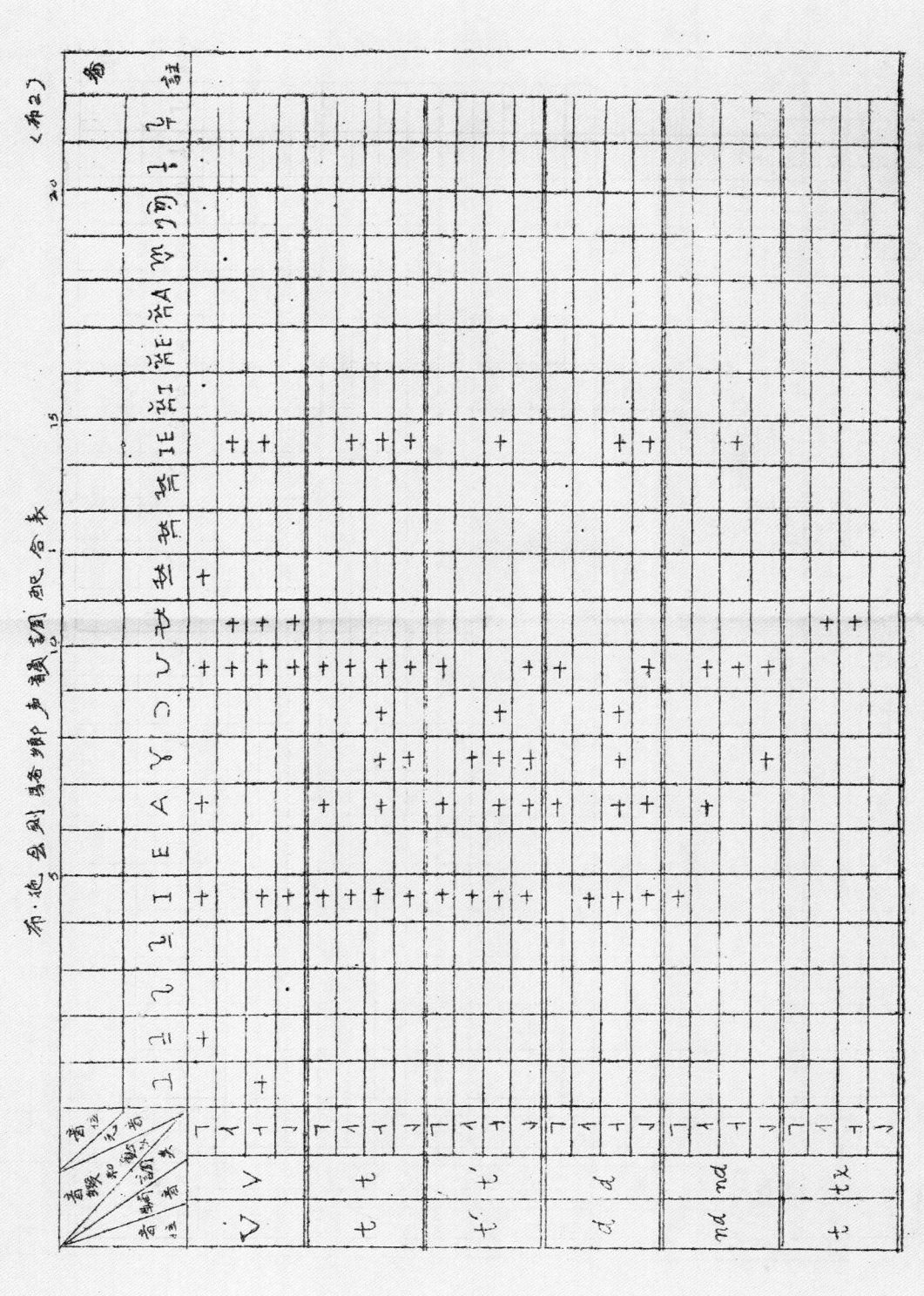

布拖县则略乡声韵调配合表　（布3）

音位	辅音	调类	ɿ	ɿ̱	ʅ	ʅ̱	I	E	A	ɤ	ɔ	ʋ	[illegible]	[illegible]	[illegible]	[illegible]	IE	[illegible]I	[illegible]E	[illegible]A	m̩	[illegible]	[illegible]	[illegible]	备註
t'	t'x	˥																							
		˦											+												
		˧											+												
		˩											+												
d	dx	˥																							
		˦											+												
		˧											+												
		˩											+												
nd	ndx	˥																							
		˦											+												
		˧											+												
		˩											+												
n	n	˥					+					+													
		˦					+		+	+							+								
		˧					+		+	+	+	+					+								
		˩					+		+	+		+													
[illegible]	[illegible]	˥					+					+												+	
		˦								+															
		˧					+		+		+						+						+	+	
		˩							+	+	+	+													
l	l	˥					+		+			+													
		˦					+		+																
		˧					+																		
		˩																							

布拖县则洛乡声韵调配合表 （表4）

音位	辅音	调类	ɿ	ɿ̱	ʅ	ʅ̱	I	E	A	ɤ	ɔ	ʋ	ʮ	ʮ̱	ʯ	ʯ̱	IE	ʮI	ʮE	ʮA	m̩	ŋ̍	ɨ	ɨ̱	备注
ts	ts	˥		+			+		+			+													
		˦										+													
		˧	+	+			+		+	+							+								
		˩	+				+																		
tsʻ	tsʻ	˥		+			+																		
		˦	+						+		+	+													
		˧	+	+			+		+	+	+	+					+								
		˩	+	+						+															
dz	dz	˥		+			+																		
		˦	+				+		+																
		˧	+	+			+		+	+	+	+					+								
		˩	+				+																		
ndz	ndz	˥		+			+		+																
		˦										+													
		˧	+	+			+		+		+	+					+								
		˩	+				+																		
s	s	˥		+			+		+			+													
		˦	+	+					+			+					+								
		˧	+	+			+		+		+	+					+								
		˩	+				+					+					+								
z	z	˥		+																					
		˦										+													
		˧					+		+	+															
		˩	+				+		+			+													

布拖县则骆乡声韻調配合表　（布5）

音位	辅音	音缀和意义表 / 元音音位	ɿ	ɿ̲	ʅ	ʅ̲	I	E	A	ɤ	ɔ	ʊ	[illegible]	[illegible]	[illegible]	[illegible]	IE	[illegible]	[illegible]	[illegible]	m̩	[illegible]	[illegible]	[illegible]	备註
tʂ	tʂ	˥				+						+													
		˧˦			+						+														
		˧			+	+			+		+														
		˨˩								+															
tʂʻ	tʂʻ	˥				+			+			+													
		˧˦			+					+		+													
		˧			+			+		+	+														
		˨˩			+				+			+													
dʐ	dʐ	˥			+	+																			
		˧˦			+							+													
		˧			+	+				+		+													
		˨˩			+				+	+		+													
ndʐ	ndʐ	˥				+			+			+													
		˧˦			+																				
		˧			+			+	+	+	+	+													
		˨˩			+					+															
ʂ	ʂ	˥			+	+	+		+			+													
		˧˦			+				+	+															
		˧			+	+		+	+	+	+	+													
		˨˩			+			+		+															
ʐ	ʐ	˥				+			+																
		˧˦			+																				
		˧			+				+																
		˨˩			+					+															

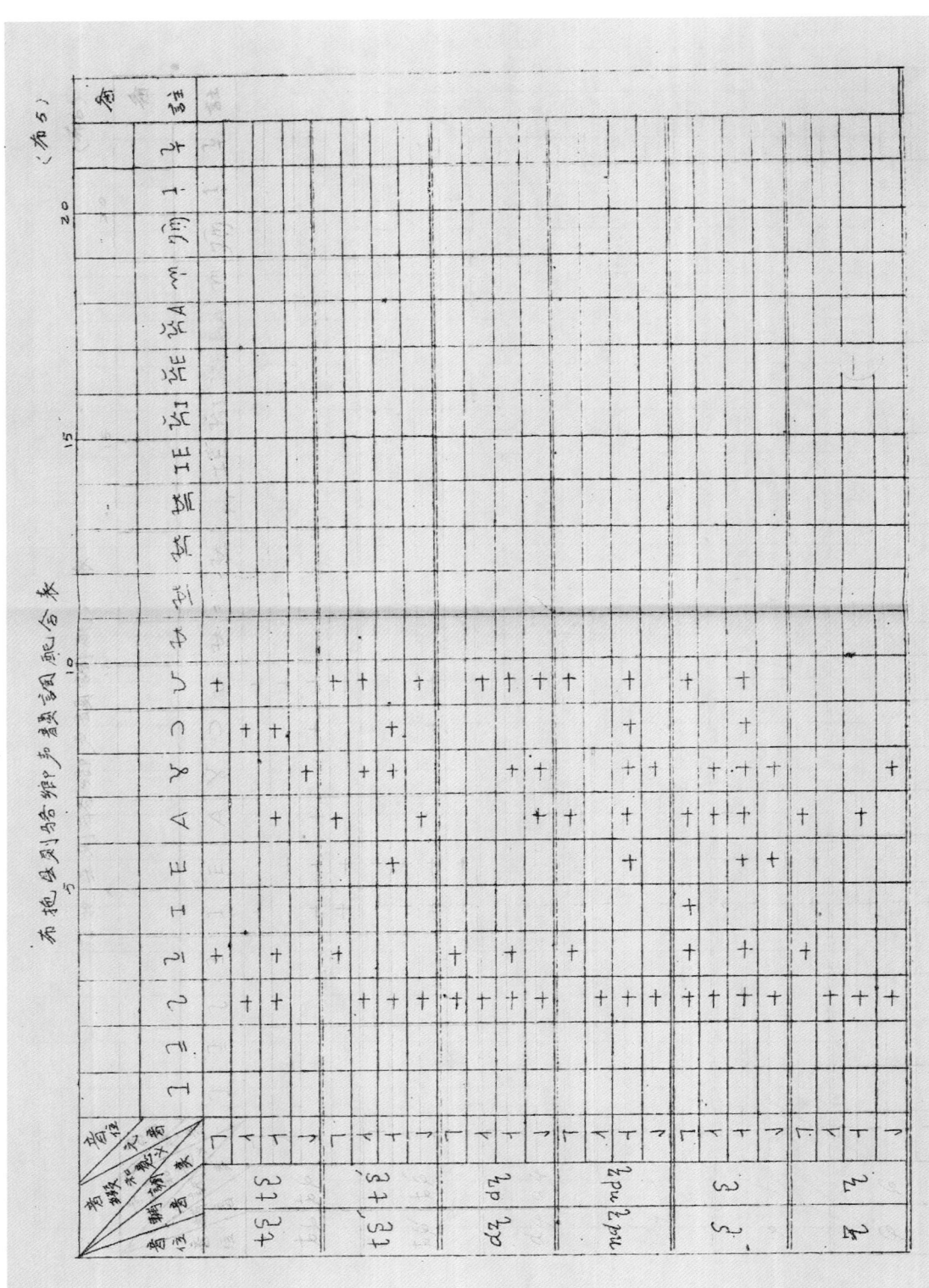

布拖县则骆乡声韵调配合表　　（布6）

音位	辅音	调类 \ 音缀和意义 \ 音位 元音	ɿ	ɿ̱	ʅ	ʅ̱	I.	E	A	ɤ	ɔ	ʊ	[illegible]	[illegible]	[illegible]	[illegible]	IE	[illegible]I	[illegible]E	[illegible]A	m	ɱ	ɿ̣	ɿ̣̱	备註
tɕ	tɕ	˥					+					+													
		˦						+				+													
		˧					+	+	+		+	+													
		˩					+	+				+													
tɕ'	tɕ'	˥						+																	
		˦					+	+																	
		˧					+	+			+	+													
		˩					+	+																	
dʑ	dʑ	˥										+													
		˦					+																		
		˧					+		+	+	+	+													
		˩					+		+																
ndʑ	ndʑ	˥					+																		
		˦																							
		˧					+	+			+	+													
		˩					+																		
ȵ	ȵ	˥					+		+			+													
		˦					+																		
		˧						+				+													
		˩					+	+				+													
ɕ	ɕ	˥																							
		˦					+																		
		˧					+	+																	
		˩					+																		

布拖县则骆乡声韵调配合表 （布7）

音位	辅音	音级和意义 调类 \ 元音 音位					5					10					15					20		备注
			ɿ	ɿ̱	ʅ	ʅ̱	I	E	A	ɤ	ɔ	ʊ	ɿI	ɿE	ɿA	ɿ̱E	IE	ɲI	ɲIE	ɲA	m̩	ŋm	ɬ	ɬ̱	
ʐ	ʐ	˥					+		+			+													
		˦							+			+													
		˧					+	+	+		+	+													
		˩							+			+													
k	cʒ	˥		+																					
		˦																							
		˧	+	+																					
		˩																							
k'	cʒ'	˥		+																					
		˦																							
		˧	+																						
		˩	+																						
g	ʒʒ	˥																							
		˦																							
		˧	+																						
		˩	+																						
ŋg	ŋʒʒ	˥																							
		˦	+																						
		˧	+	+																					
		˩																							
x	xs	˥		+																					
		˦	+																						
		˧	+																						
		˩	+																						

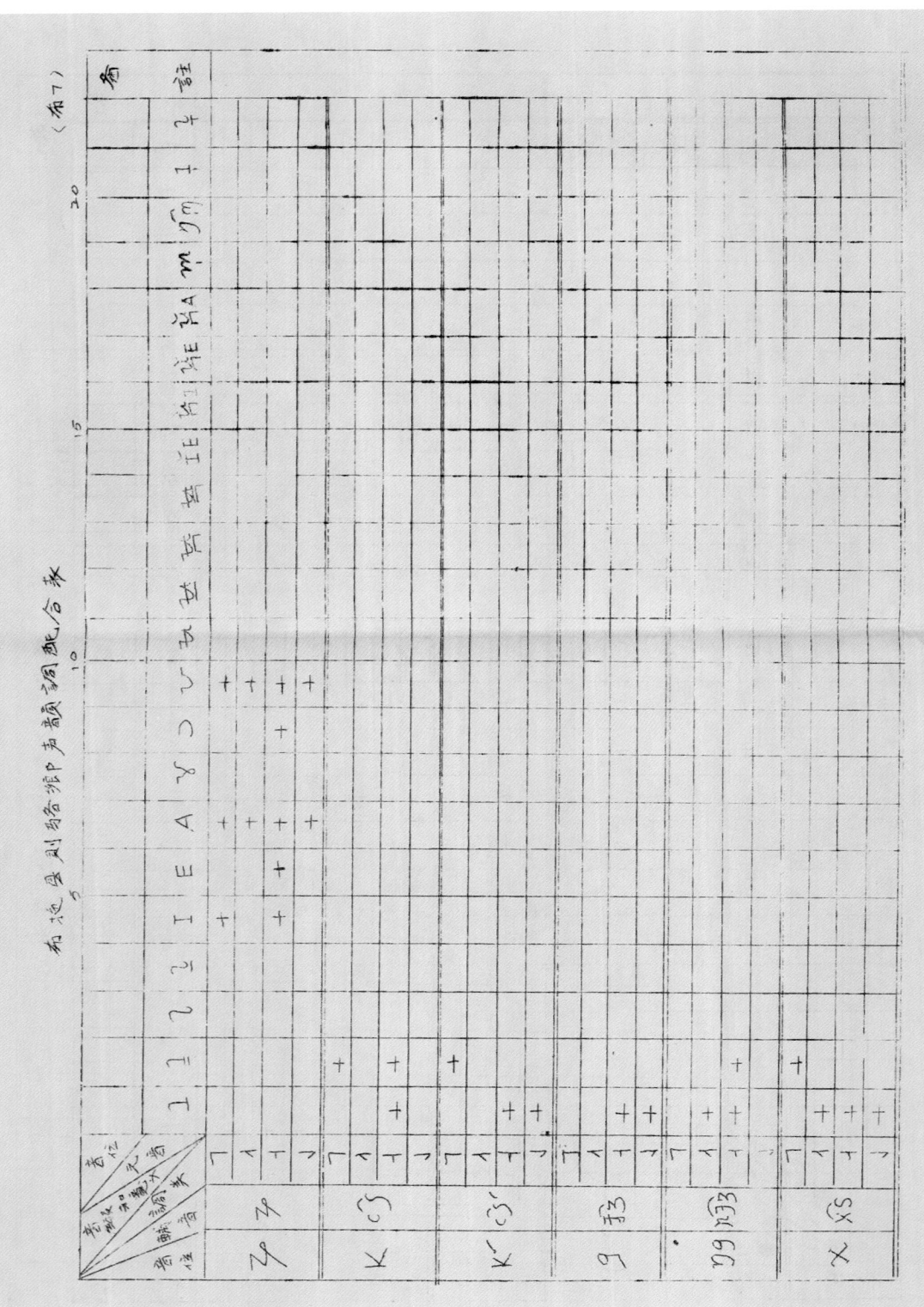

布拖县則洛乡声韵调配合表　　（布8）

音位	轉音	調类	ɿ	ɿ̱	ʅ	ʅ̱	I	E	A	ɤ	ɔ	ʊ	[illegible]	[illegible]	[illegible]	[illegible]	ĬE	ŬI	ŬE	ŬA	m̩	ŋm̩	ɨ	[illegible]	备註
ɤ	ɤz	˥																							
		˦	+																						
		˧	+																						
		˩	+																						
k	k	˥							+						+	+									
		˦								+		+													
		˧							+	+		+			+	+		+	+	+					
		˩								+					+			+							
k'	k'	˥										+						+		+					
		˦							+			+													
		˧							+	+	+	+			+			+	+						
		˩										+			+	+									
g	g	˥							+			+				+		+							
		˦							+			+			+										
		˧							+		+	+			+			+	+						
		˩							+	+		+			+										
ŋg	ŋg	˥										+				+									
		˦										+													
		˧								+	+	+			+			+	+						
		˩								+		+						+							
ŋ	ŋ	˥																+							
		˦							+	+															
		˧							+	+		+						+	+						
		˩								+		+						+	+						

布拖县則骆乡声韵調配合表　（布9）

音位	辅音	调类	ɿ	ɿ̱	ʅ	ʅ̱	I	E	A	ɤ	ɔ	ʋ	uʋ	uʋ̱	iʋ	iʋ̱	uE	uI	ǔE	ǔA	m	m̩m̩	ɨ̱	ɤ̱	备註
x	x	˥							+			+													
		˦								+	+	+													
		˧							+	+		+													
		˩								+	+														
ɣ	ɣ	˥							+			+													
		˦							+			+													
		˧							+	+	+	+													
		˩										+													
h	h	˥					+	+	+			+													
		˦					+	+	+																
		˧					+	+	+	+	+	+													
		˩					+		+	+	+	+													
o	o	˥					+		+			+									+	+		+	
		˦					+		+			+									+				
		˧					+	+	+			+									+	+	+	+	
		˩					+		+												+		+		

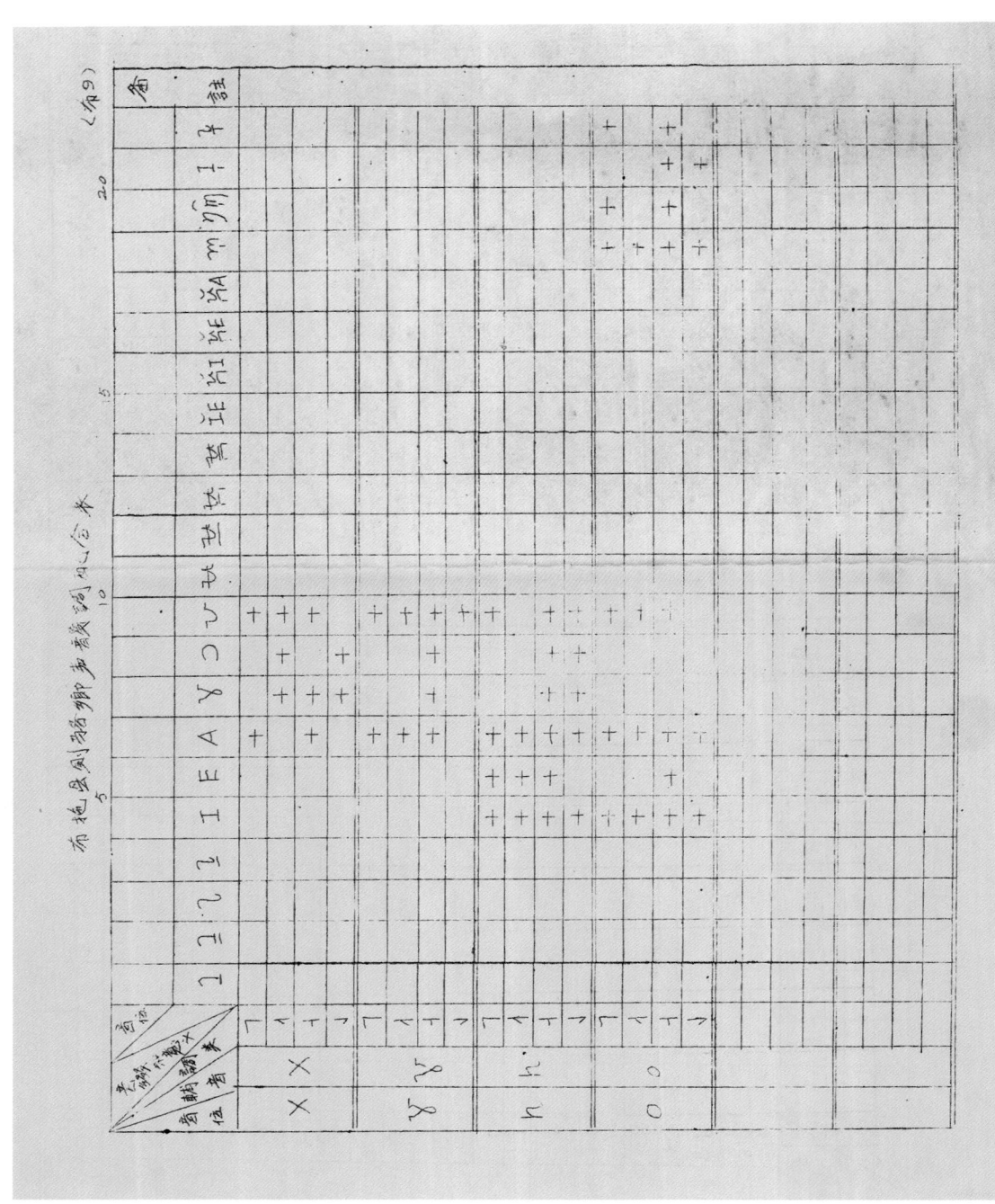

2、南部次土語区会東縣彝族自治区拉馬鄉音位系统：

(1)：声母、　声母41个

会東縣彝族自治区彝語声母表

發音方法＼發音部位		双唇	唇齒	舌尖前	舌尖中	舌尖后	舌面	舌根	喉
塞音	全清	p			t			k	
	次清	p‘			t‘			k‘	
	濁	b			d			g	
鼻冠濁音		mb			nd			ŋg	
塞擦音	全清			ts		tʂ	tɕ		
	次清			ts‘		tʂ‘	tɕ‘		
	濁			dz		dʐ	dʑ		
鼻冠塞擦濁音				ndz		ndʐ	ndʑ		
鼻音		m			n		ȵ	ŋ	
边音					ɬ l				
擦音	清		f	s		ʂ	ɕ	x	h
	濁		v	z		ʐ	ʑ	ɣ	

說明

① t tʻ d nd 与元音ɯ与ɤ相拼時引起双唇顫动。

② 舌尖边音 ʐ ɿ 在元音ɯ与ɤ前為閃音。

③ tɕ tɕʻ dʑ ndʑ ɕ 亦在ɿ与ʐ前時為混合舌葉音

④ k kʻ g ŋg 丙在元音[ɯi] [ɯɛ] [ɯA] 前時，双唇与舌根同時起作用，讀作（kp）（k͡pʻ）（gb）（ŋgb）。在ɯ与ɤ元音之前時，双唇顫动。讀作[kʙ]（kʻʙ] [gʙ] [ŋgʙ]。

⑤ 清擦音不吐氣。

声母例字

声母	例字		
	标音	实际讀法	漢義
p	pi^{3}	pi˧	喻弦
pʻ	pʻi^{1}	pʻi˥	隻（手）
b	bɯ^{3}	bɯ˧	浮
mb	mbi^{3}	mbi˧	分（配）
m	mi^{3}	mi˧	名字
f	fɿ^{3}	fɿ˧	酿
v	vu^{3}	vu˧	雲
ts	tsi^{4}	tsɿ˩	装
tsʻ	tsʻo^{3}	tsʻo˧	送
dz	dzi^{3}	dzɿ˧	剩
ndz	ndzo^{3}	ndzo˧	恨
s	sɿ^{3}	sɿ˧	树
z	zi^{3}	zɿ˧	使用
t	to^{3}	to˧	抵抗

tʻ	tʻo^{3}	tʻo˧	啄
d	do^{3}	do˧	云
nd	ndʋ^{3}	ndʋ˧	喝
n	nɯ^{3}	nɤ˧	你
ɖ	ɖo^{4} bʋ^{1}	ɖo˩ bʋ˥	斗篷
l	lɯ^{3}	lɤ˧	牛
tʂ	tʂʋ^{1}	tʂʋ˥	賺(錢)
tʂʻ	tʂʻa^{3}	tʂʻA˧	揮
dʐ	dʐɯ^{4} mʋ^{4}	dʐɤ˩ mʋ˩	牲畜
ndʐ	ndʐɿ^{3}	ndʐɿ˧	酒
ʂ	ʂʋ^{1}	ʂʋ˥	記憶
ʐ	ʐɿ^{3}	ʐɿ˧	漏(裝物)
tɕ	tɕʋ^{3}	tɕʋ˧	轉
tɕʻ	tɕʻʋ^{3}	tɕʻʋ˧	跟
dʑ	dʑi^{3}	dʑi˧	知道
ndʑ	ndʑʋ^{3}	ndʑʋ˧	平
ɕ	ɕe^{3} pʻa^{3}	ɕE˧ pʻA˧	羊毛布
ʑ	ʑʋ^{3}	ʑʋ˧	綿羊
k	ka^{1}	kA˥	給穿
kʻ	kʻɯ^{3}	kʻɤ˧	菩
g	gɯ^{4}	gɤ˩	現
ŋg	ŋgɯ^{3}	ŋgɤ˧	蕎子
ŋ	ŋa^{3}	ŋA˧	我
x	xa^{1}	xA˥	蓋
ɣ	ɣɯ^{3}	ɣɤ˧	力
h	ha^{3}	hA˧	百
ȵ	ȵi^{3}	ȵi˧	坐

(2) 韵母

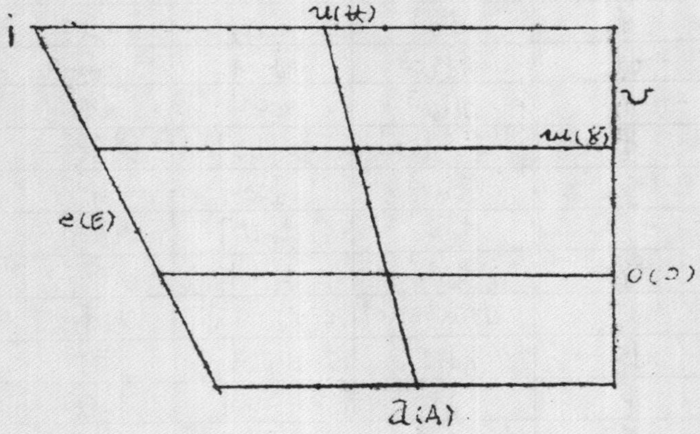

另有舌尖元音二个：ɿ、ɿ̱，紧喉元音一个：ṳ̱。

複合元音一个：ya。

說明

(1) 元音ɿ在ts tsʻ dz ndz s z之后時為[ɿ]，在其他情况下仍為第一号標準元音

(2) 元音e、ɑ、o的实际音值為[E] [A] [ɔ]，讀時都很紧。

(3) 元音i、e与舌根音k kʻ g ŋg ŋ相拼時、其前有ɯ介音，讀為[ɯ̆i] [ɯ̆E]。e与声母相拼時、其前有[ɪ̆]介音，讀為[ɪ̆E]。

(4) 元音ɯ在会東語音中為[ɤ]

(5) 元音u与ṳ在会東語音中舌位偏中，為央元音[ʉ] [ʉ̱]。在

ts tsʻ dz ndz s z 后時為[ɿ]与[ɿ̱]、([ɿ与ɿ̱]不对立)。在

tʂ tʂʻ dʐ ndʐ ʂ ʐ 後時為[ʅ]與[ʅ̱],([ʅ與ʅ̱]不对立。)在

舌尖後音ʐ ɿ後時帶出化為[ɚ][ɚ̱]([ɚ]与[ɚ̱]不对立。與舌根

鼻音ŋ相拼時、讀成[ŋ̍]。

②、複合韻ɣa只出現在舌根音k kʻ g ŋg之後，其實際音值為[ɯA]。

在我們所記錄的1600个詞彙中，發現一个[ɯA]与無[ɯ]介音的[A]

对立，我們現在仍保留這個音位。

余東韻母特点：

① 緊喉韻出現的頻率低、一般只出現在高調。

② 元音ɿ只在舌尖音ts tsʻ dz ndz s z之后讀為[ɿ]，此外全讀為第八号標準元音

③ 沒有ɯ。

韻母例字

韻母	例字		
	標音	實際讀法	漢義
ɿ	$sɿ^{4}$	sɿ˩	知道
ɿ̱	$zɿ̱^{1}$	zɿ̱˥	豹
i	pi^{3}	pi˧	唸經
e	e^{3}	ɛ˧	鴨子
a	$kʻa^{3}$	kʻA˧	要
ɔ	$gɔ^{3}$	gɔ˧	寫

ɯ	ɭɯ³	ɭɤ˧	生
ʊ	xʊ³	xʊ˧	鉄
ʉ	bʉ³	bʉ˧	虫
[illegible]	[illegible]	[illegible]	[illegible]

(3) 声調　　声調十个

調類	調值	例		字
		标音	实际读法	漢義
1	˥55	ɕi¹	ɕɪ˥	咬
2	˧˦34	ɕi²	ɕɪ˧˦	过(拿过来)
3	˧33	ɕi³	ɕɪ˧	虱子
4	˨˩21	ɕi⁴	ɕɪ˨˩	拿

說明：

第二調中有一部份来自第四調及第三調的变調。

(三) 南部次方言区内部語音比較。

1.東部土語区的北部次土語（以布拖縣則洛鄉為代表，与南部次土語（以会東縣彝族自治区狂馬鄉為代表）語音比較。

(1)声母比較：

① 東部土語区南北二次土語声母对照表之一（不代表对应关系）

發音部位 / 地名 / 發音方法		双唇		唇齿		舌尖前		舌尖中		舌尖后		舌面		舌根		喉	
		布拖	会東	布拖	会東	布拖	会東	布拖	会東	布拖	会東	布拖	会東	布拖	会東	布拖	会東
塞音	全清	p	p					t	t					k	k		
	次清	p'	p'					t'	t'					k'	k'		
	浊	b	b					d	d					g	g		
鼻冠浊塞音		mb	mb					nd	nd					ŋg	ŋg		
塞擦音	全清					ts	ts			tʂ	tʂ	tɕ	tɕ				
	次清					ts'	ts'			tʂ'	tʂ'	tɕ'	tɕ'				
	浊					dz	dz			dʐ	dʐ	dʑ	dʑ				
鼻冠浊塞擦音						ndz	ndz			ndʐ	ndʐ	ndʑ	ndʑ				
鼻音		m	m					n	n			ȵ	ȵ	ŋ	ŋ		
边音								ɬ l	ɬ l								
擦音	清			f	f	s	s			ʂ	ʂ	ɕ	ɕ	x	x	h	h
	浊			v	v	z	z			ʐ	ʐ	ʑ	ʑ	ɣ	ɣ		

說明

從上面布拖、会東两点的声母看来，都是41个，發音部位和方法也都一樣 但有三套声母所包括的变体不一致：

①会東还 ɿ 包括 ʌ 对閃音变体，為布拖所無。

②会東舌面前音包括 tʃ tʃ' dʒ ndʒ ʃ ʒ 等变体，為布拖所無。

③会東舌根音包括〔k͡p〕〔k͡p'〕〔g͡b〕〔ŋg͡b〕〔ŋ͡m〕等变体，而布拖則包括〔c͡ç〕〔c͡ç'〕〔ɟ͡ʝ〕〔ɲɟ͡ʝ〕〔x͡s〕〔ɣ͡z〕等变体。

②東部土語區南北二次土語声母对照表之二（代表对应关係）

声母		例字		
北部次土語(布拖)	南部次土語(会東)	北部次土語(布拖)	南部次土語(会東)	漢義
dʐ	dʐ	dʐɯ^4 mʋ^4	dʐɯ^4 mʋ^4	牲畜
	dz	dʐɿ^3	dzɿ^3	牙齒
ʐ	ʐ	ʐɿ^3	ʐa^3	吵鬧
	ʑ	ʐɿ^3	ʑɿ^3	湯
k	k	kɯ^3	kɯ^3	侯听
	tɕ'	kɿ^3	tɕɿ^3	漆
k'	k'	k'ɯ^3	k'ɯ^3	苓
	tɕ'	k'ɿ^3	tɕ'ɿ^3	狗
g	g	gɯ^4	gɯ^4	玩
	dʑ	gɿ^3	dʑɿ^3	銅
ŋg	ŋg	ŋgɯ^3	ŋgɯ^3	蕎子
	ndʑ	ŋgɿ^3	ndʑɿ^3	皮子
h	h	hi^4	hi^4	說
	ŋ	hɯ^3	ŋɯ^3	魚
	0	ha^1 ʂɿ^3	a^1 ʂɿ^3	燕麥
x	x	xa^1	xa^1	[illegible]
	ɕ	xɿ^4 mʋ^4	ɕɿ^4 mʋ^4	棗子
ɣ	ɣ	ɣɯ^3	ɣɯ^3	力量
	ʑ	ɣɿ^4 ti^4	ʑɿ^4 ti^4	水塘

(2)·韻母比較

①東部土語区南北二次土語韻母對照表之一（不代表对应关係）

韻母的种类及性質 / 韻母 / 地名	舌面·舌根元音韻				舌尖元音韻	複合元音韻
	前		后			
	不圓唇	圓唇	不圓唇	圓唇		
北部次土語(布拖)	i e ɑ		ɯ	o ʋ u	ɿ ɿ̱	yɑ
南部次土語(会東)	i e ɑ		ɯ	o ʋ u	ɿ ɿ̱	yɑ

說明：從上面南北二次土語的韻母对照表看来，它們的韻母是相同的都是10个。

②東部土語区南北二次土語韻母对照表之二（代表对应关係）

韻母		例字		
北部次土語(布拖)	南部次土語(会東)	北部次土語(布拖)	南部次土語(会東)	漢義
ɿ	ɿ	$xɿ^3$	$sɿ^3$	死
	i̱	$tsɿ̱^3 lɿ̱^3$	$tsi^3 li^3$	鈴
	u	$tsʻɿ^3$	$tsʻu^3$	肥
ɿ̱	ɿ̱	$zɿ̱^1$	$zɿ̱^1$	豹
	u̱	$ɑ^3 ʂɿ̱^1 mɿ^3$	$ɑ^3 ʂu̱^1 mɿ^3$	為什么
i	i	si^1	si^1	殺
	e	gi^1	ge^1	绝种
	ʋ	$ɑ^2 ȵi^3$	$ɑ^2 ȵʋ^3$	多
	ɯ	$ʂɿ^1 tʋ^3$	$ʂɯ^1 tʋ^3$	害羞
ɑ	ɑ	$nɑ^3$	$nɑ^3$	向
	ɯ	$tʂɑ^3$	$tʂɯ^3$	給吃
o	o	bo^3	go^3	写
	ɑ	$mɿ^3 tʂo^3$	$mɿ^3 tʂɑ^3$	箭頭
ʋ	ʋ	$hʋ^4$	$hʋ^4$	泳
	ɯ	$dʐʋ^3 ɣu^3$	$dʐɯ^3 ɣu^3$	傢俱

③ 声調比較

東部土語区南北二次土語声調对照表：

对应情况 / 調值 / 調类	声調		例				字
	北部次土語(布拖)	南部次土語(会東)	北部次土語(布拖)		南部次土語(会東)		漢義
			标音	实际讀音	标音	实際讀音	
1	˥55	˥55	ɓi¹	ɓɪ˥	ɓi¹	ɓɪ˥	咬
2	˧˦34	˧˦34	ɓi²	ɓɪ˧˦	ɓi²	ɓɪ˧˦	送(拿过来)
3	˧33	˧33	ɓi³	ɓɪ˧	ɓi³	ɓɪ˧	蚤子
4	˨˩21	˨˩21	ɓi⁴	ɓɪ˨˩	ɓi⁴	ɓɪ˨˩	拿(来)

說明：從上面的南北二次土語的声調来看，它们的調类和調值一致的，在我们比較的过程中除發現個别变調有些参差外，其他完全是一致的。

2.南部次方言区東部、西部二土語語音比較：

我们以西部土語区会理縣第二区語音与東部土語区布拖縣则驿鄉語音進行比較，以見其規律性关係。

⑴ 声母比較

1 ①南部次方言区东部、西部二大语声母对照表之一

（不代表对应关系）

发音部位／地名／发音方法		双唇		唇齿		舌尖前		舌尖中		舌尖后		舌面		舌根		喉	
		会理	布拖	会理	布拖	会理	布拖	会理	布拖	会理	布拖	会理	布拖	会理	布拖	会理	布拖
塞音	全清	p	p					t	t					k	k		
	次清	pʻ	pʻ					tʻ	tʻ					kʻ	kʻ		
	浊	b	b					d	d					g	g		
鼻冠浊塞音		mb	mb					nd	nd					ŋg	ŋg		
塞擦音	全清					ts	ts			tʂ	tʂ	tɕ	tɕ				
	次清					tsʻ	tsʻ			tʂʻ	tʂʻ	tɕʻ	tɕʻ				
	浊					dz	dz			dʐ	dʐ	dʑ	dʑ				
鼻冠浊塞擦音						ndz	ndz			ndʐ	ndʐ	ndʑ	ndʑ				
鼻音		m	m					n	n			ȵ	ȵ	ŋ	ŋ		
边音								ɬ l	ɬ l								
擦音	清			f	f	s	s			ʂ	ʂ	ɕ	ɕ	x	x	h	h
	浊			v	v	z	z			ʐ	ʐ	ʑ	ʑ	ɣ	ɣ		

说明：

由上面的声母对照表看来，两地声母的数目(都是41个)和种类是一致的。

②南部次方言區東部、西部二土語声母对照表之二（代表对應关係）.

声母		例字		
東部土語(布拖)	西部土語(会理)	東部土語(布拖)	西部土語(会理)	漢義
p	p	pi^{3}	pi^{3}	唸經
pʻ	pʻ	pʻu^{4}	pʻu^{4}	搧(搧耳)
b	b	bi^{1}	bi^{1}	露(出現)
mb	mb	mbe^{3}	mbe^{3}	彈(棉花)
m	m	ma^{1}	ma^{1}	教
f	f	fi^{3}	fi^{3}	捽(碎)
v	v	vu^{3}	vu^{3}	鑽(进洞去)
t	t	tɯ^{4}	tɯ^{4}	起
tʻ	tʻ	tʻu^{3}	tʻu^{3}	鑽(孔)
d	d	de^{3}	de^{3}	上升(爬)
nd	nd	ndu^{4}	ndu^{4}	打

ɬ	ɬ	ɬv¹	ɬv¹	看望(羊)
l	l	lv⁴	lv⁴	楼
n	n	na³	na³	向
ts	ts	tsi¹	tsi¹	連楼
tsʻ	tsʻ	tsʻi³	tsʻi̱³	滴(滴下来)
dz	dz	dzɯ³	dzɯ³	吃
ndz	ndz	ndze³	ndze³	劈
s	s	sɿ⁴	sɿ⁴	認識
z	z	zɯ³	zɯ³	胎
tʂ	tʂ	tʂv¹	tʂv¹	縮
tʂʻ	tʂʻ	tʂʻɿ̱¹	tʂʻɿ̱¹	捆(人)
dʐ	dʐ	dʐɿ̱³	dʐɿ̱³	在(器物)
	dʑ	kʻi³dʐɿ⁴	kʻi³dʑu⁴	承認
ɳdʐ	ɳdʐ	ɳdʐɯ⁴	ɳdʐɯ⁴	退

ʂ	ʂ	ʂɿ^{3}	ʂɿ^{3}	黄金
	ɕ	ʂɿ^{3}	ɕɿ^{3}	肥料
ʐ	ʐ	ʐa^{3}	ʐa^{3}	闹
	ʑ	ʐu^{3}	ʑu^{3}	捉
tɕ	tɕ	tɕv^{3}	tɕv^{3}	轉動
tɕʻ	tɕʻ	tɕʻo^{3}	tɕʻo^{3}	刮
dʑ	dʑ	dʑi^{4}	dʑi^{4}	成
ndʑ	ndʑ	ndʑe^{3}	ndʑe^{3}	嘔吐
ȵ	ȵ	ȵe^{3}	ȵe^{3}	夹（夹菜吃）
ɕ	ɕ	ɕi^{3}	ɕi^{3}	虱子
	s	ɕi^{4}	si^{4}	穿
	tɕʻ	ɕi^{1}	tɕʻi^{1}	弩
ʑ	ʑ	ʑa^{1}	ʑa^{1}	歌
k	k	ke^{3}	ke^{3}	領扣（女飾）
	tɕ	kɿ^{3}	tɕɿ^{3}	漆（动）梓子

kʻ	kʻ	kʻi1	kʻi1	簸(簸糠)
	tsʻ	kʻɿ1 mʋ4	tsʻɿ1 tɕʻɯ3 mʋ4	晚上
g	g	ga3	ga3	捞(从水中)
	dz	gɿ3	dzɿ3	溶化
	dʑ	go3 li4	dʑe3 ly4	凍
ŋg	ŋg	ŋgʋ3	ŋgʋ3	柚
	ndz	ɣɿ3 ŋgɿ3	ʑɿ3 ndzɿ3	開水
ŋ	ŋ	ŋa3	ŋɤ3	我
x	x	xa3	xa3	劝阻
	s	xɿ3	sɿ3	死
	ɕ	a3 xɿ1	a3 ɕɿ1	新
ɣ	ɣ	ɣʋ4	ɣʋ4	腰
	ʑ	ɣɿ2 tɕɿ3	ʑɿ2 tɕɯ3	游水
h	h	hʋ4	hʋ4	染(染布)
	x	ha1 tsʻo3	xa1 tsʻo3	斧
	ŋ	hɯ3	ŋɯ3	魚

（2）韻母比較：

①南部次方言區東部、西部二土語韻母对照表之一（不代表对应关係）

韻母种類性质 / 韻母 / 地名	舌面、舌根元音韻				舌尖元音韻	複元音韻	元音化的輔音
	前		后				
	不圆唇	圆唇	不圆唇	圆唇			
西部土語（会理）	i, e, a	y	ɯ	o, v, u, u̠	ɿ、ɿ̠	ye、ya	ɿ̫、ɿ̫̠
東部土語（布拖）	i, e, a		ɯ	o, v, u, u̠	ɿ、ɿ̠	ya	

（註：元音下面的"一"表紧喉，"ω"表圆唇）

說明：

由上面東西两个土語的韻母对照表看来，東部土語有10个單韻及一个複韻，而西部土語有11个單韻，两个複韻，两个元音化的輔音，双方是不一致的。

②南部次方言区東部、西部二土語韵母对照表之二（代表对应关係）

韵母		例字		
東部土語（布拖）	西部土語（会理）	東部土語（布拖）	西部土語（会理）	汉义
ɿ	ɿ	vɿ³	vɿ³	裨子
	u	sɿ⁴	su⁴	薰
	ʐ̩	na² lɿ³	na² ʐ̩³	呻吟（病人）
ɿ̱	ɿ̱	sɿ̱³	sɿ̱³	柴
	u̱	tʂʻɿ̱¹	tʂʻu̱¹	抄写
	ʐ̩̱	lɿ̱¹	ʐ̩̱	脱（衣服）
i	i	ɬi¹	ɬi¹	胃
	y	bu⁴ di³	bu⁴ dy³	虫
	e	a² dʑi³	a² dʑe³	乌鸦
	v	a² ȵi³	a² ȵv³	許多
	u	i¹ ȵi³	i¹ ȵu³	醒
e	e	ndze³	ndze³	漏（房子漏雨）
	ye	ȵe³	ȵye³	羽毛
a	a	kʻa³	kʻa³	要（我不要）
	ɯ	tʂa³	tʂɯ³	给吃
o	o	po³	po³	翻
	e	mɿ³ tʂo³	mɿ³ tʂe³	龍头
v	v	ʑv³	ʑv³	绵羊
	u	sv⁴ tsʻv³	su⁴ tsʻv³	别人
u	u	ku³	ku³	叫（鸡、叫人）
u̱	u̱	ɬu̱³	ɬu̱³	倒掉（水）
ɯ	ɯ	nɯ³	nɯ³	你
	v	ʂɯ² kʻi²	ʂv² kʻi²	獵狗
ya	ya	kya³ di³	kya³ dy³	灶堂

(3) 声調比較：

南部次方言區東部、西部二土語声調对照表

調值 地名 調類	西部土語(会理)	東部土語(布拖)
1	˥55	˥55
2	˧˦34	˧˦34
3	˧33	˧33
4	˨˩21	˨˩21

說明：

由上面東、西兩土語的声調对照表看来，無論在調类或調值上都是相同的，只有個别的变調有些参差的現象。

乙、北部方言内部各地語音比較：

我們在北部次方言区選了聖乍（以喜德縣紅瑪区李子鄉為代表）義諾（以馬边縣第五区石鋼鄉為代表）兩個土語和南部次方言（以会理縣第二区為代表）作比較以見其規律性关係。

一聲母比較

㈠、彝語北部方言内部各地声母对照表之一（不代表对应关係）

發音部位 / 地名 / 發音方法		雙唇			唇齒			舌尖前			舌尖中			舌尖後			舌面			舌根			喉		
		喜德	会理	馬边	喜德	会理	馬边	喜德	会理	馬边	喜德	会理	馬边	喜德	会理	馬边	喜德	会理	馬边	喜德	会理	馬边	喜德	会理	馬边
塞音	全清	p	p	p							t	t	t							k	k	k			
	次清	pʻ	pʻ	pʻ							tʻ	tʻ	tʻ							kʻ	kʻ	kʻ			
	濁	b	b	b							d	d	d							g	g	g			
鼻冠塞音		mb	mb	mb							nd	nd	nd							ŋg	ŋg	ŋg			
塞擦音	全清							ts	ts	ts				tʂ	tʂ	tʂ	tɕ	tɕ	tɕ						
	次清							tsʻ	tsʻ	tsʻ				tʂʻ	tʂʻ	tʂʻ	tɕʻ	tɕʻ	tɕʻ						
	濁							dz	dz	dz				dʐ	dʐ	dʐ	dʑ	dʑ	dʑ						
鼻冠塞擦								ndz	ndz	ndz				ndʐ	ndʐ	ndʐ	ndʑ	ndʑ	ndʑ						
鼻音		m̥		m̥							n̥		n̥												
		m	m	m							n	n	n				ȵ	ȵ	ȵ	ŋ	ŋ	ŋ			
邊音											ɬ l	ɬ l	ɬ l												
擦音	清				f	f	f	s	s	s				ʂ	ʂ	ʂ	ɕ	ɕ	ɕ	x	x	x	h	h	h
	濁				v	v	v	z	z	z				ʐ	ʐ	ʐ	ʑ	ʑ	ʑ	ɣ	ɣ	ɣ			

說明；從上面的声母对照表可以看出南、北兩次方言的声母絕大多数相同。從声母数目上看北部次方言聖乍（喜德）義諾（馬边）兩土語都是43個。南部次方言（会理）少m̥ n̥兩個清化鼻音共41個

(二)、北部方言內部各地声母对照表之二（代表对应关係）

聲母		例字		
北部次方言(聖乍)	南部次方言(会理)	北部次方言	南部次方言	漢義
p	p	pu^{3}	pu^{3}	豪豬
pʻ	pʻ	pʻu^{3}	pʻu^{3}	價值
b	b	bi^{3}	bi^{3}	步(剩衣)
mb	mb	mbi^{3}	mbi^{3}	分配
m̥	m	m̥i^{3}	mi^{3}	名字
m	m	ma	ma^{3}	竹子
	ŋ	mʋ^{3}	ŋi^{3}	耕
f	f	fu^{3}	fu^{3}	滴（水）
v	v	vu^{3}	vu^{3}	腸子
	ɣ	vu^{4}	ɣʋ^{4}	腫
t	t	ti^{4}	ti^{4}	舂（米）
tʻ	tʻ	tʻu^{3}	tʻu^{3}	銀子
d	d	di^{3}	dy^{3}	坏
	dz	kʻa^{2}di^{3}	ha^{2}dzɿ^{3}	誰
nd	nd	ndʋ^{3}	ndʋ^{3}	喝
n̥	n	n̥a^{3}	na^{3}	問
n	n	na^{3}	na^{3}	病
ɬ	ɬ	ɬi^{1}	ɬi^{1}	晒
l	l	lɯ^{3}	lɯ^{3}	牛
ts	ts	tsɿ^{3}	tsɿ^{2}	栽（樹）
tsʻ	tsʻ	tsʻɿ^{4}	tsʻu^{4}	塞
dz	dz	dza^{3}	dza^{3}	飯
ndz	ndz	ndzɿ^{3}	ndzɿ^{3}	辣
s	s	sɿ^{3}	su^{3}	血
z	z	zɯ^{3}	zɯ^{3}	兒子
tʂ	tʂ	tʂʅ^{3}	tʂʅ^{3}	拔
tʂʻ	tʂʻ	tʂʻɯ^{3}	tʂʻɯ^{3}	谷子
dʐ	dʐ	dʐʋ^{4}	dʐʋ^{4}	直
ndʐ	ndʐ	ndʐʅ^{3}	ndʐʅ^{3}	[illegible]
ʂ	ʂ	ʂʅ^{3}	ʂʅ^{3}	[illegible]
	ɕ	ʂa^{3}pʻa^{3}	ɕe^{3}pʻa^{3}	羊[illegible]
	x	ʂɯ^{3}	xɯ^{3}	[illegible]

声母		例字		
北部次方言(瞿作)	南部次方言(会理)	北部次方言	南部次方言	漢義
ʐ	ʐ	ʐɿ^{3}	ʐɿ^{3}	草
tɕ	tɕ	tɕʊ^{4}	tɕʊ^{4}	驗
tɕʻ	tɕʻ	tɕʻe^{3}	tɕʻe^{3}	跳
dʑ	dʑ	dʑi^{4}	dʑi^{4}	成
	dʐ	dʑɿ^{3}	dʐɿ^{3}	互相
	dz	dʑɿ^{3}	dzɿ^{3}	銅
ndʑ	ndʑ	ndʑe^{3}	ndʑe^{3}	呕吐
	ndz	ndʑɿ^{3}	ndzɿ^{3}	虎子
ȵ	ȵ	ȵi^{3}	ȵi^{3}	坐
ɕ	ɕ	ɕɿ^{3}	ɕɿ^{3}	肥料
ʑ	ʑ	ʑɿ^{3}	ʑɿ^{3}	湯
	ʐ	ʐɿ^{3}	ʐu^{3}	痛
k	k	kʊ^{3}	kʊ^{3}	句
	ts	kɯ^{3}	tsɿ^{2}ʐu^{3}	头旋纹
kʻ	kʻ	kʻe^{3}	kʻe^{3}	砍
	tsʻ	kʻɯ^{3}	tsʻɿ^{3}	狗
	h	kʻa^{1}	ha^{1}	哪裡
g	g	ga^{1}	ga^{1}	穿(衣)
	dʑ	ga^{3}ŋgʊ^{4}	dʑa^{3}ŋgʊ^{4}	冷
ŋg	ŋg	ŋgʊ^{3}	ŋgʊ^{3}	拉
	ndz	ʑɿ^{3}ŋgɯ^{3}	ʑɿ^{3}ndzɿ^{3}	开水
ŋ	ŋ	ŋa^{3}	ŋa^{3}	我
x	x	xa^{1}	xa^{1}	蠢
ɣ	ɣ	ɣʊ^{3}	ɣʊ^{3}	熊
h	h	hi^{1}	hi^{1}	八
	ȵ	he^{3}vu^{3}	ȵe^{3}vu^{3}	愛
	ɬ	a^{2}he^{3}	a^{2}ɬe^{3}	老鼠
	ŋ	hɯ^{4}	ŋɯ^{4}	香

(三)北部方言内部各地声母对照表之三(代表对应关係)

聲 母		例 字		
南部次方言(会理)	北部次方言(馬边)	南部次方言	北部次方言	漢意
p	p	pa^{3}	pa^{2}	交換
pʻ	pʻ	pʻu^{3}	pʻu^{2}	價值
b	b	bυ^{3}	bɯ^{2}	山
mb	mb	mbe^{3}	mbe^{2}	射(箭)
m	m	mi^{1}sa^{3}	mo^{1}sa^{2}	棋子
	m̥	ma^{1}	m̥a^{1}	教
f	f	fu^{3}	fu^{2}	烤(蕎餅)
	x	a^{3}fu^{3}	a^{2}xɯ^{2}	粗
	h	fi^{1}	he^{1}	胃
v	v	vɿ^{3}	vɿ^{2}	稗子
	ɣ	ni^{2}vu^{3}	n̥i^{2}ɣɯ^{2}	肋骨
t	t	tɯ^{4}	tɯ^{3}	起來
	tɕ	tu^{3}	tɕu^{2}	統治
tʻ	tʻ	tʻe^{3}	tʻo^{2}	鋒利
	tɕʻ	tʻu^{3}	tɕʻu^{2}	銀子
d	d	de^{3}	do^{2}	爬(樹)
	nd	ma^{3}di^{1}	ma^{2}nde^{1}	結果
	dʑ	ma^{3}du^{3}	mu^{2}dʑu^{2}	地洞

聲	母	例	字	
南部次方言(会理)	北部次方言(馬边)	南部次方言	北部次方言	漢義
nd	nd	ndʋ^{3}	ndʋ^{2}	喝(水)
n	n	na^{3}	na^{2}	病
	n̥	na^{3}	n̥a^{2}	問
	ȵ	na^{4}tʂʻʋ^{1}	ȵe^{3}tʂʻo^{1}	鍋
ɬ	ɬ	ɬe^{3}	ɬe^{2}	脱(柄)
l	l	lʋ^{3}	lʋ^{2}	船
ts	ts	tse^{3}	tse^{2}	賠償
	k	tsɿ^{2}ʂu^{3}	kɯ^{2}	头旋紋
tsʻ	tsʻ	tsʻɿ^{4}	tsʻɿ^{3}	一
	kʻ	tsʻɿ^{3}	kʻɯ^{2}	狗
dz	dz	dza^{3}	dza^{2}	飯
	dʐ	dzɿ^{3}	dʐɿ^{2}	銅
ndz	ndz	ndzi^{4}	ndzi^{3}	剩
	ndʐ	ndzɿ^{3}	ndʐɿ^{2}	皮子
	ŋg	ʐɿ^{3}ndzɿ^{3}	ʐɿ^{2}ŋgɯ^{2}	开水
s	s	sɿ^{4}	sɿ^{3}	認識
z	z	zɯ^{3}	zɯ^{2}	兒子
tʂ	tʂ	tʂɿ^{3}	tʂɿ^{2}	拔
	tɕ	ʐɿ^{2}tʂu^{3}	ʐɿ^{2}tɕɿ^{2}	游泳

tʂ'	tʂ'	tʂ'u^3	tʂ'u^2	刺
	tɕ'	tʂ'u^3	tɕ'ʐ̩^{2}	甜
dʐ	dʐ	dʐɿ^3	dʐo^2	在
	dʑ	dʐɿ^3	dʑɿ^2	稳
ndʐ	ndʐ	ndʐɿ^3	ndʐɿ^2	酒
ʂ	ʂ	ʂa^3	ʂa^2	小麦
ʐ	ʐ	ʐa^1	ʐa^1	镶
	ʑ	ʐu^3	ʑɿ^2	漏
tɕ	tɕ	tɕu^3	tɕɿ^2	削
tɕ'	tɕ'	tɕ'o^3	tɕ'u^2	刮
dʑ	dʑ	dʑi^3	dʑi^2	知道
ndʑ	ndʑ	ndʑʊ^3	ndʑʊ^2	平
ȵ	ȵ	ȵɣe^3	ȵe^2	忘
	h	ȵe^{3}su^1	he^{2}sɿ^1	欺负
ɕ	ɕ	ɕɿ^3	ɕɿ^2	粪
	ʂ	ɕi^3	ʂɯ^2	虱子
ʑ	ʑ	ʑu^3	ʑu^2	根
k	k	kʊ^3	kʊ^2	烤
k'	k'	k'ɯ^3	k'ɯ^2	苦
g	g	ga^1	ga^1	穿
ŋg	ŋg	ŋgʊ^3	ŋgʊ^2	松

聲母		例字		
南部次方言(会理)	北部次方言(秀逸)	南部次方言	北部次方言	漢義
ŋ	ŋ	ŋa^3	ŋa^2	我
	m	ŋi^3	mɯ^2	耕
	h	ŋɯ^3	hɯ^2	魚
x	x	tʂʰɯ^{3}xʊ^3	tʂʰɿ̱^{2}xɯ̱^{2}	火葬場
	ʂ	xɯ^3	ʂɯ^2	肉
ɣ	ɣ	ɣa^3	ɣa^2	後
	v	a^{3}ɣʊ^1	a^{3}vʊ̱^{1}	青
h	h	hi^1	he^1	八

二、韵母比較

（一）、北部方言内部各地韵母对照表之一（不代表对应关係）

韵母的摆类 / 韵母 / 地点	舌面舌根元音韵				舌尖元音韵	舒唇元音韵	複合元音韵	輔音元音韵
	前		後					
	不圆唇	圆唇	不圆唇	圆唇				
北部次方言[(圣乍)喜德]	i e a		ɯ、ɯ̱	o ʊ u ṳ	ɿ ɿ̱			
南部次方言（会理）	i e a	y	ɯ	o ʊ u ṳ	ɿ ɿ̱		ye ya	ɿ̱ ɿ̱
北部次方言[义诺(秀逸)]	i e a		ɯ ɯ̱	o ʊ u ṳ	ɿ ɿ̱	ɿ̱ɯ ɿ ɿ̱ɯ̱		

說明：從上面的韵母对照表可以看出南、北二次方言的韵母互有同異兹分述于下；

①、三處韵母数量不同。北部次方言聖乍土語区喜德縣有11個韵母義諾土語区馬边縣有16個韵母南部次方言区会理县有15個韵母。

②、北部次方言区不論舒唇的或不舒唇的韵母都是单元音韵南部次方言区除单元音韵外还有两個複合韵（ye ya）及元音化的辅音z̩和ʐ̩。

③、南部次方言区会理縣比北部次方言区喜德、馬边少一個ɯ韵母但多一個y韵母。

④、南部次方言区会理無舒唇韵但在实际語音中有的圆唇韵相当于北部次方言義諾土語区馬边的舒唇韵。

(二) 北部方言内部各地韵母对照表之二(代表对应关系)

韵母		例字		
北部次方言(喜德)	南部次方言(会理)	北部次方言	南部次方言	汉义
ɿ	ɿ	tsʻɿ⁴	tsʻɿ̱⁴	一
	u	tsʻɿ⁴mʋ⁴	tsʻu⁴mʋ⁴	肺
	ɿ̱	lɿ³	lɿ̱	送(东西)
ɿ̱	ɿ̱	ndʑɿ̱¹	ndʑɿ̱¹	撕(羊毛)
	u̱	sɿ̱³	su̱³	扫(地)
	ɿ̱	lɿ̱¹	lɿ̱¹	脱(衣)
i	i	pʻi³	pʻi̱³	剖(腹)
	y	tʻi⁴	tʻy⁴	结(吃饱)
	u	vʋ¹ɲi³	vi¹ɲu³	野猪
	u	tɕʻi³	tɕʻu³	削(动)
	e	ɲi⁴	ɲe⁴	二
e	e	ve³	ve³	开(花)
	i	tɕe³pu⁴	tɕi³pu⁴	毽子
	a	ɲe¹	ɲa¹	迟到
	ye	ɲe³	ɲye³	毛
a	a	pa³	pa³	换
	e	tɕʻe⁴pa³	tɕʻi⁴pe³	半斤
	ɯ	tsa³	tsɯ³	给吃
	ya	kʻa¹	kʻya¹	高兴
o	o	ho³	ho³	挡(路)
	e	to³	te³	抱
ʋ	ʋ	bʋ³	bʋ³	山
	i	pʻʋ¹	pʻi¹	搓(手)
u	u	a²du³	a²du³	狐狸
	ɿ	mu³	mɿ³	马
	ʋ	dʑu³gu³	dʑʋ³gu³	傢俱
u̱	u̱	gu̱¹	gu̱¹	缝(衣)
	ʋ	du̱¹	dʋ¹	看(羊)
	o	pu̱³	po³	回(家)
	u	su̱³	su³	还(钱)
	ɿ̱	mu̱³	mɿ̱³	吹(号)

ɯ	ɯ	dzɯ^{3}	dzɯ^{3}	吃
	i	k'ɯ^{3}	k'ʅ^{3}	啃
	ɿ	ʐɿ^{1}ŋgɯ^{3}	ŋi^{1}ndzɿ^{3}	鼻子
	ɿ̱	tʂɯ^{1}	tʂɿ̱^{1}	玉
	ʋ	ʂɯ^{3}	xʋ^{2}	铁
ɯ̱	ɿ̱	k'ɯ̱^{1}mʋ^{4}	tsɿ̱^{1}mʋ^{4}	晚上
	ɯ̱	kɯ̱^{1}	kɯ̱^{1}	会(做)

(三) 北部方言内部各地韵母对照表之三（代表对应关係）

韵	母	例	字	
南部次方言(会理)	北部次方言(禹迪)	南部次方言	北部次方言	漢義
ɿ	ɿ̱	sɿ^{3}	sɿ̱^{3}	[illegible]
	ɿ̯	tsɿ̯ [illegible]^{4}	tsɿ̯^{2}mɯ^{3}	大蒜
	u	mɿ^{2} [illegible]^{3}	mu^{2}dɯ^{2}	地
ɿ̱	ɿ̱	p'ɿ̱^{3}	p'ɿ^{2}	揭(衣)
i	i	dʑi^{4}	dʑi^{3}	戴
	e	vi^{1}	ve^{1}	搖(頭)
	o	si^{1}	so^{1}	氣
	ɯ	ŋi^{3}	mɯ^{2}	响
y	ɿ̯	dy^{3}	dʐɿ̯^{2}	坏
	i	mɿ^{3}ty^{3}	mu^{2}ti^{2}	天
e	e	e^{3}	e^{2}	鸭
	o	te^{3}	to^{2}	抱
	a	ʐe^{3}tsɿ̱^{3}	ha^{2}tsɿ̱^{2}	鳥
	i	ȵe^{4}	ȵi^{3}	二
	ɯ̱	tɕ'e^{3}	tɕ'ɯ̱^{2}	摔
a	a	ma^{3}	ma^{2}	竹子
o	o	ho^{3}	ho^{2}	滑(路)
	u̱	t'o^{3}	t'u̱^{2}	吸(米)
ʋ	ʋ	hʋ^{4}	hʋ^{3}	洗
	ɯ	vʋ^{3}	vɯ^{2}	变
	ɯ̯	k'ʋ^{4}	k'ɯ̯^{3}	需要
	u̱	tʋ^{1}	tu̱^{1}	跌
	o	tɕʋ^{1}	tɕo^{1}	賺(錢)
	u	i^{2}nʋ^{3}	i^{2}nu^{2}	數
	i	a^{2}ŋʋ^{3}	a^{2}ŋi^{2}	[illegible]

ɯ	ɯ	dzɯ^{2}	dzɯ^{2}	吃
	a	su^{2}ʐɯ^{3}	su^{2}ʐa^{2}	窮苦
	ʋ	mɿ^{3}nɯ^{4}	mu^{2}n̥ʋ^{3}	趕馬
u	ɯ̮	ku^{4}	kɯ̮^{3}	汗
	u	su^{4}	su^{3}	像(相似)
	ɿ̮	su^{3}	sɿ̮^{2}	血
	i	kʻi^{3}dʑu^{4}	kʻɯ^{2}dʑi^{3}	承認
	ʋ	ʑɿ^{2}u^{3}	ʑɿ^{1}ʋ^{2}	北
u̱	ɿ̱̮	su̱^{3}	sɿ̱̮^{2}	掃
	ɯ̱̮	ŋgu̱^{1}	ŋgɯ̱̮^{1}	反芻
ye	e	ȵye^{3}	ȵe^{2}	毛
ya	a	kʻya^{1}	kʻa^{1}	高兴
l̮	ɿ̮	l̮^{3}	lɿ̮^{2}	送(物)
ḻ̮	ɿ̱̮	ḻ̮^{1}	lɿ̱̮^{1}	脱(衣)

三、声調比較

(一)、北部方言内部各地声调对照表之一

北部次方言[圣乍(喜德)]		南部次方言(会理)		北部次方言[义诺(勇边)]	
調類	調値	調類	調値	調類	調値
1	˥	1	˥55	1	˨˥25
2	˦	2	˧˦34		
3	˧	3	˧33	2	˨22
4	˩	4	˨˩21	3	˦˨42

說明；

① 從上面的对照表可以看出南部次方言(会理)的調子与北部次方言圣乍土語(喜德)的調子在調类調値上都是一致的。但是南部次方言与北部次方言义諾土語(勇边)的調子在調类和調値上都不一致

② 北部次方言区圣乍土語(喜德)与南部次方言(会理)在複音詞的声調配合关係上稍有不同如北部次方言区圣乍土語(喜德)有第一調与第一調配合的，而南部次方言(会理)有这种配合

例；"鐮子"喜德讀作 [lɪ˥ tʂʰʅ˩]

会理讀作 [lɪ˥ tʂʰʅ˥]

"釘耙"喜德讀作 [lo˥ ɡo˩]

会理話作 [illegible]

(二)北部方言内部各地声调对照表之二（代表对应关係）.

聲		調		例		字		
南部次方言(会理)		北部次方言(马边)		南部次方言(会理)		北部次方言(马边)		漢
調類	調值	調類	調值	標音	实际讀音	標音	实际讀音	義
1	˥ 55	1	˨˥ 25	tsʻɿ^{1}	tsʻɿ˥	tsʻɿ^{1}	tsʻɿ˨˥	代(家代)
2	˧˦ 34	1	˨˥ 25	tsʻɿ^{2}	tsʻɿ˧˦	tsʻɿ^{1}	tsʻɿ˨˥	这(個)
3	˧ 33	2	˨ 22	tsʻɿ^{3}	tsʻɿ˧	tsʻɿ^{2}	tsʻɿ˨	他
4	˨˩ 21	3	˦˨ 42	tsʻɿ^{4}	tsʻɿ˨˩	tsʻɿ^{3}	tsʻɿ˦˨	一

說明：上面的对应关係只限於在單音節詞，如在複音詞，則会理的第二調会变成马边的第二調。

丙、北部方言内部各地詞彙異同情况

一、北部次方言内部各地詞彙異同情况：

(一)、聖乍土語内部各地詞彙異同情况

聖乍土語内部各次土語，詞彙差别很小，同源詞一般地都佔对比詞彙的95%左右我们以第一次土語（以喜德縣紅瑪区李子鄉為代表）与第二次土語（以冕寧縣第一区惠安联合鄉為代表）第三次土語（以普雄縣阿米佐区為代表）第四次土語（以昭覺附城区城南鄉為代表）第五次土語（以瓦崗縣米古区巴古鄉為代表）進行比較，其結果如下：

比較的乙方	第一次土語（喜德）								
比較的甲方 \ 異同情况	参加比較的詞數	相同的詞		有对应的詞		不同的詞		借詞	
		詞數	百分比	詞數	百分比	詞數	百分比	詞數	百分比
第二次土語（冕寧）	1328个	903	67.9%	306	23.1%	77	5.8%	42	3.2%
第三次土語（普雄）	1074个	928	86.4%	123	11.4%	23	2.2%		
第四次土語（昭觉）	1137个	833	74.35%	262	23.25%	27	2.4%		
第五次土語（民崗）	1372个	883	64.36%	362	26.4%	81	5.9%	46	3.34%

〔說明；〕

①相同的詞是指两地的声韵調三方面音位相同的。

②有对应的詞包括：有对应关係的，或似的詞。

③不同的詞是指声、韵、調三方面在音位上都不相同，又沒有对应关係的。

④借詞主要指借漢：在借詞的总数中包括双方借漢，或此借彼不借的。

（此說明適用於以后其他詞彙（指各地詞彙）比較結果表）

（二）、田壩土語内部詞彙異同情况；

田壩土語区内部各地詞彙不太一致，有的差別較大。我們在田壩土語区中選出越雋縣第二区及峨边縣冷竹坪彝語与呷洛縣蘇雄区進行比較，現將所得的結果分項叙列于下；

比較的乙方		呷洛東總區							
異同情況 比較的甲方	參加对比的詞數	相同的詞		有对應的詞		不同的詞		借詞	
		個數	百分比	個數	百分比	個數	百分比	個數	百分比
越雋（二区）	1251个	526	42%	591	47.2%	79	6.31%	55	4.49%
峨邊令竹坪	1079个	724	68%	292	26.3%	34	3.1%	29	2.6%

（三）、北部次方言内部聖乍、義諾、田壩三土語詞彙異同情况；

1. 聖乍土語：（以喜德縣紅媽区李子鄉為代表）與義諾土語（以美姑縣第五区為代表）的詞彙比較；

聖乍土語與義諾土語在詞彙上差別不大。根據我們用1218個詞比較的結果來看；其中相同與同源的詞佔90%強，下面我們把比較的結果分項列表如下；

相同的詞；683個佔總數的56%

有对应的詞；428個佔總數的34.88%

不同的詞；84個佔總數的6.89%

借　　詞；26個佔總數的2.33%

現在分項舉例如下；

相同的詞

聖乍土語	義諾土語	反義
dza^{3}	dza^{2}	飯
mu^{3}tsa^{3}	mu^{2}tsa^{2}	晴
ɕɿ^{3}	ɕɿ^{2}	糞（牲畜的）
ʐa^{3}	ʐa^{2}	闊

墨卡土語	義諾土語	漢義
mbu^{3}	mbu^{2}	[illegible]（黄牛）
va^{1}	va^{1}	山岩
hʊ^{4}	hʊ^{3}	染（染布）
tse^{3}tse^{3}	tse^{2}tse^{2}	正
pu^{3} dʑʊ^{3}	pu^{2} dʑʊ^{2}	貴
mu^{3} tɕɿ^{3}	mu^{2} tɕɿ^{1}	星

有对反关系的詞彙

墨卡土語	義諾土語	漢義
sɿ^{3}	sɿ^{2}	掃
dɿ^{3}	dɿ^{2}	坏
vɯ^{1}	ɣɯ^{1}	罵（動詞）
a^{2}tɯ^{3}	a^{2}tɕu^{2}	白
a^{2}du^{3}	a^{2}dʑu^{2}	猞
ʂɿ^{1}	ʂɿ^{1}	扭
sɿ^{3}	sɿ^{2}	血
si^{1}	se^{1}	穀
ti^{1}	te^{1}	掛
va^{3}	vo^{2}	鴉

不同的詞

墨卡土語	義諾土語	漢義
i^{2}kʊ^{3}	va^{3}xa^{2}	門

tɕa^{3}pu^{3}	bu^{2}tɕu^{1}a^{1}ku^{2}	螞蟻
i^{2} ti i^{3} ti^{2}	mbo^{3}o^{2}	上衣
ʂa^{1}tu^{3}	tʂo^{1}lɿ^{1}	子彈
tɕʰe^{1}ʂɿ^{3}	ʂɿ^{3}lɿ^{2}	提起
pʰʊ^{3}bʊ^{3}	mo^{1}sa^{1}	襪子
ʊ^{3}tsʊ^{3}	dzɿ^{2}	双数
a^{3}ma^{1}	ʊ^{2}a^{2}ɣɯ^{2}	曾祖母
ʂɯ^{1}sɿ^{4} ʂɯ^{4}sɿ^{4}	2 ɳɯ^{2}pu^{1}	瘦肉
pa^{3}ɬa^{1}	ɬɿ^{2}hʊ^{2}	白鷳

2、聖乍土語（喜德）與田壩土語（以甘洛縣𠰶雄区為代表）的詞彙異同情況；

聖乍土語與田壩土語在詞彙上的差別較聖乍土語與義諾土語的詞彙差別要大一些。根據我們用1294個詞比較的結果看來，相同與同源的詞佔86%強、現將我們比較的結果分項敘列于下；

相同的詞；354 個　佔總數的 27.4%

有对应的詞：770 個　佔總數的 59.4%

不同的詞；113 個　佔總數的 8.8%

借　詞；57 個　佔總數的 4.4%

現在分項舉例如下；

相同的詞；

田壩土語	墨作土語	漢義
bu̱^{2}mɑ^{2}	bu̱^{3}mɑ^{3}	字
ʂɿ^{2}	ʂɿ^{3}	金
tɕ'e^{2}	tɕ'e^{3}	跳
zi^{2}	zi^{3}	使用
zɯ^{2}ʅɿ^{2}	zɯ^{3}ʅɿ^{3}	蚂蟥
tʂ'ɯ^{2}mɿ^{2}	tʂ'ɯ^{3}mɿ^{3}	田
ŋɯ^{2}	ŋɯ^{3}	五
zu^{3}	zu^{4}	大麥
pu̱^{1}	pu̱^{1}	敢
zʊ^{2}	zʊ^{3}	学習

有对应关係的詞

田壩土語	墨作土語	漢義
tɕu̱^{1}tɕu̱^{2}	ɑ^{2}tu̱^{3}	果核 骨髓
tɕ'u^{3}	t'u^{0}	看守
ŋ̊ɑ^{1}dʑu̱^{2}	ŋ̊ɑ^{3}du̱^{3}	鼻孔
dʑu^{3}ʑɿ^{3}	du^{4}ʑu^{4}	笛
dʑi^{2}	ndʑi^{3}	予
dʑo^{1}	ndʑʊ^{1}	結冰
gi^{2}	dʑɿ^{3}	銅
ɣi^{2}gi^{2}	ʑɿ^{3}ŋgɯ^{3}	開水
tsɿ^{1}mɑ^{3}	tsɿ^{1}mʊ^{4}	鋤

kʻo^{2}ba^{3}	kʻo^{3}bʋ^{4}	箱

不同的詞

田垻土語	土語	漢義
kʻo^{2}	tɕʻi^{3}	斷
dʑo^{1}	ʑi^{3}	石
vu^{3}	bu^{3}ʂɿ^{3}	蛇
si^{1}vi^{2}	ɬa^{1}	狼
zo^{1}	vi^{1}	猿
hɑ^{2}tɕʻi^{2}	ka^{3}si^{3}	蒜
do^{3}	mbe^{3}	射
ɕe^{2}	ha^{3}ɲe^{3}	舌
kʻo^{2}gi^{2}	e^{3}	叫(鳥)
ku^{3}	zɿ^{4}	咒

3.、義諾土語與田垻土語的詞彙異同情况：

義諾土語與田垻土語在詞彙上的差别和聖乍土語及田垻土語詞彙上的差别几乎一樣。我们用1055個詞比較的結果，其中同源的佔86%強。

現將我们比較的結果分項叙列于下：

相同的詞：	370個	佔總數的35%
有对应的詞；	540個	佔總數的51.2%
不同的詞：	93個	佔總數的8.8%
借詞；	52個	佔總數的5%

現在分項舉例如下：

相同的詞：

義諾土語	田壩土語	漢義
ɣa^{2} tsʻɿ^{1}	ɣa^{2} tsʻɿ^{1}	後代
bu^{2} dʑi^{2}	bu^{2} dʑi^{2}	面
dzɯ^{2} du^{2}	dzɯ^{2} du^{2}	食物
tɕʻɯ^{2} ȵʊ^{2}	tɕʻɯ^{3} ȵʊ^{3}	糯米
tsʻu̱^{2}	tsʻu̱^{2}	遣橋
tɕʻu^{2}	tɕʻu^{2}	銀
dzɯ^{2}	dzɯ^{2}	吃
ȵe^{2}	ȵe^{2}	羽毛
va^{1} tɕʻɿ^{1}	va^{1} tɕʻɿ^{1}	岩羊

有对应关係的詞：

義諾土語	田壩土語	漢義
ŋgu^{2} dɯ^{2}	gɯ^{2} dɯ^{2}	親愛
ŋgɯ^{2}	gʊ^{2}	抽
ndʑɿ^{2}	gɿ^{2}	劃掉
ndʑi^{2}	dʑi^{2}	矛
mbu^{2}	bu^{2}	牛叫
ʑɿ^{2} tɕo^{1}	ɣi^{2} tɕo^{1}	菜湯
ʂu^{1}	ʂɿ^{1}	看望

tʂʅ^{3}ȵi^{2}	tʂɿ^{3}ȵi^{3}	嗅
ȵo^{1}ts'ʅ^{1}	ȵi^{1}ts'ɿ^{2}	鬼
ʐʅ^{2}dʐʅ^{1}	ʐɿ^{2}dʐɿ^{1}	四方

不同的詞

義諾土語	田壩土語	漢義
ɕi^{2}dzʅ^{2}	ʑo^{1}	搓
bu^{2}ʂɿ^{2}	ɣu^{2}	蛇
mbe^{2}	xo^{1}do^{3}	射
he^{1}	ɬa^{1}ma^{3}	胃
ha^{2}ni^{2}	ɕe^{2}	舌
dzi^{2}ʋ^{2}	k'a^{1}	謝謝
mo^{1}sa^{1}	p'ɯ^{2}	旗子
ʑi^{2}	dʑo^{1}	石
p'u^{3}ʂu^{2}	ŋ̊i^{1}ŋ̊i^{2}	尾巴
zʅ^{3}	k'ɯ^{3}	咒罵

二、南部次方言内部詞彙異同情况：

（一）、東部土語内部詞彙異同情况：東部土語内部詞彙差别不大、我们以東部次土語（以布拖為代表）與西部次土語（以会東為代表）進行对比，在1216個詞彙中有91.9%是相同和同源的。現將我们比較的結果分項叙列于下：

相同的詞：897個　佔總数的73.7%

有对应的詞；221個　　佔總數的18.2%

不同的詞；58個　　佔總數的4.8%

借　詞；40個　　佔總數的3.3%

1.東部土語（以布拖縣則駱鄉為代表）與西部土語（以会理縣第二区為代表）詞彙異同情况；

東、西二土語在詞彙上差别不大，我们以1274個詞比較的結果，其中相同和同源的佔91%強，現將我们比較的結果分项叙列于下；

相同的詞；共778個　　佔總數的60.8%

有对应的詞；共393個　　佔總數的30.7%

不同的詞；共61個　　佔總數的4.8%

借　詞；共47個　　佔總數的3.7%

現在分项擧例如下；

相同的詞；

布拖	会理	漢義
tɕʻi^4	tɕʻi^4	斤
tʻo^3	tʻo^3	啄
tu^3	tu^3	千
i^1	i^1	睡
pʻi^1	pʻi^1	騙
ku^4	ku^4	汗

布　拖	会　理	漢　義
tɕʻi^{3}	tɕʻi^{3}	磨(推磨的磨)
ȵi^{3}	ȵi^{3}	使坐(使动)
ndzo^{3}	ndzo^{3}	根
tʂʻʅ^{1}	tʂʻʅ^{1}	捆

有对应关係的詞；

布　拖	会　理	漢　義
ʑɿ^{3}ŋu^{2}	ʑi^{3}ŋu^{2}	哭
ɕi^{3}	tɕʻi^{3}	到达
mɿ^{3}kɿ^{3}	mɿ^{3}tɕɿ^{3}	星
gɿ^{3}dʑi^{3}	dʑɿ^{3}dʑu^{3}	西
ȵe^{3}bu^{4}ŋgɿ^{3}	ȵe^{3}bu^{4}ndʐɿ^{3}	眼皮
tɕʻi^{2}xɿ^{4}	tɕʻi^{3}.sɿ^{4}	脚
hɯ^{3}ga^{3}	ŋɯ^{3}ga^{3}	打魚
sɿ^{2}ɣɿ^{3}	su^{2}ʑɿ^{3}	大人
li^{3}	ly^{3}	排(副名)

不同的詞；

布　拖	会　理	漢　義
xu^{1}	tɕʻi^{1}	箭
a^{2}ʑi^{3}	lo^{3}fi^{3}	夜
ka^{4}tsa^{3}	lo^{3}nu^{1}mu^{1}	石灰

布拖	会理	漢義
kʻa^{2}ʂɯ^{3}ʂɯ^{3}	bu^{4}ʑi^{4}	謝謝
bu^{3}a^{4}mbi^{1}	bu^{4}vi^{1}	螞蝗
lo^{3} si^{3}	ndza^{3}	煤

三、北部次方言与南部次方言詞彙異同情况；

北部次方言与南部次方言在詞彙上的差異較大，我们在北部次方言中選了較大的两個土語，即聖乍土語（以喜德縣紅瑪区李子鄉為代表）義諾土語（以马边縣第五区為代表），与南部次方言（以会理縣第二区為代表）進行比較，所得的两個結果差不多相同。同源的詞~~差不多~~都在70%以上，不同的詞也都在20%以上。現将这两個比較結果分別叙列于下；

（一）、北部次方言区聖乍土語与南部次方言詞彙異同情况；

参加比較的詞数 1248 個

相同的詞；	424 個	佔總数的 34 %
有对应的詞；	488 個	佔總数的 39.1 %
不同的詞；	293 個	佔總数的 23.5%
借　　詞；	43 個	佔總数的 3.4%

現在分項舉例如下；

相同的詞；

喜德	会理	漢義
tsʻɿ^{4}	tsʻɿ^{4}	一

喜德	会理	漢義
sɿ^{3}	sɿ^{3}	死
ɕɿ^{3}	ɕɿ^{3}	肥料
ʑɿ^{3}	ʑɿ^{3}	湯
ʂɿ^{3}	ʂɿ^{3}	黄
ʐɿ^{3}	ʐɿ^{3}	早
ndʐɿ^{3}	ndʐɿ^{3}	酒
bɿ^{4}	bɿ^{4}	給
vɿ^{3}	vɿ^{3}	粹子
ɑ^{4}mɿ^{3}	ɑ^{4}mɿ^{3}	現在

有对应关係的詞：

喜德	会理	漢義
tɕʻɿ^{3}	tʂʻɿ^{3}	大便
pɿ^{4}	pu^{4}	揹
tsɿ^{3}	tsu^{3}	栽(樹)
sɿ^{3}	su^{3}	血
tsʻɿ^{4}mu^{4}	tsʻu^{4}mu^{4}	肺
tʂʻɿ^{4}	tʂʻu^{4}	織(布)
ʑɿ^{3}	ʐu^{3}	漏
tɕʻi^{3}ɕɿ^{3}	tɕʻi^{3}si^{4}	足
tsɿ^{3}lɿ^{3}	tsi^{3}li^{3}	鈴

喜德	会理	漢義
tɕɿ^{3}	tɕʻu^{3}	甜

不同的詞

喜德	会理	漢義
ma^{3}kʊ^{4}	tʊ^{1}tsy^{3}	火把
va^{3}ma^{1}	ʑe^{3}mʊ^{4}	母鷄
i^{4}kʻʊ^{3}	ŋgi^{4} li^{3}	門
vu^{1}	tɕʻi^{3}	磨(推磨的磨)
xʊ^{3}gu^{2}	ɣʊ^{4}mɿ^{4}	圈
pʻu^{4}	ɲi^{1}	拴
xʊ^{4}xʊ^{3}	li^{1}ŋgʊ^{3}	口琴(竹製)
te^{4}sɿ^{1}	te^{3}lo^{3}	杵
li^{3}dʑʊ^{2}	lɯ^{3}tɕɿ^{3}.	温泉
vu^{4}du^{3}	xɯ^{4}du^{3}	首
tɕi^{1}	su^{3}	磨(刀)

(二)、北部次方言区義諾土語与南部次方言詞彙異同情况：

参加比較的詞数；1179 個

相同的詞；	243 個	佔総数的 20.61 %
有对应的詞；	612 個	佔総数的 51.91 %
不同的詞；	279 個	佔総数的 23.66 %
借 詞：	45 個	佔総数的 3.82 %

现在分项举例如下；

相同的詞；

会理	禹边	漢義
e^{3}	e^{2}	鴨
tʂɿ̱^{3}	tʂɿ̱^{2}	拔(根)
ndʐɿ^{3}	ndʐɿ^{2}	酒
tɕʻe^{3}	tɕʻe^{2}	跳
ȵe^{3}	ȵe^{2}	夾
tʂʻɯ^{2}ȵʋ^{3}	tʂʻɯ^{2}ȵ[illegible]	糯米
ndʑe^{3}	ndʑe^{2}	嘔吐
lɯ^{3}xʋ^{3}	lɯ^{2}xʋ^{2}	牛蝸
tʻɯ^{4}ʑɿ^{3}	tʻɯ^{3}ʑɿ^{2}	紙
ŋge^{3}dʋ^{4}	ŋge^{2}dʋ^{3}	假話

有对应关係的詞；

会理	禹边	漢義
mɿ^{3}	mu^{2}	做
pu^{4}	pɿ^{3}	揹
te^{3}	to^{2}	抱
ȵe^{4}	ȵi^{3}	二
ɣʋ^{3}	ɣɯ^{2}	切(菜)
dʐʋ^{4}	dʐo^{3}	直(立体的)
t[illegible]^{3}	l[illegible]^{2}	件(事情)

会理	馬边	漢義
ŋɯ^4	hɯ^3	看
a^{3}ɣʊ^1	a^{2}vṳ^1	芸
ɕe^{3}p'a^3	ʑa^{2}p'a^2	羊毛布

不同的詞

会理	馬边	漢義
ʑi^3	kɯ^3	擲
ti^3	tɕ'i^3	頂
ʑe^3	ha^{2}ga^1	漢人
tɕ'i^1	p'u^3	拴
ʊ^{1}ŋe^3	mɯ̱^{1}	餓
ɣʊ^{4}ʑɿ^3	ʑɿ^{2}tɕo^1	菜湯
ndʑa^1	mbɯ^3	好(東西)
xo^{4}dʊ^1	ʑɿ^{3}lɿ^2	披毡

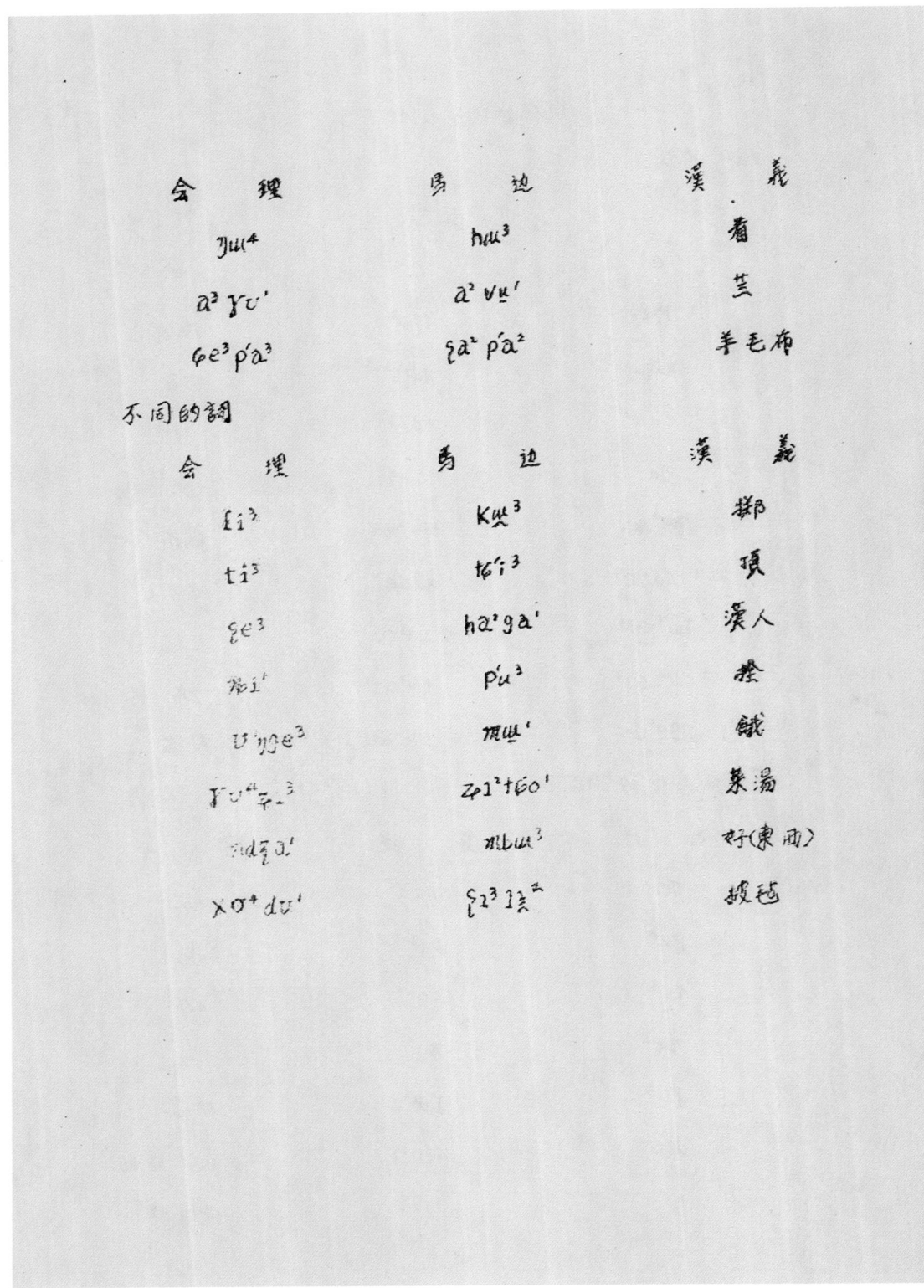

丙、北部方言內部語法異同情況：

一、北部次方言內部語法異同情況舉例.

北部次方言內聖乍、義諾、田埧三個土語在語法上基本一致，但也有若干差別，現將這些差別分述於下：

(一)名詞所有格，在聖乍和田埧 靠詞序表示，但義諾可以在名詞后加一個表示領屬的〔ni˧〕.

例：

1、媽媽的衣服：

聖乍 a^{2} mɯ^{3} ve^{1} ga^{3}.

田埧：ɯ^{2} mɯ^{2} va^{1} ga^{2}.

義諾可以說 a^{2} mɯ^{2} ve^{1} ga^{2}。

也可以說 a^{2} mɯ^{2} ni^{2}（的） ve^{1} ga^{2}.

2、馬的尾巴、

聖乍：mu^{3} p'u^{4} ʂu^{3}.

田埧. mu^{2} m̥i^{1} m̥i^{2}。

義諾可以說：mu^{2} p'u^{3} ʂu^{2}。

也可以說：mu^{2} ni^{2}（的） p'u^{3} ʂu^{2}。

(二)田埧否定副詞 t'ɯ^{1}〔t'ʌ˥〕"莫" 在句子中的位置與聖乍

和義諾有些不同。一般地說，如被否定的詞是單音節時，t'ɯ^{1}和聖乍、義諾同样放在被否定詞之前，如被否定的詞是双音節時，t'ɯ^{1}一般不嵌入被否定詞中間，而放在它的前面。

例：

1、莫客氣（別客氣）。

聖乍：bu̠^{2} t'a^{1}(要) ts'ɿ̠^{1}。

義諾：bu̠^{2} t'a^{1}(要) ts'ɿ̠^{1}。

田垻：t'ɯ^{1}(要) bu̠^{2} ts'ɿ̠^{1}。

2、莫折斷（不要折斷）。

聖乍 li^{3} t'a^{1}(要) tɕ'ɿ^{3}。

義諾 li̭^{2} t'a^{1}(要) tɕ'ɿ̭^{2}。

田垻 t'ɯ^{1}(要) li^{1} tɕ'u^{2}。

（三）副詞ʂɿ^{3}（或ʂi^{2}）"又"在句中的位置與聖乍、義諾有些不同，在聖乍和義諾是放在動詞之后語氣詞之前，但在田垻可以放在語氣詞后。

例：

1、又來了。

聖乍：la^{3} ʂɿ^{2}(又) ʋ^{2}(了)。

義諾：la^{2} sɿ^{2} o^{2}。
（又）（了）

田坝可以説：la^{2} o^{1} si^{2}。
（了）（又）

也可以説：la^{2} si^{2} o^{1}。
（又）（了）

（四）强调返身代詞的结构（表示"我親自"）在聖乍和義諾是重叠人称代詞（並变調），但田坝则須在重叠的代詞中间加一個 bɯ^{2}。

例：

1、我自已来寫。

聖乍：ŋa^{1} ŋa^{1} b$\underline{u}^{3}$ la^{2}。

義諾：ŋa^{1} ŋa^{1} b$\underline{u}^{2}$ la^{2}

田坝：ŋɯ^{1} bɯ^{2} ŋɯ^{2} b$\underline{ɯ}^{2}$ la^{2}。

2、我親自去。

聖乍 ŋa^{1} ŋa^{1} ʑɿ^{3} mʊ^{3}。

義諾：ŋa^{1} ŋa^{1} ʑɿ^{2} mu^{2}。

田坝：ŋɯ^{1} bɯ^{2} ŋɯ^{2} ʑɿ^{2}。

（五）在聖乍和義諾土語中，第一人称的"我"或"我们"和引称的"我"或"我们"是分别用不同的詞来區别的，而田坝则没有引称的"我"或"我们"，完全用第一人称的"我或"我们"来代替。

例：

1、我（我们）不来了。

聖乍 ŋa^{3}(ŋʋ^{4}) a^{4} la^{3} ʋ^{2}。

義諾：ŋa^{2}(ŋʋ^{3}) a^{3} la^{2} o^{2}。

田坝：ŋɯ^{2}(ŋʋ^{3}) a^{3} la^{2} o^{1}。

2、他（他们）对我（我们）説「我（我们）不来了」。

聖乍：ts'ɿ^{4}(ts'ʋ^{3} ɣʋ^{2}) ŋa^{1}(ŋʋ^{4}) tɕʋ^{4}(tɕʋ^{2}) hi^{4} kʋ^{3} i^{3}(ʋ^{4})
他（他 们） 我（我们） 对（对） 説 我（我们）
a^{4} la^{3} ʋ^{2} di^{2}。
不 来 了（表示引述的动詞）

義諾：ts'ɿ^{2}(ts'ʋ^{3} ɣɯ^{2}) ŋa^{2}(ŋʋ^{3}) tɕʋ^{1} hi^{3} ko^{2} i^{2}(ʋ^{3}) a^{3} la^{2}
他（他 们） 我（我们）（对）（说） 我（我们）不 来
o^{2} de^{2}。
了（表引述的动词）

田坝：ts'ɿ^{2}(ts'ʋ^{1} ɣʋ^{2}) ŋɯ^{1}(ŋʋ^{3}) tɕʋ^{3} hi^{3} kʋ^{2} ŋɯ^{2}(ŋʋ^{3})
他（他 们） 我（我们） 对 説 我（我们）
a^{3} la^{2} ʋ^{1}。
不 来 了

二、南部次方言内部語法異同情况举例：

南部次方言内部東部、西部二土語在語法上並沒有什么大的差别、只是句中有些詞的詞序互不相同。東部土語可以把某個詞放在有关的詞前边或后边，但是西部土語中詞的位置很固定。

1.西部土語、表比較級的句中，形容詞的位置須放在句中代詞之后、动詞"比"之前，但在東部土語中、可以放在句尾动詞"比"之后。

例：我的比你的紅。

東部土語可以說：

ŋa^{4}	vi^{3}	a^{3}	ni^{3}	nɯ^{4}	vi^{4}	tɯ^{2}	a^{4}	tsɿ^{3}。
我	的	紅		你	的	不		止

也可以說：

ŋa^{4}	vi^{3}	nɯ^{4}	vi^{3}	tɯ^{3}	a^{4}	tsɿ^{3}，	mɿ^{3}	ta^{3}	a^{3}	ni^{3}。
我	的	你	的	不		止			紅	

西部土語只能說：

ŋa^{4}	vi^{3}	a^{3}	ni^{3}	nɯ^{4}	vi^{3}	tɯ^{3}	a^{4}	tsɿ^{3}。
我	的	紅		你	的	不		止

2.強調反身代詞（表示"我親自"）的結構，在東部土語中、可用代詞重疊式表示、也可以在重疊的代詞中間加vi^{3}、但在西部土語中、不可用前一式，只可用后一式。

例：我自己寫。

東部土語：　ŋa^{4} vi^{3} ŋa^{3} bo^{3}。

也可以説成：　ŋa^{3} ŋa^{3} bo^{3}。

西部土語：　ŋa^{4} vi^{3} ŋa^{3} go^{3}。

三、北部次方言與南部次方言語法異同情况舉例．

北部次方言與南部次方言在語法上基本一致、但在若干次要現象上还是有差别的、現在我们在北部次方言中选通行範圍廣的墾作土語為代表與南部次方言區的西部土語進行比較、並列舉其差異於下：

(一)語法成分的应用情况不尽相同。

例：

1．脱了衣服睡。

北部次方言：　ve^{1} ga^{3} lɿ^{1} ta^{3} i^{1}。
衣 服 脱 了 睡

南部次方言：　vi^{1} ga^{3} l^{1} xa^{3} ta^{3} i^{1}。
衣 服 脱 掉 睡

或：　vi^{1} ga^{3} l^{1} tɯ^{3} ta^{3} i^{1}。

2．開着门睡。

北部次方言：　i^{4} k'v^{3} p'v^{4} ta^{3} i^{1}。
门 開 睡

南部次方言：　ŋgi^{4} ɖi^{3} p'u^{4} xa^{3} ta^{3} i^{1}。
门 開 掉 睡

或：　ŋgi^{4} ɖi^{3} p'u^{4} tɯ^{3} ta^{3} i^{1}。
门 開

(二)北部次方言表比較級的句中．形容詞於句尾。在南部次方言中則要放在領屬代詞之后及动詞之前。

例：

1、我的比你的黑。

北部次方言：ŋa^{1} vi^{3} ni^{1} vi^{3} tɕʊ^{2} a^{4} tsɿ́^{3}, mu^{3} ta^{3}
我 的 你 的 向 不 止
a^{3} no。
黑

南部次方言：ŋa^{4} vi^{3} a^{3} ne^{3} nɯ^{4} vi^{3} tɯ^{3} a^{4} tsɿ́^{3}。
我 的 黑 你 的 不 止

2、我的比你的硬。

北部次方言：ŋa^{1} vi^{3} ni^{1} vi^{3} tɕʊ^{2} a^{4} tsɿ́^{3} mu^{3} ta^{3} a^{3}
ko^{3}。
硬

南部次方言：ŋa^{4} vi^{3} a^{3} tɕé^{3} nɯ^{4} vi^{3} tɯ^{3} a^{4} tsɿ́^{3}。
硬

(三)表示名詞特定單数的手段不同、北部次方言用副名詞或詞后加助詞su^{3}、南部次方言一般地不用这种手段、而在名詞后加指代詞a^{3}dzɿ^{2}。

例：

1、那塊石头

北部次方言：lu̲^{3} ma^{1} ma^{2} su^{3}。

南部次方言：lo^{3} mʊ^{4} a^{3} dzɿ^{2} ma^{3}

2、那条牛

北部次方言：lɯ^{3} tɕi^{2} su^{3}

南部次方言：lɯ^{3} a^{3} dzɿ^{2} tɕi^{3}

(四)强調返身代詞(表示"我親自")的結構，北部次方言是用代詞重疊式來表示，而南部次方言則在重疊的代詞中间加 vi^{3}。

例：

1、我自己掃。

北部次方言： ŋa^{1} ŋa^{1} sɿ̱^{3}。

南部次方言： ŋa^{4} vi^{3} ŋa^{3} su̱^{3}

2、我親自寫。

北部次方言： ŋa^{1} ŋa^{1} bu̱^{3}[家] mʋ^{3}。

南部次方言： ŋa^{4} vi^{3} ŋa^{3} go^{4}[家]。